AUTEURS ET DIRECTEURS DES C
Dominique A

Stephan SZEREME

ENQUETE
Béatrice GOVINDIN, M
Jean-Louis M

REGIE INTI
Karine VI

PUBLICI
Stanislas LEBLANC-BONTE... BEAUX, Caroline de YRIGOYEN

DISTRIBUTION ✆ 01 53 69 70 06
Christophe DIDIERLAURENT, Xavier THIERCELIN, Carla de SOUSA, Maud GHISOLFI

PRODUCTION ✆ 01 53 69 70 12
Laurent MULLOT, Lydie ABATE, Sybille PAUMIER

SITE INTERNET ✆ 01 53 69 65 35 *Stéphan SZEREMETA*

RELATIONS PRESSE ✆ 01 53 69 70 19 *Jean-Mary MARCHAL*

GUYANE

Edition 2003

NOUVELLES ÉDITIONS DE L'UNIVERSITÉ© LE PETIT FUTÉ DE LA GUYANE

Photos : © Iconotec.com - Béatrice Govindin
Photo de couverture : Iconotec.com
Cartographie : Philippe Paraire
ISBN - 2746906651
Imprimé en France par Aubin Imprimeur Poitiers / Ligugé (L 64392)

Les Cars AIR FRANC

Transfert Aéroports Paris :

Tél. : 0 892 350 820 - www.cars-airfrance.com

EDITORIAL

Au carrefour des mondes géographiques et culturels, la Guyane exalte les particularismes. On pourrait dire qu'elle a presque valeur de rite initiatique. Venez la découvrir et laissez-vous charmer : c'est si facile !

Un séjour, même préparé, ne pourrait suffire à épuiser votre curiosité, tant la Guyane regorge de beautés. L'énumération serait fastidieuse. Certains y trouveront leur compte, d'autres non. Et pourtant, sans a priori, elle vous envahit, elle vous envoûte. Difficile de résister, vous êtes parti perdant ! La Guyane est belle, oui belle et sous toutes les coutures.

Ici, touche par touche, les paysages se mettent en place : pays des palmiers, pays des étoiles, terre sans frontière, terre à perte de vue, c'est une poésie intense. Il faut vraiment n'avoir jamais mis les pieds ici pour continuer à colporter les idées reçues sur son caractère : est-ce un mal d'être étrange et fascinante ?

Vous découvrirez que la Guyane, d'une douceur insoupçonnée, ne connaît pas encore l'anarchie des implantations touristiques. Son relief découvre de nouveaux horizons, ponctués çà et là de villes, villages, cases, entre ce chapelet de fleuves qui sont loin de s'alanguir, et ce vert réseau de forêts qui dessine le pays, escorté de palétuviers. Sur les routes, les panoramas dégagés des savanes et plaines sont de perpétuels sujets d'émerveillement. Scandées par quelques villages, les routes se laisseront traverser par les criques aux eaux couleur ambre, au bruissement paisible.

A l'est comme à l'ouest, les villages étagés comme au hasard sur ces terres sont des surprises et sont bien souvent les points de départ de descentes ou de remontées en canot de ses fleuves tourmentés : un monde secret et déconcertant s'offre à vous.

Douce, révoltée, moite, chaude, la Guyane vous étourdira. Ses villes sont chaleureuses les jours de marché, nonchalantes, aux trottoirs et terrasses des bars, mystérieuses, dans ses rues au charme d'hier et d'aujourd'hui.

La Guyane a aussi son automne, son hiver, son printemps, son été. Sentez-les ! Quand il pleut, cette pluie apporte un peu de douceur à ses terres et fleuves assoiffés. Si les joies ici paraissent bucoliques et simples, pour pénétrer l'âme de la Guyane, il faut prendre part, avec son cœur, à l'une ou l'autre de ces explosions de joies collectives, aussi triviales qu'elles soient.

Rencontres et chocs des cultures... Besoin de comprendre ? Laissez votre cœur battre, d'appréhension, de doute, de bonheur. Pourquoi avoir honte de s'émerveiller devant des scènes anodines ? Elles sont si loin et si bonnes ces sensations ! La Guyane est magie et vous ne pourrez pas y rester indifférent.

Béatrice Govindin

SOMMAIRE

Présentation du pays

Cayenne - 123

Littoral - 153

Le Maroni - 195

Route de l'Est - 213

Sud et Centre - 237

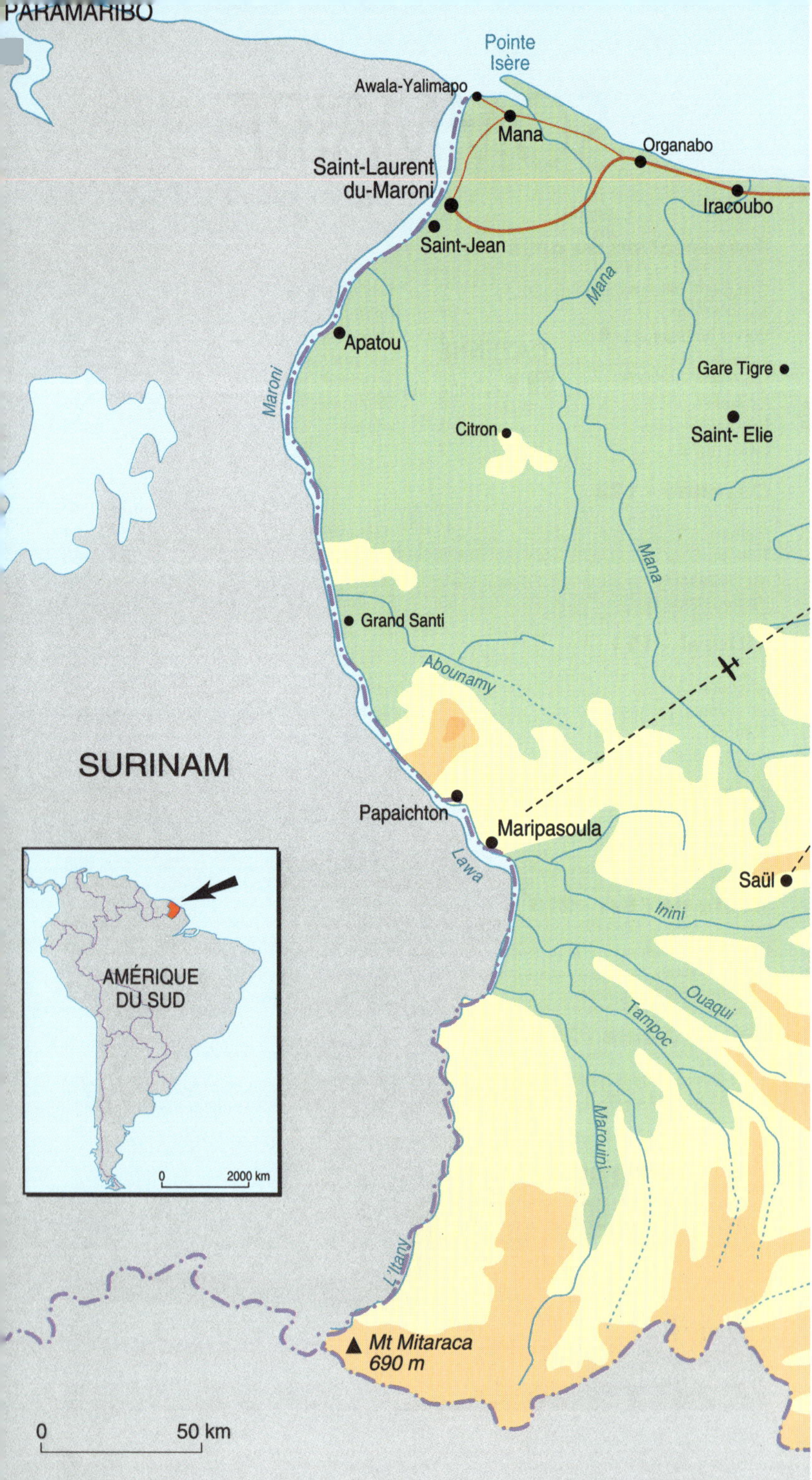
PARAMARIBO
Pointe Isère
Awala-Yalimapo
Mana
Organabo
Saint-Laurent du-Maroni
Iracoubo
Saint-Jean
Mana
Apatou
Gare Tigre
Maroni
Citron
Saint- Elie
Mana
Grand Santi
Abounamy
SURINAM
Papaichton
Maripasoula
Saül
Lawa
Inini
AMÉRIQUE DU SUD
Ouaqui
Tampoc
0
2000 km
Marouini
L'Itany
Mt Mitaraca 690 m
0
50 km

GUYANE FRANÇAISE
OCEAN ATLANTIQUE
Sinnamary
Iles du Salut
Kourou
Macouria
CAYENNE
Montsinéry
Rémire-Montjoly
Barrage de Petit-Saut
Matoury
Roura
Pointe Behague
Kourou
Kaw
Baie d'Oyapock
Cacao
Comté
Guisanbourg
Régina
Bélizon
Ouanary
Saint-Georges
Approuague
Oyapock
BRESIL
Camopi
Camopi
Yaroupi
Mt Saint-Marcel
638 m
Altitude (en mètres)
500
200
100
Frontière
Routes principales
Routes secondaires

TABLE DES DISTANCES

Tableau des distances (en km)	AWALA-YALIMAPO	CAYENNE	CACAO	IRACOUBO	KAW	KOUROU	MACOURIA	MANA	MATOURY	MONTSINERY	REGINA	REMIRE-MONTJOLY	ROURA	SAINT-LAURENT	SINNAMARY
SINNAMARY	136	120	207	33	219	64	92	110	107	130	216	110	128	150	
SAINT-LAURENT	60	260	320	106	329	200	232	40	253	240	366	260	271		150
ROURA	258	22	60	160	58	71	39	231	18	40	02	25		27	128
REMIRE-MONTJOLY	240	7	65	143	83	60	28	230	10	40	120		25	260	110
REGINA	342	120	77	249	169	166	134	326	113	161		120	102	366	216
MONTSINERY	237	40	79	132	89	49	17	229		33	161	40	40	240	130
MATOURY	235	10	58	136	78	53	21	232		33	113	10	18	253	107
MANA	20	235	290	80	289	175	212		232	229	326	230	231	40	110
MACOURIA	225	28	85	120	97	32		212	21	17	134	28	39	232	92
KOUROU	195	60	118	90	136		32	175	53	49	166	60	71	200	64
KAW	320	83	114	212		136	97	289	78	89	169	83	58	329	219
IRACOUBO	100	160	210		212	90	120	80	136	132	249	143	160	106	33
CACAO	310	65		210	114	118	85	290	58	79	77	65	60	320	207
CAYENNE	255		65	160	83	60	28	235	10	40	120	7	22	260	120
AWALA-YALIMAPO		255	310	100	320	195	225	20	235	237	342	240	258	60	136

EN BREF

LE PAYS

Superficie : 91 250 km^2

Capitale : Cayenne

Langue officielle : français

Autres langues : créole, amérindien, chinois, portugais (du Brésil), bushi-nengues

Religions : catholique et hindouiste

Statut : département d'Outre-mer depuis le 19 mars 1946. Région depuis juin 1975

LA POPULATION

Population : 170 000 habitants

Densité : 20 hab/Km^2

Alphabétisation : 17%

Population urbaine : 79%

Espérance de vie : 79 ans (femmes), 72 ans (hommes)

Densité de population : 2 hab/km^2

Taux de natalité : 31 ‰

Taux de mortalité : 4 ‰

ECONOMIE

Monnaie : euro

PIB : 1 654 millions d'euros

PIB par habitant : 11 206

Taux de chômage : 6,2 %

Dette extérieure : 230,2 milliards de dollars

Exportations :113 millions de dollars

Importations : 157 millions de dollars

Principaux fournisseurs :

Métropole 55,8 %

Trinidad et Tobago 10,6 %

Amérique latine 8,6 %

Principaux clients :

Métropole 63,6 %

USA 7,4 %

Suisse 5 %

Guadeloupe 5 %

Principales industries : activité spatiale, pêche, bois, tourisme.

COMMENT S'Y RENDRE

COMPAGNIES AERIENNES

*Arrivées et départs toutes compagnies à Orly et à Roissy Charles De Gaulle : par téléphone au ✆ **08 36 68 15 15.***

AIR FRANCE. 119, avenue des Champs-Elysées 75008 Paris. Renseignements - réservations et les nombreuses agences de la compagnie au ✆ 0 820 820 820 (8h-21h) ou sur Minitel 3615 et 3616 AF. Web : www.airfrance.fr. La compagnie française assure un vol quotidien direct au départ de Paris et à destination de Cayenne. Air France propose toute une gamme de tarifs attractifs sous la marque Tempo, accessibles à tous : *Tempo 1* (le plus souple), *Tempo 2, Tempo 3* et *Tempo 4* (le moins cher). Plus vous réservez tôt, plus il y a de choix de vols et de tarifs aux meilleures conditions. La compagnie propose également le tarif *Tempo Jeunes* (pour les moins de 25 ans) au départ de France vers l'Europe (en aller simple ou aller-retour, changement de réservation ou remboursement gratuit) ou vers des destinations longs-courriers (en aller-retour). Ce tarif est accompagné d'une garantie assistance rapatriement gratuite, ainsi que de la mise à disposition, 24h/24h, d'une ligne téléphonique « Air France assistance jeunes » en cas de difficultés durant le voyage ou pour transmettre un message à sa famille.

Agences Air France de Paris :

- **Luxembourg** : 4, place E. Rostand 75006 Paris - *Métro : Saint-Michel, RER B : Luxembourg*
- **Invalides** : 2, rue Esnault-Pelterie 75007 Paris - *Métro : Invalides.*
- **Champs-Élysées** : 119, avenue des Champs-Élysées 75008 *Paris - Métro : Georges V.*
- **Blanqui** : 74, boulevard Blanqui 75013 Paris - *Métro : Glacière ou Corvisart.*
- **Opéra Scribe** : 2, rue Scribe 75009 Paris - *Métro : Opéra, RER A : Auber.*
- **Bonne-Nouvelle** : 11, rue du Faubourg Poissonnière 75009 Paris - *Métro : Bonne-Nouvelle.*
- **Maine-Montparnasse** : 25, boulevard de Vaugirard 75015 Paris - *Métro : Montparnasse.*
- **Bastille** : 9, boulevard Beaumarchais 75004 Paris - *Métro : Bastille.*
- **Radio France** : 116, av. du Pdt-Kennedy 75016 Paris - *Métro : Passy, Mirabeau, RER C.*
- **Maillot** : 2, place de la Porte Maillot 75017 Paris - *Métro : Porte Maillot.*

CARS AIR FRANCE. Renseignements au ✆ 0 892 350 820. Pour vous rendre aux aéroports de Charles de Gaulle et d'Orly dans les meilleures conditions, utilisez les services des Cars Air France, qui vous offrent confort, rapidité, vidéo et climatisation à bord ainsi qu'un bagagiste qui prend en charge vos valises à chaque arrêt ! Quatre lignes sont à votre disposition.

Ligne 1 : Orly - Montparnasse - Invalides. Tarifs : *7,50 €* pour un aller simple et *12,75 €* pour un aller/retour.

Ligne 2 : CDG - Porte Maillot - Etoile. Tarifs : *10 €* pour un aller simple et *17 €* pour un aller /retour

Ligne 3 : Orly - CDG. Tarifs : *15,50 €*

Ligne 4 : CDG - Gare de Lyon - Montparnasse. Tarifs : *11, 50 €* pour un aller simple et *19,55 €* pour un aller/retour.

AIR GUYANE. Agence de Cayenne : 2, rue Lallouette 97300 Cayenne ✆ 0 594 29 36 30 Fax 0 594 29 36 31 - Agence de Rochambeau : 97351 Matoury ✆ 0594 35 03 00 - Fax 0594 35 03 10. La compagnie Air Guyane assure les vols intérieurs avec des dessertes régulières sur Maripasoula, Saül et St-Georges.

faire du ciel le plus bel endroit de la terre
AIR FRANCE
Tarifs Tempo.
Envolez-vous à prix légers.
www.airfrance.com
Membre de SKYTEAM

Tarif 2002 : 598 euros / personne sur la base de 4 adultes **incluant :** un programme, la carte du circuit, la location d'une voiture catégorie A climatisée, kms illimités, assurances incluses (caution-franchise à régler sur place par empreinte CB, carburant à la charge du client), les circuits Marais de Kaw et Approuague décrits ci-dessus en pension complète, le ticket de bateau pour les îles du Salut, la réservation du Centre Spatial et les entrées : Parc animalier et musée de l'Espace.

Hébergement à Cayenne : la Chaumière, Hôtel 2 étoiles. Logis de France, accueil personnalisé (jours 1, 3, 4, 6, 7 en chambre double, petit-déjeuner inclus).

Hébergement sur l'Approuague et dans les Marais de Kaw : lit ou hamac.

Vous partez à l'étranger ? … Votre mobile Orange aussi !

Vous partez hors des frontières françaises… Vous voulez garder le contact avec vos proches, grâce à votre mobile ? Aucun problème, si vous avez choisi Orange, vous allez pouvoir utiliser votre mobile à l'étranger. Avec l'option " Orange Sans Frontière ", vous pourrez téléphoner et être joint, dans plus de 130 pays*, sans changer de numéro.

Si vous êtes abonné à un forfait Orange (forfait ajustable ou forfait 2h à 15h)

Avant de partir

Vous devez activer l'option " Orange sans frontière ", en appelant votre service clients Orange au 700 depuis votre mobile (ou au 0 825 005 700 depuis un téléphone fixe), et ce quelques jours avant votre départ.

Vous devez également avoir enregistré votre code secret à 4 chiffres pour pouvoir consulter votre messagerie vocale. Cette démarche, rapide, doit se faire depuis la France métropolitaine (ce code a normalement été rentré lors de l'initialisation de votre messagerie ; pour le vérifier, composez le 888, puis le 22 et suivez les indications du serveur vocal). Enfin, prenez soin d'entrer vos numéros au format international.

Pour téléphoner depuis l'étranger

Si votre correspondant se trouve en France, composez le +33 suivi du numéro de votre correspondant, sans composer le 0 au début.

Si votre correspondant se trouve dans un pays autre que la France (y compris celui dans lequel vous séjournez), composez le + et l'indicatif international du pays de votre cores-pondant, suivi du n° de ce dernier.

Recevoir des appels à l'étranger

Avec Orange, où que vous soyez, votre numéro ne change pas.

Vos correspondants qui appellent de France composent comme d'habitude les 10 chiffres de votre numéro de téléphone mobile.

Ceux qui se trouvent à l'étranger composent +33** suivi des 9 chiffres de votre numéro Orange, sans le 0 du début.

Consulter votre boîte vocale à l'étranger

Dans la plupart des pays européens, vous avez directement accès à votre messagerie en composant le 888. Les réseaux depuis lesquels ce numéro est accessible figurent sur le site WEB www.orange.fr.

Vous devez avoir impérativement enregistré votre code secret avant votre départ. Depuis votre mobile, composez le + 33 6 08 08 XXXX (XXXX= les 4 chiffres après le 06 de votre numéro Orange). D'un téléphone fixe, composez le suivi de +33 6 08 08 XXXX (4 chiffres après le 06 de votre numéro Orange).

* Service disponible dans la zone de couverture des opérateurs partenaires

** + remplace l'indicatif international 00 dans la plupart des pays comme la France, ou 011 aux USA…

Pour être toujours proche
de ceux que vous aimez, Orange étend
sa couverture à l'international.
Bénéficiez gratuitement de l'option Orange sans frontières.
Avoir Orange, c'est voyager en toute liberté dans plus de 130 pays avec les forfaits ajustables. Et avec la mobicarte vous pouvez appeler de 19 pays dont les Antilles, la Réunion, le Maroc. Cette nouvelle ouverture des frontières va créer plus d'une union.
Le futur, vous l'aimez comment ?
orange™
Renseignements et liste des pays disponibles sur orange.fr et N° Vert 0 800 830 800. Couverture en cours de déploiement.

Comment appeler votre service clients ?

Dans la plupart des pays européens, vous avez directement accès à votre service clients en composant le 700. Dans les autres pays, composez le + 33 607 62 64 64.

Comment envoyer un SMS depuis l'étranger ?

C'est aussi simple et efficace qu'en France. Rédigez votre SMS et envoyez-le, comme si vous étiez en France. Vous pouvez envoyer des SMS*** depuis de très nombreux pays.

Les services Orange à l'étranger

Dans la plupart des pays, vous disposez de tous les services Orange : renvoi d'appel, double appel, présentation du numéro, envoi et réception de SMS***, possibilité de restreindre l'utilisation de votre téléphone mobile....

Si vous avez une mobicarte Orange

Avec une mobicarte, et bientôt avec les offres compte mobile, “ Orange sans frontière ” vous accompagne dans la plupart des pays d'Europe (Portugal, Espagne, Suisse, Italie, Grèce, Roumanie, Hongrie, Slovaquie, Autriche, République Tchèque, Pologne, Allemagne, Belgique, Pays Bas, Danemark, Royaume Uni), au Maroc, aux Antilles et à la Réunion .

Avant de partir l'indispensable

Pour bénéficier de ce service, il vous suffit d'appeler votre service clients 48 heures avant votre départ (au 722 depuis votre mobile ou au 0 892 701 722).
Pour pouvoir utiliser votre messagerie vocale à l'étranger, vérifiez depuis la France, l'activation de votre code secret en composant depuis un téléphone fixe le 06 07 07 suivi des 4 chiffres qui composent votre numéro après le 06. Si vous souhaitez le modifier, composez le 777 puis le 321 et enregistrez un nouveau code à 4 chiffres.
Enfin n'oubliez pas, avant votre départ, de vous munir de recharges mobicarte.

Comment téléphoner depuis l'étranger ?

Avec une mobicarte, vous pouvez appeler dans le pays où vous séjournez ou vers la “ France ” Si votre correspondant se trouve en France, composez le +33 suivi du numéro de votre correspondant sans le 0 au début.
Si votre correspondant se trouve dans le pays où vous séjournez, composez le + et l'indicatif international du pays.

Comment vous joindre ?

Vos correspondants qui appellent de France composent les 10 chiffres de votre numéro de téléphone mobile.
Ceux qui appellent de l'étranger composent le +33 suivi des 9 chiffres de votre numéro Orange (sans le 0 du début).

Comment envoyer un SMS ?

Rédigez votre SMS et envoyez le comme si vous étiez en France.

Pour les tarifs, consultez les fiches tarifaires en vigueur. En cas de perte, vol, ou plus simplement une question :

	Site WEB	*Services clients (depuis l'étranger)*
Forfait	www.orange.fr	700 ou 33 607 62 64 64
Mobicarte	www.orange.fr	722 ou 33 607 62 64 64

*** Sur tous les réseaux des opérateurs étrangers partenaires qui ont mis en place ces services

france telecom

orange™

HOTEL AJOUPA

28 chambres climatisées - Canal sat
Ligne directe - 3 studios avec kitchenette
Petit-déjeuner - Piscine privée et carbet - Bar - Parking.

Chambres	de 43,50 euros à 50 euros
Studios	65 euros
Petit-déjeuner	6 euros
Animaux acceptés	4 euros

Hôtel AJOUPA

160 Route de Cabassou
97 300 Cayenne

Tél : 05 94 30 33 08 - Fax : 05 94 30 12 82 - E-mail : HOTEL-AJOUPA@wanadoo.fr

l'Auberge des îles du Salut

Hôtel - Bar - Restaurant - Boutiques de souvenirs

« Un point de vue exceptionnel »

Ile Royale - B.P. 324 - 97381 Kourou Cedex

Tél. hôtel : 0594 32 11 00 - Tél. navette : 0594 32 09 95

Fax : 0594 32 42 23

ORGANISATEURS DE VOYAGES

Les spécialistes

AIR SUD DECOUVERTES. 25, bd Sébastopol 75001 Paris ✆ 01 40 41 66 66 - Fax 01 40 41 68 44 - Email : airsud@airsud.com - Métro : Châtelet-Les-Halles. Cette agence spécialiste propose divers circuits pour découvrir le littoral du pays, ainsi que les terres intérieures.

CROISITOUR. 89, av. des Roches 13007 Marseille ✆ 0821 21 20 20 - Web : www.croisitour.com - Email : contact@croisitour.com. Dix jours pour partir « à la découverte des amérindiens » : voici le circuit que vous propose ce spécialiste pour votre séjour en Guyane. Un voyage de 9 jours qui vous fera découvrir Cayenne, le Maroni, St Laurent et les Iles du Salut. Point fort de ce séjour : la descente en pirogue de Cayenne à Maroni, où vous découvrirez les populations d'Amazonie et du Surinam. Vous descendrez ensuite le célèbre fleuve Maroni en canoë à moteur (avec des étapes à Assisi, Abattis Cottica, le village indien d'Abou Nasounga, Gran Santi, Gaa Caba, Providence et Bada Tabiki). Egalement au programme : deux excursions pédestres en forêt qui vous permettront de nouer des contacts avec les populations riveraines et de découvrir l'environnement naturel.

FLEUVES DU MONDE. 17, rue de la Bûcherie 75005 Paris ✆ 01 44 32 12 80 - Fax 01 44 32 12 89 - Email : info@terre-voyages.com - Web : www.fleuves-du-monde.com - Métro : Maubert Mutualité. Si vous rêvez de descendre en canot-raft pneumatique l'Amazone française, adressez-vous à ce tour opérateur qui vous propose un séjour de 16 jours en plein cœur de la jungle. Au départ du petit village de Saül, les guides vous feront traverser les « Criques Limonades et Inini » où la nature luxuriante est miraculeusement préservée. Un voyage on ne peut plus dépaysant !

SOLEIL PLUS. IBP - Bâtiment Héra - 74160 Archamps ✆ 04 50 31 52 15 - Fax 04 50 95 28 45 - Web : www.soleilplus.com - E-mail : adminstrateur@soleilplus.com. Ce spécialiste propose une large gamme de services pour votre séjour en Guyane. Formules Autotour, circuits d'écotourisme, locations de VTT, mais aussi croisières, expéditions et raids en forêt. Nouveau : le trekking de 12 jours/10 nuits dans le petit village de Saül. Soleil Plus organise également un séjour « Spécial Carnaval » en janvier-février

ROYAL OLYMPIC CRUISES. 5, boulevard des Capucines 75002 Paris ✆ 01 42 66 97 25 - Fax 01 42 65 15 33. Plusieurs croisières sur l'Amazone sont programmées par Royal Olympic Cruises, au départ de Fort Lauderdale en Floride. Vous passerez une journée en Guyane avant de poursuivre votre séjour vers les Antilles et le Brésil. De nombreuses activités sont prévues tout au long du voyage : baignades, pêche, chasse nocturne aux alligators…

SAÏGA. 4, rue Fleuriau 17000 La Rochelle ✆ 05 46 41 34 43 - Fax 05 46 41 34 92. Spécialiste du voyage naturaliste, Saïga vous invite pendant 9 jours « A la découverte d'un nouveau monde : la canopée ». En pirogue ou à pied, vous partirez à la découverte d'une nature sauvage et méconnue, et pourrez mener de nombreuses observations ornithologiques au cœur de la forêt tropicale.

TERRA INCOGNITA. CP 701 - 36/37 quai Arloing 69256 Lyon Cedex 09 ✆ 04 72 53 24 90 - Fax 04 72 53 24 81 - Web : www.terra-incognita.fr - E-mail : ti@terra-incognita.fr. Pour les férus d'espace et d'astronomie, Terra Incognita organise un séjour de 7 jours en Guyane, ponctué du lancement de la fusée Ariane, depuis le site VIP. Une invitation à appréhender davantage l'espace et ses mystères, avec une équipe spécialisée en astronomie. Le séjour prévoit également la visite de Cayenne, des îles du Salut, de la forêt Amazonienne et des villages Mhong de Cacao….

VIE SAUVAGE. 24, rue Vignon 75009 Paris ✆ 01 44 51 08 00 - Fax 01 44 51 08 09 - E-mail : info@viesauvage.fr - Web : www.viesauvage.fr. Vie Sauvage vous propose un circuit « Aventure Guyane sauvage », particulièrement destiné à ceux qui aiment la nature, la découverte et qui sont capables d'oublier le confort pour une réelle approche de la forêt amazonienne. Longtemps restée à l'écart du tourisme par son passé d'exil et sa réputation d'enfer vert amazonien, la Guyane devient aujourd'hui l'une des destinations écotouristiques par excellence. De Cayenne à Ilet Lézard en passant par Saül, ce circuit (10 jours) offre un bel aperçu de la forêt amazonienne et des fleuves guyanais, qui forment un réseau hydrographique très dense.

RESTAURANT - HOTEL - BAR
Excursions
MANA
AUBERGE DU BOIS DIABLE
EXPEDITIONS
Email : Dewevre.Alain@wanadoo.fr
Tél./Fax. : 0594 34 19 35

la baie
des isles
Restaurant
sur la plage
KALAWANG
Grillades, langoustes,
sorbets, jus locaux. Jazz,
orchestre
et son
billard
Ouvert tous les jours
sauf le lundi soir et le mardi
Tel: 05 94 38 60 20
Fax: 05 94 30 10 48
ROUTE DES PLAGES
REMIRE - MONTJOLY
GUYANE FRANÇAISE

Les généralistes

▸ **GO VOYAGES. 22 rue d'Astorg, 75008 Paris ✆ 0 825 825 747 - Web : www.govoyages.com - Métro St Augustin ou Miromesnil.** Go Voyages propose le plus grand choix de vols secs, charters et réguliers, au meilleur prix, au départ et à destination de n'importe quelle ville du monde entier. Possibilité également d'acheter des packages sur mesure « vol + hôtel » permettant de réserver simultanément et en temps réel un billet d'avion et une chambre d'hôtel. Grand choix de promotions sur tous les produits sans oublier la location de voitures. La réservation est simple et rapide, le choix multiple et les prix très compétitifs.

▸ **UCPA. 62, rue Glacière 75013 Paris ✆ 08 03 820 830 - Fax 01 45 87 47 15 - Web : www.ucpa.com - Email : webmaster@ucpa.asso.fr.** L'UCPA propose un séjour de 16 jours sur la « Rivière Limonade ». En canoë ou à pied, ce séjour sportif vous permettra de découvrir les multiples charmes du pays, le long de l'Amazonie : découverte du village Hmong de Cacao, du parc animalier de Montsinéry, du centre spatial de Kourou et de l'ex-bagne des îles du Salut, mais aussi descente en pirogue, et une rando de 3 jours dans la forêt amazonienne.

▸ **ROUTES DU MONDE. ATC. 17, quai d'Austerlitz 75013 Paris ✆ 01 53 82 89 40- Fax 01 53 82 89 50 - Web : www.atc-routesdumonde.com.** L'association touristique des cheminots vous propose un circuit de 9 jours à Cayenne et Saint-Laurent du Maroni. Découverte de la forêt tropicale et des quartiers coloniaux.

▸ **NOUVELLES FRONTIERES. 87, bd de grenelle 75015 Paris ✆ 0825 000 825 - Web : www.nouvelles-frontieres.fr - Métro : Bir-Hakeim.** Nouvelles Frontières vous propose deux circuits aventures en Guyane à la découverte de la Mana, le fleuve le plus sauvage de Guyane, et du village retiré de Saül.

CONSEILS PHOTOS KODAK

Bien s'équiper lorsqu'on voyage

> Prévoir un **sac** pour votre appareil photo avec des **piles de rechange**, un **chiffon** pou nettoyer l'objectif et des **pellicules** en nombre suffisant pour vous éviter le souci d'e trouver sur place. Vous aurez bien d'autres choses à faire !

> Aujourd'hui, vous avez le choix entre différents types d'appareils photo : Compact e réflex 135, numérique et APS. La technologie APS s'adapte particulièrement bien au photos de voyage avec ses 3 formats de prise de vue au choix : classique (10x15 cm), 16/9 (10x18 cm) et panoramique (10x25 cm). De plus, certains appareils comme le Koda Advantix T700 résistent à la pluie et à la condensation !

> Pensez à prendre des films de différentes sensibilités car vous allez sûrement rencontre des situations et des conditions d'éclairage variées. Vous pouvez également utiliser un film très polyvalent, tel que Kodak Ultra, qui s'adapte à toutes les conditions : en plein solei par une faible luminosité, sur des sujets en mouvement ou immobiles. Il est égalemen particulièrement recommandé lors de prises de vue avec le flash car il permet d'augmente sa portée.

> Garder vos pellicules dans leur cartouche plastique avant et après utilisation pour un meilleure protection de vos négatifs (contre le sable, la poussière, les écarts d température, l'humidité...).

> Lors de vos voyages en avion, pensez à prendre vos pellicules avec vous dans votr bagage à main. Les Rayons X utilisés pour inspecter les bagages de soute risquen d'endommager vos films. Ils sont beaucoup plus puissants que ceux utilisés pour le bagages à main pour lesquels les pellicules supportent 8 à 10 passages sans se voiler.

> Pensez à prendre un appareil photo jetable en complément de votre équipement :

- Léger et compact, il peut être emporté partout (escalade, randonnée...) pour prendr des photos même dans les situations les plus risquées !
- Il existe maintenant des appareils jetables étanches jusqu'à 5 m (Kodak Ultra Sport particulièrement adaptés pour la plongée, la navigation ou les temps très pluvieux...
- Entièrement mécaniques, les appareils jetables sont moins sensibles que les appareil électroniques aux très basses températures.

Les astuces pour réussir ses photos

Utilisation du flash. Ne pas hésiter à utiliser le flash en extérieur pour raviver les couleur de vos photos et atténuer les ombres sur les visages. Le flash permet égalemen d'augmenter la vitesse d'obturation de votre appareil et donc de figer le mouvement. I évite ainsi l'effet de flou du sujet en action.

Filtres. L'utilisation permanente d'un filtre UV protègera l'objectif de votre appareil de chocs et de la poussière. De plus, lorsque vous photographiez des paysages, il permet d diminuer l'effet du voile atmosphérique et d'augmenter la netteté de votre photo. Vou pouvez aussi utiliser un filtre polarisant, qui vous permettra de diminuer certains reflet dans les vitres et de raviver les couleurs de vos sujets.

Conditions de lumière et de prise de vue. Les conditions de lumière sont importantes préférez la matinée ou la fin de journée. Le soleil bas dans le ciel, créé des ombre profondes qui donnent de la texture aux images. En milieu de journée, le soleil donne a contraire une lumière écrasante qui aplatit l'image.
Si vous voulez prendre des photos à travers une vitre (bus, voiture, avion) :

- Placez-vous de préférence du coté de l'ombre, afin d'avoir le soleil derrière vous.
- Approchez l'objectif le plus près possible de la vitre, afin que l'autofocus ne fasse pas l mise au point dessus. Surtout, ne le collez pas à la vitre pour éviter que les vibrations d véhicules ne rendent votre photo floue
- Débrayez votre flash pour éviter de photographier les reflets de l'éclair dans la vitre.

Composition des photos. Pour composer vos images, vous pouvez suivre la "loi du tiers" vos photos seront ainsi plus dynamiques. Par exemple : placez la ligne d'horizon au tier haut ou tiers bas du cadre, ou placez le pic de la montagne au tiers gauche ou tiers droi de l'image. Lorsque vous composez votre cadre, pensez à utiliser un premier plan pou donner de la profondeur à vos images.

Agences réceptives

COULEURS AMAZONE. 2, bis avenue Pasteur 97300 Cayenne ✆ 0594 287 000 - Fax 0594 287 001 - Web : www.couleursamazone.fr - E-mail : info@couleursamazone.fr. Pour une immersion profonde à travers la Guyane, cette agence dispose de formules originales qui raviront à coup sûr le visiteur : stage « Sakobo » pour s'initier aux techniques de vie en forêt équatoriale, raid nautique « Mirikitares » ou encore séjour « Hélitrek » (6 jours) pour les amateurs de marche, de pirogue et d'hélico.

ESPACE AMAZONIE. CV7, 1 RDC Simarouba 97310 Kourou ✆ 05 94 32 34 30 - Fax 05 94 32 57 02 - Web : www.espace-amazonie.com - E-mail : espamaz@nplus.gf. Cette agence propose une multitude de circuits en Guyane, vous permettant d'explorer le pays sous différents aspects: formules sportives, séjours à thème ou séjour VIP, pour tous les passionnés d'espace.

GUYANESPACE VOYAGES. 39 avenue Hector Berlioz 97310 Kourou ✆ (0) 594 22 31 01 - Fax (0) 594 22 31 02 - Web : www.guyanespace.com - E-mail : guyane@guyanespace.com Avec des circuits axés sur l'écologie, l'ethnologie et la haute technologie, cette agence réceptive propose de découvrir un large panel du pays. Outre les circuits découverte du pays, le visiteur pourra profiter du séjour VIP pour assister au lancement de la fusée Ariane.

JAL VOYAGES. BP 1102 97344 Cayenne cedex ✆ 05 94 28 79 18 - Fax 05 94 30 11 01 - Web : www.jal-voyages.com - E-mail : jal@jal-voyages.com. Pour une découverte approfondie de la Guyane, cette agence réceptive met à la disposition des voyageurs des circuits hors des sentiers battus (Marais de Kaw, Approuague, Iles du Salut), avec des moyens de locomotion insolites, tels le Carbet navigant ou l'hydroglisseur…

TAKARI TOUR. 8, rue du Capitaine Bernard 97300 Cayenne ✆ 05 94 31 19 60 - Fax 05 94 31 54 70 - Web : www.takaritour.gf - E-mail : takari.tour@wanadoo.fr. Descente sur la Mana ou séjour à Maripasoula ? Découverte de la région d'Oyapock ou petite visite du village de Cacao ? Voici quelques-unes des différentes formules proposées par Takari Tour, grand spécialiste de la Guyane.

LOCATION DE VOITURES

AUTO ESCAPE. ✆ 0 800 920 940 - Web : www.autoescape.com. Ce concept vient des Etats-Unis : Auto Escape est une centrale de réservation de location de voiture. Cette agence effectue en effet des réservations auprès de 4 000 grandes compagnies de location reparties dans une multitude de pays. Sa devise : le service avant tout. Un désistement de dernière minute ? Aucun problème, il n' y a aucun frais de réservation, ni d'annulation. Tarifs négociés.

AVIS. Renseignements au ✆ 0 820 05 05 05 - Web : www.avis.com. Décidé à « faire mille fois plus », Avis a installé ses équipes dans plus de 5000 agences réparties dans 163 pays. Un large panel de véhicules de locations vous sera proposé, du cabriolet à l'utilitaire, ainsi qu'un système de réservation rapide et efficace.

HOLIDAY AUTOS. 11, rue Maurice Grandcoing 94207 Ivry sur Seine cedex - Web : www.holidayautos.com. Avec 4000 stations dans 70 pays, Holiday Autos vous offre une large gamme de véhicules allant de la petite voiture économique au grand break. Holiday Autos dispose également de voitures plus ludiques telles que les 4X4 et les décapotables.

SITES INTERNET FUTES

www.abcvoyage.com : Regroupe les soldes de tous les voyagistes avec des descriptifs complets pour éviter les surprises. Les dernières offres saisies sont accessibles immédiatement à partir des listes de dernière minute. Le serveur est couplé au site

www.airway.net : propose des vols réguliers à prix réduits, ainsi que toutes les promotions et nouveautés des compagnies aériennes

www.anyway.com : Plus d'un million de tarifs en ligne, cela rend ce site incontournable. A exploiter principalement pour trouver un vol sec. Des tarifs très intéressants pour Cayenne.

www.directours.com : Directours met à votre disposition une base de données « vols secs » à tarifs négociés. Vous pourrez également accéder à de nombreuses offres d'hébergement, d'autotours, de circuits, de combinés…à des prix toujours très compétitifs.

www.ebookers.com : Il vous suffit de quelques minutes pour réserver votre vol en ligne avec ebookers.com. Sur ce site, des billets d'avion à prix réduit, négociés en direct auprès de 100 grandes compagnies aériennes sur plus de 900 destinations, dont Cayenne.

www.govoyages.com : Go Voyages propose le plus grand choix de vols secs, charters et réguliers, au meilleur prix, au départ et à destination de n'importe quelle ville du monde entier. Le voyagiste propose également des packages sur mesure « vol + hôtel » permettant de réserver simultanément et en temps réel un billet d'avion et une chambre d'hôtel. La réservation est simple et rapide, le choix multiple et les prix très compétitifs. Possibilité de réserver également des locations de voitures, de bénéficier de nombreuses promotions et de consulter de nombreux services en ligne.

www.opodo.fr : Un site créé par des grandes compagnies aériennes telles que Air France et British Airways qui vous permet de réserver des billets d'avion, des chambres d'hôtel (parmi une sélection de 30 000 établissements) et de louer des voitures.

www.bdv.fr : 1000 voyages à tarifs dégriffés et promotions de dernière minute. Si le vol que vous vouliez est complet, l'agence s'engage à vous faire une contre-proposition. Avec de la chance, la Guyane sera en ligne !

www.kelkoo.com : Le site Kelkoo vous offre la possibilité de comparer les tarifs des vols ou des voyagistes. Pratique et indispensable. Vous aurez du mal à vous en passer une fois que vous l'aurez découvert !

www.salonsdunet.com : Un véritable salon virtuel du voyage : des éditeurs, des prestataires et des tour-opérateurs y présentent leurs offres. Un bon moyen de comparer et de faire votre choix.

www.travelprice.com : Un site Internet très complet de réservation en ligne pour préparer votre voyage : billets d'avion et de train, hôtels, location de voiture, billetterie de spectacles.

MATERIEL DE VOYAGE

▸ **AU VIEUX CAMPEUR. 19 boutiques autour du 48, rue des Ecoles 75005 Paris ✆ 01 53 10 48 48. 5 boutiques autour du 43, cour de la Liberté 69003 Lyon ✆ 04 78 60 21 07. Boutiques à Thonon-les-Bains et à Sallanches - Web : www.auvieuxcampeur.com.** Qui ne connaît pas le fameux Vieux Campeur ? Vous qui partez en Guyane, allez y faire un tour : vous y trouverez cartes, livres, sacs à dos en tout genre, chaussures et vêtements pour pays chauds, filtres à eau, produits anti-insectes, matériel de montagne ou de ski, matériel de plongée ... Bref, si vous êtes perdus dans tout cela, n'hésitez pas à leur demander conseil !

▸ **DECATHLON. Informations par téléphone au ✆ 0 801 08 08 08. Liste des adresses de points de vente consultable sur le Web : www.decathlon.com (possibilité de commander en ligne).** Pour votre matériel de voyage, n'oubliez pas de faire un tour chez Décathlon qui offre un large choix de vêtements et de matériel de sport (plongée, équitation, golf, pêche, bateau, randonnée, ski, vélo...), de chaussures, sacs à dos, livres, cartes, CD-rom ...Décathlon Voyages, véritable tour-opérateur intégré, propose des séjours sportifs en France et à l'étranger : golf, équitation, plongée, randonnée, pêche en eau douce, pêche en mer, VTT, voile. Une vraie caverne d'Ali Baba !

▸ **LOWE ALPINE. 51, route de Thônes 74940 Annecy-le-Vieux ✆ 04 50 64 28 29 - Web : www.lowealpine.fr.** En plus de ses sacs à dos techniques de qualité, la ligne Lowe Alpine étoffe chaque année et innove avec ses collections de vêtements haut de gamme consacrées à la randonnée et au raid, mais aussi à l'alpinisme et à la détente.

▸ **TREKKING. BP 41, 13410 Lambesc ✆ 04 42 57 05 90 - Web: www.trekking.fr.** Partenaire incontournable, Trekking propose dans son catalogue tout ce dont le voyageur a besoin : trousse de voyage, ceinture multipoche, sac à dos...Une mine d'objet de qualité pour voyager futé et dans les meilleures conditions.

FORMALITES

La carte d'identité suffit aux personnes ayant la nationalité française, et les ressortissants de l'Union Européenne sont soumis aux mêmes règles que les Français. Toutefois nous conseillons vivement à chacun d'avoir un passeport en sa possession. En effet, n'oublions pas que nous sommes en Amérique latine. Surinam, Brésil, entre autres tout proche exercent une attraction irrésistible. Aussi, il serait dommage de passer à côté d'une si belle occasion.

Pour les personnes résidant dans un pays n'appartenant pas à l'Union Européenne, les règles sont les mêmes que celles en vigueur sur le territoire métropolitain. Il sera demandé de justifier d'un titre de retour ou de continuation, ainsi que de moyens de subsistance.

ADRESSES UTILES

▶ **Comité du Tourisme de la Guyane (CTG).** 1, rue Clapeyron 75008 ✆ 01 42 94 15 16 - Fax 01 42 94 14 65 - E-mail : guyanaparis@wanadoo.fr - Métro : Rome, Europe.

▶ **Comité du tourisme de la Guyane.** 12, rue de Lallouette, Cayenne (0594) 29 65 00 - Fax (0594) 29 65 01 - Web : www.tourisme-guyane.com - E-mail : guyanaparis@wanadoo.fr

▶ **FOTSIG. 12, rue de Lallouette, Cayenne ✆ (0594) 30 96 29 - Fax (0594) 31 23 41 - Web : www.guyanetourisme.com.** Cette fédération réunit en son sein les offices du tourisme et syndicats d'initiative (OT-SI) présents dans le département. Elle diffuse les informations concernant l'offre touristique (hébergement, activités, sites touristiques…) proposée par les prestataires et c'est avec professionnalisme qu'elle répondra à votre demande. Par ailleurs il vous sera toujours possible d'obtenir des informations plus précises auprès des différents OT-SI de votre choix.

▶ **VISA SOURIRE INTERNATIONAL. 19-21, Avenue Joffre 93800 Epinay-sur-Seine Cedex ✆ 01 41 68 20 18 - Web : www.vsi.1er.fr.** Depuis plus de 20 ans, VSI est le spécialiste de l'obtention de visas et de légalisation de documents auprès des ambassades et consulats. Et cela pour tous vos déplacements : tourisme, voyages d'affaires, déplacement professionnel.

GENERALITES

AVANT DE PARTIR

ARGENT

En Guyane, on paye en euros. Inutile de prévoir des traveller's cheque. En effet, la majorité des villes disposent de distributeurs automatiques (banques ou Poste) pour des retraits avec des cartes de crédit classiques (Visa...). Attention, très peu de commerçants acceptent les chèques hors place. Par prudence dans certains restaurants (même dans les grandes villes), prévoyez de payer en espèces car la carte bancaire n'est pas toujours acceptée.

DECALAGE HORAIRE

Moins 4 heures en hiver et moins 5 heures en été par rapport à la France métropolitaine c'est-à-dire que lorsqu'il est 11 h du matin en Guyane, il est en France métropolitaine 16 h (en été) ou 15 h (en hiver). Quand vous êtes en Guyane, vous comptez une heure de décalage en moins entre la Martinique et la Guadeloupe.

ASSURANCES

Une assurance médicale, pour couvrir vos dépenses de santé (remboursement des médicaments et des frais de consultation ou d'hospitalisation, rapatriement sanitaire, etc.) peut être utile. Lisez attentivement les conditions de prise en charge et vérifiez que les sports dits " à risque " sont couverts. Bien souvent, les sociétés de cartes de crédit et les mutuelles incluent dans leurs contrats un service d'assurance pour l'étranger, quand le séjour ne dépasse pas une certaine durée. Renseignez-vous.

SANTE (par Eric Caumes)

Les situations de la zone côtière, des fleuves et de la forêt amazonienne sont différentes sur le plan sanitaire. Un trekking en forêt nécessite une préparation spéciale.

Assurance assistance médicale

Il vaut mieux être bien assuré. Une assurance médicale, pour couvrir vos dépenses médicales (remboursement des médicaments et des frais de consultation ou d'hospitalisation, rapatriement sanitaire, etc.) est indispensable. Le Petit Futé vous facilite les démarches en vous proposant, en collaboration avec un spécialiste de l'assurance tourisme, une assistance avec des garanties complètes. Pour y souscrire, il suffit de compléter le bulletin que vous trouverez dans ce guide. Bien souvent, les sociétés de cartes de crédit (Visa, etc.) et les mutuelles incluent dans leurs contrats un service d'assurance pour l'étranger, quand le séjour ne dépasse pas une certaine durée. Lisez attentivement les conditions de prise en charge et encore plus attentivement les clauses d'exclusion. Quelques particularités existent sur le plan sanitaire.

Demande d'adhésion

A nous retourner dûment remplie (ou sa photocopie), ainsi que votre chèque de règlement à l'adresse suivante :

AXA ASSISTANCE FRANCE

12 bis boulevard des Frères Voisin
92798 Issy-Les-Moulineaux Cedex 9
Tél : 01 55 92 40 00
Fax : 01 55 92 40 59
SA au capital de 26 840 000 euros
311 338 339 RCS Nanterre
Siret 311 338 339 000 55
N° Intracommunautaire FR 89 311 338 339
Code APE 660 E

Adresse du souscripteur en France ....

....

....

Nom et prénom des bénéficiaires

1re personne ....

2e personne ....

3e personne ....

4e personne ....

5e personne ....

Durée ❑ **1 mois** ❑ **2 mois** ❑ **3 mois**

Date de départ ....

Date de retour ....

Destination ❑ **France, zones 1-2-3** ❑ **zones 4-5**

Option ❑ **Frais médicaux** (25€ x ..... mois x ..... personnes)

Prime .... x nb de personnes = ...€ TTC

Fait le .... **à** .... **Signature**

❊ Attention ❊ Toute demande d'adhésion doit nous être adressée au plus tard 72 heures avant votre départ afin que votre contrat puisse vous parvenir par courrier ❊

POUR TOUTE INFORMATION ET SOUSCRIPTION

Adressez-vous à notre conseiller AXA Assistance ou téléphonez au 01 55 92 41 50.

Paludisme

Il existe du paludisme (malaria en anglais) sur les fleuves dans toute la région amazonienne mais pas sur la côte Atlantique. La prophylaxie conseillée est la méfloquine (Lariam*) à débuter 10 jours avant le départ (pour en tester la tolérance) et à poursuivre 3 semaines après le retour.

Si vous ne prenez pas de prévention médicamenteuse rappelez-vous que le risque de paludisme est élevé dans les régions à risque : il faudra s'en souvenir en cas de fièvre et consulter rapidement car il s'agit d'une maladie souvent mortelle. La prévention médicamenteuse ne dispense pas de se protéger des piqûres de moustiques par le port de vêtements à manches longues (au mieux imprégnés par un insecticide), l'application de répulsifs sur la peau découverte et l'utilisation d'insecticides dans la chambre (tortillons, diffuseurs électriques) à défaut d'une moustiquaire (au mieux imprégnée d'insecticide). En cas de séjour en forêt, la moustiquaire est plus qu'utile, voire indispensable.

Hygiène

A priori, pas de problème puisque l'on est dans un département français. Ceci est vrai pour toutes les villes et le long de la Côte mais en forêt, les règles d'hygiène doivent s'appliquer car on pénètre dans un autre monde, ce qui fait d'ailleurs un des intérêts du pays.

Il est déconseillé de boire **l'eau**, de manger des mets crus ou insuffisamment cuits, des fruits sans enveloppe (pas de problème pour ceux que vous pelez vous-même), des glaces. L'idéal, faute de pouvoir faire bouillir l'eau (une minute suffit), est de boire de l'eau minérale en bouteille encapsulée. A défaut, vous pouvez purifier votre eau avec des pilules (Aquatabs, Drinkwell chlore...). Mais attention les différents désinfectants de l'eau ne protègent pas contre tous les microbes transmis par l'eau à moins que celle-ci ait été filtrée au préalable. Mieux vaut donc être vacciné contre les maladies transmises de cette manière.

L'**hépatite A**, le plus souvent bénigne (mais parfois grave, notamment au-delà de 45 ans et en cas de maladie hépatique préexistante), s'attrape par l'eau ou les aliments mal lavés, à ne pas confondre avec l'**hépatite B**, beaucoup plus grave (elle peut devenir chronique, sinon mortelle), qui se contracte lors de rapports sexuels ou par le sang.

Quant au **sida**, il est bel et bien présent, comme partout dans le monde, et les préservatifs sont de rigueur. Vous les trouverez dans les pharmacies (mais il vaut mieux s'en munir avant le départ) et n'hésitez surtout pas à en utiliser, même si votre partenaire vous inspire confiance. Vous trouverez une liste des endroits où vous pourrez trouver des préservatifs (voir rubrique abécédaire, " préservatifs "). N'oubliez pas non plus les crèmes antisolaires, les lunettes teintées et le nécessaire pour se protéger des piqûres d'insectes (voir paludisme).

Vaccins

La **fièvre jaune** est obligatoire et doit être faite au moins 10 jours avant le départ. Les vaccins contre le **tétanos**, la **diphtérie**, la **poliomyélite**, et l'**hépatite A** (à moins d'être immunisé) sont recommandés. Les plus prudents et les plus aventureux devront y rajouter l'**hépatite B** ainsi que la **fièvre typhoïde**. Planifiez vos vaccinations plusieurs semaines avant le départ.

Pour l'hépatite A, l'existence d'une immunité antérieure (dans ce cas, la vaccination est inutile) est d'autant plus fréquente que vous avez des antécédents de jaunisse, de séjour prolongé à l'étranger, ou êtes âgé de plus de 45 ans. En cas de doute, n'hésitez pas à rechercher la trace d'une infection passée par un test sanguin : positif vous évitez une vaccination inutile, négatif le vaccin est d'autant plus indispensable que vous êtes âgé ou porteur d'une maladie du foie, mais cette maladie peut être grave en dehors de ces circonstances. Le vaccin contre l'hépatite A est théoriquement à effectuer en deux fois, mais la première injection suffit à assurer une protection pour un voyage de courte durée. Le rappel (6 mois à un an plus tard) renforce la durée de l'immunité pour une dizaine d'années.

Le vaccin contre l'hépatite B est à prendre en 2 fois à un mois d'intervalle plus un rappel unique 6 mois plus tard pour renforcer la durée de la protection.

La vaccination contre la fièvre typhoïde, une infection transmise par ingestion de boissons ou d'aliments contaminés, consiste en une injection à pratiquer tous les trois ans. La protection est obtenue au bout de 2 semaines.

La **rage** est répandue partout et toute morsure animale (chien dans 90 % des cas) doit systématiquement et en urgence donner lieu à vaccination après morsure. Quant à la vaccination antirabique avant morsure (préventive) elle est envisagée dans certains cas.

Problème médical sur place

Il n'y a pas grand-chose à craindre dans les villes sur le plan sanitaire (à part certaines nuisances). En forêt, il est fréquent de se faire piquer par des insectes dont certains transmettent des maladies de peau (leishmaniose, puce-chique...) qui peuvent se révéler après le retour. De plus les piqûres d'insectes s'aggravent facilement en milieu tropical et il faudra être attentif aux petits bobos. Et veiller à éviter les piqûres principalement par une couverture vestimentaire correcte (voir paludisme).

Pharmacie de base

Les médicaments sont accessibles dans les pharmacies locales. En cas de séjour en forêt, les incontournables sont l'aspirine, le paracétamol, des antidiarrhéiques, des antibiotiques (contre la diarrhée, les infections respiratoires, ORL et cutanées), et tout le nécessaire pour se protéger des piqûres d'insectes (voir paludisme). Des pansements adhésifs, un désinfectant, une protection solaire pour lèvres et peau peuvent être utiles.

Renseignements avant le départ

Il existe des centres de vaccination et de conseils aux voyageurs rattachés à chaque grand hôpital, souvent en relation avec les services de maladies infectieuses ou de parasitologie. Pour toute information complémentaire n'hésitez pas à demander aussi conseil à votre médecin ou à votre pharmacien.

POSTE ET TELECOMMUNICATIONS

- **De la France métropolitaine vers la Guyane,** composez le **05 94** (**0694** pour les mobiles) et les 6 chiffres de votre correspondant.
- **De l'étranger vers la Guyane,** composez l'indicatif international du pays où vous êtes, puis le **594** (**694** pour les mobiles) et enfin les 6 chiffres de votre correspondant.
- **Pensez au décalage horaire** (moins 4 heures en hiver et moins 5 heures en été par rapport à la France métropolitaine).
- **Les fax** fonctionnent sans aucun problème, mais si de nombreux particuliers sont équipés d'Internet, les cybercafés restent plutôt rares.
- **Le courrier** met, d'une façon générale, entre 5 et 10 jours pour être acheminé vers l'hexagone ou les Antilles françaises.

PORTABLE

Si vous souhaitez recevoir ou émettre des appels à partir de votre portable, avant votre départ, assurez-vous auprès de votre opérateur que votre ligne est bien ouverte à l'international pour la Guyane.

PRIX

Bien que la TVA soit réduite à 0 % en Guyane, les prix sur certains produits restent encore assez élevés, notamment pour les produits importés (alimentaire surtout). La différence entre la petite épicerie et la grande surface peut quelquefois être surprenante. Les produits frais locaux peuvent se trouver à des prix intéressants sur le marché et autres commerces cités ci-dessous (voir détails par ville).

SAISONS

Si vous recherchez le soleil, l'idéal consiste évidemment à visiter le département durant les mois estivaux, de fin juillet jusqu'au mois d'octobre. Toutefois pour vos sorties nous vous conseillons de consulter le bulletin météorologique, même si les précipitations sont moins importantes à cette époque, élément particulièrement intéressant si vous décidez de faire une descente ou une remontée de fleuve. Néanmoins, la période du carnaval (surtout février) réserve aussi quelques belles journées ensoleillées.

TEMPERATURE

Constante tout au long de l'année, elle varie de 26 ° à 32 ° C le jour, et de 23° à 27 ° C la nuit. En forêt, les nuits sont plus fraîches, la température pouvant descendre à 18 ° C... Donc un vêtement chaud est vivement recommandé, surtout pour les nuits fraîches en forêt.

Votre santé fait aussi
partie du voyage
Faites-vous vacciner avant
de partir !
Typhim VI
Contre la fièvre typhoïde
Avaxim
Contre l'hépatite A
Typhim Vi et Avaxim
sont des vaccins
à ne pas utiliser
avant l'âge de 2 ans.
PASTEUR
VACCINS
Des vaccinations pour tout le monde
Visa grand public n°0472G01N303
MÉDICAMENTS. PARLEZ EN À VOTRE MÉDECIN, DEMANDEZ CONSEIL
À VOTRE PHARMACIEN. LIRE ATTENTIVEMENT LA NOTICE.

VETEMENTS

Pour la ville, choisissez-les légers, souples et plutôt dans des tons clairs... N'oubliez pas l'indispensable maillot de bain, un vêtement de sport (à manches et couvrant les jambes), des chaussures de marche pour la forêt (la boue est omniprésente en saison des pluies) et un vêtement de pluie.

CARTES ROUTIERES

Le réseau des routes est vraiment réduit. Seules les cartes de l'IGN existent en Guyane. La carte au 1/500 000 comprend l'ensemble de la Guyane. La carte Cayenne-Kourou au 1/50 000 est intéressante car elle contient en plus les plans de Cayenne et de Kourou. Des cartes au 1/25 000 sont pratiques pour les fleuves, mais elles sont peu nombreuses et ne couvrent qu'une petite partie du littoral. Vous trouverez dans les Offices du tourisme ou syndicats d'initiative des plans de ville (gratuit) et en librairie les cartes routières (en vente).

LOCATION DE VOITURE

Il vous sera possible de louer un véhicule sur place. Certains grands loueurs nationaux facilitent la location avec un enregistrement et une réservation de véhicule depuis votre point de départ pour une mise à disposition ici. Vous devrez vous renseigner auprès des grands loueurs pour les modalités de paiement et de mise à disposition.

BIBLIOGRAPHIE

La Guyane

Atlas illustré de la Guyane, Université des Antilles et de la Guyane, Institut d'Enseignement supérieur de la Guyane, Laboratoire d'enseignement de cartographie de la Guyane, IRD, Paris, 2001.

La Guyane française, au temps de l'esclavage, de l'or et de la francisation (1802-1946), Mam Lam Fouk S., Ibis Rouge, 1999.

Histoire générale de la Guyane française. Les grands problèmes guyanais : permanence et évolution, Mam Lam Fouk S., Cayenne, Ibis Rouge, 1996.

Léon-Gontran Damas, l'homme et l'œuvre, Racine D., collection " Approches ", 1983.

Ti Momo. La Période guyanaise de Gaston Monnerville, Alexandre R.

Rhum, l'aventure de Jean Galmot, Blaise Cendrars, Grasset, 1990.

Le Mendiant de l'Eldorado, de Cayenne aux Andes (1876-1879), Crevaux J., Collection " D'ailleurs ", Phébus, 1987.

Papillon, Charrière H., Editions Robert Laffont, 1995.

Alfred Dreyfus, déporté dans l'enfer du diable, Epailly E., 1995.

Cocoon B., Fab Dee Moe's, " Lavantir mèt doko ", Ibis Rouge, 1999.

Na'na Kali'na, une histoire des Kali'na en Guyane, Collomb G., Tiouka F., Ibis Rouge, 2000.

Guyane, l'art bushinengue, Doat P., Schneegans D., G.S., Craterre Editions, 1999.

Regard sur les Hmong, les détours d'une tradition, Gérard M-O., L'Harmattan, 1997.

Atipa revisité ou les itinéraires de Parépou, G.E.R.E.C., n° spécial 7-8, L'Harmattan, 1989.

Nuit de cachiri, Jadfard R., Editions caribéennes, 1988.

La Faune de Guyane, Hansen E., Richard-Hansen C., Editions Roger Le Guen, 2000.

Les Palmiers de l'Eldorado, Kahn F., Editions de l'Orstom, Paris, 1997.

Carnaval en Guyane, touloulous, diablesses, vaval, Lavergne B., Editions La Réalité, 1988.

Scènes de Guyane, Montford T., Editions Orphie, 1998.

Guyane, Montford T, Editions Plume verte, 2000.

Barthélemy G., " pratique créole guyanais-français ", Ibis rouge, 1995.

L'Or de Guyane, son histoire et ses hommes, Petot J., Editions caribéennes, 1986.

17 Randos nature, à pied, en canoë, en VTT, Boré P., 2000.

Atlas des poissons d'eau douce de Guyane, Planquette P., Keith P., Le Bail P., Editions du Musée national d'histoire naturelle, 1996.

Oiseaux de Guyane, The Birds of French Guyana, Tostain O., Dujardin J., Erard Ch. et Thiollay J.-M., Société d'Etudes ornithologiques, 1992.

Guide des serpents et amphisbènes de Guyane, Starace F., Ibis Rouge, 1998.

COULEURS AMAZONE
Tel : 0594 28 7000
www.couleursamazone.fr
info@couleursamazone.fr
LA GUYANE EN LIBERTE
Autotour de 7 jours
VOITURE + HÔTEL
dès 330 €
Europcar
Europcar
Vous louez plus qu'une voiture.

La Cuisine gastronomique et traditionnelle, Horth R., Editions caribéennes, 1988.

Kaz antiyé, Jan moun ka rété, Carribean Popular Dwelling, Berthelot J, Gaume M., 1991.

Tableaux Economiques Régionaux (TER) Guyane, INSEE, 2002.

Le Surinam

Poulalion Jean-Louis, *Le Surinam : des origines à l'indépendance,* 1986.

Giacottino Jean-Claude, *Les Guyanes,* " Que Sais-je ", PUF, 1984.

Henk E. Chin, Hans Buddingh, *Surinam. Politics, Economics and Society,* London and New York, 1987.

Discographie

Les rythmes et les voix guyanaises ne manquent pas de se faire entendre. Les musiciens guyanais sont de plus en plus nombreux et il serait dommage de repartir sans découvrir **Emilie Sébéloué**, **Sylvianne Cédia**, **Blackwood**, **Alexandra Juniel**, **Chris Combette**, **Nikko**, **Nadège Clément**, **Djmso** (Klack-son), par exemple. La palme revient aux groupes. **Les Mécènes**, **Blue Stars**, **Blue Birds**, **V 80**, **les Guépards**, les **Difficiles**, et plus récemment, **Evasion**, qui nous font piquer, chanter, valser depuis tant d'années. Encore et encore... Vous pourrez écouter d'autres artistes à l'occasion de concerts sympathiques : **Gingo**, **Eric Bonheur et son trio**, **Poto Mitan**, **la bande à Popov**... La Guyane est également une terre d'inspiration pour de nombreux artistes antillais qui viennent y enregistrer.

Enfin, à relever le dernier album d'**Henri Salvador**, un natif de Cayenne qui a fait, certes, sa carrière outre-atlantique mais dont les racines guyanaises sont sensibles dans quelques chansons.

LA GUYANE EN FRANCE METROPOLITAINE

▸ **Comité du tourisme de la Guyane (CTG).** 1, rue Clapeyron, 75008 Paris ✆ 01 42 94 15 16 Fax 01 42 94 14 65 - E-mail : GUYANAPARIS@wanadoo.fr . Métro Rome, Europe.

▸ **Communauté antillo-guyanaise de France.** 51, rue Riquet, 75019 Paris ✆ 01 40 35 73 50. Métro Riquet.

▸ **Association Groupe Patawa.** 1, rue Lecuyer, résidence Watteau, 93400 Saint-Ouen ✆ 01 40 10 06 50 - Fax 01 40 12 81 01.

▸ **Association Collectif Guyanais.** Maison de quartier Valéry-Watteau, BP 34, 95206 Sarcelles ✆ 01 39 94 85 00 - Fax 01 34 19 12 57.

▸ **Association Mayouri.** 65, avenue Jacques-Cartier, résidence Arpèges, 34000 Montpellier.

LIBRAIRIES

En France métropolitaine

▸ **Passions d'outre-mer.** 16, rue de Tourtille, 75020 Paris ✆ 01 43 49 07 00.

▸ **Itinéraires, la librairie des voyages.** 60, rue Saint-Honoré, 75001 Paris ✆ 01 42 36 12 63 Fax 01 42 33 92 00 – Web : www.itineraires.com .

LA GUYANE SUR INTERNET

Institutions

▸ **www.outre-mer.gouv.fr .** Le site du secrétariat d'Etat à l'outre-mer.

▸ **www.tourisme-guyane.com .** Le site du Comité du tourisme de la Guyane (CTG).

▸ **www.guyanetourisme.com .**

▸ **www.clévacances.com .** Le site officiel de la Fédération des Offices de tourisme et syndicats d'initiative de la Guyane (FOTSIG).

Agences de tourisme-réceptifs

▸ **www.jal-voyages.com .** Le site de cet agent de tourisme-réceptif à Cayenne avec tout le programme des circuits et les tarifs (Kaw...)

▸ **www.espace-amazonie.com .** Ce réceptif propose des expéditions et excursions sur toute la Guyane

▸ **www.couleursamazone.fr .** Agence de voyage surtout spécialisée sur l'Approuague.

▸ **www.guyanespace.com .** Ce prestataire propose de découvrir la Guyane sur des séjours longs (forfaits de 8 à 14 jours).

Divers

- **www.csg-spatial.tm.fr .** Site du centre spatial guyanais.
- **www.outremer.com .** Actualités, informations pratiques, économie, loisirs.
- **www.creol.net .** Le site de la société Creol (Commerce Relations Extérieures On Line), créatrice de sites Web, est un portail sur la Guyane.
- **www.ariasnet.fr .** Une autre société guyanaise de création et d'hébergement de sites, dont le site propose quelques liens sur la Guyane.
- **www.rfo.fr/guyane/guyane.htm .** Le site de RFO en Guyane. De nombreuses informations et actualités, des flashs info à écouter.
- **www.rci.gp/intro-guyane.html .** Le site de Radio Caraïbes International, avec un journal quotidien et la diffusion des émissions en direct.
- **www.guyane-dircay.com .** Un site très illustré sur la Guyane (culture, nature, ethnies, bibliographie, etc.).
- **www.mdi-guyane.fr/millefleurs .** Le site d'une plantation d'orchidées à Macouria. Un diaporama y présente les plantes de Guyane.
- **www.bondy.ird.fr/~fperrier/guyane .** Un petit site personnel bien documenté avec quelques liens.
- **www.ourworld.compuserve.com/homepages/pgero/fishpicf.htm .** Une page perso sur les poissons d'eau douce de Guyane.
- **www.chez.com/claudepoulain/**
- **www.terresdeguyane.fr .** Un site très intéressant avec des articles, reportages, biblio...
- **www.ifrance.com/bagne-guyane/index.htm .**
- **www.97320.com .**
- **www.gensdelacaraibe.org .** Vous vous intéressez à ce qui se passe dans les Caraïbes : infos, actu, débats, publi, manifestations, liens ici et là-bas. A consulter !!!

SURVOL DU PAYS

L'arrivée en Guyane est un enchantement, une confusion totale, agréable et étrange : la plénitude. A l'immensité bleue de l'Océan succède l'immensité verte d'une inextricable forêt amazonienne qui semble uniforme, infinie, invincible.

Seul un cordon maritime de quelques kilomètres, trouble et chargé d'alluvions, s'interpose entre ces espaces grandioses, symboles de la puissance de la nature. Jusqu'à l'atterrissage, le voyageur ne distinguera qu'une exubérante voûte végétale que seuls quelques fleuves parviennent à déchirer.

Bienvenue en Guyane, royaume de la nature et infime partie de l'Amazonie, le poumon de la Terre !

GEOGRAPHIE

La Guyane est située entre le 2e et le 5e degré de latitude nord, au nord-est de l'Amérique du Sud, à environ 7 000 kilomètres de la métropole. Couvrant presque 90 000 km^2, la Guyane, qui représente 1/6 de la France métropolitaine, constitue de loin le plus grand département français.

Au nord-ouest, le Maroni définit la frontière naturelle avec le Surinam, et l'Oyapock, celle avec le Brésil au sud-est. Au sud, la limite, peu précise, est déterminée par les légendaires monts Tumuc-Humac.

L'avantage majeur de la Guyane tient à sa position géographique continentale. En effet, contrairement à ce qui se passe aux Antilles ou dans les autres territoires insulaires de l'outre-mer, il n'y a ici jamais de cyclone.

La Guyane possède trois ensembles géographiques.

© T. Montfort

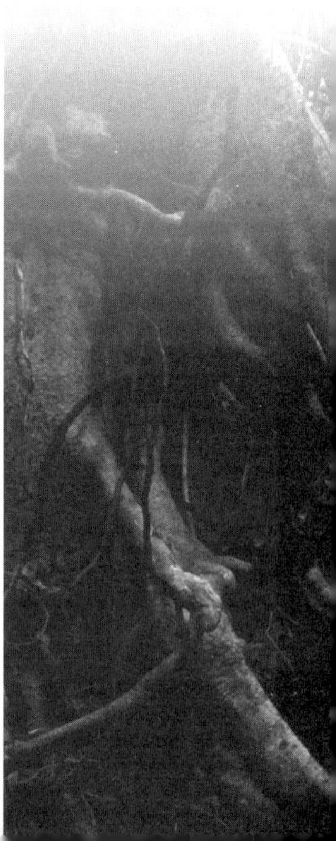

Terres hautes

C'est le domaine de la forêt équatoriale, qui couvre 94 % du territoire. Le sol, latéritique, est pauvre et peu propice à l'agriculture. Pour résoudre partiellement ce problème, les exploitants enrichissent la terre en y faisant brûler au préalable certains végétaux. Les résidus de la combustion permettent ainsi d'effectuer une récolte. Les petites parcelles cultivées suivant ce système sont appelées " abattis " .

Terres basses

Elles représentent la frange littorale, soit environ 6 % du territoire. Suivant l'altitude, on y rencontre des marécages, des savanes ou des massifs forestiers. Le terme de montagne est la plupart du temps exagéré, car seules quelques collines se détachent du paysage.

La mangrove

La Guyane subit les effets d'un puissant courant marin qui porte d'ailleurs son nom. Les fleuves déposent une quantité colossale d'alluvions à leur embouchure. Il en résulte que l'Océan est trouble sur plusieurs kilomètres depuis la Côte. Cette spécificité naturelle empêche le développement de l'activité balnéaire, alors qu'il est parfaitement possible de goûter aux joies de la baignade en Guyane. En effet, même si l'eau ne possède pas l'aspect " paradis bleu turquoise " que l'on rencontre dans d'autres départements d'outre-mer, on n'y déplore que peu de traces de pollution. Lorsque l'envasement du littoral est plus important, les palétuviers se développent rapidement, donnant naissance à la mangrove qui s'étend parfois sur plusieurs kilomètres de largeur.

UN CLIMAT EQUATORIAL NUANCE

Le climat équatorial de la Guyane, loin d'être insoutenable, est considérablement tempéré par les alizés. Le trait essentiel est évidemment l'humidité relative dont le taux descend rarement en dessous de 80 %. La Guyane connaît en fait de véritables saisons, marquées non par de brusques changements de la température, qui reste voisine de 26 °C, mais par une variation du niveau des précipitations. L'année climatique se décompose de la manière suivante :

- **D'avril à juillet,** une grande saison des pluies.
- **De la mi-juillet à la mi-novembre,** une grande saison sèche.
- **De la mi-novembre à février,** une petite saison des pluies.
- **Une petite saison sèche** appelée " petit été de mars ".

Le climat subit les effets de la zone intertropicale de convergence (ZIC), qui se déplace entre les Caraïbes et le nord de l'Amérique du Sud. Cette zone se stabilise au niveau du bassin de la Caraïbe durant l'été et redescend vers le sud durant les mois d'hiver. Le déplacement de cette zone a pour conséquence d'inverser totalement les saisons entre la Guyane et les Antilles, où la saison sèche correspond plutôt aux mois d'hiver.

MAGIE DES FLEUVES

Le réseau hydrographique en Guyane est à la fois très riche et très particulier. Parfois zones de loisirs, parfois uniques voies de communication ou sites pour aventuriers, les fleuves, ici, font partie intégrante de la vie. Cela est particulièrement vrai pour les populations de l'intérieur qui vivent sur le Maroni ou sur l'Oyapock. L'activité touristique liée au fleuve est multiple. Certaines rivières, appelées " criques ", plus ou moins importantes, sont les lieux de prédilection pour le tourisme de fin de semaine. Un loisir très prisé consiste à remonter ou descendre un cours d'eau en canot pour passer la nuit dans un endroit isolé. Vous apercevrez souvent le long des rives de petites structures d'hébergement en bois, appelées " carbets ".

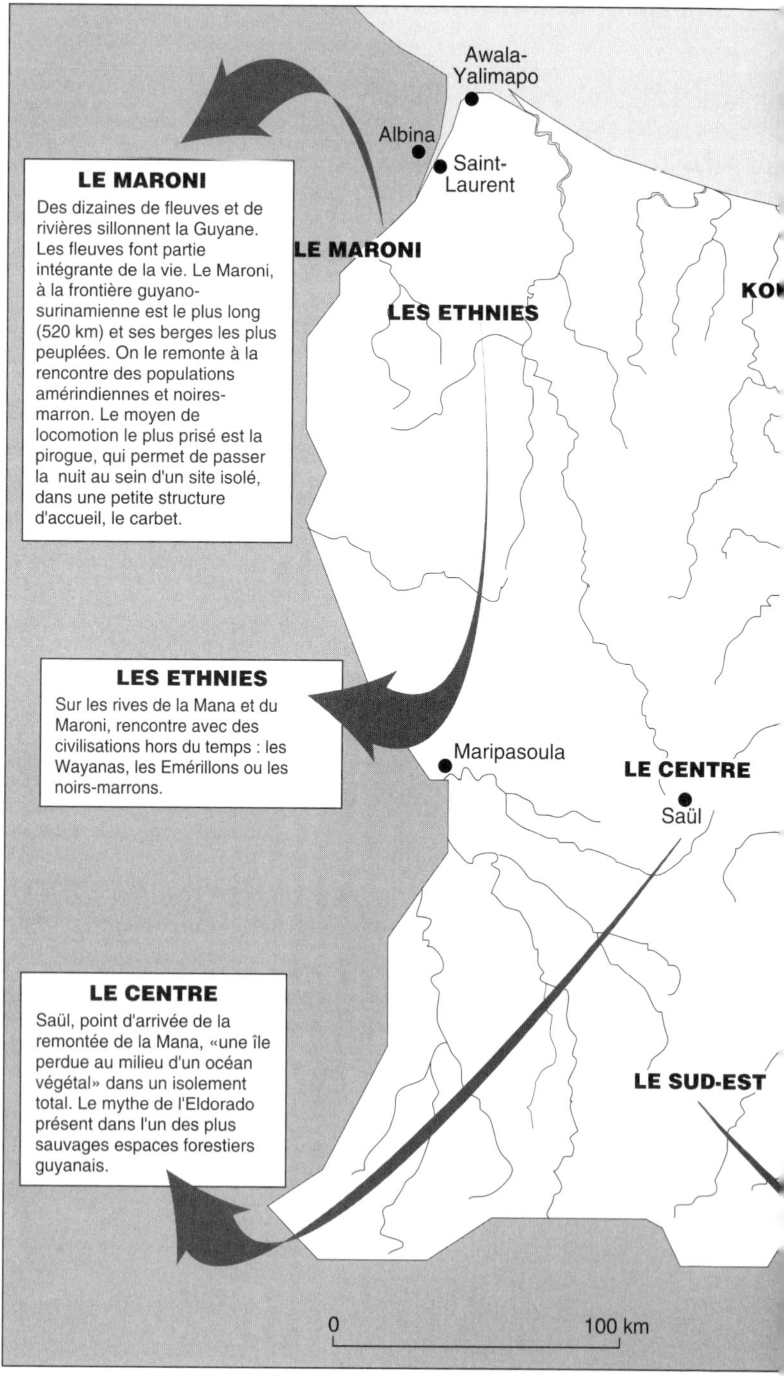

LE MARONI

Des dizaines de fleuves et de rivières sillonnent la Guyane. Les fleuves font partie intégrante de la vie. Le Maroni, à la frontière guyano-surinamienne est le plus long (520 km) et ses berges les plus peuplées. On le remonte à la rencontre des populations amérindiennes et noires-marron. Le moyen de locomotion le plus prisé est la pirogue, qui permet de passer la nuit au sein d'un site isolé, dans une petite structure d'accueil, le carbet.

LES ETHNIES

Sur les rives de la Mana et du Maroni, rencontre avec des civilisations hors du temps : les Wayanas, les Emérillons ou les noirs-marrons.

LE CENTRE

Saül, point d'arrivée de la remontée de la Mana, «une île perdue au milieu d'un océan végétal» dans un isolement total. Le mythe de l'Eldorado présent dans l'un des plus sauvages espaces forestiers guyanais.

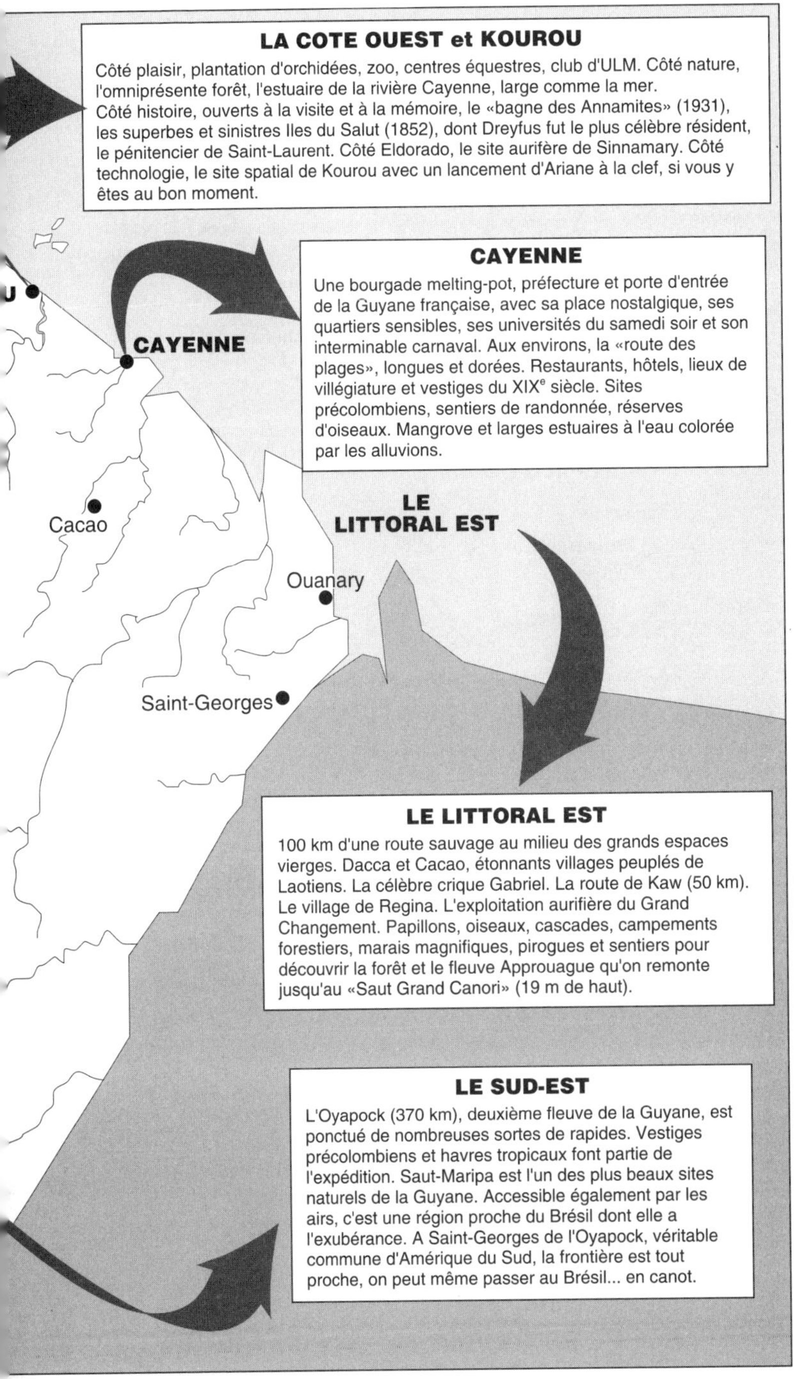

LA COTE OUEST et KOUROU

Côté plaisir, plantation d'orchidées, zoo, centres équestres, club d'ULM. Côté nature, l'omniprésente forêt, l'estuaire de la rivière Cayenne, large comme la mer.
Côté histoire, ouverts à la visite et à la mémoire, le «bagne des Annamites» (1931), les superbes et sinistres Iles du Salut (1852), dont Dreyfus fut le plus célèbre résident, le pénitencier de Saint-Laurent. Côté Eldorado, le site aurifère de Sinnamary. Côté technologie, le site spatial de Kourou avec un lancement d'Ariane à la clef, si vous y êtes au bon moment.

CAYENNE

Une bourgade melting-pot, préfecture et porte d'entrée de la Guyane française, avec sa place nostalgique, ses quartiers sensibles, ses universités du samedi soir et son interminable carnaval. Aux environs, la «route des plages», longues et dorées. Restaurants, hôtels, lieux de villégiature et vestiges du XIXe siècle. Sites précolombiens, sentiers de randonnée, réserves d'oiseaux. Mangrove et larges estuaires à l'eau colorée par les alluvions.

LE LITTORAL EST

100 km d'une route sauvage au milieu des grands espaces vierges. Dacca et Cacao, étonnants villages peuplés de Laotiens. La célèbre crique Gabriel. La route de Kaw (50 km). Le village de Regina. L'exploitation aurifière du Grand Changement. Papillons, oiseaux, cascades, campements forestiers, marais magnifiques, pirogues et sentiers pour découvrir la forêt et le fleuve Approuague qu'on remonte jusqu'au «Saut Grand Canori» (19 m de haut).

LE SUD-EST

L'Oyapock (370 km), deuxième fleuve de la Guyane, est ponctué de nombreuses sortes de rapides. Vestiges précolombiens et havres tropicaux font partie de l'expédition. Saut-Maripa est l'un des plus beaux sites naturels de la Guyane. Accessible également par les airs, c'est une région proche du Brésil dont elle a l'exubérance. A Saint-Georges de l'Oyapock, véritable commune d'Amérique du Sud, la frontière est tout proche, on peut même passer au Brésil... en canot.

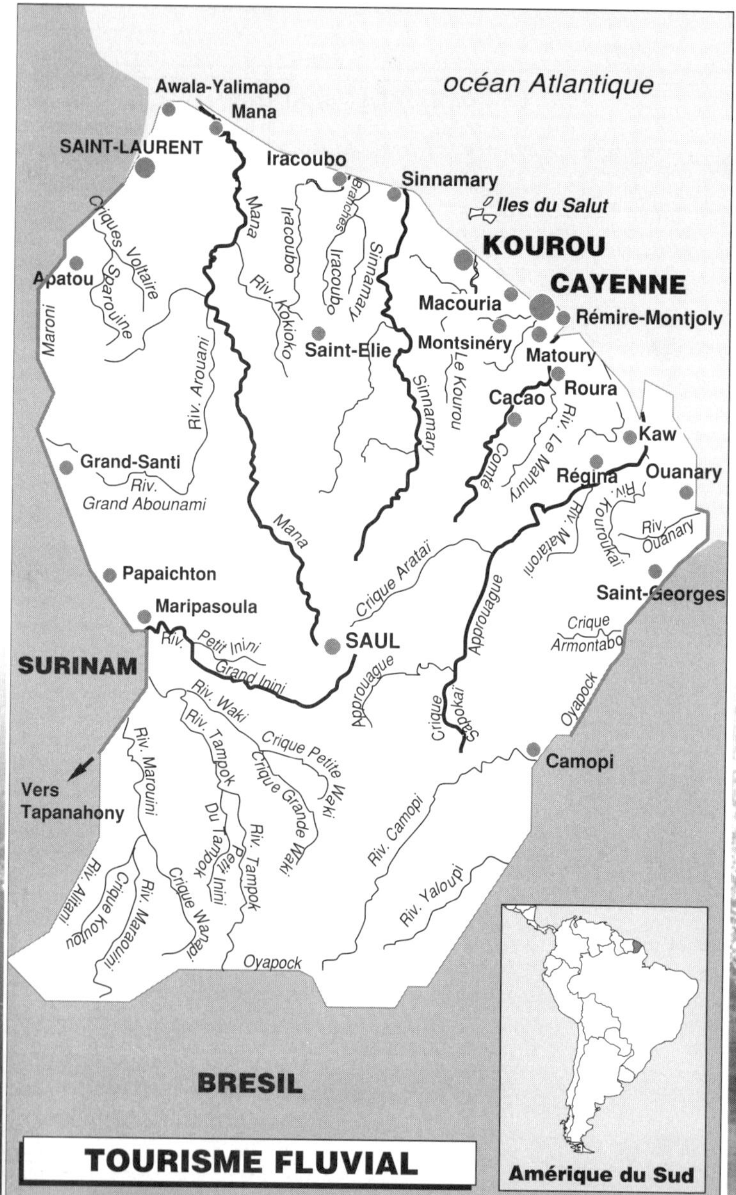

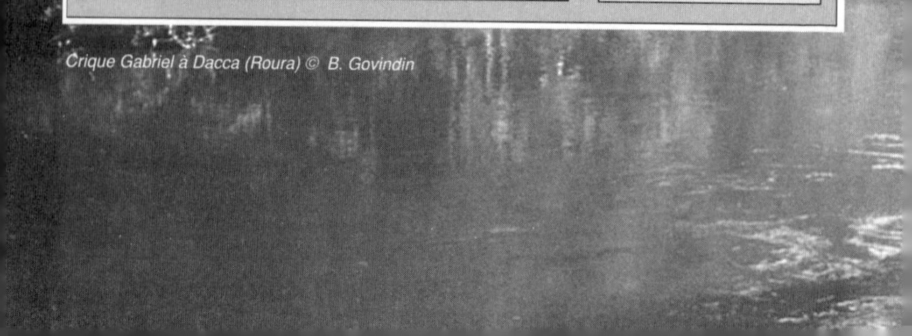

Crique Gabriel à Dacca (Roura) © B. Govindin

Les fleuves étant quelquefois les seuls moyens d'accéder à certaines communes, les canots (sorte de pirogues) sont les mieux adaptés pour naviguer sur les fleuves, ponctués de nombreux rapides, appelés " sauts ", qui sont parfois très actifs en amont, surtout durant la saison sèche.

Des dizaines de fleuves, rivières et criques sillonnent ce territoire amazonien. Du nord-ouest au sud-est, on découvre les cours d'eau suivants.

Le Maroni

Le fleuve-roi de la Guyane, qui marque la frontière guyano-surinamienne. A la fois le plus long et le plus habité, il offre sur les 520 kilomètres de son cours de superbes paysages et permet de rencontrer les habitants de cette partie du territoire (majoritairement des Noirs marrons et des Amérindiens).

L'Iracoubo

Moins important que les autres, il n'a pas encore acquis ses lettres de noblesse.

Le Sinnamary

Il a été sous les feux de l'actualité en 1997, à la suite de la construction et de la mise en route du barrage hydroélectrique Petit-Saut. La mise en eau du barrage a entraîné l'inondation de 300 km^2 de forêt, ce qui ne va pas sans modifier les mécanismes de l'écosystème en amont et en aval de l'édifice. Le Sinnamary offre encore quelques sites splendides où il fait bon séjourner, tel que saut Takari Tanté, à 3 heures et demie de canot, le saut Lucifer, à 2 heures et demie, et enfin la nouvelle Gare-Tigre, à une heure et demie de canot. Le départ se fait au dégrad Petit-Saut (barrage de Petit-Saut). Son estuaire, comme celui de l'Iracoubo, est un lieu privilégié pour observer, à l'aube ou au crépuscule, le vol des ibis rouges.

L'Approuague

Tantôt sauvage, tantôt apprivoisé, ce fleuve a ses inconditionnels. Fortement marqué par la ruée vers l'or au siècle dernier, le principal village de l'Approuague se trouve dans la commune de Regina. En aval demeurent les vestiges de l'ancien site de Guisambourg, perdu au cœur de la végétation équatoriale. Il reste encore la sucrerie abandonnée avec ses polders et ses anciennes machines à vapeur. Plus en amont, le fleuve recèle quelques-uns des plus beaux sites tels que Saut-Athanase, Saut-Mathias, le saut Grand Machicou et enfin le Grand Canori, qui constituent des lieux de séjour privilégiés.

© S. Honthaas

La Mana

Il est le plus sauvage des fleuves guyanais, avec ses 99 sauts répartis sur les 430 kilomètres de son tracé. Autrefois considéré comme l'une des principales zones d'orpaillage, le fleuve, aujourd'hui inhabité, permet de rejoindre Saül, le cœur de la Guyane après une véritable expédition. Certains s'y sont tout de même aventurés en quad.

Le Kourou

Son estuaire constitue le port de la ville spatiale. De par l'activité importante liée directement ou indirectement au domaine spatial, on trouve sur le Kourou de nombreux carbets d'entreprise.

La rivière de Cayenne

A quelques kilomètres de l'Océan, plusieurs grands cours d'eau se retrouvent pour former un gigantesque estuaire. Large de plus de 2 kilomètres, la rivière de Cayenne abrite le port de pêche du Larivot et constitue la limite ouest de l'île de Cayenne. Depuis 1977, un impressionnant ouvrage d'art a remplacé le bac qui permettait autrefois de franchir l'estuaire.

Le Mahury

Il constitue la limite est de l'île de Cayenne et abrite le port de commerce de Dégrad des Cannes. Pour permettre l'accostage des navires marchands en provenance de métropole, un étroit chenal est continuellement dragué. On y trouve depuis quelques années une marina (pour plus d'informations à ce sujet, rapprochez-vous de la chambre de commerce et de l'industrie de la Guyane).

L'Oyapock

Formant la frontière avec le Brésil, zone d'échanges culturels et économiques par excellence, ce fleuve est peuplé de garimpeiros, des chercheurs d'or brésiliens vivant sur des barges, et de populations amérindiennes, essentiellement des Wayãpis et des Emerillons. En amont, le village de Camopi marque la limite d'un territoire d'accès réglementé qui forme une sorte de sanctuaire amérindien.

PROTECTION DU MILIEU

Devant un environnement aussi vaste qu'inextricable, on pouvait penser, quelle que soit l'étendue des conséquences de la chasse, que la nature finirait par reprendre ses droits et que les espèces parviendraient à survivre. C'est probablement le raisonnement que doivent tenir ceux qui violent impunément les règles fondamentales de la nature et arborent orgueilleusement leurs captures. Malgré sa puissance apparente, la forêt amazonienne est un bien piètre havre de paix pour certains animaux.

Quelques massacres causés par des individus isolés et peu scrupuleux ont suffi pour que nombre d'espèces soient en voie de disparition. Pourtant, une législation et des moyens plus importants ont été mis en œuvre, depuis 1986, pour accentuer les contrôles. Depuis toujours, les peuples de Guyane qui vivent en harmonie avec la nature savent à quel point il est fondamental de respecter les cycles de reproduction. Leurs méthodes de chasse ont, certes, évolué, même si parfois la technique reste ancestrale, mais le but est toujours le même : chasser pour la subsistance de sa famille.

Il y a en la matière un travail de sensibilisation à réaliser en Guyane, à l'intention des visiteurs mais aussi des autochtones.

CHARTE POUR UN ECOTOURISTE RESPECTUEUX DE LA NATURE EN GUYANE

1. On entend par écotourisme, un tourisme planifié et réalisé de façon à soutenir un développement économique régional durable dans le respect de la faune, de la flore et des cultures traditionnelles. Ce tourisme représente un support pour la conservation des écosystèmes visités et de l'authenticité des traditions locales. Il intègre la notion de patrimoine naturel et culturel et s'inscrit dans la gestion durable et la valorisation de celui-ci.

2. L'introduction des touristes dans les zones naturelles inhabitées ou habitées par des populations ayant un mode de vie de forme tribale ou ayant un caractère environnemental exceptionnel, doit se faire par petites unités afin de limiter les perturbations autant que faire se peut.

3. La pêche en rivière et en mer est possible pour assurer l'alimentation des touristes, mais aucune forme de chasse (sauf photographique) ne sera entreprise dans un but sportif ou de collection. Il pourrait être toléré, dans des zones particulièrement reculées, une chasse de subsistance excluant toutes les espèces protégées. De même, la collecte d'insectes et la chasse aux papillons ne seront autorisées qu'après autorisations des gardes au cas par cas.

4. Toutes les ordures non biodégradables accumulées pendant la prise en charge des touristes seront rapportées dans les agglomérations et, dans la mesure du possible, déposées dans une décharge contrôlée.

5. Il sera évité, lors des prestations, d'engendrer une forme quelconque de pollution, que ce soit des milieux terrestres ou aquatiques.

6. Le dérangement des animaux rencontrés ou recherchés devra être évité afin de ne pas les éloigner de leur territoire ou de mettre en danger leur reproduction. La flore sera laissée en place et aucune cueillette d'espèce protégée ne sera effectuée. Il sera cependant possible d'abattre exceptionnellement quelques arbustes si besoin est pour la construction d'un carbet temporaire.

7. Les touristes auront à leur disposition, en plus des informations données par leur guide, une documentation sur les espèces remarquables qu'ils sont susceptibles de rencontrer. Ils seront informés de la législation protectrice en vigueur, et des menaces pesant sur les espèces. La prestation se fera dans un esprit de découverte des espèces, dans le respect de celles-ci et des écosystèmes qu'elles habitent. Cette prestation ne se fera en aucun cas dans des milieux très fragiles où toute pénétration humaine aurait un impact négatif irréversible.

8. L'ouverture de nouvelles pistes ou voies navigables pour pénétrer plus en profondeur dans des milieux fermés et inhabités par l'homme se fera en concertation avec les prescripteurs, après proposition motivée des signataires de la charte.

9. Les sites archéologiques seront respectés. Aucun objet appartenant au patrimoine historique guyanais ne sera collecté et emporté par les touristes.

10. Cette forme de tourisme essaiera, dans la mesure du possible, d'intégrer dans son personnel d'encadrement des habitants locaux, sans pour autant perturber leur mode de vie. Elle devra également remplacer avantageusement pour les communautés concernées la valeur marchande que pouvaient avoir certaines espèces animales et donc aider à la protection de ces dernières ; ce qui sous-entend qu'aucun animal ne sera tué spécialement par les communautés pour le fonctionnement d'un restaurant ou la fabrication d'un artisanat à l'intention directe des touristes.

11. Aucune terre communautaire des populations locales ne sera privatisée pour le fonctionnement (hébergement, restauration...) de cet écotourisme, sauf autorisation expresse délivrée par les communautés concernées.

12. Le personnel d'encadrement des touristes devra suivre une formation lui assurant un degré indispensable de connaissance de l'environnement et de sa protection.

13. Cet écotourisme devra, d'une façon ou d'une autre, être bénéfique financièrement aux actions de protection de la nature.

FLORE ET FAUNE

FLORE DE LA BANDE COTIERE

Sur le littoral, la flore s'adapte au mouvement d'avancée et de recul de la côte. On y trouve essentiellement trois grandes catégories de paysage.

La **mangrove**, tout d'abord, est la forme de végétation la plus proche des rivages. L'espèce caractéristique est ici le **palétuvier** rouge ou blanc.

Extrêmement dense, la mangrove gêne souvent l'accès à certaines berges. De multiples espèces d'animaux, et surtout les moustiques y trouvent des conditions idéales de vie et de développement. Cette zone est donc à la fois difficile d'accès et particulièrement insalubre. Son intérêt touristique est par conséquent limité, même si certains sites sont propices à l'observation d'espèces animales rares, comme les ibis rouges dans la région de Sinnamary.

Les **marais sublittoraux** se rencontrent essentiellement à l'est de Cayenne, au pied de la montagne de Kaw. La végétation est ici disséminée, composée d'arbustes et de plantes semi-aquatiques. Par endroits, certains arbres parviennent à émerger des marais pour former les pinotières, véritables forêts marécageuses.

Ces marais sont, eux aussi difficiles d'accès. De plus, ils constituent un environnement naturel très sensible à toute trace de pollution. La région de Kaw fait d'ailleurs discrètement l'objet de nombreux affrontements verbaux entre les protecteurs de l'environnement et les partisans d'un développement touristique plus prononcé. Le site renferme en effet quelques espèces à la fois spectaculaires et en voie de disparition telles que le caïman noir (voir plus loin " La faune, une richesse en danger ").

A l'arrière de la mangrove, on rencontre une **plaine côtière ancienne sèche** ou ayant un caractère marécageux moins marqué et plus localisé. Cette zone se situe essentiellement le long de la RN1, entre Cayenne et Iracoubo. C'est le domaine de la savane. Depuis peu, des aires de pique-nique et de repos ont été aménagées le long des routes.

Mais elles restent encore très peu nombreuses par rapport à la demande (touristique extérieure et locale). Une grande partie est soit occupée par les infrastructures du centre spatial, soit utilisée pour des productions agricoles (Savane Matiti à Macouria). Cependant, la savane constitue la terre d'élection du palmier aouara dont les fruits permettent d'élaborer un bouillon qui est le plat le plus traditionnel guyanais pendant les fêtes de Pâques.

FORET GUYANAISE

La forêt primaire est de loin la forme de végétation dominante du département. Son omniprésence saisit le visiteur dès son arrivée en avion. L'inventaire entrepris par l'ONF a recensé à ce jour environ 5 500 espèces végétales. Il est extrêmement difficile de distinguer ces espèces entre elles tellement l'environnement est dense et uniforme. Outre les bois précieux, on trouve dans la forêt primaire de nombreuses plantes épiphytes fleuries.

Les plus connues sont les **orchidées** et les **aracées** (**anthuriums** et **philodendrons**). La voûte forestière est relativement peu élevée, compte tenu de la pauvreté minérale du sol. L'intérêt touristique de la forêt primaire est multiple. La découverte, l'aventure et éventuellement la pratique limitée de la pêche exigent une logistique importante et des connaissances précises. La forêt ne pardonne guère les imprudences. Quelques sites, situés au bord des pistes, sont néanmoins accessibles sans assistance.

L'exploitation touristique de la forêt guyanaise pose un certain nombre de problèmes à la fois écologiques et pratiques. La mise en place de quelques infrastructures légères d'hébergement, carbet ou lodge, destinées à proposer au visiteur un hébergement original, confortable et proche de la nature, pose le problème de la protection de l'environnement et des populations avoisinantes. L'intérêt de la forêt est de pouvoir y observer quelques espèces animales endémiques particulièrement rares et de vivre certaines sensations hors du commun.

LE PARC NATIONAL DU SUD DE LA GUYANE

La forêt guyanaise est tout à fait remarquable, à la fois pour sa grande richesse faunistique et floristique et pour son fort taux d'endémisme. Nombre d'espèces n'ont à ce jour été répertoriées qu'en Guyane. Cependant, comme tous les écosystèmes complexes, ce milieu est sensible aux agressions d'origine humaine.

De plus, la forêt guyanaise abrite des communautés traditionnelles qui vivent en parfaite harmonie avec l'environnement, y trouvant l'essentiel de leurs moyens de subsistance. Un tel espace protégé et géré de façon durable peut devenir un exemple pour sensibiliser l'ensemble de la population à la nécessité de préserver ce patrimoine. Enfin, il est également apparu que la forêt constituait aussi un potentiel économique pour la Guyane. L'utilisation de la biodiversité ou l'écotourisme peuvent y être facilement développés.

Prenant conscience de tous ces éléments, c'est en 1992, au Sommet de Rio (Brésil) qu'est né le projet d'un parc national pour la Guyane, au sud du département. Il s'agit avant tout de protéger cette partie du territoire, tout en tenant compte de son environnement humain. Pour cela, différentes zones distinctes ont été définies, chacune avec sa réglementation. Une structure sur place, la Mission pour la création du parc du Sud, travaille en partenariat avec la Diren, les collectivités régionales et générales, le ministère de l'Environnement et les relais des différentes communes et villages concernés. De discussions en discussions, de rencontres en rencontres, pour l'heure il n'y a eu que très peu de publications ou de communication quant à l'avancée du projet. Le projet serait-il au point mort ? Une affaire que l'on continue de suivre !

PARC NATUREL REGIONAL

Les discussions menées en 2001 entre les responsables de l'Association pour l'étude et la création du parc naturel régional de la Guyane (AECPRNG) et les élus ont été concluantes. 4 communes sont concernées : Mana, Awala-Yalimapo, Régina-Kaw et Roura. Saint-Georges et Ouanary auraient posé également leur candidature. Une autre extension est à l'étude sur Sinnamary et Iracoubo.

Ce parc, qui a pour objectif la mise en valeur du patrimoine naturel, culturel et ethnologique des régions concernées, n'est pas limité par de véritables restrictions ou plutôt réglementations-interdictions (autres que celles qui existent déjà sur le département), mais a toutefois une obligation de résultat sur une période bien déterminée.

Un parc naturel régional (PNR) est un territoire rural de qualité, habité, fragile, protégé et mis en valeur par un classement. Il doit permettre de protéger et faire vivre le patrimoine naturel, culturel et humain de son territoire. Ce futur parc naturel régional disposera de plusieurs atouts : un patrimoine naturel (forêt), culturel et ethnologique. Plus grand parc français avec 700 000 hectares, le parc naturel régional guyanais est aussi le plus petit en termes de partenaires : deux collectivités et quatre communes seulement. Il serait prévu d'installer la future Maison du parc sur la commune de Roura et l'on envisage d'implanter des antennes à Régina, Mana et Awala.

LA FAUNE, UNE RICHESSE EN DANGER

Mammifères

La Guyane héberge des mammifères qui semblent sortis tout droit de la préhistoire sans avoir subi de mutations majeures. C'est le cas notamment des **tatous**, ainsi que des **marsupiaux**. Si les premiers sont traqués pour leur chair, les seconds sont particulièrement recherchés par les contrebandiers qui répondent ainsi à la demande de certaines réserves zoologiques européennes. Les grands félins comme le **puma**, **l'ocelot** et le **jaguar** sont les espèces les plus menacées en raison de la beauté de leur fourrure.

Le spectacle du déplacement lent et gracieux du **mouton paresseux** est l'un des plus émouvants auquel on puisse assister en Guyane. Peu sauvages, ces animaux s'apprivoisent apparemment, facilement mais très peu survivent en captivité.

De la même façon, l'observation du **tamanoir** dit “ grand fourmilier ”, car il apprécie les fourmis, est tout à fait unique, mais il faut que le visiteur fasse preuve d'une grande patience et prenne d'infinies précautions pour avoir la chance de l'approcher dans son milieu naturel. C'est probablement cet instinct sauvage qui a permis à l'espèce de ne pas avoir disparu complètement à ce jour. La Guyane abrite également diverses espèces de gibiers.

On peut citer notamment le **tapir** (maïpouri), qui est le plus gros mammifère terrestre d'Amérique du Sud. Il peut mesurer 2 mètres de longueur pour une hauteur au garrot de 1,20 mètre. Son poids atteint parfois 250 kilos. La femelle met au monde un seul petit tous les 18 mois. Le **cabiaï** (Hydrochaeris hydrochaeris) est quant à lui le plus gros rongeur du globe. Ce " cochon d'eau " (en créole) peut atteindre 1,20 mètre pour un poids de 60 kilos. Lorsqu'il nage, on le distingue de la loutre par son museau carré. Les gibiers sont très appréciés dans la gastronomie guyanaise, surtout le **pécari à collier** dit " pakira " et le **pécari à lèvres blanches** dit " cochon-bois ", sorte de sanglier.

Sur place, vous trouverez en librairie d'excellentes publications concernant la faune et la flore de la Guyane. Nous vous conseillons notre sélection (voir rubrique " Bibliographie ") et les ouvrages réalisés par l'Orstom ou l'Association naturaliste Sepanguy ou Pou d'Agouti. Ces guides présentent des descriptions très précises des espèces et des plantes que vous rencontrerez lors de vos balades. Vous pourrez également y trouver la liste mise à jour des animaux protégés.

Mammifères intégralement protégés

L'opossum aquatique, appelé aussi " yapock ", tous les fourmiliers (tamanoirs...), le tatou géant ou " cabassou ", les loutres et les martres, appelées " tig d'eau " et " tayra ", le renard des savanes, appelé " chien-bois ", le raton crabier ou chien crabier, le cerf de Virginie, l'ocelot ou " chat tig ", le jaguar ou " tig marqué ", le puma ou " tig rouge ", ainsi que la quasi-totalité des singes présents dans le département tels que l'atèle (ou singe araignée), le saki capucin, le saki à face pâle (" maman guinan "), le douroucouli (ou singe de nuit) et le lamantin.

Mammifères pour lesquels la chasse est autorisée sans exportation ni commercialisation

L'aï, ou " mouton paresseux ", le kinkajou, sorte de singe de nuit, le coati roux ou brun, appelé " coachi ", le daguet rouge ou gris, appelé " cariacou ", et le cœndou appelé " potopic ".

Oiseaux

La Guyane possède une **réserve ornithologique** riche d'environ 700 espèces, dont 10 % sont migratrices. Une fois encore, la chasse incontrôlée est responsable de la raréfaction de certaines d'entre elles. L'exemple le plus significatif est l'**ibis rouge** (Eudocimus ruber) dont la population a été divisée par 10 en moins de quinze ans.

L'observation de l'avifaune guyanaise peut se faire tout à la fois dans la mangrove, dans les marais ou en forêt. La mangrove et les marais sont en effet les lieux privilégiés de reproduction de nombreuses espèces : la **buse à tête blanche** (Busarellus nigricollis), le **milan des marais** (Rostrhamus sociabilis), le **balbuzard pêcheur**, le **caracara à tête jaune** (Milvago chimachima), le **jacamar vert** (Galbula galbula), les 3 espèces de **martins-pêcheurs**, le **géocoucou** (Taperia naevia), l'**ani**, le **jacana noir**, le **petit héron vert**, l'**anhinga** (oiseau-serpent), l'**ibis rouge ou vert**, le **canard musqué** (Cairina moschata)... Lors de balades en forêt, vous entendrez souvent le païpayo ou oiseau sentinelle au chant si particulier. En fin de matinée, les rapaces profitent des vents ascendants pour survoler leur territoire : le vautour-pape, l'aigle harpie, le **milan à queue fourchue** (Elanoides forficatus) et les aras, qui tirent leur nom de leur cri rauque et grinçant, vous feront découvrir leurs couleurs vives.

Si vous croisez un oiseau avec une huppe échevelée sur la tête, ressemblant légèrement à un dindon, il s'agit de l'**hoatzin huppé** (Opisthocomus hoatzin), appelé " sassa " en créole. Et l'incontournable reste tout de même le toucan ou " gros-bec " et ses cris discordants. Il est l'oiseau emblématique de la Guyane.

Bon nombre d'espèces d'oiseaux sont désormais protégées par une réglementation.

Oiseaux intégralement protégés

L'anhinga (ou canard plongeur), le cormoran, le pélican brun, appelé " zouzoufou ", la frégate ou goéland, le flamant rose, appelé " tokoko ", le canard musqué, appelé " cana sauvage ", l'ibis vert ou " flamant-bois ", l'ibis rouge, la spatule rose, la pénélope siffleuse, appelée " maraï à ailes blanches ", les aras, le coq de roche, les rapaces, qu'ils soient diurnes ou nocturnes, ainsi que tous les hérons et les aigrettes.

Oiseaux pour lesquels la chasse est autorisée sans exportation ni commercialisation

Le hocco alector, appelé plus simplement hocco, la pénélope mairaï (ou maraï), et l'agami ou " oiseau-trompette " .

Reptiles

Par leur magnificence, leur force, leur beauté, ils provoqueront chez certains de l'admiration, de l'étonnement, chez d'autres de la peur ou de la stupeur. Rendus responsables de tous les crimes par les voyageurs d'antan, les reptiles restent les symboles du danger. Celui qui occupe une place importante dans les croyances guyanaises est l'**anaconda** (Eunectes murinus). C'est le plus gros serpent du monde et il peut mesurer jusqu'à 9 mètres et peser 200 kilos. Non venimeux, ce serpent constrictor se rencontre dans les marécages, les savanes inondées. N'imaginez donc pas croiser des serpents tous les jours et tous les 10 mètres.

Certes, la diversité est considérable (94 espèces) mais la densité est faible. Une rencontre avec des serpents serait une réelle malchance et l'on recense très peu de cas de morsures. Parmi les espèces venimeuses, les plus connues sont le **grage grands-carreaux** (Lacheris mutus), le **grage petits-carreaux** (Botrops brazili et B. Atrox), le **crotale des savanes** (Crotalus durisus) et le **" vrai corail "** (Micrurus). Mais pas d'affolement ! Lors de balades en forêt, il faut simplement être vigilant.

La Guyane possède également les **grenouilles** les plus colorées du monde, les dendrobates. Leurs couleurs informent les prédateurs sur le danger qu'il y aurait à les manger. La substance vénéneuse sécrétée par leur peau est à l'origine de médicaments.

Parmi les reptiles, n'oublions pas les magnifiques **tortues :** la tortue matata (Chelus fimbriatus) que l'on retrouve surtout dans les marais de Kaw, le tortue Carette, visible facilement aux îles du Salut, par exemple, et surtout la tortue luth qui suscite l'enthousiasme du visiteur.

Le spectacle de ces monstres marins (pesant de 400 à 700 kg pour 1,80 mètre de longueur), venant déposer leurs œufs sur les plages après un effort titanesque, force l'admiration et l'émotion. Le lieu de prédilection pour l'observation de la ponte est la plage des Hattes (commune d'Awala-Yalimapo), située au nord-ouest de la Guyane, près de Mana et également le long des plages de Montjoly.

Depuis plusieurs années, pour protéger les tortues, et surtout pour étudier le comportement de cette espèce, le WWF y a installé un centre d'études et de protection des tortues marines. La présence de ces scientifiques permet à la fois de satisfaire la curiosité des visiteurs et de protéger leur reproduction dans ce lieu presque unique au monde.

De la même façon, l'observation des **crocodiliens** dans leur milieu naturel excite la curiosité. Sur les 4 espèces de caïmans présentes en Guyane, c'est le **caïman noir** (Melanosuchus niger) qui présente le plus d'intérêt. Cette espèce a presque disparu et la région des marais de Kaw reste un de ses derniers refuges. Il s'agit d'une espèce protégée. Sa chair est très appréciée dans la gastronomie guyanaise. Par conséquent, bien qu'étant protégée, cette espèce fait l'objet d'une traque incessante par les braconniers. Le spectacle le plus intéressant offert par ces crocodiliens a lieu la nuit, lorsqu'on peut discerner la lueur rouge de leurs yeux émergeant à peine de l'eau, signe de leur présence. La plupart des agences réceptives de Cayenne proposent cette excursion qui est l'une des plus classiques du département.

Reptiles intégralement protégés

La tortue luth, le caïman noir, la tortue matamata, le platemyde à tête orange, le boa émeraude, appelé aussi " couleuvre verte ", l'anaconda ou " couleuvre d'eau " .

Reptiles pour lesquels la chasse est autorisée sans exportation ni commercialisation

Le caïman à front lisse, le caïman à lunettes, la tortue denticulée, appelée aussi " tortue-terre ", la tortue charbonnière, le boa constrictor, et tous les sauriens présents dans le département à l'exception de l'iguane vert.

Poissons

La Guyane comblera de bonheur tous les amateurs de loisirs halieutiques. Que ce soit en mer, dans les rivières ou les estuaires, la faune aquatique est aussi riche que variée. En parcourant la Guyane, vous remarquerez sans doute la présence de nombreux pêcheurs sur les ponts du littoral. En effet, les estuaires, avec leurs eaux saumâtres, renferment une quantité colossale de poissons limons, particulièrement goûteux. **Machoirans**, **acoupas** ou **cocos**, après avoir fait l'objet d'une préparation particulière, feront le plaisir des gastronomes.

L'océan recèle également un nombre important d'espèces dont certaines peuvent être énormes. Dans la zone des îles du Salut, on rencontre par exemple de très gros **mérous**, **tarpons** (palika en créole) et même des **requins** qui font de cette région un paradis de la pêche sportive. Plus fréquemment, vous aurez l'occasion de voir directement sur la plage, des pêcheurs attraper de magnifiques **raies**.

Enfin, on trouve en Guyane, plus particulièrement dans les marais côtiers, un poisson tout à fait surprenant : **l'atipa**. Ce poisson à l'allure étrange, recouvert de deux rangées de plaques osseuses de chaque côté du corps, peut atteindre 19 centimètres et ressemble à un rescapé de la préhistoire.

Loin de la côte, le fleuve est le territoire du piraï. Appelé " poisson-ciseaux " en Guyane, il est plus connu sous le nom de piranha, qui est son appellation brésilienne. Il en existe une dizaine d'espèces, mais tous ont la particularité d'être munis de dents incisives et efficaces. Pouvant atteindre 30 centimètres, ce poisson est bien moins agressif qu'on ne le prétend et les adeptes de la baignade peuvent être rassurés, les accidents sont rares. Le prédateur des criques est l'aïmara, qui atteint parfois un mètre pour 25 kg. Grand carnassier, il est apprécié par les gens du fleuve.

Beauté de la nature, l'anguille électrique, noire, à la gorge rougeâtre, que vous pourrez apercevoir dans les eaux sableuses de certaines criques, peut mesurer 2 mètres et, comme son nom l'indique, est capable d'émettre des courants de 500 à 750 volts sous 2 ampères. Restez prudent et éloigné !

Insectes et papillons

Les insectes sont extrêmement nombreux et variés en Guyane. Le plus apprécié des papillons est le **morpho bleu**. Présent du Mexique à l'Argentine, le genre morpho compte environ 30 espèces, dont 9 sont présentes en Guyane : le bleu barré, noir et bleu (3 espèces), le bleu métallique, entièrement bleu (4 espèces) et les planeurs, brun orange (2 espèces).

D'autres espèces, plus rares, sont particulièrement appréciées des entomologistes qui trouvent en Guyane les moyens de satisfaire leur passion. Dans leurs magnifiques apparats, les **longicornes** font également leur bonheur.

Contre 235 espèces recensées en métropole, la Guyane en annonce près de 1 500. Velue et traînant une réputation peu enviable, la **mygale** est en fait peu à craindre par l'homme car son venin ne présente pas de véritable danger. Les **fourmis**, en revanche, qu'elles soient rouges ou légionnaires, causent fréquemment des désagréments aux visiteurs par leurs morsures. Il est important de s'abriter correctement, notamment lors de l'installation en carbet pour les nuits en forêt.

LES CONSEILS NATURE DU PETIT FUTE

Avec la collaboration de l'Association Kwata (association loi de 1901) agréée pour la protection de la nature.

Vous avez décidé avec le guide du Petit Futé de partir à la découverte de la Guyane. Vous allez traverser tout au long de votre séjour des sites et des milieux plutôt inhabituels, d'une richesse exceptionnelle, où la faune et la flore sont omniprésentes. Afin de vous préparer à ce voyage dépaysant, nous vous proposons quelques conseils afin de participer à la préservation de ces milieux qui bénéficient d'un équilibre naturel, mais fragile.

Quelques informations

La Guyane est recouverte à 90 % par de la forêt tropicale humide primaire encore peu perturbée par l'homme. Cette forêt fait partie du plus grand bloc forestier tropical de la planète encore relativement intact. La bande littorale, où est regroupée la plus grande partie de la population, présente également des milieux remarquables comme les plages, les mangroves, les savanes et les marais. Vous pourrez y contempler quelques espèces emblématiques comme les tortues marines, les ibis rouges et de nombreux oiseaux migrateurs, les caïmans... Sachez qu'ont été recensées en Guyane près de 200 espèces de mammifères dont 110 chauve-souris, et une centaine d'amphibiens, 95 serpents, 430 poissons d'eau douce et saumâtre, 730 oiseaux, 5 500 plantes vasculaires dont plus de 3 000 arbres.

Oubliez les clichés

La Guyane souffre toujours d'une mauvaise réputation liée à l'hostilité de la forêt et de ses espèces animales : mygales, moustiques, serpents, jaguars... S'il est vrai que les moustiques peuvent occasionner quelques désagréments dans certaines zones, vous serez agréablement surpris par la tranquillité dont vous jouirez à l'intérieur de la forêt.

Sachez que les mygales vivent le plus souvent dans des terriers, que les rencontres avec les serpents sont rares et que surtout moins de 10 % des espèces rencontrées peuvent représenter un danger. Enfin aucun animal n'attaque l'homme s'il n'est pas provoqué. Les principaux dangers sont la chute des arbres et les possibilités de se perdre si vous vous aventurez seul sur un layon. Aussi si vous partez sur un site avec un groupe, évitez par un surcroît de confiance de vous éloigner seul du carbet.

Préservez et respectez la richesse de la nature

Evitez de faire du bruit si vous voulez observer des animaux. Ne tuez pas les espèces vous paraissant hostiles, car très peu représentent un danger potentiel. N'abusez pas de la consommation de gibier dans les restaurants, car vous favoriseriez une chasse commerciale souvent irrespectueuse et cause du déclin de certaines espèces. Ne contribuez pas à l'appauvrissement de la faune en ramenant des espèces naturalisées (papillons, mygales, et insectes...).

Respectez les populations et leurs cultures traditionnelles

Restez discret en toutes circonstances, notamment lors de fêtes traditionnelles. Certaines populations n'aimant pas être prises en photo, demandez leur autorisation. Certains habitants dépendent de la faune pour s'alimenter. Si vous n'êtes pas chasseur ou pêcheur, ne le devenez pas. Si vous l'êtes, observez un comportement respectueux.

Ne laissez pas de traces de votre passage

Après un séjour en forêt, remportez systématiquement vos déchets, en particulier tout ce qui n'est pas dégradable. Ne les abandonnez pas car ils peuvent ne pas être enlevés régulièrement. Utilisez les poubelles lors de votre séjour et privilégiez l'achat de produits générant le moins de déchets.

Respectez la législation

Un certain nombre d'espèces sont intégralement protégées. N'achetez pas de produits provenant de ces espèces (écailles de tortues, plumes, peaux, dents de félins...). Ne ramenez pas d'animaux vivants ou naturalisés, vous pourriez être verbalisés. Certains espaces naturels sont également protégés et font l'objet d'une législation spécifique, renseignez-vous.

Bon séjour !

Renseignement : Association Kwata. 1, place Schoelcher 97300 Cayenne ✆ 05 94 25 43 31 - E-mail : kwata@nplus.gf - Web : www.kwata.org .

HISTOIRE

CHRONOLOGIE

Vers 1500	Les côtes de la Guyane sont reconnues par les Espagnols.
1637	Création de la ville de Cayenne.
1647	Les Anglais s'emparent de la Guyane. Cayenne est détruite.
1667	Les Hollandais en deviennent maîtres (traité de Breda).
1677	Reconquise par l'amiral d'Estrées, la Guyane passe sous domination française.
1763-1765	Expédition de Kourou, menée par Choiseul, pour peupler et valoriser la région. C'est un désastre : sur 15 000 émigrants, plus de 10 000 sont emportés par la fièvre jaune et la typhoïde. Les survivants se réfugient sur les îles du Diable (renommées îles du Salut).
4 février 1794	Abolition de l'esclavage.
1795	L'île du Diable servira de lieu de déportation politique durant toute la période révolutionnaire. Sous le Directoire, plus de 300 prisonniers seront ainsi exilés, dont une majorité de prêtres.
1804	Le gouverneur Victor Hugues rétablit l'esclavage et la traite des Noirs.
1809	Occupation portugaise.
1817	A la suite d'une convention entre le Portugal et la France, la Guyane est officiellement restituée à celle-ci. Les projets de colonisation, fondés sur l'utilisation d'esclaves dans les plantations, se multiplient.
1848	L'abolition de l'esclavage entraîne la ruine des plantations et la libération de 12 000 esclaves.
27 mai 1852	Le bagne est officiellement institué. De 1852 à 1938, il accueillera près de 74 000 bagnards et donnera à la colonie une sinistre réputation.
1859	Arrivée en Guyane de quelques travailleurs indiens.
	L'installation du régime communiste à Beijing (Chine) entraîne l'arrivée de nombreux Chinois en Guyane. C'est également à cette époque que sont amenés dans le contingent du bagne les Annamites.
	Le développement de l'industrie aurifère a pour conséquence l'arrivée massive de chercheurs d'or originaires des Antilles françaises et anglaises (Sainte-Lucie et Dominique).
1894	Alfred Dreyfus est condamné à la déportation en enceinte fortifiée et à la dégradation militaire. Il séjournera pendant 4 ans sur l'île du Diable. Quelques années plus tard, Guillaume Seznec et le célébrissime Papillon lui succèderont.
1895	Affrontements franco-brésiliens suite à un différend né de l'interprétation du traité d'Utrecht (1713), fixant les frontières entre la Guyane et le Brésil.
1902	Après l'éruption de la montagne Pelée (Martinique), la Guyane donne refuge à une partie de la population martiniquaise.
1930	La Guyane est divisée en 2 territoires : Guyane et Inini.
17 mars 1943	La Guyane se rallie à la France libre du général de Gaulle.
19 mars 1946	Le statut officiel de département d'outre-mer est octroyé à la Guyane, qui accédera au statut de région en 1975.
1951	La Guyane est divisée en 2 arrondissements (Cayenne et Inini), 15 cantons et 14 communes.
1953	Départ des derniers bagnards.
1964	Installation du centre spatial à Kourou.
	L'arrondissement d'Inini devient celui de Saint-Laurent-du-Maroni.

1975	Lancement du Plan vert par le Premier ministre, Jacques Chirac, sous le gouvernement de Giscard d'Estaing : un vaste projet de développement agricole pour la Guyane.
1976	Naissance de la commune d'Apatou.
1977	A la suite de la guerre qui ravageait la péninsule Indochinoise au cours des années 70, une population hmong, originaire du Laos, s'installe en Guyane et crée 2 villages : Cacao, puis Javouhey.
1979	Le premier lancement (réussi) de la fusée Ariane a lieu pour la nuit de Noël.
5 février 1983	Klaus Barbie est arrêté à l'aéroport de Cayenne, en provenance de Bolivie d'où il vient d'être expulsé.
Avril 1987	Arrivée de 9 000 réfugiés surinamiens, après le coup d'état au Surinam.
31 décembre 1988	Création de la commune d'Awala-Yalimapo.
16 juillet 1989	Awala-Yalimapo accueille la première conférence des Amérindiens de Guyane. Les 22 associations qui la composent se regroupent en une fédération, dont le président est Félix Tiouka.
1993	Naissance de la commune de Papaïchton.
Décembre 1993	Premier congrès de la Fédération des organisations amérindiennes de Guyane (FOAG).
1994	Suite au contrat de plan Etat/région, la Guyane bénéficie d'une aide de 1,5 milliard de francs sur 4 ans, en plus d'une aide de la Communauté européenne d'un milliard, pour la même période.
4 juin 1996	Le premier tir d'Ariane 5 est un échec.
22 avril 1997	La Guyane montre un triste visage : émeutes, arrestations diverses. Et c'est au bout de plusieurs jours de conflits et de négociations que la Guyane obtient la création d'un rectorat.
21 octobre 1998	Le 1 er vol de qualification d'Ariane 5 est un franc succès.
18 février 1999	Le projet de loi visant à faire reconnaître la traite négrière et l'esclavage comme crimes contre l'humanité est adopté par l'Assemblée nationale.
10 décembre 1999	Premier vol commercial pour Ariane 5.
Mars 2000	Jean-Jack Queyranne (le secrétaire d'Etat à l'outre-mer) signe avec le Komité pou nou démaré Lagwiyann un document reconnaissant le Pacte de développement.
12 décembre 2000	La loi d'orientation pour l'outre-mer est votée en dernière lecture par l'Assemblée nationale. Cette loi prévoit une réforme des institutions dans les DOM, des mesures d'ordre économique et des dispositions dans le cadre d'actions de coopération internationales et régionales.
Mars 2001	Début de la procédure de mise en cessation de paiement d'Air Guyane.
Avril 2001	Début des perturbations d'Air Outre-Mer (AOM).
17 juillet 2001	Le gouvernement rejette le projet sucrier pour la Guyane initié 4 ans auparavant.

LA DECOUVERTE

En **1498,** Christophe Colomb entreprend la découverte de l'Amérique du Sud. C'est à cette époque qu'il longe pour la première fois les côtes de la Guyane. Deux ans plus tard, Vincente Pinzon explore ce territoire en empruntant l'Oyapock. Les populations indigènes sont alors amérindiennes et se répartissent essentiellement sur le littoral. Traités comme des êtres inférieurs, ces autochtones font rapidement preuve d'une féroce hostilité à l'égard des immigrants. Plusieurs missions de mise en valeur de Cayenne se soldent par de cuisants échecs.

Une colonisation longue et douloureuse

Les grandes compagnies, comme celles du Cap Nord ou de la France équinoxiale, doivent revoir leur position et entreprendre des négociations avec le chef indien Cépérou. En **1643**, celui-ci permet néanmoins au gouverneur du Cap Nord, Poncet de Brétigny, de s'installer sur la colline de Cépérou, surplombant Cayenne. Ainsi naît la ville de Cayenne. Malgré cela, la colonisation de la Guyane est loin d'être une chose acquise. S'ils ont réussi à neutraliser l'hostilité des populations locales, les Européens vont connaître les plus grands déboires avec l'environnement naturel.

A partir de **1689**, les premiers esclaves noirs sont amenés en Guyane pour tenter de valoriser cette terre qui manque cruellement de main-d'œuvre. Le café, le cacao et d'autres cultures font leur apparition. Il faudra attendre presque un siècle pour qu'une tentative de colonisation plus conséquente soit à nouveau envisagée. En **1763**, alors que la France est terriblement affaiblie par sa défaite dans la guerre de Sept Ans, Choiseul organise une vaste opération destinée à peupler et à valoriser la Guyane : c'est l'expédition de Kourou. 14 000 Européens vont alors débarquer à Kourou dans des conditions épouvantables.

Très vite, la dysenterie, la fièvre jaune, la syphilis et le paludisme auront raison des espoirs de ces colons. La plupart d'entre eux vont mourir dans d'atroces conditions. Tentant de fuir la maladie, quelques survivants s'installent sur les îles du Diable, rebaptisées par la suite îles du Salut. Ceux qui recouvrent finalement la santé retournent en France. C'est de leurs récits que naîtra l'image terrible de la Guyane qui, pendant longtemps, lui porta préjudice.

Après cet échec retentissant, le pays va connaître une période trouble, sans que règne une véritable autorité. Napoléon Ier envoie donc un nouveau gouverneur, Pierre Malouet, qui est à l'origine de la modernisation de la Guyane. Dès lors, on expédie des tonnes d'épices, de bois et de textiles vers la France. Cette période de prospérité dure jusqu'à la Révolution. Au **début du XIXe siècle**, la France subit les effets de la défaite de Trafalgar. Aussi, les Anglais et les Portugais décident d'occuper la Guyane. Ils débarquent à Cayenne en **1809** et occupent le territoire pendant huit ans, sans toutefois perturber la vie quotidienne des habitants.

Abolition de l'esclavage

Peu à peu, un nouveau souffle de liberté se répand en Guyane. En **1848**, l'esclavagisme est officiellement aboli. Le principe d'affranchissement implique que tout esclave touchant le sol français est déclaré libre. Cette décision provoque la fuite massive des esclaves placés sous la coupe des propriétaires brésiliens. Ces derniers réagissent très violemment : en mai **1851**, ils se rendent à Mapa pour récupérer 200 esclaves en fuite. Cette affaire soulève le délicat problème des limites du territoire français. Les combats sont alors de plus en plus fréquents aux abords de la frontière, d'autant plus que l'on vient de découvrir de l'or et que le territoire est de plus en plus convoité. En **1900**, le verdict tombe et la Guyane perd 26 000 km^2.

Au même moment, des tonnes d'or sont extraites de la rivière Inini, un affluent du Haut-Maroni, dans le sud-ouest du pays. C'est le début de la ruée vers l'or de la Guyane, qui amènera de nombreux émigrants, provenant essentiellement des Antilles.

L'épopée de l'orpaillage en Guyane

La grande ruée vers l'or du **XIXe siècle** commence aux Etats-Unis en **1848**. Elle attire en Californie des Français qu'on nommera plus tard “ quarante-neuvards ” et dont certains viendront prospecter en Guyane.

La ruée traverse le Pacifique pour toucher l'Australie et la Nouvelle-Zélande en **1851**, puis gagne l'océan Indien, l'Atlantique, l'Afrique du Sud, Madagascar et le Brésil. A la fin du siècle, la Sibérie et l'Alaska connaissent aussi la fièvre de l'or.

La quantité d'or mise en circulation dans le monde **entre 1850 et 1870** est supérieure à celle connue **entre 1500 et 1850**. Ce phénomène s'inscrit en effet dans un contexte mondial qui fait coïncider plusieurs révolutions et crée un énorme besoin de numéraire alors qu'il fournit les moyens techniques pour s'en procurer. La révolution industrielle, avec la vapeur et l'acier, permet en effet de se déplacer et d'arracher à la terre les trésors que des milliers d'hommes se disputent aux quatre coins du monde.

Soupçonnée, sinon connue avec certitude, l'existence de l'or en Guyane est au cœur des motivations des entreprises de colonisation et de mise en valeur qui s'y sont succédé.

Il est bon de rappeler qu'au **XVIIe siècle**, les premières expéditions européennes qui touchent les pays appelés Guyanes ont pour objet principal la découverte d'une contrée fabuleuse, où l'or abonderait et qu'on a surnommée de se fait Eldorado. La capitale en serait Manoa qui, suppose-t-on, renferme des temples et des palais couverts de ce précieux métal.

En Guyane française, la recherche de mines justifie les reconnaissances et les explorations des Espagnols, des Hollandais, des Anglais et des Français qui se succèdent jusqu'à l'installation à Cayenne, en **1635**, d'une colonie française plus stable.

On peut se demander si l'échec des tentatives de colonisation française **entre 1626 (Sinnamary) et 1674** ne tient pas au fait que leur motivation majeure était la recherche de l'or et non de terres à cultiver.

Les entreprises, **jusqu'à la fin du XVIIe siècle**, ne pénètrent que rarement à l'intérieur des forêts, les colons européens n'ayant accès qu'au littoral et aux rives des grands fleuves. De ce fait, l'or a été à plusieurs reprises signalé mais jamais vraiment localisé dans les régions montagneuses du centre, faute de moyens.

L'histoire de la découverte et de l'exploitation de l'or en Guyane est inscrite dans la phase américaine du cycle de l'or. Ainsi, après la Californie et avant l'Alaska, le Brésil est touché par cette fièvre au Minas Gerais.

A Cayenne, la Feuille de la Guyane française tient informés les habitants de chacune de ces découvertes : quelques mois avant les révélations de Félix Couy concernant l'Arataye, on apprend, en **1854**, que de l'or a été découvert au Parà (Brésil). Paoline, un Brésilien métis amérindien, l'homme qui le premier rapporte de l'or à Cayenne, a été mineur à Ouro Preto dans le Minas Gerais. Il n'est ni le premier ni, bien sûr, le dernier Brésilien à avoir cherché de l'or en Guyane. Son patron, Félix Couy, n'est pas non plus le premier Européen à organiser une expédition de recherche sur les fleuves. S'ils réussissent en **1855**, c'est qu'à cette date les besoins et les moyens se trouvent alors réunis en Guyane.

L'exploitation des mines est liée de façon étroite à l'histoire des civilisations. La technologie de base - travail à la main avec des outils dérivés de ceux du premier âge - y a survécu malgré l'apparition de la machine à vapeur.

D'autres civilisations auraient pu contribuer à l'élaboration d'une tradition minière en Guyane. Africains que la traite a introduits dans le pays, Africains et Indiens coolies engagés pour remplacer la main-d'œuvre servile après l'abolition de l'esclavage, ont tous également des traditions minières et métallurgiques. L'existence de traditions amérindiennes reste problématique.

En fait, il n'y a jamais eu de coupure nette entre les techniques européennes et non européennes. Nombre de Blancs coureurs de bois ont retrouvé des procédés africains pour suivre à la trace un affleurement prometteur. Très vite, Créoles, Indiens coolies, Africains et même Amérindiens, ont su adopter, dès qu'ils l'ont pu, les barres à mines, les pelles et les brouettes. Les placers, mines aurifères, ont connu rapidement au **XIXe siècle** le treuil, la pompe mécanique, la dynamite.

La Guyane est dotée en **1855** d'une banque de prêt et d'escompte connue sous le nom de Banque de Guyane. Elle cherche à attirer, par achat ou dépôt, la plus grande quantité possible d'or récolté pour l'expédier et le placer en France. La demande ne tarit pas jusqu'aux années folles et c'est la Guyane qui, bien vite, faute de moyens techniques d'extraction, ne peut répondre à la demande.

Les moyens techniques demandent de gros investissements. La loi, une fois encore, favorise l'or. En **1867**, la législation sur les sociétés anonymes par actions est enfin achevée. Ceux qui disposent de moyens à Cayenne ou à Paris peuvent désormais se regrouper sous cette forme pour exploiter l'or. Ils peuvent plus facilement obtenir des prêts pour restaurer l'agriculture et développer l'industrie en Guyane. Mais les investisseurs ne savent pas répondre à la demande. Aussi les sociétés se retrouvent-elles rapidement en difficulté et cela, avant même les faillites en série qui suivent, en **1882**, le crash de l'Union générale. En France, la grande dépression **de 1873 à 1892** fait disparaître les investisseurs. La Guyane s'éloigne des préoccupations des rares milieux qui s'y étaient intéressés, et lorsque vient la reprise économique, le cadre est archaïque, les structures n'ont de capitalistes que le nom, mais c'est alors que la production est la plus forte.

Certes, la Guyane suit les rythmes et les tendances économiques de la France : concentration insuffisante des entreprises, manque de dynamisme des banques, dispersion et isolement des initiatives techniques et financières. Mais alors qu'en Europe, les crises jouent le rôle de régulateur d'une croissance qui ne se dément qu'en **1929**, et de stimulant pour l'innovation technologique, en Guyane, le mirage de l'or cache un énorme gaspillage financier et humain et une régression technologique, après l'essor avorté des dragues et la mécanisation de quelques grands placers.

La ruée des Guyanais, si elle ne repose pas entièrement sur un mythe, est en tout cas très lente à se manifester. Couy et Dupuy, les premiers entrepreneurs indépendants sur l'Approuague, ont le plus grand mal à recruter des Créoles pour ce travail pénible et éloigné de leurs lieux habituels de résidence.

La Compagnie de l'Approuague cherche à bénéficier du travail désordonné, souvent sans suite mais pour elle économique, des petits chercheurs qui renoncent faute de moyens, même lorsqu'ils ont fait une découverte. Elle s'attache également de petits cadres du commerce ou des affaires qui végètent à Cayenne pour assurer la surveillance et la gestion des chantiers.

Couy et Dupuy, qui ont refusé de coopérer avec les associés de la Compagnie qu'ils connaissent et fréquentent par ailleurs, doivent se transformer en rabatteurs pour fournir leurs chantiers en ouvriers. Aux " quarante-neuvards " déçus par la Californie et qui se sont dirigés vers la Guyane s'ajoutent des mineurs français de l'Orénoque et les premiers émigrants africains libres.

Comme les Indiens coolies qui ont débarqué à Cayenne à partir de **1856**, les Africains engagés auraient dû se diriger vers les habitations pour prendre, dans l'agriculture, le relais de la population créole. C'est sans doute au niveau de l'introduction de la main-d'œuvre - vitale pour l'économie de la Guyane - que la contradiction entre le champ et la mine est la plus aiguë. Elle est voulue et entretenue par l'Etat et cause la perte de la Compagnie de l'Approuague.

Les seuls Créoles que Couy parvient à recruter sortent de prison et encore ne sont-ils pas tous Guyanais ! Il faut aussi ajouter les Amérindiens chargés de la chasse et de la pêche ou encore du ménage. Leur peu d'enthousiasme pour le travail de l'orpaillage confirme l'absence en Guyane d'une quelconque tradition minière précolombienne. Comme les Créoles, on les trouve bien plus souvent dans les services auxiliaires des placers qu'ouvriers mineurs, les pieds dans la boue.

C'est **à partir de 1880** que les travailleurs étrangers affluent en Guyane, attirés par des agents recruteurs à la solde de placériens. Ces recruteurs prennent le relais de l'administration. Le régime du salariat ne résiste ni à cette immigration massive, ni aux différentes ruées qui déstabilisent la géographie des placers.

Le phénomène des " rushes ", si commun dans tous les pays, se développe. L'exploitation aurifère prend en Guyane une intensité et des caractéristiques bien particulières. Aux maraudeurs, connus dès le début de l'orpaillage, viennent alors se joindre par milliers bricoleurs et autres ouvriers indépendants. Certains les font passer pour une bande d'affamés et d'analphabètes, mais ils comprennent vite l'importance politique dont les créditent les personnalités en vue de l'époque. Ils savent pour la plupart que l'or est la colonne vertébrale de l'économie guyanaise.

L'influence de la presse politique apparaît **dès 1880** et se poursuit au **début du XXe siècle** avec le journal *L'Oeil.*

Les grands propriétaires placériens doivent mener le combat sur deux fronts : contre les occupations de terrains régulièrement concédés, et contre les campagnes de presse déclenchées contre eux par L'Oeil, et cela **dès 1901.**

Ce journal considère comme des accapareurs les placériens de la Haute-Mana. Du fait de la distance et de la lenteur des communications entre le littoral et l'intérieur, *L'Oeil* a une influence capitale sur les divers événements relatifs au maraudage et à ses effets.

L'échec de l'or

Dès 1854, Ronmy, un officier du génie, rédige à l'attention du ministre un mémoire dans lequel il démontre que la colonie ne peut se développer que de deux façons : soit par des efforts individuels en utilisant le concours des négociants qui établiraient des magasins à proximité des mines et concéderaient des avances aux mineurs, soit par des efforts de compagnies " qui pourvoiraient à tout le matériel et qui entretiendraient grand nombre de travailleurs à leur solde " .

Après avoir engagé la deuxième solution, suivant en cela l'élan économique et technologique qui conduisait les grands pays au développement industriel, la Guyane se rabat sur la première. Pour tenter de redresser la situation, le gouverneur convainc le ministère de couper en deux le territoire de la Guyane. C'est la création du territoire de l'Inini en 1930. Mais le projet s'enlise et les orpailleurs, au fond des bois, continuent à assurer l'essentiel des revenus de la colonie.

Au moment où s'engage la Seconde Guerre mondiale, l'industrie a disparu de la Guyane, et en particulier l'industrie aurifère : la machine n'est plus utilisée, les grandes sociétés, à de rares exceptions près, et surtout le salariat, ont perdu toute importance pour la production d'or. C'est l'époque de la bricole, des maraudeurs et le règne des commerçants. La Guyane, malgré l'or ou peut-être à cause de lui, se voit engagée dans la voie du sous-développement industriel.

QUELQUES CHIFFRES SUR LES QUANTITES D'OR EXTRAITES EN GUYANE

1857	11	**1891**	1520	**1926**	1407	**1960**	696
1858	41	**1892**	4569	**1927**	1361	**1961**	313
1859	54	**1893**	1702	**1928**	1414	**1962**	196
1860	91	**1894**	4922	**1929**	1522	**1963**	217
1861	169	**1895**	2933	**1930**	1367	**1966**	20
1862	170	**1896**	3056	**1931**	1477	**1967**	236
1863	396	**1897**	2589	**1932**	1507	**1968**	159
1864	346	**1898**	2322	**1933**	1493	**1969**	111
1865	312	**1899**	2291	**1934**	1416	**1970**	73
1866	288	**1900**	2170	**1935**	1474	**1971**	72
1867	343	**1901**	2950	**1936**	1417	**1972**	34
1868	297	**1902**	4244	**1937**	1435	**1973**	42
1869	382	**1903**	4325	**1938**	1320	**1974**	35
1870	313	**1904**	3863	**1939**	1229	**1975**	76
1871	726	**1905**	3130	**1940**	1185	**1976**	88
1872	758	**1906**	3583	**1941**	1120	**1977**	150
1873	832	**1907**	4056	**1942**	847	**1978**	90
1874	1432	**1908**	4471	**1943**	641	**1979**	60
1875	1996	**1909**	3984	**1944**	579	**1980**	99
1876	1858	**1910**	3658	**1945**	642	**1981**	167
1877	1633	**1911**	3795	**1946**	614	**1982**	162
1878	1754	**1912**	3873	**1947**	464	**1983**	NC
1879	2171	**1913**	3762	**1948**	424	**1984**	NC
1880	1928	**1915**	3379	**1949**	224	**1985**	NC
1881	1977	**1916**	3055	**1950**	401	**1986**	NC
1882	1621	**1917**	2755	**1951**	311	**1987**	NC
1883	1894	**1918**	2255	**1952**	256	**1988**	NC
1884	1954	**1919**	1954	**1953**	151	**1989**	NC
1885	1665	**1920**	1767	**1954**	47	**1990**	NC
1886	1594	**1921**	1297	**1955**	262	**1992**	2140
1887	1785	**1922**	1014	**1956**	217	**1993**	2795
1888	2028	**1923**	1434	**1957**	316	**1994**	2267
1889	1397	**1924**	1255	**1958**	661	**1995**	2470
1890	1335	**1925**	1212	**1959**	565	**1996**	2637

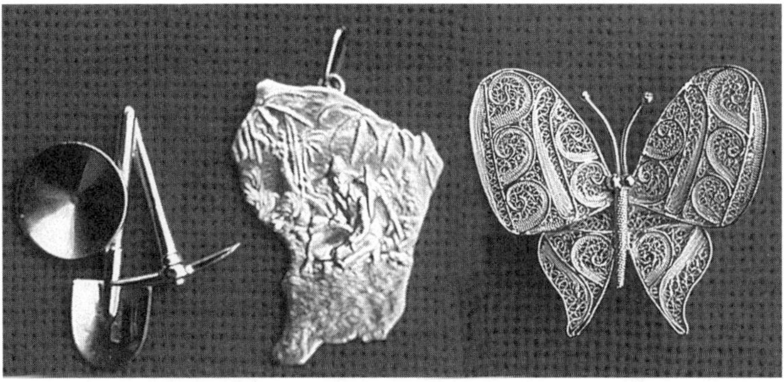

Bijoux en or © S. Honthaas

UN SIECLE D'HISTOIRE PENITENTIAIRE

Naissance et implantation de “ l'institution du malheur ”

L'idée d'exiler les “ parasites de la France ” sur le continent américain, dans une colonie française, naît en **1792**. Quelques centaines de prisonniers ont le “ privilège ” d'inaugurer ce traitement, installés près de la commune d'Iracoubo. Peu survivront aux conditions de vie épouvantables de l'époque.

A partir de 1852, la Guyane accueille une nouvelle institution : l'administration pénitentiaire. En effet, à cette époque, la France a retrouvé les moyens techniques nécessaires pour déporter les détenus et, sous la pression de la population, il est jugé urgent de supprimer les bagnes de Brest, Rochefort et Toulon.

Jusqu'en 1938, ce sont quelque 90 000 prisonniers qui seront déportés sur cette terre dite maudite. Dans un premier temps, les bagnards sont envoyés dans les lieux les plus retirés et les plus insalubres qui soient, notamment sur la Montagne d'Argent près de l'Oyapock et de Cacao, et employés à de vastes et très pénibles travaux de mise en valeur des terrains.

Mais les pertes enregistrées chez les détenus sont énormes. En **mai 1854**, une loi donne lieu à la Transportation et quelques années plus tard, en **1858**, les autorités fondent le centre de détention de Saint-Laurent-du-Maroni. L'administration pénitentiaire prend une nouvelle dimension et s'organise.

Il est alors prévu d'utiliser les prisonniers pour pallier le manque de main-d'œuvre locale. Pendant quelques années cependant, les maladies y sont si persistantes que le bagne est transféré en Nouvelle-Calédonie.

A la fin du **XIXe siècle**, le ton se durcit en France à l'égard des hors-la-loi. Selon la bourgeoisie, toute-puissante à cette époque, le territoire national ne peut plus supporter la présence des criminels, bandits ou mêmes simples délinquants. Le principe de la déportation et des travaux forcés est donc à nouveau instauré et appliqué plus largement, même pour des délits bénins. Comme cette règle ne semble pas encore suffisante, on instaure le “ doublage ”, qui consiste à maintenir en Guyane, pour une durée égale à celle de leur détention, les bagnards libérés afin qu'ils y travaillent.

Le principe est terriblement pervers car très peu d'ex-bagnards peuvent trouver un emploi normalement rémunéré. Il est plus facile et nettement moins onéreux de les faire remplacer par d'autres forçats. Sans ressources et livrés à eux-mêmes, la plupart des libérés replongent dans l'illégalité et retrouvent leur statut de prisonnier.

Vie quotidienne dans l'univers pénitentiaire

Corruption et inégalité sociale étaient les bases de l'organisation sociale pénitentiaire. L'argent constituait la solution à tous les problèmes ou presque. Il permettait notamment de recevoir une affectation “ privilégiée ” et bien moins pénible que le travail en forêt. Pour conserver leur pécule durant tout le voyage depuis la métropole, les bagnards utilisaient le célèbre “ plan ” . Introduit par l'anus, ce petit tube métallique creux servait à cacher les billets à l'intérieur du corps de leur propriétaire, dans les intestins. La planque était sûre, mais exigeait une santé de fer, et les décès dus aux infections intestinales n'étaient pas rares.

Cellules îles du Salut © CTG

Les maladies, quant à elles, ne cessaient guère de contribuer au malheur des bagnards.

La plus répandue et la plus terrible était sans doute le paludisme. Rare, la quinine n'était administrée que dans les cas les plus graves, donc souvent trop tard. Détenus et gardiens enduraient d'une même façon les effets ravageurs de la fièvre paludéenne. De plus les plus faibles ou les plus jeunes étaient vite pris à partie par les autres et ne pouvaient compter que sur leur courage pour se tirer d'affaire, les gardiens faisant preuve du plus grand laxisme dans leur surveillance.

La seule occupation des bagnards était finalement le travail. Là aussi, la nature des traitements était particulièrement inégale. Si certains parvenaient, moyennant finance, à décrocher un poste presque administratif à Cayenne, d'autres, moins chanceux ou moins fortunés, arpentaient les forêts guyanaises pour faire du bois.

Des zones particulièrement insalubres étaient utilisées pour mater les indisciplinés. Là, un traitement très raffiné à base de paludisme, de privations et de sévices permettait de mettre rapidement un terme aux aspirations révolutionnaires des plus coriaces.

Le bilan économique du travail des bagnards est bien maigre au regard des sacrifices accomplis par ces hommes.

Quelques exploitations agricoles, comme celle de Kourou, ont temporairement connu le succès, mais la plupart du temps, les tentatives se soldaient par des échecs, souvent par méconnaissance du milieu ou par incapacité à gérer. Le seul exemple de réussite a été donné par l'industrie de la brique. Réparties un peu partout sur le territoire, les unités fournissaient à la Guyane des matériaux de construction. Quelques maisons de Saint-Laurent-du-Maroni sont construites avec des briques de cette époque.

De la prise de conscience à la fermeture

L'institution semblait solidement installée sur le territoire guyanais. Eloignée de la mère patrie, l'administration pénitentiaire ne subissait que peu de contraintes et le système, corrompu et souvent inadmissible, pouvait fonctionner sans peine.

En **1923** pourtant, les îles du Salut accueillent le journaliste parisien Albert Londres.

De retour en France, ce dernier se fait l'écho des conditions de vie des bagnards guyanais. La pression de la presse est suffisamment importante pour que l'administration adoucisse un peu son régime. Il faudra attendre pourtant encore une quinzaine d'années pour que Gaston Monnerville, alors député de la Guyane, parvienne à obtenir la fermeture progressive du bagne. La déportation cesse, mais l'histoire pénitentiaire va connaître encore quelques épisodes dramatiques.

Durant la Seconde Guerre mondiale notamment, plus de la moitié des détenus meurt de faim ou de maladie, sous la coupe du tyrannique gouverneur de l'époque, à la solde du régime de Vichy. Le rapatriement des bagnards s'organise **à partir de 1947**. L'immense majorité choisit alors de regagner la métropole, mais quelques-uns sont restés en Guyane et l'on peut retrouver leurs descendants en Guyane encore aujourd'hui.

LA GUYANE MODERNE

Entre archaïsme et modernité

En **1947**, la Guyane devient un département d'outre-mer. Seul le littoral connaît alors une relative activité humaine et économique. Tout reste à faire sur ce territoire encore sauvage marqué par une histoire tragique.

En **1964**, on décide que la Guyane deviendra le port spatial de l'Europe : c'est l'installation du centre spatial guyanais (CSG) à Kourou.

L'implantation du CSG doit également engendrer un développement économique considérable pour l'ensemble de la Guyane. On construit des routes, des hôpitaux, des commerces, notamment dans la région de Kourou. La construction du CSG favorise le développement d'autres secteurs d'activité, comme le bâtiment, et génère un nombre considérable d'emplois. Si l'émergence de l'activité spatiale a été une aubaine pour la Guyane, on peut néanmoins regretter la dépendance qu'elle engendre.

ECONOMIE

UN MAL-ETRE DE L'ECONOMIE

La Guyane cherche des secteurs économiques sur lesquels elle pourrait compter. Les projets fusent et sont refusés, les réflexions sont au point mort. L'avenir de la Guyane se regarde-t-il dans le rétroviseur ?

L'ACTIVITE SPATIALE EN GUYANE

La décision d'implantation du centre spatial guyanais à Kourou, en 1964, n'avait suscité ni optimisme débordant ni inquiétude. A l'origine, les terrains occupés par le centre ne faisaient pas l'objet de revendications foncières particulières de la part des habitants puisqu'il s'agissait essentiellement de marais très insalubres.

A cette époque donc, la Guyane accueillit le centre spatial avec une réelle indifférence. C'est probablement à ce moment-là que le rendez-vous fut manqué entre les autorités du centre et la population.

Initialement, la mise en place du CSG s'accompagnait d'un plan de développement économique de la région toute entière. Les grands travaux engendrés par cette installation ont bien évidemment profité aux entreprises locales et particulièrement à celles du secteur du bâtiment. Cet intérêt matériel réel cache pourtant un problème sociologique très profond.

Kourou, la ville du centre spatial, a connu un changement radical de sa configuration urbaine et de sa démographie. Peuplée à l'origine de quelque 600 âmes, essentiellement des pêcheurs et des orpailleurs, elle compte aujourd'hui près de 19 000 habitants.

Le contraste entre la modernité de certains quartiers, occupés en majorité par les cadres détachés du CSG, et la vétusté de certains quartiers soulève bien des interrogations.

Bien que de nombreux efforts aient été faits pour tenter de résoudre ce “ problème psychologique ” - priorité d'embauche aux Guyanais pour certains emplois, participation à des actions culturelles, enveloppe budgétaire conséquente, soutien à la formation, etc. - le ressentiment de la population envers le centre spatial reste le même.

Même si le centre spatial a beaucoup développé sa politique de communication (visite du musée et du centre), on continue de regretter que certains ne connaissent la Guyane que pour la fusée Ariane. Est-ce bien sa faute ?

Il faut bien reconnaître que les succès d'Ariane contribuent à la promotion de la Guyane. Mais l'activité économique de la Guyane doit-elle dépendre d'une seule filière ?

Répartition par secteur de l'impact du spatial

	Zone de Cayenne (1) CA du spatial		Zone de Kourou (2) CA du spatial		Guyane CA du spatial	
	Million €	**%**	**Million €**	**%**	**Million €**	**%**
Services aux entreprises	3,8	12,9	85,9	38,4	89,7	35,4
Industrie, énergie	8,0	27,1	75,4	33,7	83,4	33,0
Construction	8,4	28,5	46,9	21,0	55,3	21,9
Services aux particuliers	0,1	0,3	7,6	3,4	7,7	3,0
Commerce	5,8	19,8	0,5	0,2	6,4	2,1
Transport	3,1	10,7	2,8	1,3	6,0	2,4
Divers	0,2	0,6	4,4	2,0	4,6	1,8
Ensemble	***29,4***	***100***	***223***	***100***	***253,0***	***100***

Source *: Enquête de sous-traitance 2000, Insee • (1) Cayenne, Rémire-Montjoly, Macouria, Matoury (2) Kourou, Sinnamary, Iracoubo, Saint-laurent du Maroni*

L'ADMINISTRATION : LE PREMIER EMPLOYEUR GUYANAIS

Si la Guyane souffre d'une réelle pénurie d'artisans et d'entrepreneurs privés, elle compte dans ses rangs un nombre très important de fonctionnaires et d'employés rattachés à des entreprises publiques. Un dicton populaire prétend même que l'on trouve plus de fonctionnaires à Cayenne qu'à Paris !

Les raisons d'une telle situation sont à la fois historiques et politiques. Dans un premier temps, on sait que, traditionnellement, les DOM occupent, dans l'administration, plus de postes que ne l'exigeraient les circonstances.

Cette pratique, voulue politiquement, avait pour objectif de limiter le chômage pour calmer le climat social et par voie de conséquence, étouffer quelque peu les aspirations indépendantistes.

En Guyane pourtant, l'origine historique est au moins aussi importante que la volonté politique. Ici, le travail manuel a pendant longtemps été mal considéré car associé dans les esprits aux travaux forcés des bagnards.

Mais cette pénurie d'artisans, si elle est préjudiciable à la Guyane au quotidien, n'est pourtant pas la conséquence la plus grave de la trop grande importance de l'administration. Le problème essentiel réside dans le manque d'esprit d'entreprise. La création d'entreprise apparaît chez les jeunes comme une aventure risquée (investissements lourds, manque d'expérience...) et le découragement ou la peur de l'échec s'installe très rapidement.

Cet élément est très important pour le développement du tourisme qui concerne la population locale, mais aussi sur le plan économique, où elle est peu ou pas suffisamment volontaire ou impliquée.

Crabe, mordras-tu ou ne mordras-tu pas ? Il est bien dommage de constater que l'on a oublié ce que signifiaient certaines notions comme la conscience, le respect, la compétence.

LES SECTEURS ECONOMIQUES TRADITIONNELS

Exploitation forestière

La forêt guyanaise couvre approximativement 8 millions d'hectares. Longtemps redoutée, elle semble constituer encore aujourd'hui un simple garde-manger et une zone de recherche scientifique, voire de curiosité.

Elle se compose de trois ensembles, de la côte vers l'intérieur : le littoral et les berges des fleuves constituent la mangrove où se développent essentiellement les palétuviers blancs, la savane basse, souvent immergée, qui s'apparente aux marais, la forêt primaire, installée sur l'essentiel du territoire et que l'on rencontre quelquefois à seulement 20 kilomètres de l'océan.

Si le paysage de la forêt de Guyane fait penser à certaines zones africaines où domine la jungle, la comparaison entre les deux domaines forestiers s'arrête là. En effet, l'Amazonie française, apparemment inquiétante et indestructible, est en fait extrêmement fragile. Cette fragilité provient essentiellement de la pauvreté du sol latéritique qui demeurerait quasiment vierge si la forêt n'était pas capable de renouveler elle-même l'humus dont elle vit.

Néanmoins, au sein de cet espace, la fragilité n'est pas synonyme de pauvreté, bien au contraire. On trouve ici quelque 400 essences différentes et l'inventaire entrepris par l'Office national des forêts depuis 1988 est loin d'être achevé.

Depuis 1965, l'ONF tente de rationaliser l'exploitation forestière en Guyane, à la fois pour rentabiliser cette activité et pour protéger le domaine. Force est de constater que son action n'a pas eu jusqu'à présent un succès retentissant. Les raisons de l'échec de l'exploitation forestière en Guyane sont à la fois administratives, sociales et géographiques.

D'un point de vue administratif, l'ONF endosse l'essentiel de la responsabilité de cette non-rentabilité. En effet, dans un souci de développement global de l'industrie du bois, cet organisme n'accorde des concessions qu'aux entreprises capables de prendre en charge à la fois l'abattage et la transformation du bois. Peu d'entre elles sont en mesure de réaliser une telle prouesse, compte tenu de leur taille et du manque de qualification du personnel. Socialement, l'industrie forestière subit de plein fouet les effets de la mentalité guyanaise et de la domination administrative. Le travail du bois, manuel et généralement en forêt, est considéré comme peu valorisant et surtout, procure des salaires qui sont sans commune mesure avec ceux pratiqués dans l'administration.

Il en résulte que la population locale rejette autant que possible ces emplois qui sont alors majoritairement assurés par des immigrés surinamiens, brésiliens ou haïtiens.

Enfin, la configuration même du territoire guyanais pose des problèmes naturels importants à l'exploitation forestière. Les domaines exploités sont vallonnés et animés par un réseau hydrographique très dense. Ces zones sont donc rapidement immergées pendant la saison des pluies, empêchant toute exploitation annuelle. De plus, le sol est de manière générale très pauvre et les espaces les plus fertiles sont disséminés et non organisés en massifs. C'est pourquoi l'abattage et le traitement de certaines essences doivent se faire sur plusieurs sites en même temps, augmentant par conséquent les coûts d'exploitation.

Actuellement l'économie forestière est principalement axée sur l'exploitation, la première transformation (sciages bruts) et la deuxième transformation (ébénisterie, menuiseries...). Il existe en Guyane une douzaine d'entreprises de première transformation et plus d'une centaine d'entreprises de deuxième transformation. Les entreprises les mieux équipées et les mieux structurées ont pu profiter de conditions favorables pour relancer l'exportation vers les Antilles. Mais la plupart connaissent des situations financières difficiles liées à la baisse de l'activité dans son ensemble (absence de stabilité sur le marché local, mauvaise organisation de la profession...).

Toutes ces raisons font qu'à l'heure actuelle l'exploitation forestière végète, soumise de plus à la concurrence du Brésil et du Surinam qui sont en mesure de fournir des produits de qualité équivalente à un coût 5 à 10 fois inférieur.

Aujourd'hui, la Guyane importe pour quelque 23 millions de francs par an de produits (charbon, planches...) issus de la filière bois. Dans le même temps, elle en exporte pour 15 millions de francs. Sur les 7 millions d'hectares, seules sont exploitables les zones desservies par le réseau des pistes forestières. Aussi les exploitants ont à leur disposition environ 10 000 hectares par an sur lesquels un à deux arbres à l'hectare sont exploités. On considère que la filière bois génère 500 emplois recensés, directs ou indirects, selon l'Office national des forêts. La production est de 60 millions de m3 par an. 80 % de ce volume est utilisé localement, 20 % est exporté soit 12 millions de m3 par an. Les destinations privilégiées pour l'exportation du bois demeure les Antilles françaises. En effet, la Guadeloupe et la Martinique cumulent 88 % des exportations de bois de Guyane. Les 3 essences les plus couramment exploitées restent l'angélique, le gonfolo et le grignon.

Pêche

La Guyane possède des richesses halieutiques considérables, marines et fluviales. C'est le secteur productif qui génère le plus d'exportation en Guyane.

L'activité est très significative pour l'économie locale, puisqu'on estime que le secteur représente plus de 2 500 emplois et que le port du Larivot, situé près de Cayenne, est le 4 E port français en 2000 (rapporté aux ventes en criée enregistrées en France métropolitaine).

L'exploitation de cette ressource génère 3 types d'activité :

La pêche artisanale de poissons représente environ une centaine de navires armés à la pêche côtière et à la petite pêche. La commercialisation du produit s'effectue sur le marché local, l'excédent étant destiné à alimenter les unités de transformation. Le secteur rencontre actuellement des difficultés liées en partie à son manque d'organisation.

La pêche crevettière en Guyane évolue sur un marché mondial et la production, congelée à bord, est destinée à l'exportation. Cette pêche est pratiquée par des chalutiers crevettiers. La flottille se présente sous deux formes : une activité industrielle, soit une soixantaine de navires partagés entre 5 armements, et une activité artisanale, soit une dizaine de chalutiers crevettiers, qui commercialisent leur pêche par le biais d'une coopérative.

La pêche vivaneau et requin sous licence correspond à une autorisation de pêche délivrée par l'Union européenne à certains pays dans la zone d'exclusivité économique au large de la Guyane française. Il s'agit de licences vivaneau et de licences requin. Comme pour la crevette, les produits congelés sont destinés à l'exportation, essentiellement sur les marchés antillais pour le vivaneau.

Ce secteur, bien que porteur, reste fragile et tributaire d'une pêche effectuée par des navires étrangers.

Agriculture

L'activité agricole était initialement une activité de subsistance pratiquée par les Amérindiens. Les colons français ont tenté à plusieurs reprises de mettre en place une agriculture variée et rentable, mais les particularités du sol et la sensibilité parasitaire du pays ont souvent anéanti ces ambitions.

Si l'on veut comprendre la structure de la société agricole de la Guyane, le point d'observation privilégié est sans nul doute le marché aux fruits et légumes de Cayenne.

A quelques exceptions près, la majorité des stands est tenue par des Hmongs, des Surinamiens, et puis quelques locaux.

Les Français sont essentiellement des pionniers qui, attirés par les avantages du Plan vert de 1975, se sont lancés dans l'aventure de l'agriculture en Guyane. Ceux qui sont encore présents aujourd'hui représentent en fait une minorité qui a réussi ce pari, au prix d'efforts financiers et physiques très importants. Ils pratiquent une culture intensive de légumes qui leur permet de réaliser au moins deux récoltes par an.

Il est important de préciser que la mise en place du Plan vert avait amené certains Guyanais assez fortunés à investir dans l'agriculture. Mais les déboires ont été très nombreux pour des raisons diverses, et notamment l'absence de débouchés. Le marché intérieur était alors trop restreint et les produits de Guyane trop chers pour pouvoir soutenir la concurrence.

Les Asiatiques présents sur le marché de Cayenne appartiennent à une communauté hmong du Laos, arrivée en Guyane en 1977, après avoir fui son pays en guerre. L'arrivée de quelque 30 000 Hmongs en Guyane avait été programmée mais peu organisée ; en fait un petit millier s'y installa.

Accueillis avec méfiance, les Hmongs se sont vu offrir des sites relativement isolés et initialement peu hospitaliers.

Soutenus par des religieux, ils ont entrepris un travail gigantesque de déforestation pour assurer leur installation et mettre en place une agriculture qui leur permettre de vivre. Aujourd'hui, les communautés hmongs de Cacao (75 kilomètres au sud-est de Cayenne) et de Javouhey (entre Saint-Laurent-du-Maroni et Mana) sont les premiers fournisseurs de fruits et légumes des marchés de Guyane.

Quelques chiffres (en hectares) :

- **Surface agricole utile** (terres arables, cultures permanentes et les prairies plantées, les pâturages naturels ainsi que les parcours et landes productifs) 23 459 (0,3 %).
- **Territoire agricole non cultivé** 6800 (0,1 %).
- **Surfaces boisées** 7 511 150 (89,9 %).
- **Autres territoires non agricoles** 811 991 (9,7 %).
- **Total :** 8 353 400 hectares.

La population agricole s'élève à moins de 20 000 personnes car il s'agit surtout d'une population familiale.

Riziculture

La riziculture, quant à elle, est une activité très localisée autour du village de Mana où les conditions naturelles de cette plaine alluvionnaire étaient très favorables. Ce sont des ressortissants surinamiens qui se sont lancé initialement dans la production à grande échelle au début des années quatre-vingt. Soutenue par les pouvoirs publics et rationalisée la production s'est avéré être très rentable et de très bonne qualité. De plus, l'intervention de la CEE permet aux producteurs d'être assurés d'un prix de vente minimum en ayant accès au marché européen. La riziculture est sans nul doute un secteur aujourd'hui très prometteur, d'autant que l'organisation de la filière et des efforts de modernisation des exploitations sont en cours de réalisation.

Activité minière

L'or fut découvert en Guyane par un Brésilien, Paoline, sur l'Approuague en 1854. C'est en 1856 que la première compagnie en Guyane vit le jour. Les mines s'ouvrirent ensuite les unes après les autres. Tombée à moins de 200 kilos par an dans les années 60 jusqu'au début des années quatre-vingt, la production aurifère déclarée du département a été plus que décuplée entre 1983 (250 kilos) et 1993 (2 800 kilos). Aujourd'hui, l'or est la première exportation de la Guyane représentant 264,9 millions de francs en 1999.

Cette brutale hausse de la production a pour origine des facteurs divers : stabilisation du cours mondial de ce métal, évolution des techniques de récupération utilisées, professionnalisation et arrivée de nouveaux exploitants... L'activité conduite aujourd'hui se décompose entre une activité d'exploitation de gisements alluvionnaires et une activité de recherches.

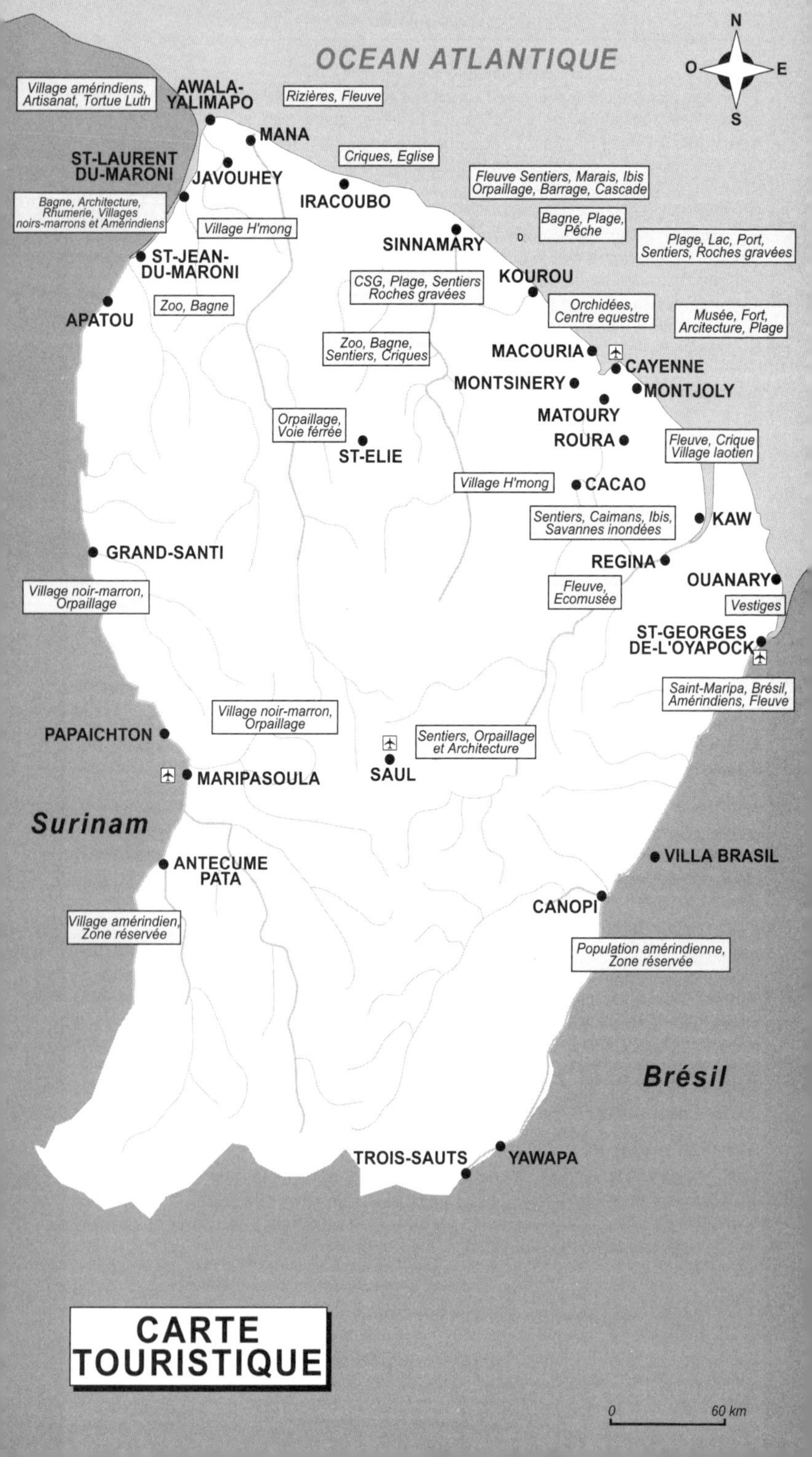
OCEAN ATLANTIQUE
N
O
E
S
Village amérindiens, Artisanat, Tortue Luth
AWALA-YALIMAPO
Rizières, Fleuve
MANA
ST-LAURENT DU-MARONI
JAVOUHEY
Criques, Eglise
IRACOUBO
Fleuve Sentiers, Marais, Ibis Orpaillage, Barrage, Cascade
Bagne, Architecture, Rhumerie, Villages noirs-marrons et Amérindiens
Village H'mong
Bagne, Plage, Pêche
SINNAMARY
Plage, Lac, Port, Sentiers, Roches gravées
ST-JEAN-DU-MARONI
KOUROU
CSG, Plage, Sentiers Roches gravées
APATOU
Zoo, Bagne
Orchidées, Centre equestre
Musée, Fort, Arcitecture, Plage
Zoo, Bagne, Sentiers, Criques
MACOURIA
CAYENNE
MONTSINERY
MONTJOLY
MATOURY
Orpaillage, Voie férrée
ROURA
ST-ELIE
Fleuve, Crique Village laotien
Village H'mong
CACAO
Sentiers, Caimans, Ibis, Savannes inondées
KAW
GRAND-SANTI
REGINA
OUANARY
Village noir-marron, Orpaillage
Fleuve, Ecomusée
Vestiges
ST-GEORGES DE-L'OYAPOCK
Saint-Maripa, Brésil, Amérindiens, Fleuve
Village noir-marron, Orpaillage
PAPAICHTON
Sentiers, Orpaillage et Architecture
MARIPASOULA
SAUL
Surinam
VILLA BRASIL
ANTECUME PATA
CANOPI
Village amérindien, Zone réservée
Population amérindienne, Zone réservée
Brésil
TROIS-SAUTS
YAWAPA
CARTE TOURISTIQUE
0
60 km

L'or provient en quasi-totalité d'exploitations alluvionnaires utilisant des techniques gravimétriques. Une douzaine de petites et moyennes entreprises structurées participent à plus de 80 % à la production du département. Les principaux centres d'exploitation sont répartis en 7 secteurs géographiques : Montagnes françaises et montagne Espérance, Paul Isnard, Saint-Elie, Boulanger-Changement, Approuague, Yaou-Dorlin, Alikéné. Le secteur emploie officiellement 900 personnes, soit 1,5 à 2 % de la population active dans un département de 160 000 habitants et où le taux de chômage atteint environ 27 %.

Les activités de recherche sont effectuées par des entreprises minières, destinées à caractériser des gisements permettant la poursuite à terme de leur activité d'exploitation. Ainsi, de nombreuses sociétés internationales ont entamé des programmes de recherche d'or primaire conséquents.

Le panorama de l'activité aurifère est aujourd'hui le suivant : quelques entreprises de taille moyenne, bien structurées en une multitude de micro-entreprises, souvent clandestines et illégales, et des entreprises minières de niveau mondial. On compte officiellement une soixantaine d'entreprises.

Aujourd'hui, la production est officiellement de l'ordre de 3 tonnes de métal par an, sur 2 555 produites dans le monde. Ceci place la Guyane au 50e rang mondial. Les exportations déclarées cependant atteignaient 4,8 tonnes en 1999, en raison de l'importance de la production clandestine et la production totale est estimée à 7,4 tonnes.

Il est à retenir le danger et les risques de l'activité aurifère pour l'environnement et la santé des populations du fait de la pollution incontrôlée des rivières et fleuves causée par le mercure.

Tourisme

S'il est une volonté politique de faire du secteur du tourisme une des locomotives de l'économie guyanaise, les efforts pour y arriver devront être colossaux. Toutefois les professionnels sont volontaires, les actions de promotion, mêmes irrégulières, existantes et une réflexion sur les normes de qualité et de labellisation sérieuse. On salue d'ailleurs depuis quelques années l'arrivée du label et classement en Gîte de France, Clévacances et Logis de France de certains établissements (cités plus loin). Un premier gage de qualité…

La méconnaissance du département (contexte géopolitique, populations, richesses…) due à maints facteurs, un réseau de transport aérien monopolistique et dans ce cas assez cher comparativement à nos voisins (au départ de la capitale métropolitaine), tout cela sont autant de faits qui ont participé à une fréquentation peu satisfaisante de la clientèle touristique vers la Guyane.

© T. Montfort

Toutefois ne croyez pas pour autant que les prestataires recherchent et confondent tourisme de masse et un tourisme équilibré. Ici en Guyane, le prestataire et le visiteur y trouvent leur compte. L'un passionné de faire découvrir, l'autre à la rencontre de l'autre, à la recherche d'aventure tout en restant oisif, en quête de dépaysement dans un climat et un département français.

La clientèle touristique se range dans un segment bien particulier. En effet on y retrouve essentiellement une clientèle d'affaires ou une clientèle affinitaire.

En 1997, la Guyane a enregistré 68 211 touristes. Les visiteurs sont essentiellement originaires de l'Hexagone (63 %) et le motif est principalement professionnel (35 %). Hormis une clientèle d'affaires importante, 20 % des visiteurs rendent visite à de la famille ou des amis. Ce segment est appelé “ clientèle affinaire ”. En somme peu de personnes choisissent la Guyane comme destination spontanée.

Ici on ne peut pas parler d'un tourisme balnéaire mais plutôt d'un tourisme de nature. La Guyane possède une flore et une faune suffisamment riches pour devenir effectivement une destination de tourisme vert. Reste, dans un premier temps, à mettre l'accent sur les savoir-faire et le rétablissement de la qualité. On n'attire pas les mouches avec du vinaigre !

Le constat est clair : la Guyane ne possède pas de “ locomotive économique suffisamment intégrée au milieu local pour permettre une émancipation des individus. Le spatial, derrière sa réussite commerciale, cache un échec au niveau de la dimension humaine et sociale, indispensable à toute opération d'aménagement de cette envergure.

POPULATION

L'histoire a de tout temps provoqué des mouvements de populations en direction et à l'intérieur même de la Guyane. Il est d'ailleurs très difficile aujourd'hui de définir exactement ce que l'on considère comme un Guyanais type. Si la population originelle est amérindienne, elle est considérée aujourd'hui comme étant numériquement une minorité, concentrée pour partie dans les villages de l'intérieur et en bordure des fleuves (Elaé, Twenké, Camopi...). Chaque groupe ethnique en Guyane tente de sauvegarder ses traditions, quelles que soient ses origines, en ayant sa place sur cette terre guyanaise.

Cette diversité culturelle a la particularité de permettre au visiteur de côtoyer au quotidien dans les pratiques de rencontrer ces diverses cultures et des modes de vie, subtilement assez différentes les unes des autres.

AMERINDIENS

On distingue à l'intérieur de ce groupe 6 ethnies différentes : les Wayãpis, les Emerillons, les Wayanas, les Galibis ou Kalinas, les Arawaks et les Palikours.

Ces peuples vivaient à l'écart de la société, retirés dans leurs villages respectifs. On estime leur nombre aujourd'hui à environ 2 000 individus. Sur la demande de certains, les autorités françaises ont créé la zone réglementée, qui s'étend au sud d'une ligne reliant Maripasoula, sur le Maroni, et Camopi, sur l'Oyapock. Il ne s'agit pas d'une menace de disparition physique mais plutôt d'un désir d'assurer la survivance de ses pratiques, comme une sorte de prévention contre l'inévitable acculturation et ses multiples conséquences provoquée le plus souvent par l'installation dans les grandes villes. La protection de l'environnement faunistique et floristique est essentielle dans leur équilibre alimentaire mais fragilisée par le danger de l'orpaillage entre autres.

Toutefois, que ce soit pour les habitants des zones réservées ou celles qui se trouvent sur le littoral, ils tiennent une place active dans la vie du pays, et la rencontre avec ces peuples amérindiens est une expérience humaine hors du commun. Leur connaissance de la forêt amazonienne et leur mode de vie, totalement intégré à l'environnement, constituent une indéniable richesse. Cette culture, fascinera le visiteur, à condition que celui-ci soit capable de faire preuve d'intelligence et de respect à l'égard de ses hôtes. Ces derniers peuvent faire partager leur expérience et leurs connaissances, et encadrer par exemple des randonnées ou même des expéditions de chasse en forêt, le tout dans une ambiance authentique et très originale.

La rencontre avec les villages wayanas se fait aujourd'hui essentiellement sur le Haut-Maroni. Extrêmement sensibles aux maladies européennes les plus bénignes telles que le rhume, afin de les protéger, ces peuples ont été isolés. Même si l'on retrouve l'influence de la vie occidentale (système éducatif français, tenue vestimentaire, langue...), le mode de vie des Wayanas a perduré au plus profond d'eux-mêmes et cela peut se voir lorsque l'on a l'opportunité de vivre avec eux.

Par exemple mêmes s'ils ne portent plus au quotidien le pagne de couleur rouge, le kalimbé (sauf les enfants pour aller à l'école dans certains villages), par contre, pour les fêtes et les occasions exceptionnelles, ils se parent de tenues de fêtes (magnifiques costumes faits de leurs mains, couronnes de plumes colorées), jouent de leurs instruments de musique et sont également des conteurs hors pair. Le roucou, une graine de couleur rouge safran qui protège admirablement des piqûres de moustiques, est souvent utilisé dans certaines cérémonies. Leur vie s'organise entre les travaux agricoles, la chasse, la pêche et la cueillette qui couvrent la totalité des besoins alimentaires.

Le manioc, sous forme de cassave (une sorte de galette) ou de couac (farine) constitue l'ingrédient le plus couramment utilisé dans leur cuisine. Depuis quelques années, les Indiens ont manifesté le désir de voir leurs enfants suivre une scolarité comme les autres.

Malheureusement, la distance qui sépare certains villages des établissements scolaires reste quelquefois un obstacle à la bonne poursuite de ces études. En effet, le problème de l'hébergement sur place se pose souvent.

De tous les peuples amérindiens de Guyane, les Galibis sont probablement ceux qui semblent le plus intégrés. Cela vient du fait que, contrairement aux autres communautés amérindiennes, ils vivent pour une très forte majorité essentiellement sur le littoral, à proximité de Mana, Saint-Laurent-du-Maroni, Iracoubo mais aussi à Kourou et Cayenne.

Les Galibis se battent sur le terrain social et politique pour défendre leurs intérêts et leur tradition. Ils ont ainsi obtenu la création de leur propre commune, Awala-Yalimapo, entièrement gérée par leurs soins. Ils tiennent une place dans l'économie de la Guyane, et on les retrouve beaucoup dans le secteur du tourisme, de l'agriculture et de la pêche.

Depuis peu de temps, cette communauté s'est intéressée au tourisme en permettant aux visiteurs de partager, le temps d'une journée ou d'un week-end, leur vie de tous les jours.

Organisés en communautés, les Galibis reconnaissent l'autorité d'un " capitaine " qui généralement, a un rôle d'interlocuteur auprès des institutions.

Les Palikours vivent essentiellement au sud-est de la Guyane, entre le village de Saint-Georges et l'embouchure du fleuve Oyapock.

Jugés, comme les Wayanas très vulnérables aux maladies importées d'Europe, que l'on a créé les zones protégées par arrêté préfectoral. Pratiquant traditionnellement le troc, les Palikours ne connaissent l'usage de la monnaie que depuis peu. Même si la majorité de leurs enfants sont aujourd'hui scolarisés, ils restent encore en retrait de la civilisation moderne, conservant des coutumes et des mœurs très traditionnelles, même si l'on y retrouve toutes les formes institutionnelles d'un quelconque espace géographique sous statut français.

NOIRS MARRONS

Ces populations regroupent sur le plateau des Guyanes 6 ensembles ethniques : les Bonis, les Saramacas, les Djukas, les Matawaïs, les Paramacas et les Kwintis. Le terme de " Noirs marrons " mérite quelques explications. Celui-ci remonte en fait au début du XVIIe siècle. A cette époque, des esclaves noirs employés au Surinam (la Guyane hollandaise) profitèrent du désordre général pour se révolter et se réfugier dans la forêt. Cette fuite portera le nom de " marronnage " et sera à l'origine de l'appellation donnée aujourd'hui à ces peuples.

Les Bonis sont des Noirs réfugiés français dont l'histoire ethnique commence au XVIIIe siècle, période d'esclavagisme en Guyane hollandaise. Cette ethnie s'installera sur la rive française du Maroni, poursuivie par des chasseurs d'esclaves, les Bosch-man (hommes des bois) ou Djukas (anciens esclaves ayant passé un accord avec les colons bataves en échange de leur liberté). Les Djukas sont surtout bien implantés dans l'actuel Surinam le long du Maroni hollandais et près de Grand Santi. Les actuels réfugiés du fait de la guerre civile au Surinam sont principalement djukas.

Les Noirs marrons ne vivent pas d'une façon aussi retirée que les Amérindiens. Si la plupart d'entre eux habitent essentiellement dans les communes du Maroni (Maripasoula, Grand-Santi, Papaïchton), on les rencontre aussi beaucoup à Saint-Laurent-du-Maroni et dans les autres villes du littoral (Kourou et Cayenne). Les Noirs marrons, et plus particulièrement les Bonis, sont les spécialistes de la navigation fluviale.

Ces derniers, qui constituent finalement le groupe le plus important des Noirs marrons, ont une organisation sociale très traditionnelle, centralisée autour d'un patriarche appelé " Grand Man " à la fois chef politique et religieux. Bien que très attachés à leurs habitudes sociales, ils participent comme tout un chacun à la vie sociale et politique du pays.

Culture et Economie

La langue commune utilisée par les Noirs marrons, indépendamment de leur propre langue, est le taki-taki, mélange de hollandais, anglais et portugais. Toutefois, les populations de l'intérieur utilisent des variantes liées plus profondément à chacune de leurs cultures. Les Saramacas, par exemple, se servent du taki-taki pour leurs échanges avec d'autres Noirs marrons, mais parlent le saramaca dès qu'ils sont entre eux.

Comme cela reste le cas pour les Amérindiens, l'économie traditionnelle est également axée sur l'agriculture en forêt, la chasse, la pêche et la cueillette. Les hommes abattent et brûlent des parcelles de terres forestières, les abattis. Les femmes cultivent principalement le riz, le manioc et quelques tubercules. Comme les Amérindiens, ils importent un certain nombre de produits manufacturés des villes côtières (vaisselle, vêtements, tissus...), ce qui les rendent relativement dépendants de la civilisation occidentale.

Depuis 1960, les pôles Noirs marrons ont tendance à se déstructurer. Les moyens de communication entre les villes côtières du Surinam et de Guyane se sont améliorés, facilitant les échanges de marchandises et le tourisme.

Organisation sociale

A l'origine, les Noirs marrons divisent leur univers en deux mondes parallèles séparés par le critère du sexe. Ces deux catégories sociales, masculine et féminine, ne doivent en aucun cas se confondre car les Noirs marrons considèrent que la femme est un être puissant et maléfique, capable d'affaiblir le pouvoir de l'homme. La vie quotidienne est donc organisée suivant une répartition très stricte des tâches dans lesquelles chaque sexe se cantonne sans empiéter sur le travail de l'autre.

Les hommes doivent fournir l'essentiel de la nourriture du groupe. Ils pratiquent de ce fait la chasse et la pêche alors que les femmes cueillent des agrumes, des racines et des fruits qui viennent compléter l'alimentation. Les jeunes garçons sont initiés par leur oncle qui leur inculque l'art de découvrir la forêt et de poser les filets dans les criques.

Seul l'homme possède un fusil, incarnation de sa virilité, de son pouvoir et de son champ de responsabilités.

Les Noirs marrons de sexe masculin sont également des maîtres dans l'art de la navigation. Les hommes, canotiers professionnels, enseignent très tôt à leurs enfants toutes les techniques de la conduite du canot, à la pagaie et au takari. Aujourd'hui, les moteurs ont remplacé la force physique, mais diriger un canot dans un saut requiert une dextérité qui ne s'improvise pas. Les canots, appelés " botos " sont un élément essentiel dans la vie des Noirs marrons.

Moyen de communication et de commerce, le canot est aussi une œuvre d'art utilisée pour accomplir les cérémonials et les rites traditionnels.

Enfin, les hommes excellent dans le travail du bois. Les objets qu'ils fabriquent sont essentiellement de 3 sortes : des objets fonctionnels (plats, peignes, canots...) destinés à la vie courante, des objets rituels (tambours, mortiers...) consacrés à la vie religieuse et au culte des esprits, et des objets décoratifs (plateaux, fusées...) dont la fabrication est plus récente, liée au développement du tourisme et du commerce.

Fabrication et sculpture sont des activités typiquement masculines qui exigent une initiation méthodique. Pour accéder au statut d'adulte, le jeune garçon doit être capable de fabriquer ses jouets à 7 ans, des bancs à 14 ans et un canot à 20 ans. Son apprentissage prend fin avec la construction de la maison de sa future épouse, symbolisant l'accession du jeune homme au statut d'adulte. Les motifs de décoration employés sont profondément symboliques, vecteurs d'un message comme le serait une langue. La plupart des objets adressés à des femmes véhiculent des déclarations d'amour...

Les femmes sont essentiellement occupées à des activités artistiques telles que la couture, la broderie et la coiffure. Elles confectionnent pour les hommes un costume composé d'une pièce d'étoffe portée autour de la taille, la kamiza, et d'une cape appelée bagnano koosœ. Elles portent, quant à elles, une jupe courte nouée à la taille et une cape de la même manière que les hommes.

Durant les cérémonies, les Noirs marrons se parent les mollets de jarretières de coton crocheté. Le costume traditionnel est une étoffe de différentes couleurs fabriquée souvent en Hollande. Les costumes saramacas sont toujours composés de différents morceaux de tissus assemblés, formant un patchwork très coloré.

La broderie constitue le pendant féminin de la sculpture masculine. Les motifs brodés sur les hamacs, les nappes ou les vêtements sont également porteurs d'un message social et érotique.

En échangeant des cadeaux, hommes et femmes peuvent subtilement communiquer leurs sentiments intimes. En complément, les femmes pratiquaient le crochet. Elles confectionnaient ainsi de magnifiques ouvrages de coton ornés de couleurs très vives. Malheureusement, cet art n'a pas supporté le déplacement vers les villes et aujourd'hui, la maîtrise de cette technique a pratiquement disparu.

Enfin, la coiffure constitue également une activité artistique qui incombe aux femmes. Une fois par semaine, chacun a le devoir de se faire coiffer, à l'aide des peignes de bois fabriqués par les hommes. Traditionnellement, la coiffure indique le statut social de l'individu, son sexe, son âge et son statut marital.

CREOLES

C'est la communauté qui constitue le fond de population le plus important et le plus actif de la Guyane. Le Créole guyanais résulte d'un vaste brassage entre les ancêtres africains et des groupes divers tels que des Chinois, des Européens ou même des Indiens (d'Inde) dits plus communément " coolies ". De plus, la Guyane a accueilli un grand nombre d'immigrants créoles en provenance des Antilles françaises (Guadeloupe et Martinique) et anglaises (Sainte-Lucie et Dominique). Il est donc extrêmement difficile pour un visiteur de différencier entre eux les Créoles guyanais d'une part et les Créoles antillais d'autre part. La langue créole symbolise à elle seule une forme d'exotisme qui ne laisse pas indifférents les touristes. La musique fait également partie intégrante de la vie de ces peuples. C'est pendant le carnaval que l'esprit créole se manifeste avec le plus de vigueur. Subissant les effets d'une forte immigration, la proportion de Créoles, et surtout de Créoles guyanais, dans l'ensemble de la population a tendance à baisser. Cette constatation inquiète et provoque des réactions de défense. Le visiteur sera peut-être frappé de voir l'antagonisme qui existe parfois entre les Guyanais et les Antillais. Pour des raisons politiques et administratives, la Guyane et les Antilles sont regroupées dans une même entité territoriale, alors que les problèmes que l'on rencontre dans chacune de ces zones géographiques n'ont strictement rien en commun. A juste titre souvent, les Guyanais considèrent que leur département fait office de parent pauvre.

FRANÇAIS DITS " METROPOLITAINS "

Les Français de métropole, dits communément " métros ", représentent environ 20 % de la population guyanaise. Contrairement aux Antilles, la Guyane ne comprend pas de communauté blanche ancienne comme les Békés de Martinique et de Guadeloupe. Les conditions historiques de la venue des Blancs en Guyane diffèrent d'ailleurs radicalement de la situation qu'ont connu les Antilles. Dans les îles, le Blanc était initialement un propriétaire de terre, un maître dirigeant une plantation exploitée par des Créoles souvent réduits en esclavage. En Guyane au contraire, les Blancs sont d'abord associés aux bagnards qui peuplèrent le territoire dès le milieu du XIXe siècle. Cette communauté est principalement employée dans l'administration, l'armée et l'industrie spatiale Par nature, il s'agit essentiellement d'une population temporaire qui se renouvelle régulièrement. Par conséquent, cette population ne s'implique que rarement dans la vie sociale locale et cherche, au mieux, à s'intégrer à la communauté créole. Certains pourtant ont succombé aux charmes de la Guyane à l'occasion d'un court séjour et s'y sont installés définitivement.

Jeune Guyanaise © T. Montfort

AUTRES COMMUNAUTES

L'environnement géopolitique de la Guyane est propice à des mouvements de population. Le département est un véritable îlot de richesse économique dans cette région du monde.

Brésiliens et Surinamiens

La Guyane est souvent considérée comme un eldorado pour les populations brésilienne ou surinamienne. L'immigration clandestine est d'ailleurs le cheval de bataille des autorités. On retrouve souvent la communauté brésilienne et surinamienne à proximité des sites d'orpaillage (Maroni, Inini, Oyapock...). A tort ou à raison, on les rend également souvent responsables des problèmes liés à l'insécurité dans certains quartiers. Mais la présence de cette population a également de nombreux avantages économiques et culturels.

Asiatiques, moteur du commerce et de l'agriculture

Parmi les communautés étrangères importantes en Guyane, les plus dynamiques sont les Asiatiques. Les Chinois de la région de Canton ont été amenés en Guyane au cours du XIXe siècle pour pallier le déficit de main-d'œuvre consécutif à l'abolition de l'esclavage. Leur situation a évolué au fil des années et aujourd'hui ils se sont surtout spécialisés dans le petit commerce et organisent leur propre filière d'immigration avec Hong-Kong. Les Hmongs constituent un groupe ethnolinguistique appartenant à la famille des langues Miao-Yao, connus en Chine sous le vocable de Miao et au Laos sous celui de Meo. Ils se répartissent avant la diaspora de 1975 sur le territoire comprenant le sud de la Chine et le nord du Laos jusqu'au parallèle de Vientiane, ainsi que le nord du Vietnam, de la Thaïlande et de la Birmanie. Les Hmongs de Cacao étaient majoritairement implantés au Laos. Certaines familles sont originaires du Vietnam qu'elles ont quitté pour le Laos dans les années 1950 au moment de la guerre, et se sont réfugiées ensuite tout comme les Hmongs du Laos dans les camps du nord de la Thaïlande. Les Hmongs de Guyane française ont été installés à partir de 1977 dans ce département par le gouvernement français sur les propositions d'associations d'aide aux réfugiés et de certains missionnaires qui avaient évangélisé cette population en Indochine. Originaire du Laos qu'ils avaient fui en 1975, après l'arrivée au pouvoir des communistes, pour se rendre dans les camps de Thaïlande, ils furent l'objet de divers projets de réinstallation dans les pays occidentaux. C'est ainsi qu'en septembre 1977 les premières familles hmong arrivèrent en Guyane, dans le village de Cacao (commune de Roura), où ils devaient se livrer à la riziculture. En fait il fallait lier le sort de la Guyane (échec économique, Plan Vert) au sort des réfugiés. Aujourd'hui les Hmong sont devenus maraîchers et jouent un rôle déterminant dans l'approvisionnement en fruits et légumes des marchés urbains des grandes et moyennes villes de Guyane. Un deuxième village, Javouhey (commune de Mana), à 250 km de Cacao, fut créé en 1979, ainsi qu'un troisième en 1988, Rococoua. On distingue également dans la communauté asiatique présente en Guyane les " Javanais " qui sont en réalité des Indonésiens émigrés au Surinam (à l'époque Guyane hollandaise) qui se sont installés, au terme de leur contrat avec le gouvernement hollandais, dans la région de Sinnamary en Guyane française autour de 1955-60. Après quelques essais d'exploitation agricole, ils se sont majoritairement détournés de l'agriculture pour être embauchés sur les grands chantiers du centre spatial guyanais (CSG).

Lointains émigrants libanais

Les immigrés libanais sont depuis très longtemps installés en Guyane et sont complètement intégrés au pays. Leur activité de prédilection est surtout le commerce, plus particulièrement dans le textile et l'import-export.

Terre d'asile pour une région agitée

Dans un passé assez récent, les Haïtiens, fuyant le régime totalitaire des Duvalier, puis la misère de leur pays, ont trouvé en Guyane une terre d'accueil francophone. D'une façon générale, ils vivent surtout de petits travaux de jardinage ou d'entretien des maisons. Leur intégration est très difficile et pose divers problèmes aux autorités. Des difficultés administratives ou financières les obligent souvent à résider dans des maisons très modestes, souvent en communauté. La guerre civile qui a secoué le voisin surinamien a entraîné une arrivée massive de réfugiés, notamment à Saint-Laurent-du-Maroni, en 1986. A cette époque, des camps avaient été mis en place dans cette région en vue d'accueillir ces gens et de gérer une situation que l'on considérait comme temporaire. Mais le conflit a duré sept ans et quand le calme est revenu en 1993, peu de réfugiés étaient prêts à rentrer dans leur pays. Le travail sur les sites d'orpaillage a, de son côté, attiré essentiellement des Brésiliens. Les familles sont intégrées dans la vie guyanaise et les enfants sont généralement scolarisés. Enfin, quelques milliers de ressortissants de Sainte-Lucie, de la République dominicaine, du Guyana et d'Indonésie viennent compléter ce formidable patchwork de populations.

LE CARNAVAL

A TRAVERS LES EPOQUES

Autrefois, le carnaval était organisé avec somptuosité par les familles, les associations, dans des salles de bal ou les casinos. Dans les familles, le carnaval débutait par le gâteau ou le baptême des poupées. Le gâteau était coupé le samedi ou le dimanche. Il contenait au maximum quatre fèves. Celui ou celle qui trouvait une fève dans sa part choisissait parmi les invités sa reine ou son roi. Les rois et les reines préparaient et organisaient le tirage de la semaine suivante. Les rois s'occupaient des boissons et les reines des gâteaux. Les tirages avaient lieu tôt et étaient accompagnés de bals se déroulant de 17 h à 23 h ou de 18 h à minuit. Pour le baptême des poupées, on offrait des bouquets à trois couples au cours d'une danse et les danseurs choisis organisaient le bal suivant. Ces bals n'étaient pas publics. Seuls y assistaient les invités après le versement d'une cotisation. Jusqu'à environ 1939, il était dans les principes de ne pas inviter les femmes libres ayant un enfant ou vivant en concubinage. On ne devait pas non plus laisser un cavalier danser deux fois de suite avec la même dame afin d'éviter tout ragot.

Carnaval des rues © T. Montfort

Les commissaires de bals réputés sérieux et de bonne vie étaient chargés de veiller à l'exécution de ces principes draconiens. Les bals de famille se déroulaient dans la plus stricte intimité et la plus grande politesse, entre garçons et filles de 15 à 20 ans. Souvent, les mères accompagnaient leurs filles.

A partir de 1958, le carnaval, qui commençait à s'endormir, prit un élan nouveau. Le nombre de déguisés, qui avait diminué, redevint important. Le carnaval moderne fera une brillante apparition aux côtés du carnaval traditionnel. Les Guyanais de retour de Rio vont s'intéresser aux reines et aux rois qu'ils ont vu élire au Brésil.

Les grands thèmes du carnaval vont devenir prospères. Tous les déguisements, anciens et modernes, s'affrontent dans une lutte de prestige jamais encore connue en Guyane. 1968, première année de mise en place d'une Miss Carnaval, voit l'élection pittoresque de Colette Ho Yeng Wa qui remporte le grand prix avec le thème de l'Indienne. 1970 offre un éventail très large de déguisements, où le carnaval conventionnel de grand-papa ne s'efface pas devant le carnaval moderne. Outre l'élection de Miss Carnaval, de nombreux prix étaient décernés : prix de l'exotisme, de l'audace, de la souplesse ou encore prix du comique.

De nouveaux costumes vont apparaître comme le papillon de nuit, Superman avec le kalimbé de l'an 2000, la fée, la cour du roi Louis XV, l'astrologue... Les soirées se tenaient au Guyana Palace, au Balidéo, au Karfour et étaient organisées à l'époque par MM. Fabien Roubaud et Alexandre Baulane. Des soirées qui étaient, disons-le, de grands moments de créativité et de fantaisie.

Au fil du temps, Vaval poursuit son chemin. Si certains de ses aspects changent, la tradition, elle, se perpétue chaque année à la même époque. Le carnaval guyanais commence donc le premier dimanche suivant l'Epiphanie et se déroule tous les dimanches dès 16 heures, dans les rues de Cayenne et les communes de Guyane, jusqu'au mercredi des Cendres.

Et c'est sur les " piké, piké jouk " des Mécènes, Blue Stars, Blue Birds, V80 et bien d'autres que les touloulous, hauts en couleurs, retrouvent aujourd'hui les cavaliers-danseurs, dans les dancings où mystère et charme sont au rendez-vous.

CARNAVAL, D'OU VIENS-TU?

Il est certain que Vaval était une fête antérieure au christianisme. L'expression carne levare signifie " supprimer la chair " . Elle concerne la période où l'on s'apprête à interdire la viande, que l'on va consommer une dernière fois, pendant les trois jours gras: dimanche, lundi et mardi gras, avant d'entrer, le mercredi des Cendres, en carême, qui durera 40 jours jusqu'à Pâques pendant lesquels il sera prescrit de s'alimenter de cuisine très maigre.

Les appellations à propos de Vaval sont nombreuses chez les ancêtres. Les Latins ont parlé du " Char Vaval " du 5 mars de chaque année car, à cette date, on jetait une barque à la mer sous les applaudissements de milliers de gens. C'était la barque d'Isis, currus navalis, que l'on précipitait dans l'eau.

Le terme de " carnaval " contient les deux racines latines caro, carnis qui désignent la viande, la chair. Carnaval est un terme français, disent les Français. Et comme on le retrouve en espagnol, les Espagnols prétendent que ce vocable est né en Espagne.

Les Espagnols ont cependant utilisé d'autres termes pour leur carnaval: ils ont aimé à un moment carnestolendas, et aussi antruejo.

En italien, le mot devient carnovale, en piémontais il se dit carnavale et en sicilien carnilivari. Toutes ces expressions viennent du même vocable latin carnelevarium. Ces mots sont là, s'il en est besoin, pour convaincre que le terme de Vaval est tout simplement un italianisme.

ACTEURS, COSTUMES DES DEFILES ET BALS

Touloulous

Personnages a priori féminins, mystiques et garants de la tradition carnavalesque. Entièrement masqués, les touloulous rivalisent d'imagination par leurs toilettes chatoyantes. " Touloulou " d'après certaines recherches effectuées par des linguistes, viendrait du nom donné par plaisanterie aux soldats d'infanterie de la Marine (cantonnés à Cayenne au siècle dernier) : les Trouloulous, devenus en créole touloulous.

Une règle sacrée veut que les touloulous restent anonymes, muettes ou déguisant leur voix, et que leur règne soit seulement nocturne. Reines d'un soir ou d'une saison, elles sont la figure emblématique du carnaval. Leur beauté, leur charme, leur jeu de séduction, leur mystère font quelquefois d'elles celles par qui le scandale conjugal arrive, lors des bals du samedi soir...

" Si vous visitez la Guyane pendant la saison du carnaval [...] il vous faut absolument louer un costume en magasin pour une soirée ; le moins cher consiste à repérer des petites annonces de particuliers (elles fleurissent dans les supermarchés et les restaurants chinois) pour louer robe, jupon, cagoule, coiffe, masque, gants et bas " *Cécile Grenier, Kourou.*

Jé farin

Coiffés d'un haut bonnet blanc pointu de fée et portant un tablier contenant de la farine, ils saupoudrent volontiers les enfants qui les défient, provoquant ainsi des rires et parfois de la crainte. Ils devancent la bande de touloulous et symbolisent la pureté, le renouveau de la nature, la joie et la gaieté.

Bobis

Issus de l'imagination populaire, ils ont une allure d'ours sauvage. Vêtus d'un sac de riz beige, ils sont souvent accompagnés d'un dresseur, retenus par une corde et quelquefois fouettés s'ils refusent de danser sur le rythme de la musique. Les bobis amusent et effraient les enfants.

Balayeuses

Un balai traditionnel à la main, un foulard madras sur la tête et vêtues de robes bleues, les balayeuses font, elles aussi, partie du carnaval guyanais.

Bef Volo Bef

Issu du sacrifice du veau gras, le bef volo bef porte un déguisement de bœuf avec une robe noire et des cornes menaçante. Il vagabonde dans les rues et est accompagné de son maître qui le tient en laisse. Son allure grave et impressionnante contrastait nettement autrefois avec les costumes joyeux des pierrots, des dominos, des arlequins, etc. Coupeuses de canne : cette tenue qui représente les travailleurs et les coupeuses de canne, un sabre d'abattis dans une main et une canne dans l'autre, rappelle les ancêtres à l'époque de l'esclavage dans les champs de canne. Ils dansaient et chantaient au labeur sur le rythme des tambours.

Anglé bannan

Caricature amusante du costume que portaient les Anglais autrefois à Cayenne (redingote, queue-de-pie...). Très stylé, ce personnage burlesque déambule encore dans les rues pendant le carnaval. Il est coiffé du haut-de-forme et porte la queue-de-morue, la redingote ou la lévite.

Nèg'marrons

Représentation symbolique de l'esclave, il s'agit d'un groupe que l'on voit défiler chaque dimanche et qui constitue le service d'ordre interne des touloulous. Ils sont chargés de faire de la place afin de les laisser évoluer dans les rues de la ville. En effet, ces nèg'marrons, simplement vêtus d'un kalimbé (pagne amérindien de couleur rouge), s'enduisent le corps d'un mélange de suie et d'huile et, pour que leur bouche soit colorée, ils mangent du roucou (poudre d'une graine du même nom, souvent utilisée par les Indiens pour se protéger des moustiques et servant également d'épice en cuisine) et tiennent à leur bouche de l'aouara, fruit d'un palmier aux épines noires. Ils courent et dansent dans tous les sens.

Vidangeurs

Ils représentent les personnages de la vie guyanaise apparus pendant le bagne. A cette époque, entre minuit et le soleil levant, les bagnards " privilégiés " passaient vider les tinettes (sanitaires) des maisons bourgeoises de la ville de Cayenne. Les vidangeurs marchaient à côté d'une charrette tirée par un bœuf ou un zébu. Durant le carnaval, ces vidangeurs sont habillés en bagnards.

Sousouris

Personnages déguisés en chauve-souris. Leur tête triangulaire et leur costume bigarré leur donnent une allure gaie. La chauve-souris des temps jadis était tout de noir vêtue, mais la bourgeoisie guyanaise, dans ses bals et réceptions, raffolait des costumes de satins chatoyants. C'est ainsi que la sousouris a adopté le costume d'Arlequin.

Lanmô

Symbolisant les âmes des morts qui errent sur terre, les lanmôs portent un déguisement représentant la mort, un squelette sur une tenue blanche et ils entourent les spectateurs de leur grande cape tout en dansant.

Les grosses têtes

Ils sont considérés comme des martiens silencieux qui viennent des espaces intersidéraux. Ils sont une illustration de la lutte de prestige serrée qui existe entre le carnaval moderne et son rival, le carnaval traditionnel.

Touloulous sales

Il s'agit de groupes non structurés ou de solitaires, chacun habillé dans un style propre à lui et qui se mêle au défilé entre plusieurs groupes. Ils sont très appréciés par la foule, car ils sont originaux.

Djad dan bwet

Elles représentent des hommes déguisés en vieilles femmes laides, sortes de sorcières alliées au diable et messagères de mauvais augure. Elles se promènent avec une petite boîte qui contient un secret sur l'intéressé dans la foule de spectateurs qu'elles menacent de révéler.

Zombi baré yo

Ils représentent les personnages de légendes créoles. Le zombi est un diable hantant les maisons, les rues ; c'est un esprit qui prend l'apparence d'un être humain et vient perturber les vivants. Au carnaval, ces zombis, déguisés et en bandes, cernent les carrefours avec une corde autour de laquelle ils font la ronde en sifflant.

Commissaire du bal

Lors des bals entre amis et familles, le commissaire était chargé de veiller à ce que les deux partenaires ne dansent pas plus d'une fois ensemble. Le cavalier fautif pouvait recevoir un avertissement.

REGLES DU JEU CARNAVALESQUE

En 1885, pour institutionnaliser cette manifestation populaire, un arrêté municipal (arrêté n°13 du 22 janvier 1885) concernant les mesures d'ordre à observer pendant les divertissements du Carnaval a été déposé.

Article 1

Pendant le temps du carnaval, il est défendu à toute personne masquée, déguisée ou travestie de se montrer sur la voie publique avec des armes et des bâtons.

Article 2

Il est interdit de paraître sous le masque avant midi, de prendre un déguisement qui serait de nature à troubler l'ordre public ou à blesser la décence ou les mœurs, de porter un insigne, un costume appartenant aux cultes légalement reconnus par l'Etat ou ayant rapport à des fonctions publiques, de provoquer qui que ce soit par des invectives, des mots grossiers et de faire entendre des chansons licencieuses.

Article 3

Tout individu portant un masque ou un déguisement quelconque qui sera invité par un agent de la force publique à le suivre, devra déférer sur-le-champ à cette injonction et donner les explications qui lui seront demandées.

Article 4

Les contrevenants aux dispositions énoncées ci-dessus seront conduits devant le chef de la police pour qu'il soit pris à leur égard telles mesures qu'il appartiendra sans préjudice des poursuites à exercer devant les tribunaux.

RITES ET MOMENTS FORTS

Le vidé

L'apothéose... Après toute grande manifestation en salle, le vidé est de tradition. C'est un moment attendu par tous les danseurs pour se donner le bras, au rythme d'une musique endiablée et avec des chansons adéquates, vers 5 heures du matin. A ce moment-là, l'orchestre, durant les années 1880 et jusqu'en 1950, quittait la salle ou le dancing à pied pour parcourir les rues principales de la ville, suivi de la foule délirante. Aujourd'hui, le vidé du matin ou de l'après-midi garde son caractère traditionnel, mais s'effectue en camion aménagé pour l'orchestre afin de rassembler les groupes de touloulous qui ont défilé l'après-midi dans les rues.

Nou maye kan menm

Le lundi gras est le jour des mariages burlesques et factices, parodiés en bonne et due forme avec maire, curé et progéniture. Ces couples, qui défilent dans les rues, sont curieusement composés d'hommes déguisés en mariées, habillés, maquillés et fardés comme elles, et de femmes habillées en... hommes ! Ce jour-là, on célèbre le Mariage de Vaval !

Djab'la ka pissé

Ce jour de mardi gras, Satan est personnifié par ses diables rouges. Ils règnent dans la ville. Les touloulous sont vêtues de rouge et de noir, parfois affublées d'une corne et d'une queue.

Vaval ka kité nou

Les diablesses défilent en pleurant la mort de Vaval ou Boiboi (mannequin de petite taille qui sera mis à mort), pour s'être amusé sans vergogne, pour avoir chanté et dansé dans les rues, pour ses démesures, pour ses effronteries, ses friponneries et pour ses refrains irrévérencieux. Mais sa résurrection est déjà prévue, au début janvier de l'année suivante.

Les universités du samedi soir

Nana et Polina à Cayenne, le Grand-Blanc à Macouria, La Matadò à Kourou, l'hôtel du Fleuve à Sinnamary et chez Cresson (La Paillotte) à Saint-Laurent-du-Maroni sont les légendaires lieux de réjouissances carnavalesques. Ces institutions ne fonctionnent que les samedis soir pendant la période du carnaval ainsi que les jours gras. Le principe est simple : les touloulous choisissent leur cavalier parmi la foule d'hommes présents qui sont à leur disposition. Il est de bon ton de rafraîchir le touloulou après deux ou trois danses en lui offrant une boisson. Mais attention : il ne faudra jamais tenter de le démasquer car son anonymat est son bien le plus précieux. Au fur et à mesure que passent les jours carnavalesques, l'ambiance est de plus en plus chaude. Selon certaines rumeurs, quelques touloulous n'appartiendraient pas toujours au sexe faible. Surprises ! Les bons danseurs, connus sur la place, font l'objet de très fortes convoitises qui conduisent parfois les touloulous à utiliser la manière forte pour s'imposer face à leurs rivaux... Comme tous les lieux légendaires qui se respectent, les universités du samedi soir ont leurs héros. Infatigables musiciens, ils sont l'âme des dancings, et leur meilleur fonds de commerce ! Les plus célèbres ont pour nom : Les Mécènes ou Blue Stars. Au rythme de la mazurka et de la biguine, de la rumba, de la valse, novices et experts se lanceront dans des corps à corps de plus en plus endiablés. Bon courage, messieurs et mesdames !

L'ARTISANAT NOIR MARRON

La fabrication par les Noirs marrons d'objets brodés, sculptés, gravés ou peints, relève d'un véritable système artistique.

Cet art est directement lié à leur vie collective et à leurs représentations sociales. Certains motifs décoratifs sont de tradition africaine tels le triangle, le losange, le demi-cercle et évoquent l'art fanti-ashanti.

Un art symbolique

L'art des Noirs marrons est qualifié de symbolique. Le motif gravé n'est pas seulement décoratif, il révèle un concept. Ainsi les entrecroisements de lignes doivent être vus comme des enlacements des membres. La rosace, par exemple, évoque le nombril de la femme. La symbolique sexuelle occupe une place fondamentale dans cet art car la plupart des objets sont destinés aux dons matrimoniaux.

Spécialisations artistiques

A la différenciation sexuelle de la production d'objets s'ajoute une différenciation stylistique. Un petit nombre d'activités sont pratiquées à la fois par l'homme et la femme telles l'élaboration des esquisses de broderie ou la gravure des calebasses.

Il existe des différences importantes dans le style de chaque sexe.

Dans la gravure des calebasses, on reconnaît les travaux féminins par la souplesse et la courbure des lignes. Les gravures masculines sont toujours symétriques et géométriques.

Evolution des styles

Les styles artistiques des Noirs marrons ont évolué avec le temps. Riches à leur début, ils témoignent actuellement d'un appauvrissement esthétique induit par la perte d'identité des cultures auxquelles ils se réfèrent. Les premières traces de l'art des Noirs marrons remontent à 1845. Beaucoup d'objets anciens sont conservés dans les musées Rijksmuseum et Koninklijke Institut voor de Tropen à Amsterdam. Le style des Noirs marrons bonis, de son origine jusqu'à nos jours, se divise en 3 périodes.

- **Epoque archaïque (1870-1890).** Les artistes de l'époque ne connaissent pas encore le style figuratif. Leur art, chargé d'une forte présence du symbolique, utilise des motifs généralement asymétriques, sans recours à la règle ou au compas. Le corps humain est représenté à partir de symboles géométriques.

- **Epoque classique (1890-1925).** Cette époque est caractérisée par l'importance donnée aux représentations semi-figuratives. L'artiste utilise la règle et le compas, mais la symétrie n'intervient que par rapport aux contours extérieurs de l'objet. Le motif de l'œuvre est à la fois son sujet et son ornementation. La représentation du corps humain se fait par l'intermédiaire de spirales symbolisant les membres.

- **Epoque moderne (1925-1950).** Cette époque correspond à une perte de la richesse et du génie artistique des Noirs marrons. Les figurations disparaissent au profit de motifs géométriques qui ne représentent plus que des éléments décoratifs. La symétrie et l'esthétique apparaissent comme primordiales dans le dessin. Les motifs symboliques se font rares et deviennent purement abstraits. Aujourd'hui, les sculptures sont de plus en plus pauvres en signification. Les jeunes artistes rompent avec les conseils des anciens et abandonnent progressivement le langage symbolique au profit d'une esthétique mal définie. L'art ne représente plus la mémoire collective des cultures des Noirs marrons. Il sert uniquement de moyen d'expression à une nouvelle génération qui, loin de vouloir perpétuer les savoirs ancestraux, veut s'affirmer dans son individualité.

La sculpture et la peinture sur bois

Les Noirs marrons ont particulièrement développé le travail du bois. Ne connaissant pas la métallurgie et ayant majoritairement abandonné le tissage et la poterie, ils utilisent un certain nombre d'outils (sabre, herminette, rabot) empruntés aux techniques européennes.

Les objets sont ornés de motifs gravés ou peints appartenant à un véritable système graphique symbolique. Le motif gravé révèle un élément de sens, à la manière d'une langue, et l'association des différents motifs présents sur l'objet constitue un message. La plupart des objets sculptés destinés à des femmes (peignes, pagaies, portes de maison...) véhiculent des déclarations d'amour.

L'art des Bonis et des Djukas est voisin, les figurines symboliques ayant des structures pratiquement similaires. Les œuvres des Saramacas présentent un graphisme différent, dont l'interprétation nécessite la connaissance précise de leur culture.

METIERS DE FEMMES

Les femmes consacrent la plupart de leur temps libre à la couture, la broderie et la coiffure.

Costumes (bissi-hoehoe)

Les hommes portent autour de la taille une pièce d'étoffe appelée “ kamiza ” et sur l'épaule une cape : le “ bagnago koosoe ” . La kamiza des Bonis est passée entre les jambes et fixée par une ceinture alors que celle des Saramacas est simplement enroulée autour de la taille. Les femmes portent des jupes courtes de même tissu nouées à la taille ainsi qu'une cape de la même manière que les hommes.

Couture (nai)

Les costumes saramacas ne sont jamais composés d'une seule pièce d'étoffe : les femmes assemblent des morceaux de tissu pour constituer un patchwork (aceïcenté) aux couleurs harmonieuses. Traditionnellement, le patchwork permet une économie de tissu et une recherche dans le vêtement. Il en existe différents styles, liés à des époques et à des modes déterminées.

Crochet (kilili tata, akh)

Les femmes confectionnent des ouvrages crochetés (ceintures, jarretières). Elles utilisent des petits crochets et des cotons de couleurs vives. Le travail est fixé à un support qui détermine sa forme. Cette pratique traditionnelle tend à disparaître dans les villages, et rares sont les femmes qui actuellement maîtrisent cette technique.

Broderie (gidjama tata)

La broderie est à la femme ce que la sculpture est à l'homme. Symbole de la féminité, elle accompagne toute la production du travail de couture en lui donnant un sens.

Véritable langage, les motifs brodés véhiculent un message destiné à la personne bénéficiaire de l'ouvrage. Une grande partie de la broderie s'inscrit dans la dialectique du don et du contre-don sexuel. Traditionnellement, le don féminin de broderie (goedoe) répond au don masculin de sculpture (tembe). Il constitue sa contrepartie sociale. Les nappes, les hamacs et les vêtements brodés sont les principaux cadeaux destinés aux hommes.

Coiffure (be oewi)

La coiffure, au même titre que la sculpture ou la broderie, constitue une véritable activité artistique. Chaque personne se fait coiffer une fois par semaine. L'opération est effectuée par les femmes, à l'aide de peignes (penti) en bois sculptés par les hommes. Il existe plusieurs types de coiffures, ayant chacune une signification précise. Traditionnellement la coiffure révélait le statut social de l'individu : son sexe, sa classe d'âge, son statut marital.

OBJETS SCULPTES

Objets fonctionnels

▸ **Pagaie : pada.** La pagaie sert à diriger la pirogue lorsqu'elle navigue sans moteur. Il existe deux sortes de pagaies : les grandes pagaies mesurant jusqu'à 2 mètres et les pagaies courtes ou pagaies de femme pour le pagayage assis. Les pagaies boshs et bonis sont peintes, contrairement aux pagaies saramacas.

▶ **Peigne : penti.** Le peigne démêloir constitue l'élément essentiel de l'art de la coiffure des Noirs. La poignée délicatement sculptée témoigne du message adressé par le sculpteur à la femme destinataire de l'objet.

▶ **Cuillère à riz : angoe pao.** La cuillère à faire bouillir le riz tend à disparaître chez les Noirs marrons. Ces cuillères, ornées de motifs gravés, servaient à tourner le riz lors de la cuisson.

▶ **Plat à vanner le riz : paatoe.** De la forme d'une batée (diamètre d'environ 40 centimètres), le plat rond sculpté, peint ou marqueté, est destiné au vannage du riz.

▶ **Banc : bangi.** Concept fondamental du mobilier des Noirs marrons, le banc ou tabouret permet par son faible encombrement d'être transporté à l'intérieur comme à l'extérieur de la maison. On peut distinguer plusieurs bancs : le foetoe bangui, réalisé dans une seule pièce de bois et datant de l'époque classique (1890-1925), le san latcha bangui ou banc fauteuil pliant, dont la facture caractérise l'époque moderne (1925-1940), le lontoe bangui, ou tabouret rond, réservé par sa forme aux femmes.

▶ **Petit mortier avec son pilon : piki mata.** Le petit mortier sert à piler essentiellement les herbes aromatiques. Il prend sa place dans les cuisines intérieures des maisons.

▶ **Grand mortier avec son pilon : mata koe tati.** Le mortier est encore fréquemment utilisé par les femmes pour piler le manioc ou les fruits de palmier. De grande taille (70 centimètres), il est gardé de préférence sous les hangars à couac. Rituellement, il peut être utilisé dans certains cultes aux dieux afin de préparer des infusions nécessaires à l'initiation.

▶ **Canot : boto.** Les canots des Noirs marrons sont issus des techniques européennes et amérindiennes appliquées à la construction de pirogues. Cependant, leurs lignes originales et harmonieuses en font de véritables œuvres d'art particulièrement adaptées à la navigation sur les rivières de Guyane. L'arrière et l'avant des canots boshs et bonis sont délicatement peints et même cloutés.

▶ **Battoir à linge : wasi uma.** Le battoir constitué d'une palette de bois sculpté est utilisé par les femmes au bord de la rivière pour essorer leur linge.

▶ **Porte de maison : do.** De petite taille (1,70 mètre), la porte de la maison traditionnelle est soit sculptée (saramaca), soit peinte (djuka, paramaca, boni). La maison représentant un don matrimonial, la porte révèle la déclaration d'amour du constructeur à son épouse.

▶ **Presse-canne : mbi pao.** De forme totémique, le presse-canne à sucre fait partie de l'espace domestique communautaire des Noirs marrons, où il est planté dans le sol. Les cannes sont introduites dans son orifice et pressées à l'aide d'une tige de bois. Le jus est recueilli dans un réservoir.

Objets rituels

▶ **Tambour : do.** Cylindriques et de tailles variables, les tambours sont généralement sculptés. Leur fond est recouvert de peaux tendues (tigre, cochon-bois...). Associés aux cultes et aux rites, ils assurent la médiation entre les hommes et le monde supranaturel.

▶ **Maraca : tchaka.** Inspirée de la maraca amérindienne, la tchaka est constituée d'une calebasse creuse emmanchée et contenant des graines. Rituellement, elle possède la même fonction que le tambour.

Objets décoratifs

▶ **Pagaie sculptée : tembe pada.** De petite taille, en cajou rouge ou blanc, la pagaie sculptée a perdu sa fonction initiale pour devenir un objet décoratif apprécié par les touristes.

▶ **Bouteille ou amphore sculptée :** tembe bata, en acajou rouge.

Inspirée des amphores que les Hollandais rapportaient de leurs voyages, la bouteille sculptée était destinée à décorer les intérieurs des maisons traditionnelles.

▶ **Table sculptée : tembe tafa.** La table sculptée en cajou rouge ou blanc est la transposition de la petite table basse européenne.

▶ **Plateau : patoe.** Inspiré du plat à vanner le riz, le plateau sculpté en cajou rouge reprend le sens occidental attribué à cet objet.

▶ **Parapluie fermé : paso.** Entièrement sculpté en cajou rouge ou blanc, le parapluie illustre parfaitement l'influence des pratiques sociales européennes sur l'art des Noirs marrons. Le parapluie, symbole de l'élégance, accompagne l'habit traditionnel de tout homme respectable.

Panneau décoratif : tembe patoe. Initialement destiné à décorer les façades de maisons traditionnelles, le panneau en cajou rouge révèle des motifs gravés ou peints (bonis et bosh) à signification symbolique.

Animaux sculptés

Les objets animaliers sont récents et inspirés par les demandes des touristes européens.

Chouette : hoguifo. Provenant directement du bestiaire occidental, la chouette ou " oiseau du mal " est réservée à une clientèle extérieure.

Tatou : kapasi. Plus ancien, le tatou (1930) possède une fonction décorative de l'ameublement actuel des Noirs marrons. Il peut être sculpté en cajou rouge ou blanc, ou en simarouba.

Objets miniatures (pike tembe)

Les objets miniatures sont traditionnellement réalisés par les enfants. Partant du principe de l'initiation, ils ont une fonction ludique.

Miniatures traditionnelles

- **Petit blanc :** piki bangi.
- **Petite pirogue :** piki boto.
- **Petite pagaie :** piki pada.

Nouvelles créations

- **Fusée Ariane :** aïane laketi.
- **Avion :** opolani.
- **Ensemble de couverts avec support mural : bago baga.** L'ensemble de couverts attachés par une chaîne a remplacé les cuillères jumelles que l'on trouvait traditionnellement dans les maisons. Cet objet en cajou rouge a une fonction purement esthétique et décorative.

ARTISANAT AMERINDIEN

Arcs

Les arcs sont réalisés à partir du cœur de l'arbre paila (bois de lettre), faiblement représenté dans la forêt guyanaise.

Travaillés dans le fil du bois, ils seront redressés à la flamme après avoir été enduits de kalapa (huile de carapa) pour éviter les risques d'éclatement. La ficelle est fabriquée à partir d'agaves kulaiwat, un genre d'ananas sauvage à longues feuilles, planté dans les abattis. Les fibres de kulaiwat sont séchées, puis tressées à la main sur la cuisse, avec trois brins de diamètre décroissant. La ficelle est souvent enduite de roucou. La corde d'un arc prêt à l'emploi est tendue. On obtient cette tension en torsadant la corde pour en réduire la longueur. L'humidité resserre les fibres. Pour éviter la rupture de la corde, celle-ci est systématiquement détendue après utilisation.

Flèches

Les flèches sont confectionnées avec des roseaux plantés aux abords des villages ou dans les abattis. Ces roseaux sont séchés, redressés à la flamme et décorés avec de la kupé (jus de génipa), passée au moyen d'un pinceau taillé dans l'écorce du roseau. Le jus est photosensible : il s'oxyde et noircit à la lumière. La kupé est également utilisée pour les dessins corporels.

Flèches de chasse

Un jeu de flèches est habituellement composé de 4 flèches différentes.

Flèche kulumuli. C'est un éclat de bambou tranchant sertit sur une baguette de bois fibreux, elle-même insérée profondément dans le roseau à l'aide de résine palaka ou mani. Cette flèche est utilisée pour le gros gibier : maïpouri, cochon-bois, singe...

Une graine ovoïde provenant d'un palmier épineux est parfois fixée sur la pointe de la flèche. Cette graine est percée latéralement et lorsque la flèche est décochée, elle produit un sifflement aigu qui imite le cri l'aigle harpie, principal prédateur des singes. Cette flèche sifflante est appelée tiwi. C'est la première flèche que tire le chasseur et elle dépasse largement la cime des arbres. Son sifflement inquiète les singes, qui se réfugient dans les branches basses, où ils sont plus faciles à atteindre.

Flèche jetpë. Faite d'une baguette en bois fibreux comportant une entaille destinée à recevoir une pointe en os. Pour la pointe, on utilise des os (fémur ou humérus) de singes atèles ou de singes hurleurs. Cette flèche est utilisée pour le hocco, l'agami, le pac.

Flèche tïkïlïlï. La pointe en bois dur de cette flèche est hérissée de petits ardillons. On l'utilise pour le gibier de taille moyenne : perdrix, agouti, iguane...

Flèche kamata. C'est la flèche assommoir. On l'utilise pour le petit gibier : tourterelles, petits oiseaux, lézards... Peu dangereuse, c'est par excellence la flèche de jeu des enfants. La pointe est réalisée avec un morceau de carapace de tortue de terre (kuliputpë), une graine très dure appelée mapiku, un morceau de bois dur taillé (paila, wacapou), et une baguette rigide en forme de patte d'oie. Elles sont toutes empennées avec des plumes de hocco, d'ara ou d'aigle harpie. On utilise pour cela une plume de l'aile droite et une plume de l'aile gauche, car seule la partie large de la plume peut être employée. On n'utilise d'ailleurs que les rémiges de l'extrémité des ailes. L'empennage est fixé avec du coton très fin filé par les femmes, qu'on glisse entre les barbes. Pour plus de précision dans le tir, on donne à l'empennage une forme hélicoïdale. Le coton est poissé avec une résine noire. Les ligatures se font sur un brin. La base de la flèche est protégée lors de la décoche par une cheville de bois sertie dans le roseau. Mais les flèches n'ont pas toujours une encoche : celle-ci entraîne en effet une perte de temps au moment du tir. Les empennages sont finement décorés. Les motifs représentés varient selon les sous-groupes ethniques. Les dessins sont réalisés avec plusieurs résines : sève (blanche) de balata colorée en rouge par du roucou, sihké ou kulawaju (rouge foncé), mani et palakta (noir).

Flèches de pêche

Les flèches de pêche, couramment utilisées, sont très longues, mais ne sont pas empennées, car le poisson est fléché à courte distance.

Elles sont de trois types :

Flèche avec embout métallique. L'embout est fixé sur un support en bois mortaisé. L'assemblage est réalisé par épissure et consolidé avec de la résine palakta. Cette flèche est utilisée pour le coumarou, l'aïmara et les silures.

Flèche trident : pampa. On l'utilise pour piquer les petits poissons, à l'arc ou à la main.

Flèche harpon : talaka. La pointe métallique est fixée sur une tige de bois creusée à la base pour s'emboîter sur le corps de la flèche. La partie antérieure est reliée à un roseau par une ficelle végétale de 1,50 mètre de longueur environ. Cette flèche, particulièrement utilisée pour les gros poissons, a l'avantage de ne pas se briser lorsque le poisson se débat : le harpon se déboîte et le poisson traîne derrière lui le roseau flotteur.

Armes de combat

Lance : walata. Réalisée dans le même bois que l'arc, cette arme était utilisée par les Indiens lors des conflits tribaux et comme moyen de défense quand ils se rendaient dans les abattis. Elle servait en outre à achever le gros gibier. Les pendentifs de coton qui la décorent, en absorbant le sang des victimes, témoignaient de la bravoure du guerrier.

Casse-tête : siwalapa. C'était une arme redoutable, utilisée lors des attaques nocturnes. Il en est souvent fait mention dans les récits légendaires. Le siwalapa est taillé dans le bois d'arc et incrusté de canines de félin ou de pierres polies fixées à l'aide de résines et de cordelette végétale. C'est une massue d'origine tilio.

Autre casse-tête : Kapalu. Utilisé surtout par les Wayanas, il avait la même fonction que le siwalapa, mais présentait deux faces planes noircies et décorées de motifs gravés au couteau.

Ciel de case : maluana. Placé juste sous la toiture, au centre du carbet circulaire de réunion (tukusipan), le ciel de case, ou maluana, est destiné à éloigner les insectes et autres animaux indésirables ainsi que les esprits. Le ciel de case est découpé dans les contreforts des grands fromagers (kumaka). Rapportée à dos d'homme au village, la découpe est déposée à l'ombre pour sécher. Une fois débarrassée de sa sève, elle est taillée au sabre en forme de plateau circulaire. La circonférence est tracée à l'aide d'un compas improvisé avec deux pointes reliées par une ficelle.

Les surfaces sont aplanies au rabot. L'une d'elles est noircie au feu, grattée superficiellement au couteau pour éliminer la pellicule calcinée, puis enduite d'apulukun. Des animaux mythiques sont ensuite tracés à la pointe du canif, puis peints. Autrefois, les Amérindiens n'utilisaient que des colorants minéraux et végétaux dont les contrastes étaient peu marqués. Ils emploient maintenant la peinture du commerce.

Autres objets en bois

Pagaies. Les pagaies indiennes sont découpées dans les contreforts de certains arbres. Dégrossies au sabre, elles sont ensuite rabotées, puis lissées au couteau. A la différence des pagaies des Bonis, les pagaies amérindiennes ne sont pas décorées de symboles ou d'idéogrammes peints. De tailles différentes selon le type de canot et l'utilisateur, elles sont toujours légères et agréables à l'usage.

Tabouret. Les jeunes postulant à l'épreuve du marakè (rite initiatique des Wayana) doivent exécuter un tabouret taillé d'une seule pièce dans le tronc d'un acajou : c'est le tabouret classique appelé kololo.

Tabouret mijele. C'est le siège des tamusis (les vieux sages). Comme le kololo, il est réalisé d'une seule pièce, mais plus élaboré dans les détails et la finition. Il est teinté au noir de fumée fixé avec de l'apulukun et décoré de motifs incisés. Sa forme concave le rend confortable. Il est parfois agrémenté d'une tête et d'une queue d'animal (tortue, aigle, caïman).

Plat à coton. Le plat à coton (ëlimak) est un objet dont la forme rappelle celle d'une batée. Il est réalisé comme le ciel d'une case dans les racines contreforts d'un fromager. Creusé à l'herminette, il est décoré à la manière du maluana. Les femmes l'utilisent comme plateau pour sécher les boules de coton au soleil.

INSTRUMENTS DE MUSIQUE

Flûte en os : kapaujetpe

Elle est travaillée dans un tibia de biche ou de cariacou, sur le même principe que la kena péruvienne. C'est une flûte sans bec, avec une simple encoche au niveau de l'embouchure. Percée de trois trous, elle est décorée de dessins traditionnels gravés au couteau et souvent teintés au roucou.

Flûte nasale : patete

C'est une sorte de flûte traversière composée de deux morceaux de bambous emboîtés puis scellés par une résine noire (palakta) et d'une épissure de coton. Cette flûte, obstruée aux deux bouts par les cloisons naturelles du bambou, mesure environ 60 centimètres de long. Sa ligne est légèrement incurvée, et sur la partie convexe de l'instrument 2 trous sont percés à chaque extrémité. Son originalité réside dans la manière de s'en servir. La flûte est appliquée sous le nez, obstruant une narine. L'air expiré par la seconde narine produit le son. Les doigts placés sur les 3 trous restants déterminent une gamme de notes au son subtil. Les trompes sont principalement en bambou et en bois-canon. Certaines sont également fabriquées en terre cuite. Avec une embouchure latérale, c'est une trompe traversière. Elle est droite lorsque son embouchure est à l'extrémité supérieure. Elles sont utilisées pour les appels, des signaux à distance. Elles sont aussi présentes dans les orchestres.

Trompe : waitakala

C'est en fait un instrument à anche, de type clarinette, fabriqué dans un grand bambou, qui produit un son unique. Pour exécuter les mélopées traditionnelles, il faut plusieurs musiciens utilisant des trompes de tailles différentes.

Trompe : titilu

Flûte traversière dont une extrémité est partiellement obstruée par la cloison du bambou, traversée par le tuyau d'une penne de hocco. Une découpe triangulaire sert d'embouchure, dans laquelle le musicien souffle en pinçant les lèvres. Il produit ainsi des sons caverneux, modulés par un doigt sur le tuyau et la paume de l'autre main bouchant plus ou moins la sortie de l'air.

Flûte de Pan : pupu

C'est une flûte composée de 3 ou 4 petits bambous de tailles différentes, fixés côte à côte par des fils de coton. Curieusement, on joue une note, puis on chante la suivante, et ainsi de suite. L'instrument est joué en solo par un homme s'accompagnant d'une carapace de tortue frottée. Celle-ci a la partie antérieure de la face ventrale recouverte de résine. Le joueur frotte la carapace avec le tranchant de la main droite en accompagnement rythmique de la flûte de pan

Hochet : malaka

Cet objet de tradition apalai est fabriqué en arouman. En calebasse, il est fixé par une résine sur un manche en bois d'angélique taillé et incisé. La calebasse gravée de motifs zoomorphes est ornée de plumes et de pompons en fil de coton.

Il renferme un cartilage cricoïde de singe hurleur ou encore une petite calebasse contenant des perles et des graines. Hochet du chamane, il est considéré comme abritant des êtres puissants apprivoisés mais qui restent dangereux.

Sonnailles : kaway

Constituées de graines sèches de Thevelia liées entre elles par des fils de coton rassemblés sur une jarretière, ces sonnailles sont attachées aux mollets ou à la cheville des danseurs et rythment les chants lors des fêtes.

Tambour: sambula

Il s'agit d'un tambour cylindrique à 2 peaux (peau de biche, peau de cariacou) parallèles. Le tambour est frappé avec une mailloche nommée molikatopo (tige d'épiphyte). Sur la peau du bas est tendue une corde mince dans laquelle est passée une aiguille de paripa (langue du tambour).

VANNERIE

Une grande partie de l'activité des hommes consiste à fabriquer ou à remplacer les ustensiles indispensables à la vie quotidienne de la famille. Ces objets, destinés à être utilisés fréquemment, sont confectionnés pour durer. Cependant, certaines vanneries sont réalisées à partir de végétaux frais, ce qui ne permet pas leur réutilisation. Citons par exemple le catouri, servant à rapporter le gibier au village et les paniers de feuilles tressées dans lesquels on transporte les produits de la cueillette ou les petits poissons capturés dans les criques.

Catouri-dos

Le catouri-dos, ou katali, est une hotte de portage. Il est ordinairement confectionné en liane franche et sert au transport du manioc et du bois. Les sangles de portage sont faites de l'écorce de l'arbre okalat. Un katali luxueux est fabriqué en arouman par les vanniers chevronnés. Il est orné de motifs traditionnels réalisés en tressant des fibres d'arouman teintées et sert à transporter les effets personnels (hamac, moustiquaire...). D'autres éléments végétaux sont utilisés pour sa confection : fil de coton, roseau à flèche, liane brune (kolopijoto) pour consolider la vannerie.

Pamkali

Tamis ancien et originel : sa partie utile se trouve au milieu d'une vannerie cylindrique, dans le plan horizontal. Il servait à tamiser le manioc pour la galette et le cachiri.

Couleuvre : tïnkii

Tressée d'une seule pièce, la couleuvre sert à extraire le jus toxique du manioc.

Manaré

Objet très répandu dans toute la Guyane, le manaré sert à tamiser la farine de manioc et à filtrer le cachiri ou toute autre boisson à base de fruits bouillis : banane, mombin, etc. On en fait également un objet pour le rangement du petit matériel familial.

Eventail wayana : anapami

L'éventail wayana est réalisé en arouman. C'est un objet indispensable aux femmes. Elles l'utilisent pour activer le feu, transporter la farine de manioc sur la platine pour la cuisson de la galette de cassave ou galette de manioc, retourner cette galette en cours de cuisson et présenter les morceaux de cassave au moment du repas. C'est une vannerie plate, rectangulaire, insérée dans un morceau de roseau à flèche, décorée de motifs traditionnels.

Paniers : pïlasi

Le panier pïlasi est une vannerie cylindrique à base carrée. Décoré de motifs traditionnels par le tressage de brins d'arouman teintés en noir (awa) ou en rouge (onot), il sert à ranger toutes sortes d'objets de ménage. Posé sur 4 pieds, il devient une corbeille à ouvrage où les femmes rangent leur quenouille et leurs pelotes de coton. D'autres vanneries de formes diverses sont destinées à contenir les petits matériels des femmes : aiguilles, graines, dents de singe...

Tapis : opoto

C'est une vannerie souple tressée en feuille de comou. De forme carrée, ce tapis permet de transporter la galette de manioc cuite vers l'endroit où elle séchera au soleil. Il est également utilisé pour transporter les herbes de sarclage. Lors du maraké, il sert à éventer les danseurs, qui l'utilisent aussi pour déposer leur parure.

Eventail wawai et panier lijalita

Ces deux objets sont faits de jeunes feuilles de mumu ou de kïjï. Le wawai est d'origine émérillon et tilio, mais on le retrouve aussi chez les Galibis et les Créoles, qui l'appellent walwari. Quant au panier, son nom signifie " les reins du mouton paresseux " .

Corbeille : kuluwa

Le palmier qui sert à sa fabrication lui donne son nom. Elle se compose de deux parties qui s'emboîtent parfaitement l'une dans l'autre. Elle renferme les précieux éléments en plumes multicolores qui servent à l'élaboration de la merveilleuse coiffe olok portée par les candidats aux épreuves du maraké.

Kunana

Vannerie en forme d'animal servant lors du maraké (passage dans le monde adulte pour les jeunes Indiens). On y introduit des fourmis, (parfois des " fourmis-manioc ") qui seront ensuite mises sur le jeune tepiem (le candidat à l'initiation).

COLLIERS ET TISSAGES DE PERLES

Pendant les fêtes, les Indiens portent de lourds colliers de perles de verre d'une seule couleur, croisés sur la poitrine, enroulés autour des bras, des poignets et des chevilles. En temps normal, les colliers sont plus fantaisistes, de couleurs variées, et agrémentés d'un pendentif représentant un animal ou une étoile.

Avant, ces colliers et bracelets étaient essentiellement composés de graines, de dents de singe, de pécari ou de félin. Aujourd'hui les perles utilisées proviennent d'Europe. Introduite par les premiers voyageurs, cette verroterie servait alors de monnaie d'échange.

En tissant les perles, les Indiens réalisent des ceintures (panti), des bracelets, des tabliers (weju). Les motifs décoratifs qui les ornent sont analogues à ceux qui décorent les vanneries.

POTERIE

Sur le Haut-Maroni, les poches d'argile de qualité sont rares. On en trouve sur les bords de certaines criques, notamment en amont des sauts du Litani. Il faut creuser à environ 80 centimètres de profondeur pour atteindre la couche de glaise. Rapportée au village dans des catouris, l'argile est séchée, concassée, réduite en poudre, tamisée et débarrassée de toutes ses impuretés : sable, terre, racines... La technique du tour est inconnue des Indiens. Les potières utilisent la technique du colombin pour monter les poteries. A partir d'une base épaisse, les colombins sont soudés les uns aux autres avec un outil en forme d'écaille de poisson, découpé dans une calebasse.

Tassée avec des galets, lissée avec les lamelles d'un champignon, la poterie prend sa forme définitive. Pendant son séchage à l'ombre, le pot est souvent lissé de nouveau. Les femmes apalais y gravent alors, à la pointe d'un couteau, des frises de motifs traditionnels. Le four est également inconnu. Les poteries sont d'abord précuites. Pour cela, on les place à côté d'un feu de bois, en exposant au feu leurs différentes faces tout au long de l'opération.

Ensuite, on empile les poteries retournées, on les recouvre d'écorces, dont la combustion produit une chaleur intense. Cet échafaudage en forme de tipi sert de four. Selon les argiles et les écorces utilisées, les céramiques auront une teinte rouge brique ou pain brûlé. Encore chaudes, elles sont enduites de sève apulukun qui leur donne le poli final et renforce leur étanchéité. On distingue deux catégories de céramiques : les pots habituellement destinés à la cuisson des aliments et les récipients servant à présenter la boisson ou la nourriture. Ces derniers ne vont pas au feu et sont décorés de motifs teintés à l'aide de colorants végétaux ou minéraux.

COTON

Les cotonniers sont plantés aux abords des villages ainsi que dans les abattis. Chaque famille cultive cet arbuste essentiel. Le coton sert en effet à confectionner les hamacs et les porte-bébés, et entre dans la fabrication de nombreux autres objets. Les fibres de coton, séparées des graines (précieusement conservées pour les plantations futures), sont retirées et entrecroisées pour former un écheveau. Cet écheveau est filé à l'aide du mauëkumtop, une sorte de fuseau dont la tige est en bois paila et les disques de l'extrémité découpés dans une calebasse. Le calibre du fil de coton est variable selon l'usage qui doit en être fait_: très fin pour les colliers, les flèches et les bas de ligne de pêche, il est plus épais pour le tissage des hamacs et des porte-bébés (ewa).

LES ENFANTS DU PAYS

Félix Eboué

Né à Cayenne, le 26 décembre 1884, Adolphe Félix Sylvestre Eboué était le quatrième d'une famille de 5 enfants. Son père, Yves Urbain Eboué, était orpailleur. Elève au collège de Cayenne, Félix Eboué obtient une bourse pour pouvoir poursuivre ses études au lycée Montaigne à Bordeaux. Bachelier en 1905, il se rend à Paris pour préparer le concours d'entrée à l'Ecole coloniale. Reçu en 1906, il en sort diplômé en 1908 tout en obtenant une licence de droit.

Elève administrateur des Colonies, puis administrateur adjoint en 1910, Eboué est affecté en Afrique équatoriale française de 1909 à 1931. Entre-temps, il épouse Eugénie Telle en 1921 (1891-1972).

Passionné de recherches anthropologiques, il s'intéressera aux langues et cultures africaines. Il publie dès 1918 une Grammaire sango, banda, baya et mandjia, ainsi que des études portant sur les structures sociales et politiques des communautés africaines. Ses nominations successives (Bouka, Damara) lui permettent d'approfondir et d'enrichir sa politique administrative.

En 1927, il est fait chevalier de la Légion d'honneur puis il est nommé administrateur en chef le 31 décembre 1931. Premier haut administrateur noir, Eboué est conduit à deux reprises à exercer de hautes fonctions aux Antilles. De 1932 à 1934, il est nommé secrétaire général en Martinique. Il y mène une politique de logements sociaux et de lutte contre la fraude électorale. En désaccord avec le gouverneur, il est rappelé et affecté au Soudan de 1934 à 1936, puis nommé gouverneur en Guadeloupe. Le décret du 19 novembre 1938 le nomme gouverneur au Tchad. C'est peu après son arrivée qu'éclate la Seconde Guerre mondiale.

Alors que le maréchal Pétain signe l'armistice en juin 1940, Félix Eboué en rejette les clauses et affiche sa volonté de poursuivre la lutte. Le Tchad est le premier territoire à se rallier à la France libre après l'Appel du 18 juin 1940 lancé à Londres par le général de Gaulle. Vont suivre ensuite le Cameroun et le Congo Brazzaville. Mais le gouvernement de Vichy condamne Félix Eboué à mort par contumace et le prive de ses droits civils et politiques. En novembre 1940, il est nommé gouverneur général de l'Afrique équatoriale française et reçoit du général de Gaulle, en janvier 1941, la croix de la Libération.

Epuisé par le labeur, il décède au Caire des suites d'une pneumonie le 17 mai 1944.

Trop tôt disparu, Félix Eboué a reçu de la nation française les grands honneurs, ceux que l'on réserve aux meilleurs de ses enfants, des funérailles nationales et, gloire suprême, le droit de reposer au Panthéon.

Gaston Monnerville

Né à Cayenne le 2 janvier 1897 d'une famille originaire de la Martinique, Gaston Monnerville fait ses études au collège de Cayenne, puis au lycée Bernuy de Toulouse. C'est dans cette même ville qu'il soutient sa thèse de doctorat en droit sur l'enrichissement sans cause. Licencié ès lettres et docteur en droit, il s'inscrit au barreau de Toulouse (1918), puis à celui de Paris (1921) où il devient secrétaire de la Conférence des avocats.

Une affaire va apporter célébrité et donner l'occasion à ce jeune avocat d'entrer en politique : l'affaire Galmot. En effet, en 1932, à l'âge de 35 ans, Monnerville est chargé de la défense des émeutiers arrêtés après les troubles consécutifs à la mort énigmatique de Jean Galmot, ancien député de la Guyane, homme d'affaires important et influent de la colonie. Au cours de ce procès, Monnerville orienta sa plaidoirie sur le respect des droits et des libertés des citoyens d'outre-mer, en dénonçant la fraude. Le verdict d'acquittement général, en mars 1932, que le jury de Nantes prononça en faveur des 14 accusés, donna à Monnerville une renommée internationale.

Les Guyanais, séduits par la vivacité d'esprit et l'intelligence de Monnerville, le prient de représenter le pays au Parlement au cours des élections législatives de mai 1932, qu'il remporte brillamment. Membre du Parti radical socialiste, il prend la tête des " Jeunes Turcs à l'Assemblée et intervient à de nombreuses reprises en faveur des colonies.

Architecte volontaire pour la construction d'une société idéale, Monnerville participe activement à la formation du Rassemblement populaire 1935-1936, pour la sauvegarde de la République et contre les menées tendancieuses et factieuses des ligues et autres mouvements fascistes. Réélu au premier tour le 26 avril 1936, il siège à la Chambre du Front populaire, dont les préoccupations démocratiques de réformes sociales et de justice coïncident avec son propre idéal.

Appelé à exercer dans le gouvernement Chautemps, Monnerville, benjamin de la représentation coloniale, est nommé sous-secrétaire d'Etat aux Colonies. Sous le ministère de Marius Mouttet, il fait voter la création du système de financement appelé Fonds d'investissements de développement économique et social des pays d'outre-mer (FIDES) et propose la suppression du bagne colonial en Guyane, puis la transformation des 4 colonies en départements français.

Engagé volontaire dans la marine militaire à la déclaration de la Deuxième Guerre mondiale, il embarque sur le Provence, puis est démobilisé à l'armistice. Rejetant le régime de Vichy, Monnerville rejoint la résistance civile, puis le maquis jusqu'à la Libération. Réélu le 21 octobre 1945 par ses compatriotes, Ti-Momo, comme on l'appelait, est battu aux élections d'octobre 1946 et doit quitter la Chambre des députés après quatorze années de hautes responsabilités. Toutefois, la Guyane reconnaissante compense cet échec aux législatives en le désignant sénateur, membre du Conseil de la République.

Il participe aux débats sur la départementalisation de mars 1946, qu'il soutient.

Pendant 22 ans, le président Monnerville, deuxième magistrat de la France, allait conduire les destinées du Conseil de la République, puis du Sénat, voyant ainsi passer, en y participant souvent, toute la politique intérieure ou extérieure des IVe et Ve Républiques. Il meurt en 1991.

L'année 1997, qui marquait le centième anniversaire de la naissance de Monnerville, s'est accompagnée de plusieurs commémorations en son honneur. Un buste en bronze est érigé au jardin botanique de Cayenne.

Justin Catayée

Justin Catayée est né à Sinnamary le 30 mai 1916, dans une famille modeste d'origine martiniquaise. Son père est alors représentant de la maison Tanon.

Vers 1922, la famille Catayée retourne en Martinique où il effectue ses études primaires et secondaires. Il part ensuite en France où il entreprend des études en vue de l'obtention d'une licence de mathématiques et d'astronomie. La guerre éclate et il contracte un engagement volontaire. Dirigé au centre de Pau, il est plusieurs fois cité pour son courage : croix de guerre, croix de guerre avec Etoile d'Or, médaille coloniale, croix de guerre avec Etoile d'Argent et enfin, en 1953, la plus haute distinction, la médaille militaire.

Après la Résistance, il reprend ses études et obtient sa licence de mathématiques et un certificat d'études supérieures d'astronomie approfondie. Nommé en 1949 au lycée Félix-Eboué de Cayenne, il fait crée la Fédération socialiste de la Guyane. Elu conseiller municipal, il quitte le parti puis démissionne de son poste de conseiller municipal. En 1956, il crée le Parti socialiste guyanais (PSG), avec un projet pour la Guyane : un objectif politique clair, d'avant-garde, ressemblant à notre actuelle régionalisation. La force politique de Justin Catayée résidait dans le " projet de statut spécial pour la Guyane " . En 1957, Le PSG se dote d'un organe : *Debout Guyane*. Le journal, comme le parti, privilégie une économie plus solide et équilibrée.

Elu le 30 novembre 1958 député de la Guyane, ses activités parlementaires font de lui un député d'envergure. Le 29 septembre 1961, il prend l'initiative de réunir l'ensemble des élus et partis politiques, et fait signer un mémorandum qui sera adressé au gouvernement. Il demande de faire de la Guyane une région décentralisée. A l'Assemblée nationale, il commente les événements du 14 juin 1962. La parole lui est retirée. Le 22 juin 1962, alors qu'il s'achemine vers la Guyane, l'avion dans lequel il se trouve s'écrase sur le massif montagneux de la Guadeloupe. Il n'y a aucun survivant.

Léopold Héder

Né le 16 août 1918 à Cayenne, il effectue ses études secondaires au lycée Félix-Eboué et obtient son baccalauréat.

En 1938, il devient instituteur auxiliaire et part faire ses études de droit en Martinique. Sous le régime de Vichy, il perd son poste et se retrouve sans ressources. Il connaît une période difficile et accomplit de nombreux petits boulots. Après la Libération, il est nommé attaché de préfecture, détaché au secrétariat général et réussit brillamment aux épreuves du concours d'économe de l'hôpital dont il devient le directeur en 1961, avant d'être nommé attaché de direction des Hôpitaux en 1972.

En 1958, aux côtés de Justin Catayée, qu'il connaît de longue date et dont il partage les idéaux, il entre dans l'arène politique et devient député suppléant. De cette association naît l'idée d'un statut spécial pour la Guyane.

En 1961, un grand regroupement des élus et des partis de Guyane signe un mémorandum demandant au gouvernement l'application du statut spécial pour la Guyane. Le 14 juin 1962, alors que Justin Catayée, à l'Assemblée nationale, défend la Guyane et se voit retirer la parole, Léopold Héder et le Front démocratique guyanais organisent une manifestation pour l'application du statut spécial et contre l'implantation de la Légion étrangère. Il en résulte de nombreux blessés et plusieurs arrestations.

Après la mort de Justin Catayée, en tant que suppléant du défunt, il devient député. Réélu député de la première circonscription de la Guyane en novembre 1962, il effectuera 3 mandats pour la ville de Cayenne (1965-1971, 1972-1977 et 1977-1978). Il est élu sénateur le 26 septembre 1971. Ses interventions dans les lois de finances et sur certains projets de loi, comme la création et l'organisation des régions, la conservation des ressources biologiques dans la mer au large de la Guyane, la radio et la télévision françaises, l'extension de l'allocation logement aux départements d'Outre-mer, le montrent courtois et précis, persévérant sans agressivité.

Il aura engagé de nombreux travaux en matière de bâtiments scolaires, ponts, parkings, feux de signalisation... Gravement malade, il meurt dans la nuit du 8 au 9 juin 1978, dans une petite ville thermale des Pyrénées-Atlantiques où il s'était rendu en convalescence.

Léon-Gontran Damas

Métis de blanc, noir et indien, Léon-Gontran Damas naquit le 28 mars 1912. Il est le dernier d'une famille de 5 enfants. Son père est employé aux travaux publics. Après la mort de sa mère, il sera confié à sa tante ainsi que ses frères et sœurs. L'éducation reçue sera d'inspiration bourgeoise. Son père était compositeur de musique classique, et sa tante s'attachait à lui inculquer les bonnes manières.

Resté muet jusqu'à l'âge de 6 ans, Léon-Gontran Damas entre à l'école primaire à Cayenne. C'est en Martinique, où il poursuit ses études secondaires au lycée Schoelcher, qu'il a comme condisciple Aimé Césaire avec qui il se lie d'amitié.

Et c'est sur les bords de la Mana, durant sa petite enfance, au cours des vacances, qu'il écoutait religieusement les contes de la vieille Tétêche, à qui beaucoup plus tard il devait donner la parole dans *Veillées Noires.*

Il gagne ensuite Paris où il suivit des cours de droit et de langues orientales. En 1930, il est présenté à Léopold Sédar Senghor. A la même époque (1932), Gaston Monnerville est élu député de la Guyane pour avoir fait acquitter les émeutiers de l'affaire Galmot le 20 mars 1931. Damas s'inscrit par la suite à l'Institut d'ethnologie de Paris.

Peu après naît la revue éphémère *Légitime Défense*, à tendance marxiste ; journal d'étudiants antillais, l'un de ses principaux mots d'ordre est l'abandon de l'imitation servile de la littérature bourgeoise européenne au profit d'une littérature proprement antillaise où l'homme de couleur révèle franchement sa véritable identité. Sans faire partie directement du comité de rédaction, Damas endossera toutes les idées qu'il proclame. En 1934, c'est dans la revue Esprit que l'on retrouve 5 poèmes de Damas présentés par Marcel Moré. Ces poèmes sont les suivants : Solde, Réalité, La Complainte du Nègre, Un clochard m'a demandé dix sous et Cayenne.

Il est rapidement mêlé à la revalorisation du “ Nègre ” . Il participera à la création de *L'Etudiant noir* où il est collaborateur principal avec Léopold Sédar Senghor et Aimé Césaire.

Bientôt ses parents, déjà fort scandalisés par le fameux *Manifeste des Sept*, furieux de le voir fréquenter certains Antillais et Africains, lui coupent les vivres. Il effectue de nombreux petits boulots jusqu'à ce qu'une pétition lui permette d'obtenir une bourse.

En 1937, paraissait Pigments. D'une mission pour le compte du musée de l'Homme, il ramènera en 1938 Retour de Guyane où transparaît son admiration pour les Bonis et les Saramacas qui ont conservé leur négritude. L'administration de la Guyane en achète un grand nombre d'exemplaires qu'elle fait brûler, jugeant l'ouvrage trop subversif.

Sur commission rogatoire venue de la Côte d'Ivoire, une censure rétroactive de *Pigments* est suivie de saisie par le gouvernement français pour atteinte à la sûreté intérieure de l'Etat. Mobilisé au début de la guerre, Damas est affecté dans l'infanterie coloniale puis aux postes suivants : lecture de contes guyanais à Radio Vichy, contrôleur principal de censure de presse. En 1943, il publie son recueil de contes guyanais, Veillées noires. Il participe à des mouvements de résistance clandestine. Accusé d'avoir collaboré avec les Allemands, il est arrêté. Immédiatement après la fin de la Seconde Guerre mondiale, Damas, aux côtés de René Jadfard, combat Monnerville et milite au Mouvement de la renaissance guyanaise.

Le 10 novembre 1946, René Jadfard est élu député de la Guyane contre Gaston Monnerville qui a 14 ans de mandat parlementaire. Le 4 janvier 1948, Damas est élu à son tour (succédant à René Jadfard, mort par accident), et il siège jusqu'en juin 1951. Entre temps son recueil *Poèmes nègres* sur des airs africains paraît.

A partir de 1952, il fait une tournée de conférences pour le compte du ministère des Affaires étrangères. Il publie *Black Label* en 1956. Pendant 4 ans, il sera employé comme conseiller technique à la Société de radiodiffusion d'outre-mer, chargé des questions culturelles. En 1964, il reçoit, grâce à l'intervention du gouvernement dahoméen, une bourse de recherche de l'Unesco pour étudier les survivances de la culture africaine dans le Nouveau Monde : Brésil, Haïti, Caraïbe, New York... En 1966, il publie *Névralgies*. En 1970, il obtient un poste de professeur de langue et de littérature à la Howard University, à Washington. C'est dans cette ville qu'il mourra le 22 janvier 1978. Ces cendres sont retournées en Guyane après une étape d'hommage en Martinique.

René Jadfard

Après des études au collège de Cayenne, René Jadfard entend l'appel de l'aventure dans la forêt guyanaise. Il se met alors à remonter les fleuves, franchir des sauts et à vivre sur les sites d'orpaillage. Avec les Saramacas, les Bonis, les Indiens et les Brésiliens, parmi les placers, il apprend à vivre comme il le confesse dans *Nuits de cachiri*. Au lendemain de la guerre de 14-18, il s'efforce de parfaire ses études secondaires au lycée de Toulouse. Il quitte cette ville pour Paris où il fréquente l'Ecole des hautes études sociales et l'Ecole des sciences politiques. Radical-socialiste, militant des droits de l'homme, il mène campagne en 1924 pour le bloc des gauches.

Devenu journaliste, il parcourt le monde. Egalement romancier, il revient après un séjour dans la péninsule Ibérique avec *Deux Hommes et l'aventure.*

Mobilisé en septembre 1939, il reçoit la croix de guerre avec citation. En 1940, on le retrouve dans la Résistance, puis il est incarcéré par la Gestapo et délivré à la Libération.

Revenu en Guyane, il y est élu député le 10 novembre 1946 et meurt dans la nuit du 8 au 9 novembre 1947 vers Sinnamary, dans un accident d'avion.

Henri Salvador

Né à Cayenne en 1917 de parents guadeloupéens, Henri Salvador s'installe avec eux en métropole en 1924. Il ne tarde pas à découvrir le jazz et à apprendre la musique (guitare, trompette, violon...). Il joue en public dès 1933 (en accompagnant notamment Django Reinhardt) et se fait peu à peu connaître et apprécier du public et des professionnels, pour ses talents tant musicaux que fantaisistes. Pendant l'Occupation, il se rend en zone libre dans le Sud de la France, où il fait la connaissance de Ray Ventura, qui l'engage dans sa troupe. Ils partent tourner en Amérique du Sud, où Salvador remporte un très grand succès, notamment au Brésil. A son retour en France après la guerre, il crée son orchestre. Il se produit seul à partir de 1947 et rencontre un succès croissant sur les plus grandes scènes parisiennes (Bobino, l'ABC, Pleyel).

Il sort son premier disque solo en 1949. En 1956, il part à la conquête du public américain. S'ouvre ensuite une collaboration fructueuse avec Boris Vian. Le duo compose plusieurs centaines de chansons fantaisistes fortement imprégnées de musique américaine (jazz, blues, biguine) et restera notamment célèbre pour avoir créé le premier rock'n roll français (*Rock and roll mops*). Vian meurt en 1959, mais Salvador continue ses spectacles avec toujours autant de succès. Il se lance dans la production d'émissions de télévision, crée avec sa femme Jacqueline une maison d'édition musicale et un label discographique. Son activité se partagera désormais entre la scène, la production de disques et la présentation d'émissions de divertissement. Il sort de nombreux disques pour enfants. Aujourd'hui encore, il enregistre des disques et joue sur scène, tout en continuant à assumer son rôle d'amuseur public.

Récompensé à deux reprises par l'Académie Charles-Cros, nommé chevalier de la Légion d'honneur par François Mitterrand en 1988, il compte parmi les quelques grands showmen du music-hall français dont la renommée déborde le cadre national. Mélodiste raffiné ou rigolo désinvolte, il est l'auteur ou l'interprète de nombreux standards internationaux comme *Le loup, la biche et le chevalier (Une chanson douce)*, *Clopin-clopant*, *Syracuse*, *Le lion est mort ce soir*, *Zorro est arrivé* ou *Le travail, c'est la santé*. Ses racines caraïbes ressortent dans de nombreux titres comme *Maladie d'amour* ou *Ma Doudou*. En 2001, à 83 ans, il reçoit deux Victoires de la Musique pour son album *Chambre avec vue*.

PAYSAGE POLITIQUE

Christiane Taubira-Delannon

Candidate aux dernières élections présidentielles. Elle est également à l'origine de la proposition de loi adoptée par l'Assemblée nationale visant à faire reconnaître la traite négrière et l'esclavage comme crimes contre l'humanité. Dorénavant, une place conséquente sera accordée à ce sujet dans les manuels scolaires, et un comité de personnalités sera chargé de recenser les lieux de mémoire. Chargée d'une mission parlementaire sur les ressources aurifères en Guyane.

Léon Bertrand

C'est le nouveau secrétaire d'Etat au tourisme. Bertrand (RPR) est maire de la ville de Saint-Laurent du Maroni. Depuis quelques années, il a engagé de gros travaux d'aménagements et de restauration de la ville de Saint-Laurent du Maroni, donnant ainsi un nouveau visage à la ville.

PAYSAGE SPORTIF

Bernard Lama

Gardien de but de l'équipe de France, champion de France en 1994, vainqueur de la Coupe de France en 1993 et 1995, vainqueur de la Coupe des Coupes en 1996, l'homme à la détente de chat, mâchant sans cesse son chewing-gum. Plus récemment, champion du monde en 1998 et champion d'Europe en 2000.

Katia Benth

Championne de France sur 100 mètres, double championne de la Caraïbe et d'Amérique Centrale sur 100 et 200 mètres, championne d'Europe et vice-championne du monde du 4 x 100 mètres, elle bat en 1999 le nouveau record de France dans cette discipline en 42 secondes et 6 centièmes et remporte au passage une médaille d'argent aux championnats du monde d'athlétisme de Séville. Elle est actuellement professeur des écoles, en détachement à la Direction départementale jeunesse et sports Guyane pour sa préparation olympique.

ENFANTS ADOPTIFS

Anne-Marie Javouhey

Elle naquit le 10 novembre 1779 à Jallenges, dans l'actuel département de la Côte d'Or, d'une famille paysanne catholique de 6 enfants.

C'est en 1798 que Anne-Marie Javouhey fait le vœu de se consacrer au service des pauvres et à l'éducation des orphelins. Une communauté religieuse se constitue avec les sœurs d'Anne-Marie et prend le nom des " sœurs de Saint-Joseph ". Ayant jeté son dévolu sur une petite ville nommée Cluny, la communauté prendra le nom de Saint-Joseph de Cluny.

En décembre 1806, la communauté des sœurs est officiellement reconnue par décret impérial, on favorise alors, en effet, la création de congrégations de femmes. Elle décide de partir et se rend au Sénégal puis elle est sollicitée pour la Guyane. Des projets de peuplement européen fleurissent à cette époque de la Restauration. En 1827, la mère Javouhey propose de créer, sur les bords de la Mana, des établissements destinés à accueillir des orphelins européens.

Le 26 juin 1828, elle part de Brest à la tête de 36 sœurs et 39 cultivateurs. Arrivés le 16 août à Cayenne, ils seront un mois plus tard à Mana. Le projet d'accueil d'orphelins tourne court et elle doit même compléter sa main d'œuvre par l'achat d'une trentaine d'esclaves.

Et puis elle défriche, plante et plaide sa cause. En 1834, elle envisage une autre finalité pour son établissement : accueillir à Mana plusieurs centaines de Noirs provenant des saisies effectuées sur les navires qui se livraient à la traite clandestine. L'expérience de préparation à la liberté des Noirs a donné lieu à des jugements contradictoires.

Son établissement connut un franc succès auprès du gouverneur Jubelin. La canne à sucre poussant admirablement bien, elle eut l'idée de faire du rhum comme aux Antilles et bientôt une petite distillerie fonctionna et fabriqua le fameux rhum de Mana.

L'une de ses dernières entreprises fut de demander que l'on transporte des lépreux, vivant dans des conditions atroces dans une des îles du Salut, dans une des dépendances de Mana où les religieuses s'occuperaient d'eux. Sa prière fut exaucée et les lépreux furent installés à l'Acarouany.

Et le jour vint enfin où les Noirs, complètement affranchis, purent s'installer dans leurs villages, à Mana. Mais ce succès gênait. Le préfet apostolique et des prêtres prirent parti contre Anne-Marie Javouhey et elle fut privée de sacrement. Elle quitta Mana et c'est peu après qu'un décret du gouvernement devait mettre fin à l'esclavage dans les établissements français.

Elle s'éteignit le 15 juillet 1851, à l'âge de 72 ans.

Jean Galmot

Il est né le 1er juin 1879 à Monpazier en Dordogne, d'un père instituteur laïc qui pourtant l'envoie, pour sa scolarité, dans un petit séminaire à Bergerac puis à l'école religieuse d'Issoudun. Après une scolarité brillante, il est admis très jeune à l'Ecole normale supérieure. A 20 ans, parlant couramment l'anglais, l'allemand et l'espagnol, il abandonne ses études, et part à l'aventure. Après 2 postes de précepteur en Italie, puis dans les Vosges, il devient journaliste au journal *Le Petit Niçois*. Il se fait une certaine célébrité, n'hésitant pas à inventer des faits divers que la police prend au sérieux. Galmot fréquente aussi les milieux politiques. Il apporte notamment la preuve de l'innocence d'Alfred Dreyfus, accusé d'avoir communiqué à l'état-major de Berlin des renseignements d'ordre militaire.

En 1906, il épouse la fille d'un riche Américain, sur un coup de foudre qui arrange également sa situation financière. Sous la pression de son beau-père, il est amené à partir en Guyane, où celui-ci possède un placer (une mine aurifère) dénommé Elysée, près de la Mana.

Le ministre de l'Economie de l'époque lui confie également une mission officielle. Dès son arrivée au placer, il explore le bassin de la Mana. Il s'enfonce dans la forêt, recherche de l'or. Au cours de ses explorations, il côtoie les prospecteurs dont la misère est grande.

Il dira d'eux : “ Les mineurs ont de la boue jusqu'au ventre, ils marchent grelottant de fièvre, luttant jusqu'à la mort pour arracher à la terre sa poudre d'or, qu'ils donnent en échange de viande salée ou de caisse de lait condensé... Ils ne font pas fortune et vont mourir dans un état lamentable à l'hôpital des Sœurs à Cayenne ” .

Galmot essaie de comprendre la situation politique et économique de la Guyane. Il constate que les gouverneurs se succèdent ; ils ont à peine le temps de connaître le pays que déjà il leur faut repartir. Après quelques mois d'absence, Galmot retourne en Guyane.

Ses relations avec les Amérindiens, les Créoles et les Saramacas sont excellentes. Jouissant d'une popularité immense, il est le père, le protecteur des Guyanais et sera surnommé Papa Galmot.

Homme d'affaires avec une mentalité de pionnier, Galmot récupère, pour l'exploitation, l'or, le balata, le bois de rose et de construction.

En 1919, il reçoit en France la visite de Gober, maire de Cayenne, qui lui propose la députation. Galmot retourne en Guyane, où il est accueilli triomphalement. Son élection n'est qu'une formalité. Il devient le chef politique incontesté.

La guerre de 14-18 va donner un nouvel essor à ses affaires. La France a besoin de rhum (pour la consommation des troupes) et d'alcool (pour la fabrication de poudre explosive) et Galmot va trouver un nouveau champ d'activités. Le commerce se fait avec la Guyane, mais surtout avec les Antilles françaises. Mais, en France, il est très rapidement accusé d'avoir illicitement bénéficié d'ordre de réquisition du rhum. C'est l'affaire des rhums qui est porté devant la Chambre des députés en février 1921. Ses multiples affaires, son endettement, suscitent l'inquiétude de ses banquiers et créanciers et la Société des banques porte plainte contre lui. En 1921, son immunité parlementaire est levée et le 1er avril 1921, Jean Galmot est arrêté et emprisonné à la prison de la Santé dans une cellule putride et malodorante.

Malade, il restera en détention pendant 9 mois dans des conditions déplorables. Aucune humiliation ne lui est épargnée. Libéré début 1922, en échange d'une caution que versent ses amis, Galmot est complètement ruiné. Tous ses biens sont vendus à vil prix aux enchères. Son procès a lieu le 17 décembre 1923 et Galmot est condamné à un an d'emprisonnement avec sursis, à 10 000 francs d'amende et à 5 ans de privation des droits civils. Mais l'exécution de la peine est suspendue à la suite d'un pourvoi en cassation. En outre, l'Etat réclame à Galmot près de 23 millions d'impôts sur les bénéfices de guerre dus au commerce du rhum, somme que Galmot paiera le 25 janvier 1928, on ne sait comment.

Mais toutes ces péripéties judiciaires n'ont pas entamé sa popularité en Guyane où il retourne en 1924. Galmot peut à nouveau se présenter aux élections législatives qui ont lieu le 11 mai 1924. Le 15 mars 1924, il fait le serment de rendre la liberté à la Guyane. Mais ses ennemis ne restent pas les bras croisés. Tous les moyens sont bons pour déloger le député gênant. Des troubles éclatent la veille du scrutin, deux personnes sont tuées. Galmot est battu, mais la fraude électorale y est pour beaucoup. En 1928, la farce électorale se renouvelle : fraude, démission, déception...

Le lundi 6 août 1928, Galmot, transporté à l'hôpital des sœurs de Saint-Paul, meurt dans d'atroces souffrances sans que l'on sache s'il s'agit des suites d'un empoisonnement, d'une infection intestinale, ou d'un suicide.

Henri Charrière dit Papillon

Il fut l'un des rares à pouvoir s'évader d'un des pénitenciers de Guyane. Le récit de ses aventures, publié en 1966, fut un best-seller. Hollywood s'empara de l'histoire et confia le rôle à Steve McQueen.

Victor Hugues (1764-1826)

Cet enfant de Marseille a séjourné durant sa jeunesse à Saint-Domingue, avant d'être agent révolutionnaire chargé d'appliquer la politique de la Terreur à Rochefort et à Brest. Au grand soulagement des habitants de ces deux villes, il fut ensuite nommé commissaire délégué chargé de reconquérir la Guadeloupe, alors aux mains des Anglais. Une fois cette mission accomplie (en 1794), il fut nommé agent du Directoire en Guyane (1799), puis confirmé par le Consulat. Sa principale contribution fut de travailler au rétablissement de l'esclavage, ce qui lui valut, plus d'un siècle après, de figurer sous les traits d'un sinistre personnage dans le roman-fleuve d'Alejo Carpentier, *Le Siècle des Lumières.*

Sculpture © T. Montfort

ABECEDAIRE

ACHATS

On trouve à peu près tout en Guyane, avec une différence de plus 30 à 40 % sur certains produits quelquefois. Ce qui est certain, c'est qu'il y a des objets que vous ne trouverez certainement pas en France métropolitaine. Les idées de souvenirs et de cadeaux peuvent être multiples : le rhum agricole ou vieux, les liqueurs aux 12 000 parfums (maracudja, gingembre, moubin...), les confitures... Et puis viennent les souvenirs de l'artisanat local, du travail du bois qu'il soit créole, amérindien, saramaca ou boni (vannerie, poterie, bracelets...).

AGENCES DE TOURISME

S'il est relativement facile de visiter les sites du littoral par ses propres moyens, en revanche, la découverte de l'intérieur demande une organisation plus rigoureuse. Que vous soyez en métropole ou déjà sur place, nous vous conseillons vivement de faire appel à l'une des agences réceptives présentes ici. La forêt et le fleuve sont des univers fascinants, mais qui ne pardonnent ni l'amateurisme ni le manque d'humilité.

Les agences locales peuvent organiser la totalité de votre séjour ou vous proposer des excursions plus courtes directement sur place. Ils sont majoritairement connus. Vous trouverez ci-dessous une liste des prestataires titulaires d'une licence ou d'un agrément certifiant de leur compétence et garantissant votre tranquillité.

La qualité des prestations est là, mais l'appréciation étant variable selon les visiteurs, fiez-vous à votre instinct, au contact clientèle, aux conditions proposées, prix et peut-être à l'appréciation des autres si elle vous paraît pertinente...Bon séjour en Guyane !

▸ **JAL Voyages. 26, avenue du Général-de-Gaulle BP1102 97344 Cayenne cedex ✆ 05 94 31 68 20 - Fax 05 94 30 11 01 - Web : www.jal-voyages.com - E-mail : jal@jal-voyages.com .** Que ce soit à bord du Kouka (bateau haut en couleurs à étage) ou à partir de son carbet flottant, Jal Voyages vous propose un panel assez large d'excursions, avec la crique Gabriel (à partir de *20 €*), les îles du Salut (à partir de *32 €*), l'Oyapock (*183 €*) et surtout les marais de Kaw dont il a fait sa spécialité (de *49 à 109 €*). Il propose également une découverte de l'Approuague (Saut Grand-Mathias, saut Athanase) à partir de *140 €*.

Plus à l'ouest, la découverte de la Mana sur saut Fracas (à partir de *396 euros*) et du Maroni en descente/remontée (à partir de *430 €*) ou sur l'Inini (*335 €*). Pour les groupes, Jal Voyages vous propose également la visite du village de Cacao, de la réserve animalière, du centre spatial et du musée de l'espace, du village d'Awala-Yalimapo (et ponte des tortues luth) et possibilité de mise à disposition du Kouka pour séminaires, cocktails...

▸ **Takari Tour. 8, rue du Capitaine-Bernard BP 513 97332 Cayenne ✆ 05 94 31 19 60 - Fax 05 94 31 54 70 - Web : www.takaritour.gf - E-mail : takari.tour@wanadoo.fr .** Ce prestataire vous invite " à l'aventure sans les mésaventures ". Parmi les incontournables, il vous propose une journée écologique sur la crique Gabriel et Fourgassié *(57 €)*, une visite guidée et tour des îles du Salut *(55 €)*, les marais de Kaw (à partir de *49 €*) et la savane Lac Pali *(57 €)*, la visite du village de Cacao *(45 €)*, du centre spatial/zoo *(61 €)* et du village d'Awala-Yalimapo *(46 €)*. Des circuits plus longs (2 jours et plus) en découvrant Saint-Georges et l'Oyapock (à partir de 237 €), l'Approuague *(de 145 € à 420 €)* ou encore l'Inini *(330 €)*. Pour de grandes aventures (durée 3 jours et plus), partez sur le Maroni-Tapanahoni *(760 €)*, à Saül *(de 335 à 540 €)*, sur l'Approuague ou encore sur la Mana *(de 426 à 838 €)*.

▸ **Couleurs Amazone. 2bis, avenue Pasteur 97300 Cayenne ✆ 05 94 28 70 00 - Fax 05 94 28 70 01 - Web : www.couleursamazone.fr - E-mail : info@couleursamazone.fr .** Ce prestataire a su prouver son efficacité et son savoir-faire. Spécialiste sur l'Approuague, il vous propose également des produits sur d'autres sites, des produits pour tous les goûts...

Sur l'Approuague, des séjours découverte du Camp Cisame à partir de *140 €*, des remontées de fleuve entre 3 et 5 jours avec le saut Grand Machicou *(230 €)* et Saut Grand Canori *(375 €)*, des remontées de l'Oyapock sur 5 jours *(435 €)*, du Maroni *(480 €)* et de la Mana sur 6 jours *(39 6 €)* et la découverte du village de Saül au cœur de la Guyane.

Ce prestataire propose aussi des produits plus sportifs comme le stage " Sakobo " sur 5 jours *(370 €)*, le raid Kwata à *289 €*, le raid nautique dès *295 €* ou encore le séjour " Hélitrek " *(1 060 €)*. Il propose également des visites de sites telles que les îles du Salut, la remontée de la crique Gabriel, les marais de Kaw, des balades sur les berges de la Comté, Cacao en pirogue, Saut Sonnelle (sur l'Inini) et la visite du centre spatial.

Espace Amazonie - Takari tour. CV 7.1 RDC Simarouba 97310 Kourou ✆ 05 94 32 34 30 Fax 05 94 32 57 02 - Web : www.espace-amazonie.com - E-mail : espamaz@ nplus.gf . Ce réceptif vous propose des produits assez complets. Vous y trouverez les incontournables comme la crique Gabriel et les cascades Fourgassié *(49 €)*, le lac Pali *(57 €)*, les marais de Kaw en amont et en aval avec les ibis rouges en pirogue *(de 53 à 60 €)*, en catamaran sur un ou plusieurs jours *(de 49 à 145 €)*, en carbet flottant sur un ou plusieurs jours également *(de 49 à 152 €)*, Cacao, la Comté alliant la pirogue et le trekking *(de 38 à 91 €)*, la crique Grégoire et les cascades à Sinnamary *(de 49 € à 115 €)*, le lac de Petit-Saut et Takari Tanté *(de 140 E à 185 €)*, la Mana à Saint-Valentin sur 2 jours *(137 €)*, Awala-Yalimapo *(de 52 € à 190 €)* et l'Approuague à Saint-Mathias sur 2 jours *(à partir de 149 €)* et à Saint-Athanase sur 2 jours *(à partir de 145 €)*. Cet agent vous propose également de véritables expéditions, par exemple sur le Maroni de 4 à 5 jours *(de 435 € à 480 €)*, avec l'Inini, et les autres fleuves comme la Mana, l'Oyapock, l'Approuague, le Tapanahony. Un séjour sur Saûl avec trekking fait également partie du programme. Un accueil agréable et des balades sympathiques !

GuyanEspace Voyages. 39, avenue Hector-Berlioz 97310 Kourou ✆ 05 94 22 31 01 Fax 05 94 22 31 02 - Web : www.guyanespace.com - E-mail guyanespace@ wanadoo.fr . Ce prestataire s'est spécialisé dans des circuits " longue durée " (environ 7 à 8 jours). Il vous propose un forfait découverte (les îles du Salut, visite de Sinnamary et Iracoubo, Saint-Laurent du Maroni, le centre spatial, la réserve animalière, la crique Gabriel et son marché *(1 265 € par personne)*, un forfait séjour " Amazonie " (14 jours) dans un campement (+ les îles du Salut, le CSG) à hauteur de *922 €* et un forfait Maroni (+ les îles du Salut, CSG, Cayenne) pour *1 501 €*. Tous ces forfaits ont l'avantage de vous prendre entièrement en charge (hébergement, petit déjeuner). Il propose également des activités comme la découverte des marais de Kaw, les îles du Salut en voilier, la découverte de la Mana, la pêche au gros...

Cric Crac Evasions (établissement habilité). PK 9,2 route de Rémire 97354 Rémire-Montjoly ✆ 05 94 35 41 00 - Fax 05 94 35 44 05 - E-mail criccrac@wanadoo.fr .

Central Hôtel (établissement habilité). Angle des rues Molé et Lieutenant-Becker 97300 Cayenne ✆ 05 94 25 65 65 - Fax 05 94 31 12 96 - Web : www.créol.net/centralhotel - E-mail centralhotel@wanadoo.fr .

ARGENT

L'euro, bien entendu. On trouve dans les grandes villes quelques guichets de change. Bien entendu, la carte bleue est très généralement acceptée ; toutefois par prudence, dans certains restaurants, il vaut mieux prévoir de payer en espèces. Pour ce qui concerne l'utilisation des chèques, peu de commerçants acceptent les chèques hors place.

ARTISANAT

L'artisanat en Guyane est très différent en fonction des communes et des ethnies. Vous aurez le choix entre l'artisanat noir marron avec ses sculptures en bois (bancs, canne, chaises, colliers...) ou amérindien surtout connu pour ses colliers en graines et sa vannerie. Vous trouverez également l'artisanat hmong apprécié pour ses broderies. Et puis bien évidemment l'artisanat créole est très dominant dans certaines villes, où le bois et l'or sont également très bien travaillés.

BALADE

Vous trouverez ci-dessous des sites et des visites classées selon les thèmes ou centres d'intérêt (sentiers, marais, ibis, bagne...). L'attrait des sites n'est pas développé ci-dessous. Toutefois en vous référant aux rubriques indiquées, vous trouverez une information plus complète. Les trajets en voiture sont donnés à titre indicatif au départ de Cayenne. Ces propositions s'organisent autour des points phares du département, en sachant bien sûr qu'il ne s'agit pas de faire un inventaire.

Les sentiers

Cayenne et ses environs

▸ **L'Habitation Vidal.**Vestiges d'une ancienne habitation agricole du XIXe siècle et lieu de promenade (à 15 minutes de Cayenne). Voir rubrique " Cayenne et ses environs ", Rémire-Monjoly

▸ **Le mont Grand Matoury ou Sentier de la Mirande.** Parcours naturaliste dans ce massif boisé, mont le plus élevé de l'île de Cayenne (à 15 minutes de Cayenne). Voir rubrique " Cayenne et ses environs ", Matoury.

▸ **Le sentier du Rorota.** Sentier de randonnée autour du lac du Rorota servant de réserve d'eau douce pour Cayenne (à 15-20 minutes de Cayenne). Voir rubrique " Cayenne et ses environs ", Rémire-Montjoly

Roura - route de Kaw

▸ **Le sentier Trésor.** Réserve Naturelle Volontaire (à 30 minutes de Cayenne). Voir rubrique " Route de l'Est " .

▸ **La montagne Favard.** Petite forêt longeant les marais. Vestiges d'une ancienne exploitation sucrière. Roche gravée amérindienne (à 45 minutes de Cayenne). Voir rubrique " Route de l'Est " .

Entre Cayenne et Kourou

▸ **La montagne des Singes.** Beau sentier surplombant une partie de Kourou (à 45 minutes de Cayenne). Voir rubrique " Littoral ", Kourou.

Entre Kourou et Saint-Laurent

▸ **Le sentier de Saint-Elie.** A 1 h 30 de Cayenne. Voir rubrique " Littoral ", Sinnamary.

▸ **Les marais du Pripri-Yiyi.** Mirador, observatoire, balades seul ou guidées... (à une 1 h 30 de Cayenne). Voir rubrique " Littoral ", Sinnamary.

Départ de tortue © T. Montfort

Les bagnes

▸ **Le bagne des Annamites** (rubrique " Littoral ", De Macouria à Montsinéry) : à 30 minutes de Cayenne.

▸ **Les îles du Salut ou îles du Diable** (rubrique " Littoral ", îles du Salut et la rubrique " Abécédaire ", Agences de tourisme) : à 45 minutes de Cayenne.

▸ **Le camp de la Transportation** (rubrique " Le Maroni ", Saint-Laurent du Maroni) : à 2 h 30 de Cayenne.

▸ **Le camp de la relégation** (rubrique " Le Maroni ", Saint-Jean du Maroni du Maroni) : à 3 h15 de Cayenne.

Le tourisme industriel

▸ **Le centre spatial Guyanais - Le musée de l'espace** (rubrique " Littoral ", Kourou) : à 35 minutes de Cayenne.

▸ **Le barrage de Petit-Saut** (rubrique " Littoral ", Sinnamary) : à 1 h 30 de Cayenne.

▸ **La rhumerie de Saint-Maurice** (rubrique " Maroni ", Saint-Laurent-du-Maroni) : à 3 h de Cayenne.

Les musées

▸ **Le musée des cultures guyanaises** (rubrique " Cayenne ", Cayenne) : en centre-ville.

▸ **Le musée Franconie** (rubrique " Cayenne ", Cayenne) : en centre-ville.

▸ **Le musée de Régina** (rubrique " Route de l'Est ") : à 1 h15 environ de Cayenne (en cours d'installation).

▸ **Le musée de l'espace** (rubrique " Littoral ", Kourou) : à 35 minutes de Cayenne.

Les marais

▸ **Les marais de Kaw** (rubrique " Route de l'Est " et la rubrique " Abécédaire ", Agences de tourisme) : à 1 h environ de Cayenne.

▸ **Les marais du Pripri-Yiyi** (rubrique " Littoral ", Sinnamary) : à 1 h15 de Cayenne.

Les ibis

▸ **Le Sinnamary** (rubrique " Littoral ", Sinnamary et la rubrique " Abécédaire ", Agences de tourisme) : à 1 h environ de Cayenne.

▸ **Les marais de Kaw** (rubrique " Route de l'Est " et la rubrique " Abécédaire ", Agences de tourisme) : à 1 h15 environ de Cayenne.

Les caïmans

▸ **Les marais de Kaw** (rubrique " Route de l'Est " et la rubrique " Abécédaire ", Agences de tourisme) : à 1 h15 environ de Cayenne.

Les fleuves – les rivières – les criques

▸ **La crique Gabriel** (rubrique " Route de l'Est-Roura " et la rubrique " Abécédaire ", Agences de tourisme) : à 30 minutes environ de Cayenne.

▸ **Les cascades de Fourgassié** (rubrique " Route de l'Est ", Kaw et la rubrique " Abécédaire ", Agences de tourisme) : à 45 minutes de Cayenne.

▸ **Le Sinnamary** (rubrique " Littoral ", Sinnamary et la rubrique " Abécédaire ", Agences de tourisme) : à 1 h15 de Cayenne.

▸ **La Mana** (rubrique " Littoral ", Mana et la rubrique " Abécédaire ", Agences de tourisme) : à 2 h de Cayenne.

▸ **L'Acarouany** (rubrique " Littoral ", Javouhey) : à 2 h environ de Cayenne.

▸ **La Tonnégrande** (rubrique " Littoral ", Montsinéry-Tonnégrande) : à 30 minutes de Cayenne.

▸ **Le Maroni** (rubrique " Maroni ", Saint-Laurent-du-Maroni et la rubrique " Abécédaire ", Agences de tourisme).

▸ **L'Approuague** (rubrique " Route de l'Est ", Régina et la rubrique " Abécédaire ", Agences de tourisme).

Les îles du Salut

- **La navette régulière.** Rubrique " Littoral ", îles du Salut et la rubrique " Abécédaire ", Agences de tourisme.
- **Les autres prestataires** (voiliers, catamarans, pêche au gros...). Rubrique " Littoral ", îles du Salut et la rubrique " Abécédaire ", Agences de tourisme.

Equitation

Rubrique " Cayenne et ses environs ", Rémire Montjoly : à 10 minutes de Cayenne.

Rubrique " Littoral ", De Macouria à Montsinéry, Tonnégrande : à 20 minutes de Cayenne.

La pêche au gros

Rubrique " Littoral ", Kourou, îles du Salut.

Excursions

Nous avons effectué une sélection de formules d'excursions en fonction de la localisation des sites pour une journée ou 2-3 jours en sachant qu'il s'agit de propositions, tout à fait modulables et combinables.

Une journée (de Cayenne)

- Sentier du bagne des Annamites + pique-nique sur la crique + visite du parc animalier de Macouria.
- Le sentier Trésor et/ou la montagne Favard + déjeuner (voir liste prestataires) + visite du village et marais de Kaw (voir liste prestataires).
- Les sentiers cités ci-dessus
- Cacao (village hmong), de préférence le dimanche pour le marché.
- Journée aux îles du Salut.
- Le barrage de Petit-Saut + sentier de la montagne des Singes.
- Visite du centre spatial + les roches gravées de la Carapa + sentier de la montagne des Singes.
- La pêche au gros aux îles du Salut.
- Visite du village de Roura + les cascades Fourgassié (pique-nique) + le sentier Trésor ou le sentier Favard.

2 ou 3 jours (de Cayenne)

- Régina et la visite de l'ancien site de Guisambourg.
- Séjour au village de Kaw et visite des marais.
- Découverte du littoral (Mana, Awala, Yalimapo, Javouhey et son marché hmong le dimanche, Saint-Laurent-du-Maroni (marché le samedi).
- Visite des îles du Salut, sortie " coucher de soleil " à bord d'un voilier, bivouac sur une des îles.
- Séjour dans un campement touristique sur l'Approuague, Mana ou Saint-Laurent, ou encore sur le Maroni ou l'Inini.
- Séjour dans les communes du littoral ou de l'intérieur (Saül, Saint-Georges de l'Oyapock...)

Une semaine

Descente ou remontée du fleuve Maroni. Classique, mais la découverte du Maroni et de ses communautés reste une source d'émotions intenses. En général, 4 jours sont nécessaires pour descendre le fleuve et 5 pour le remonter. Si vous avez le choix, effectuez de préférence le trajet de Saint-Laurent à Maripasoula. En remontant le fleuve, vous remonterez également le temps et plongerez progressivement dans un royaume dont les habitants vivent en parfaite symbiose avec la nature. Les agences proposent une excursion complète pour découvrir le Maroni, incluant toutes les prestations, y compris le transport en avion entre Cayenne et Maripasoula, au départ ou à l'arrivée suivant le cas. Il faut compter environ *365,85 €* pour la descente et *426,83 €* pour la remontée. Si vous tenez à organiser ce périple vous-même, vous pouvez négocier le transport avec un piroguier. Séjour de découverte de l'Approuague pour approcher tous les aspects de la forêt amazonienne en toute sécurité avec les sensations de l'aventure. La Mana, séjour à Saut-Fracas ou Saut-Continent, 7 jours : découverte de polissoirs amérindiens, initiation aux techniques de pêche à l'arc, boucanage de gibier ou de poissons...

CACHIRI

Il s'agit de la boisson traditionnelle des Amérindiens. Fermenté, préparé à base de jus de manioc ou de cramanioc, de patate douce et de jus d'ananas et de canne à sucre, le cachiri est la boisson des fêtes, mariage, levée de deuil, maraké... Il existe le cachiri jaune (okï), orange (hakula) et blanc (umani).

CARBET

C'est l'habitat traditionnel des Amérindiens, fait d'une toiture en feuilles de waï (palmier) et tressés avec des fils d'aroumans. Il est ouvert, ce qui permet à l'air de passer sans difficulté. De nos jours il a tendance à être remplacé dans les villages amérindiens par la maison en tôles ou en dur, mais les habitants gardent tout de même un grand carbet traditionnel, tapitu'a pour les célébrations et les fêtes... Ce type d'habitat est souvent utilisé pour des hébergements touristiques en milieu rural ou en forêt.

CARNAVAL

Période de liesse pour toute la population, le carnaval en Guyane se prépare physiquement, financièrement et psychologiquement. Il dure au moins un mois et peut s'étaler sur deux. La fête commence en discothèque dès le mercredi pour certains et se termine chez Lasco... le dimanche. Quelle endurance !

CHASSE

Pour l'instant, il n'est pas encore nécessaire de posséder un permis de chasse. Cependant, la détention d'armes de chasse est soumise à une autorisation préfectorale. Toute arme doit être déclarée à la gendarmerie du lieu de résidence.

Si vous êtes peu initié, il est déconseillé de partir seul chasser en forêt. Attention, nombre d'espèces sont protégées, reportez-vous à la partie " Faune " .

CIGARETTES

La nouvelle pour les fumeurs est que le tabac est moins cher en Guyane qu'en France métropolitaine.

CINEMA

Avec un petit temps de décalage, les 3 cinémas guyanais (à Cayenne, Kourou et Saint-Laurent) proposent les mêmes films qu'en métropole. Il n'existe pas de tarifs préférentiels, par contre les chèques cinéma et la carte scolaire (à condition d'être inscrit en Guyane) sont acceptés.

COMBATS DE COQS

En Guyane, ils ont pendant longtemps fait partie des traditions. Les " pitts à coq " (gallodromes) sont de véritables lieux de mises, d'excitation, de cris... Cette pratique a tout de même tendance à disparaître.

COMPAGNIES AERIENNES

- **Air France.** 17-19, rue Lallouette © 05 94 29 87 87 - Fax 05 94 29 87 90, mouvement des avions © 05 94 37 98 99.
- **Air Guyane** (à l'aéroport de Rochambeau au 05 94 35 0307) et via Takari Tour. 8, rue du Capitaine-Bernard BP 513 97332 Cayenne © 05 94 31 19 60 - Fax 05 94 31 54 70 - E-mail : takari.tour@wanadoo.fr . © 05 94 29 36 30 - Fax 05 94 29 36 31.
- **Surinam Airways.** 15, rue Louis-Blanc © 05 94 29 30 01 - Fax 05 94 30 57 86.
- **Penta.** Centre commercial Katoury © 05 94 30 39 10/05 94 31 68 44 - Fax 05 94 30 90 83.

CONSULATS

La plupart des consulats ne sont ouverts que le matin. Aussi nous vous conseillons de vous renseigner sur les heures d'ouverture assez variables selon la saison.

- **Consulat des Pays-Bas.** ZI Dégrad des Cannes 97354 Rémire-Montjoly ✆ (05 94) 35 49 31.
- **Consulat du Brésil.** 23, résidence Saint-Antoine 97300 Cayenne ✆ (05 94) 29 60 10.
- **Consulat du Surinam.** 3, avenue Léopold-Héder 97300 Cayenne ✆ (05 94) 28 21 60.
- **Consulat de Haïti.** 12, avenue Léopold-Héder 97300 Cayenne ✆ (05 94) 31 18 58.
- **Consulat du Pérou.** 44, rue François-Arago 97300 Cayenne ✆ (05 94) 28 15 98.
- **Consulat de Grande-Bretagne.** 16, avenue Gaston-Monnerville 97300 Cayenne ✆ (05 94) 31 10 34.
- **Consulat royal du Danemark.** 4 lotissement Saint-Martin 97354 Rémire-Montjoly ✆ (05 94) 38 05 69.

DECALAGE HORAIRE

Il y a 4 heures de décalage (en moins) avec la métropole en hiver, et 5 heures en été. Quand il est midi à Paris, il est 8 h en hiver et 7 h en été à Cayenne.

DELASSEMENT LOCAL

La sieste, de 14 h à 16 h, en hamac ou devant le petit écran, sans oublier le sport et la pêche.

DELINQUANCE

Comme partout ailleurs, elle a fait et fait encore parler d'elle. Un taux de chômage très important, un système éducatif décadent, des passages de frontières peu maîtrisés et l'arrivée de la drogue ont entraîné la montée d'une petite délinquance. Ainsi, les cambriolages, les vols à la tire et les agressions deviennent malheureusement monnaie courante. Comme partout ailleurs, évitez de vous balader seul le soir, fermez bien chez vous, restez méfiant et prudent.

DENGUE

La dengue est une maladie virale transmise par un moustique femelle du genre Aedes. La transmission du virus est essentiellement urbaine. Les premiers symptômes apparaissent après 5 à 8 jours d'incubation et se caractérisent par une fièvre élevée (39 à 40 °C) accompagnée de maux de tête importants, de douleurs rétro-orbitaires, musculaires et articulaires. Il n'existe, pour l'heure, aucun vaccin ni traitement spécifique contre cette maladie. On ne soigne en fait que les symptômes : vous pourrez prendre du paracétamol pour lutter contre la fièvre et les douleurs (l'aspirine est contre-indiquée). En général, et suivant les personnes, la guérison complète intervient au bout de 5 à 7 jours.

EAU POTABLE

A Cayenne et dans les environs, vous pouvez boire l'eau du robinet sans aucune crainte, même si elle a parfois un goût inhabituel. Dans les communes où il existe des problèmes de salubrité d'eau, il vous sera possible d'acheter des bouteilles (à un coût légèrement élevé). Vous pouvez également choisir de consommer l'eau du fleuve ou l'eau de pluie (filtrée ou pas) traitée à l'aide de pastilles désinfectantes (hydroclonazone, à raison d'un comprimé par litre d'eau).

ECOLOGIE ET ECOTOURISME

Lorsque l'on évoque l'écologie, le visiteur associe à ce terme l'écotourisme. Il s'agit d'une vraie démarche engagée par des professionnels du tourisme signataires d'une charte et labellisée Etape Panda. La Guyane n'a pas encore atteint le niveau de ses voisins (Venezuela, Costa Rica...) en matière d'écotourisme, mais la volonté y est, même si les actions tardent à se dessiner. N'oublions tout de même pas de respecter l'environnement, résidents ou non !

EDUCATION

La Guyane a un statut de département français et par conséquent il existe le même système scolaire qu'en France métropolitaine, de la maternelle jusqu'au lycée. Mais si tous les enfants ont droit à une scolarité, elle reste encore compliquée pour certains (problèmes d'hébergement, de langue...). Il existe à Kourou un IUT préparant surtout aux métiers du CGS (électrotechnique...). Depuis peu, la Guyane dispose d'une université préparant à des diplômes de 1er, 2e et 3e cycles (en sciences économiques, langues...), et pourtant nombreux sont les étudiants qui quittent encore le département pour poursuivre leurs études en France métropolitaine.

ELECTRICITE

Depuis 1995, le barrage hydroélectrique de Petit Saut (Sinnamary) a été mis en route. Pour les communes éloignées comme Saül, la production de courant se fait par groupe électrogène ou par panneaux solaires.

FETES PATRONALES

24 mai	Sainte-Audrey
14 juillet	Anne-Marie Javouhey, Mana
3 août	Saint-Jean-Baptiste, Tonate-Macouria
8 août	Saint-Dominique, Roura
10 août	Saint-Laurent, Saint-Laurent-du-Maroni
10-11 août	Roura
12-15 août	Saint-Georges
13 août	Ouanary
17 août	Saül
24 août	Maripasoula
25 août	Montsinéry-Tonnegrande
27 août	Sainte-Monique, Iracoubo
3-5 septembre	Nativité de Notre-Dame, Rémire-Montjoly
17 septembre	Saint-Renaud, Sinnamary - Saint-Elie
29 septembre	Saint-Michel, Matoury
Octobre	Nouvel An hmong, Cacao
15 octobre	Sainte-Thérèse d'Avila, Cayenne
30 octobre	Saint-André, Kaw
25 novembre	Sainte-Catherine Labouré, Kourou
26 décembre	Saint-Etienne, Régina

GASTRONOMIE

La Guyane a hérité de toutes les cultures, africaines, indiennes, asiatiques, européennes... La tradition culinaire guyanaise est forte et il vous sera difficile pendant un cours séjour de goûter à tout. Mais, il y a des incontournables (fricassée, pimentade, boucané...) : les plats cuisinés de gibiers, le blaff de poissons, le bouillon d'aouara (préparé à Pâques), et les fameuses crevettes. Difficile de tout citer. Le tout vous sera servi avec les légumes ou les tubercules locaux.

GUIDES

Si vous vous aventurez en forêt, soyez sûrs que vous partez avec le bon. Pour des renseignements et des conseils, rapprochez-vous de La **Compagnie des Guides de Guyane, 62 Lotissement Nord, Bourg de Roura 97311 Roura ✆ 05 94 27 00 50 - Fax 05 94 27 00 43 - E-mail : initiation.foret@wanadoo.fr .**

HORAIRES DES MAGASINS ET ADMINISTRATIONS

Les commerces d'alimentation sont généralement ouverts dès *7 h 30 jusqu'à 20 h 30* environ et *fermés entre 14 h et 16 h*. Les autres magasins (vêtements, chaussures...) ouvrent plutôt de *9 h à 12 h et de 15 h* (voire parfois *16 h*) à *18 h 30*. Les administrations reçoivent le matin et quelquefois l'après-midi (sauf en horaires de vacances). Un appel téléphonique pour connaître les horaires peut vous éviter de vous déplacer pour rien.

IMMIGRATION

Plus de 50 % de la population est d'origine étrangère. Si l'immigration fut très importante il y a quelques années, elle n'est pas stoppée aujourd'hui. La guerre civile au Surinam a provoqué un véritable exode de la population. Les Brésiliens et Haïtiens sont aussi très nombreux.

INTERNET

Arrivé en Guyane en octobre 1997, Internet a connu un franc succès. Il a été recensé une vingtaine de sites guyanais. La plupart est hébergée par des fournisseurs d'accès qui se partagent un marché des plus prometteurs : Netplus, Ariasnet, Wanadoo, MDI Caraïbes, et Creol (voir rubrique " Sites Internet, Avant de partir ").

JEUX

Les dominos, la belote et le tarot règnent en maître : il n'y a pas un week-end sans concours. Les parties de dominos " frappés " sont des scènes exceptionnelles où imagination, vociférations et gesticulations, passion et jeux de mots règnent en puissance.

JOURS FERIES

Ce sont presque les mêmes qu'en France métropolitaine puisque l'on est dans un département français. L'exception reste la célébration de l'abolition de l'esclavage en Guyane, le 10 juin. Comme il a été dit plus haut, le carnaval a une place très importante dans les cœurs et dans le calendrier : le mardi gras et surtout le mercredi des Cendres sont consacrés aux dernières sorties carnavalesques, et les entreprises et les administrations sont fermées.

LOISIRS

Les week-ends sont réservés à des activités multiples. Celle qui fait l'unanimité reste la pêche, bon prétexte offert à toute la famille pour pique-niquer près d'une crique ou à la plage. Et pendant que certains promèneront leur chien ou chat, nombreux sont ceux que vous verrez avec une ou deux petites cages à la main. Les oiseaux, pour leur chant ou parure, sont très appréciés en Guyane. De nombreux concours sont d'ailleurs organisés, mettant en compétition picolettes, canaris, pour la beauté de leur chant et bien d'autres qualités.

MUSIQUE

La musique guyanaise est inspirée des rythmes divers : africains pour le kasékò, afro-cubains avec la salsa, polonais avec la mazurka, antillais avec la biguine, le zouk, le compas... et, bien sûr, des rythmes brésiliens avec la fameuse samba et la bregga. Dans ce melting-pot, les amoureux de musique seront gâtés. Mais, encore une fois, c'est lors du carnaval que la musique prend toute son importance. Pendant tous les week-ends de cette longue période, elle vous invite à la danse. La plupart des rythmes sont disponibles chez les disquaires.

NUDISME

Pas de plages pour les adeptes du naturisme en Guyane.

OFFICES DU TOURISME ET SYNDICATS D'INITIATIVE

▸ **Comité du tourisme de la Guyane.** 12, rue Lallouette 97300 Cayenne ✆ (05 94) 29 65 00 Fax 05 94 29 65 01 - Web : www.tourisme-guyane.com - E-mail : guyanaparis@wanadoo.fr

▸ **Fédération des offices du tourisme et syndicats d'initiative.** 12, rue Lallouette 97300 Cayenne ✆ 05 94 30 96 29 - Fax 05 94 31 23 41.

▸ **Syndicat d'initiative de Cayenne.** 12 rue Lallouette 97300 Cayenne ✆ 05 94 30 96 29 Fax 05 94 31 23 41.

▸ **Syndicat d'initiative de Rémire-Montjoly.** Ancienne mairie, Bourg de Rémire CD 1 97354 Rémire-Montjoly ✆ 05 94 35 41 10 - Fax 05 94 35 40 79.

▸ **Office du tourisme de Matoury.** 4, rue Victor-Ceide 97351 Matoury ✆ 05 94 35 60 05 Fax 05 94 35 32 75.

Syndicat d'initiative de Roura. Mairie de Roura 97311 Roura ✆ 05 94 27 03 94 - Fax 05 94 28 07 10.

Syndicat d'initiative de Kaw. Pour tout renseignement, appelez au village de Kaw ✆ 05 94 27 04 65.

Syndicat d'initiative de Kourou. Place de l'Europe, rue des Aïmaras 97310 Kourou ✆ 05 94 32 48 84 - Fax 05 94 32 43 30.

Syndicat d'initiative d'Iracoubo. Galerie artisanale, place Saint-Joseph 97350 Iracoubo ✆ 05 94 34 60 06.

PALUDISME

Le paludisme (palus signifie “ marais ”) ou malaria (mauvais air) n'est pas dû à un virus mais à un parasite transmis par la femelle d'une certaine espèce de moustique (Anophèle). La période d'incubation du parasite dépend de l'espèce. Elle varie de 7 à 15 jours dans la plupart des cas, mais peut s'étendre de un à 4 ans dans le cas du Plasmodium vivax. Les symptômes sont assez voisins de ceux de la dengue, avec en plus des troubles digestifs. Une des particularités des accès palustres est la survenue des trois phases successives : frissons, chaleur et sueurs. Ces accès palustres peuvent se reproduire sur plusieurs jours (souvent le soir). Le traitement du paludisme par des antipaludéens dépend de la souche concernée et reste relativement efficace. Le diagnostic du paludisme se fait gratuitement le long des fleuves frontaliers dans les dispensaires et centres de santé dépendant de la DASS. Sur le littoral, le diagnostic est assuré, moyennant finance, par les laboratoires d'analyses médicales privés et hospitaliers.

PECHE

Amusante et ne nécessitant pas de matériel coûteux, elle peut prendre des allures de concours entre les membres de la famille. Elle se pratique seul ou avec des prestataires, partout, aussi bien en mer, sur le fleuve ou en rivière. Vivaneaux, croupias, machoirans, palikas... La faune aquatique est plutôt riche et il est difficile de revenir bredouille. La pêche au gros est très appréciée, surtout au large des îles du Salut.

PETIT FUTE GUYANE

La mission de ce guide est de guider au mieux le visiteur, quelle que soit la durée de son séjour, vers les structures sélectionnées par notre rédacteur. Il n'a pas pour vocation de faire un inventaire de tout ce qu'il existe sur place. Il est à préciser que certains tarifs peuvent varier selon les saisons. Toutefois nous essayons de diffuser une information à la fois juste et large. Sur place, les Offices du tourisme et syndicats d'initiative pour vous guider et compléter ces informations.

PLAGES

Que ce soit en mer, dans les fleuves ou dans les criques, l'eau n'est pas bleue. La Guyane se trouvant proche de l'embouchure de l'Amazone, les courants alluvionnaires donnent à l'eau des plages et des criques cette couleur surprenante, ambrée, variant entre le vert et le marron selon la saison. C'est étonnant, et peut-être pas particulièrement tentant à première vue ; et pourtant vous auriez bien tort... Les plages en Guyane sont dotées d'aménagements pour pique-niquer comme la plage de la Cocoteraie à Kourou, d'autres de carbets de passage pour assister à des événements exceptionnels ou y dormir (la plage des Hattes pour la ponte des tortues à Yalimapo) et certaines possèdent même des clubs nautiques (la plage de Montjoly par exemple).

PLUIE

La saison des pluies s'étale de février à juin. Les averses sont souvent soudaines et longues ; elles font le bonheur des uns et bien souvent le malheur des autres. Il ne faut pas oublier que, pour certains villages, l'eau de pluie est souvent récupérée pour les tâches quotidiennes avant la saison sèche. Malheureusement, certaines années, ces pluies importantes provoquent de nombreux dégâts dans les zones inondables. Pour un séjour pendant cette période, prévoyez donc un vêtement de pluie ou un parapluie.

PRESERVATIFS

Une liste des lieux où vous pourrez trouver des préservatifs en vente.

Villes Divers Lycées/IUT Cayenne Aides Guyane, Caserne despompiers, CROUS, DSP, IMED, Hôpital couloir hall, hôpital urgences, hôpital, PMI Barrat, Préfecture, pharmacies LEP Voltaire, Lycée Damas/Vidal, Lycée Max Joséphine, Lycée Michotte Rémire-Montjoly Caserne des pompiers, pharmacies Macouria CPV Kourou CMCK,CPV, IUT, Lycée Monnerville Sinnamary CPV, pharmacies Collège Iracoubo CPV Mana CPV St-Laurent Aides Saint-Laurent, Centre de Prévention et de Vaccination (CPV), Hôpital, pharmacies St-Georges CPV

PRESSE ECRITE

La presse nationale tout comme la presse régionale est disponible chez les grands libraires, les grandes chaînes de libre-service ou en bibliothèque (en consultation). En ce qui concerne la presse locale, on citera *France Guyane*, le quotidien qui paraît 6 jours sur 7, imprimé localement. Il traite aussi bien des événements politiques, socio-économiques et culturels que des faits marquants de l'actualité dans le monde. Vous pourrez trouver également :

- ***La Presse de Guyane,*** un quotidien qui paraît du lundi au vendredi (actualité socio-économique locale, régionale, nationale et internationale, annonces légales...).
- **La *Semaine Guyanaise*** est un hebdomadaire d'informations sur les loisirs avec un programme de télévision.
- **Le *97-3*** est le journal gratuit de petites annonces.

PROSTITUTION

Plus particulièrement à Cayenne, Kourou et Saint-Laurent, elle est le fait le plus souvent de jeunes filles en situation irrégulière et/ou droguées. La Guyane est le département français où le nombre de cas de sida est le plus élevé proportionnellement à la population. Ici ou ailleurs, le préservatif est de rigueur ! On peut regretter d'ailleurs la rareté de distributeurs de préservatifs dans les grandes villes.

RADIO

Radio Caraïbes internationale (RCI). Cette radio, qui se veut de proximité, ouvre son micro à l'actualité locale. Son journal de la mi-journée invite régulièrement des personnalités qui interviennent sur des sujets divers : politique, manifestations culturelles, sports, économie, littérature... RCI fait le point sur l'actualité des voisins martiniquais et guadeloupéens et reprend les infos d'Europe 1. RFO présente partout en Guyane, est la radio la plus écoutée. On peut écouter également **France-Inter**, **Radio France internationale**, **Nostalgie Guyane**, et d'autres petites radios locales. La forêt faisant écran aux ondes, ces radios ne peuvent pas être captées dans tout le pays.

SAISON TOURISTIQUE

Les 2 mois de carnaval sont des mois forts ! Les compagnies aériennes font des efforts tarifaires à ces dates. Le carnaval dure longtemps en Guyane, du samedi suivant l'Epiphanie au mercredi des Cendres. Fin juin voit le départ des résidents et l'arrivée des visiteurs jusqu'à la fin du mois d'août. Reste la saison sèche, d'août à novembre... Le niveau des eaux des fleuves étant alors relativement bas, les sauts (rapides) sont dégagés et magnifiques. La flore connaît son plein épanouissement, la faune est plus présente.

SANTE

- **DDASS.** 19, place Schoelcher 97300 Cayenne ✆ 05 94 25 53 00 - Fax 05 94 25 53 29.
- **Institut Pasteur.** 23, av. Pasteur 97300 Cayenne ✆ 05 94 29 26 00 - Fax 05 94 30 99 16.
- **Observatoire Régional de la santé de Guyane** ✆ 05 94 29 78 00 - E-mail : orsg@nplus.gf
- **Centre hospitalier de Cayenne.** Avenue des Flamboyants ✆ 05 94 39 50 50 et 39 52 50 (urgences) - Fax 05 94 30 52 50.
- **Centre médico-chirurgical de Kourou.** Avenue Victor-Hugo ✆ 05 94 32 76 76.
- **Hôpital André-Bouron à Saint-Laurent.** Avenue du Général-de-Gaulle 97352 Saint-Laurent du Maroni ✆ 05 94 34 88 88 et 34 10 22 (urgences) - Fax 05 94 34 17 48.

SIGNALISATION / ADRESSES

La signalisation est faite normalement dans les boulevards, avenues et rues. Hors des agglomérations, sachez que l'indication " PK " correspond à la distance kilométrique depuis le début de la route, alors pensez à regarder votre compteur kilométrique ! Exemple : PK 62, route de l'Est, signifie 62 kilomètres depuis le début de la route à Cayenne...

SOLEIL

Comme partout ailleurs, le soleil est un faux ami. Aussi, une protection solaire à indice élevé est nécessaire sur la plage ou sur le fleuve. Le port d'un chapeau ou d'une casquette est vivement conseillé pour les peaux sensibles ou lorsque l'on est peu habitué. Les habitants ont, quant à eux, adopté le parapluie comme parasol. A chacun sa méthode !

TAXES

La TVA qui s'applique aux biens de consommation (20,6 % en France et 9,5 % aux Antilles) est nulle en Guyane. Il existe des taux minorés pour les produits de première nécessité. En revanche, il y a l'octroi de mer. Cette taxe est applicable à la plupart des produits importés par les DOM. L'octroi de mer est pour l'essentiel versé au budget des communes. En Guyane, 35 % environ sont versés au département.

TELECOMMUNICATIONS

Les cabines téléphoniques en Guyane fonctionnent aussi bien avec les cartes de France Telecom (qui s'achètent chez n'importe quel commerçant), avec la carte bancaire ou avec les cartes internationales d'autres opérateurs. Ces dernières sont d'ailleurs de plus en plus utilisées. Comparez le prix de l'unité. Attention, pensez au décalage horaire lorsque vous appelez de ou vers la Guyane. Certains points du pays ne sont accessibles que par radio-téléphone. Vous pouvez, de votre poste téléphonique, appeler ces mobiles, mais prenez soin d'être bref, votre correspondant paie une taxe à la réception d'appels, et parlez clairement et lentement, vous serez ainsi mieux compris.

- **De Guyane vers la France hexagonale,** composez directement les 10 chiffres de votre correspondant.
- **De Guyane vers un autre DOM et les collectivités territoriales,** composez directement les 10 chiffres de votre correspondant.
- **De Guyane vers l'étranger et les territoires d'outre-mer,** composez le 00 devant l'indicatif du pays suivi du numéro de l'abonné (indicatifs des TOM : Nouvelle-Calédonie 687, Polynésie française 689, Wallis et Futuna 681).

TELEPHONES PORTABLES

Le téléphone cellulaire à la norme GSM a fait son entrée sous le nom commercial d'Améris. L'ouverture commerciale annoncée par France Caraïbes Mobiles, filiale du groupe France Telecom, a été possible en octobre 1998. Depuis novembre 1998, l'axe routier Cayenne-Kourou est opérationnel. Le réseau couvre toutes les grandes villes du département. Pour les visiteurs, certains prestataires louent des portables pendant le séjour (il y a une agence à l'aéroport). Avant de partir, si vous souhaitez émettre ou recevoir des appels de votre portable, vérifiez auprès de votre opérateur que votre ligne est ouverte à l'international.

TELEVISION

- **Télé Guyane** est plus tournée vers les informations et productions locales.
- **Tempo** reprend une bonne partie de la production de France 2, dont le journal de 20 h (heure de France) qui est diffusé le soir à 19 h 30 (heure locale). Les excellents reportages de la Cinquième sont également diffusés sur Tempo.
- **ACG** est la chaîne privée guyanaise non cryptée qui diffuse le journal de TF1, les séries et journal de M6, une émission locale et beaucoup de publicité.
- **Canal + Guyane et Canal Satellite** ont egalement fait depuis peu leur apparition dans le département.

TOULOULOU

Ce sont les reines du carnaval. Les femmes, déguisées, sont rendues méconnaissables. Ce sont elles qui invitent les hommes à la danse dans les bals. Le mystère et le charme sont au rendez-vous.

TOUQUES

Ce mot désigne tout simplement un baril en plastique d'une contenance d'environ 20 litres, indispensable sur la rivière ou le fleuve. Très pratique, mais lourd et encombrant, il est hermétiquement fermé et flotte en cas de chute dans l'eau. On y met généralement le hamac, les papiers (pour les protéger de l'eau ou de la pluie), les vêtements, la nourriture... On peut les trouver chez les commerçants. Leur vocation première était de conserver dans la saumure la viande. Après usage, les commerçants peuvent les vendre vides de *10 à 15 €*. Comme ils sont rarement dégraissés, la corvée vous en incombera.

VINS, CHAMPAGNE ET WHISKY

Il n'y a pas de production locale. Certains vins comme le côtes-du-rhône et le beaujolais sont très consommés et souvent servis dans les restaurants. Si certains aiment le punch avec les glaçons (ce qui peut être considéré comme un sacrilège pour d'autres), le Guyanais apprécie aussi de temps à autre quelques glaçons dans son verre de vin. Le champagne fait bien sûr partie de tous les bons moments. C'est d'ailleurs la boisson exigée à l'entrée de certaines fêtes lors du carnaval. Quant au whisky, avec du cola ou de l'eau de coco, il fait l'unanimité.

WEEK-END

Il commence généralement le vendredi en fin de journée. Beaucoup quittent leur résidence pour rejoindre la famille ou des amis et rompre avec le quotidien : pêche, carbet, farniente... Tout un programme.

ZOOPHOBIE

Un territoire peuplé de bêtes sauvages et agressives où l'homme doit lutter sans relâche pour assurer sa survie : voilà probablement l'idée la plus absurde qu'on entretient à propos de la Guyane. Le risque d'être piqué ou mordu par un serpent ou un autre animal est en vérité extrêmement limité. Il est donc parfaitement inutile de se munir d'un sérum antivenimeux qui, de toute façon, est complètement inefficace s'il n'est pas conservé au froid. Si malgré cela, vos craintes ne sont pas dissipées, demandez conseil aux gens que vous rencontrerez sur place. Ces derniers sauront vous rassurer et éventuellement vous renseigner précisément si un danger particulier existe sur un site.

HEBERGEMENT

HOTELLERIE

L'offre hôtelière en Guyane est suffisante et répartie sur le littoral. Malheureusement cette offre voit ses limites dans certaines villes lors de grandes manifestations ou de période de grande affluence (fête patronale, pont…). Bien que la plupart des grandes villes proposent des hôtels allant de une à 3 étoiles, on trouve très peu de catégories intermédiaires. Lorsque les villes, communes ou villages ne disposent pas d'hôtels, ce sont les gîtes, meublés, et campements touristiques qui prennent le relais. Ce type de structures présente souvent des atouts : ambiance traditionnelle, environnement agréable, bon rapport qualité/prix (détaillé ci-dessous). La liste des hôtels (nom, coordonnées téléphoniques, adresses…) est disponible auprès de la Fédération des Offices du tourisme et syndicats d'initiative de la Guyane (FOTSIG) ou des offices du tourisme et syndicats d'initiative des villes concernées.

GITES DE FRANCE

Le parc d'hébergement de Gîtes de France en Guyane est composé de plus d'une dizaine de structures. Ces hébergements sont situés essentiellement sur le littoral de l'ouest et à l'est. Le relais Gîtes de France vous propose plusieurs formules : la table d'hôtes, le carbet d'hôtes, le gîte rural, le gîte de séjour, le gîte d'Amazonie. Ces établissements sont classés par épis et vous offrent qualité, caractère et authenticité. Le guide des établissements Gîtes de France est disponible gratuitement dans les offices du tourisme et syndicats d'initiative (OT-SI) du département. **E-mail : gites@ tourisme-guyane.gf .**

CLEVACANCES

Le label Clévacances est une marque de qualité nationale pour les locations de vacances. Les établissements labellisés sont sélectionnés selon les critères suivants_: l'environnement, l'aménagement intérieur, l'équipement, le confort et l'accueil. Une dizaine d'établissements sont référencés en Guyane, offrant jusqu'à 5 catégories de confort (1,2 3 4 ou 5 clés). Il s'agit de chambres (pour une ou 2 personnes) et de studios (pour 2, 3 ou 4 personnes) dans et autour de Cayenne, Matoury, Macouria et Kourou. Tout comme pour les Gîtes de France, un catalogue de ces établissements référencés est à votre disposition dans les offices du tourisme et syndicats d'initiative. **Web : www.clévacances.com - E-mail : Clévacances@ tourisme-guyane.gf .**

Balcon en fer forgé © V. Trillaud

CAMPEMENT TOURISTIQUE

L'environnement géographique de la Guyane rend ce type de structure très adapté à la découverte de la région. Il s'agit généralement d'hébergements de type carbet (construction en bois avec un toit en feuilles de palmiers reposant sur quatre poteaux et ouvert), plus ou moins aménagé. Leur avantage est de proposer un produit en hébergement traditionnel, très fréquemment en bordure de fleuve ou de criques (petit cours d'eau) dans un cadre dépaysant. L'offre en campement touristique est large et va du lodge au carbet simple et les prix pour de l'hébergement " sec " est plutôt modique (environ de *5 à 7,5 €* par nuitée). Nombreux sont les prestataires qui proposent des forfaits (transfert en canot, hébergement, restauration, balades en forêt, activités diverses...). Vous pourrez retrouver notre sélection (par région), mais n'hésitez pas sur place à fonctionner " au feeling " . Il serait d'ailleurs judicieux de prévoir l'achat d'un hamac à votre arrivée, même si certains prestataires les louent.

CAMPING-CAR

C'est avec l'an 2000 que l'on voit arriver le premier loueur de camping-car en Guyane. Il vous propose plusieurs formules de location : week-end, semaine ou des forfaits de 2 ou 3 jours. Vous aurez le choix entre 2 types de véhicules avec climatisation, douche, eau chaude, cuisine, toilettes, et un réservoir d'eau de 160 litres. Confortable, spacieux et pratique, cette formule risque de charmer plus d'un.

▸ **SCOP Sarl Camping Car Guyane.** Chemin de la Levée BP 23 97375 Matoury cedex ✆ - Fax 05 94 29 47 87.

Camping

Pour l'heure il n'existe pas de camping sur place. Même le camping sauvage n'est pas pratiqué. Les différents carbets se trouvant le long des villes favorisent agréablement la pose du hamac.

Balcon en fer forgé © CTG

TRANSPORTS INTERIEURS

AVION

Pour découvrir les charmes de certaines communes de Guyane, souvenirs historiques ou lieux de paix, une compagnie assure la liaison à partir de Cayenne : Air Guyane. Elle dessert les communes de Saint-Georges-de-l'Oyapock, de Maripasoula et de Saül.

Vu les déboires qu'a connu la compagnie cette dernière année, il est préférable de vous rapprocher des points de vente pour connaître les fréquences des vols et les tarifs.

- **Air Guyane** (à l'aéroport de Rochambeau au 05 94 35 0307)
- **Takari Tour.** 8, rue du Capitaine-Bernard BP 513 97332 Cayenne ✆ 05 94 31 19 60 - Fax 05 94 31 54 70 - E-mail : takari.tour@wanadoo.fr . ✆ 05 94 29 36 30 - Fax 05 94 29 36 31.

Les déplacements par la voie des airs en Guyane procurent assurément un spectacle féerique. Le survol de la forêt amazonienne provoque une intense sensation de plénitude face à l'immensité de cet inextricable manteau végétal. Il faut compter environ *127 €* pour un aller-retour Cayenne-Maripasoula (40 minutes de vol aller) et *98 €* pour un aller-retour sur Saint-Georges ou Saül.

AVION

L'avion permet de relier Cayenne à Saül, Saint-Georges et Maripasoula. La vue est magnifique, on survole la dense forêt amazonienne qui ressemble, vue de haut, à un immense bouquet de persil. Les lignes entre certaines communes (Cayenne-Maripasoula par exemple) vous permettent quelquefois de gagner 3 à 4 jours de remontée de fleuve en pirogue. Le visiteur a souvent la possibilité d'effectuer l'un des trajets en avion, l'autre en pirogue.

Compagnies aériennes

- **Air France.** 17-19, rue Lallouette ✆ 05 94 29 87 87 - Fax 05 94 29 87 90, mouvement des avions ✆ 05 94 37 98 99.
- **Air Guyane** (à l'aéroport de Rochambeau au 05 94 35 0307) et via Takari Tour. 8, rue du Capitaine-Bernard BP 513 97332 Cayenne ✆ 05 94 31 19 60 - Fax 05 94 31 54 70 - E-mail : takari.tour@wanadoo.fr. ✆ 05 94 29 36 30 - Fax 05 94 29 36 31.
- **Surinam Airways.** 15, rue Louis-Blanc ✆ 05 94 29 30 01 - Fax 05 94 30 57 86.
- **Penta. Centre commercial Katoury** ✆ 05 94 30 39 10 et 05 94 31 68 44 - Fax 05 94 30 90 83.

TAXIS COLLECTIFS ET AUTOBUS

Les bus urbains circulent régulièrement toute la semaine (jusqu'au samedi 13 h) et permettent de rejoindre à peu près n'importe quel quartier de la ville. A Cayenne il existe 5 lignes et le ticket (payable dans le bus) coûte *1,06 €* à l'unité *(9,15 € les 10)*. L'autre moyen de transport très utilisé est le taxi collectif.

Au départ de Cayenne, Kourou et Saint-Laurent, il vous permet de rejoindre toutes les communes du littoral desservies sur son passage. La desserte est régulière et se fait plusieurs fois par jour, même si certains chauffeurs attendent d'être au complet pour démarrer.

Pratique, considérant les distances à parcourir entre certaines villes, le transport en taxi collectif présente toutefois des inconvénients : même s'il permet un contact avec la population, il est relativement onéreux. Il faut compter environ *30,40 €* pour aller de Cayenne à Saint-Laurent-du-Maroni.

▸ **Taxis collectifs :** gare routière de Cayenne, située le long du canal Laussat.

▸ **Bus (billetterie, guichet, vente...) :** SMTC (Syndicat mixte de transport en commun), place du Marché, Cayenne ✆ 05 94 30 21 00 - Fax 05 94 30 92 32.

▸ **Bus (Gare routière) :** rue du Lieutenant-Brassé (non loin du marché à côté de la boulangerie).

TAXIS

Les taxis sont nombreux en Guyane, essentiellement dans l'île de Cayenne. Les prix pratiqués sont comparables à ceux en vigueur en France.

Si vous n'avez pas prévu votre transfert à l'aéroport de Rochambeau (voiture personnelle, de location...), il vous reste le taxi. En effet, l'aéroport n'est pas desservi par les bus ou les taxis collectifs. Le trajet jusqu'au centre-ville vous reviendra à *16,77 €* environ, majoré la nuit. Lors de vos sorties nocturnes, en l'absence de bus et de taxis collectifs, il vous sera également possible de prendre un taxi (place des Palmistes).

Il en existe de deux sortes: les taxis collectifs qui font la desserte des communes, ce sont en général des minibus Toyota et les taxis classiques. Essayer de les appeler au téléphone est sans espoir. Il vaut mieux se rendre à la station de taxis (à Cayenne, place des Palmistes).

VELO

Parcourir le centre-ville à vélo est un projet parfaitement envisageable. Mais, en l'absence de piste cyclable, il faut rester vigilant. Un homme averti en vaut deux.

Si vous optez pour ce mode de locomotion ô combien écologique, nous vous conseillons vivement d'utiliser un VTT. Moins sensible aux imperfections de certaines routes, il vous permettra d'emprunter les pistes en latérite qui conduisent vers quelques sites paradisiaques. Mais il y a très peu de loueurs de VTT sur la place (voir les adresses par ville).

AUTO-STOP

La pratique de l'auto-stop est relativement répandue, surtout à la sortie des grandes villes. Toutefois, de nombreux incidents font aujourd'hui planer un sentiment d'insécurité. Aussi, que vous soyez conducteur ou auto-stoppeur, restez prudent.

BAC

Jusqu'à un passé récent, le bac était très utilisé en Guyane pour franchir les fleuves qui coupent la route du littoral. Aujourd'hui, des ouvrages d'art ont été construits partout où ils étaient nécessaires, donnant des ensembles quelquefois impressionnants, comme le pont de la rivière de Cayenne. Le seul bac actuellement en fonctionnement est celui de Saint-Laurent, La Gabrielle. Il permet de traverser le Maroni pour se rendre à Albina, village frontière au Surinam. *Le lundi, mardi, jeudi et vendredi, 4 départs de Saint-Laurent à 7 h, 9 h, 14 h et 17 h. Le mercredi, uniquement 2 départs à 7 h et à 17 h.*

Le samedi, départ à 8 h et 9 h, le dimanche, 15 h 30 et 17 h. Il n'y a donc aucune liaison le samedi après-midi et le dimanche matin. *3,50 €* la traversée. Sinon, de nombreux canotiers indépendants assurent la liaison de façon aléatoire.

CANOT

Le canot peut être un moyen de transport utilisable pour rejoindre certaines communes situées sur le fleuve. Ces longues artères fluviales, qui pénètrent jusqu'au cœur de la Guyane, offrent des paysages superbes mais présentent aussi des dangers qui ne pardonnent ni l'imprudence ni l'amateurisme. Mais si l'occasion se présente, n'hésitez pas à vous laisser transporter dans cet objet d'art.

VOITURE

Toutes les villes et communes du littoral sont accessibles par la route. La signalétique est claire et il est difficile de s'égarer. Pour accéder à certains sites, vous devrez prendre une route en latérite. Il n'y a pas d'autoroute en Guyane. A l'entrée de Cayenne en venant de Matoury ou de Kourou, la route de 4 voies sur 2 kilomètres est souvent appelée rocade.

Etat des routes

Si de gros progrès ont été accomplis ces dernières années, avec la construction de ponts à la place des bacs, la mise en place de ronds-points pour éviter les embouteillages et bien d'autres initiatives, l'état même des routes laisse trop souvent à désirer, au grand malheur des conducteurs. Vitres étoilées, amortisseurs abîmés... Attention, surtout si vous conduisez une voiture de location : la prudence reste de rigueur.

Par ailleurs, l'accès à de nombreux sites touristiques (cascades de Fourgassié, chutes Voltaires...) se fait sur des pistes en latérite. Renseignez-vous auprès des offices du tourisme ou des syndicats d'initiative sur l'état des voies de circulation avant de les emprunter.

De grands travaux sont en cours actuellement entre Régina et Saint-Georges pour la construction d'un pont qui franchira l'Approuague (prévue pour fin 2003). La route officiellement ouverte permet déjà de rejoindre Saint-Georges-de-l'Oyapock. Par conséquent, la transamazonienne sera complète...

STATIONS-SERVICES

Comme partout ailleurs, toutes les stations-services sont ouvertes la journée ; à Cayenne, certaines ont également des horaires de nuit (rond-point Mirza avec les 3 statuettes). Par contre, pour de longs trajets (Cayenne-Saint-Laurent, par exemple), il vaut mieux faire le plein avant votre départ car, après Kourou, les stations sont rares.

Location de voitures

Si vous ne disposez pas sur place de véhicule personnel, louer une voiture est la solution la plus pratique pour visiter la Guyane. Les plus grands loueurs sont présents sur la place avec un parc assez large. La location de votre véhicule peut se faire avant votre départ, avec une mise à disposition à l'aéroport ; vous pouvez aussi récupérer ce véhicule dans un point de location dans la ville de votre choix. Attention : les assurances pour les voitures de location ne vous couvrent pas en cas de dommage ayant lieu sur des pistes. Aussi, si vous envisagez de faire de longues distances ou de la piste, n'hésitez pas à en informer l'agence qui vous conseillera sur les différentes options qui vous sont offertes.

A l'aéroport

- **Budget** ✆ 05 94 35 69 98 - Fax 05 94 29 04 20.
- **Automobile Club Location (ACL)** ✆ 05 94 35 66 36 - Fax 05 94 35 82 82.
- **ADA** ✆ 05 94 25 05 73 - Fax 05 94 35 55 74.
- **Avis** ✆ 05 94 35 34 14.
- **Citer** ✆ 05 94 35 80 91.
- **Europcar** ✆ 05 94 35 62 69 et 35 10 10.
- **Hertz Sogula** ✆ 05 94 35 60 69 - Fax 05 94 35 88 41.
- **Service Auto location** ✆ 05 94 35 67 87 - Fax 05 94 30 19 36.

A Cayenne

- **Automobile Club Location (ACL).** 44, boulevard Jubelin ✆ 05 94 30 47 56 Fax 05 94 37 87 94.
- **Budget..** 13, boulevard Jubelin ✆ 05 94 31 31 32 - Fax 05 94 29 04 20.
- **ACEZA** Digue Galmot, n° 22 ✆ 05 94 30 06 26.
- **ADA.** 58, rue Vermont-Polycarpe ✆ 05 94 29 00 09 - Fax 05 94 25 47 10.
- **Avis.** 58, boulevard Jubelin ✆ 05 94 30 25 22 - Fax 05 94 31 07 91.
- **Cash Auto.** 14, rue Félix-Eboué ✆ 05 94 30 64 24 et 25 16 28 - Fax 05 94 25 01 69.
- **Citer.** 874, route de la Madeleine ✆ 05 94 30 65 12 - Fax 05 94 31 24 65.
- **Euro location.** Lotissement 26, ZA Galmot ✆ 05 94 35 55 74.
- **Europcar.** ZI Collery Ouest ✆ 05 94 35 18 27 - Fax 05 94 35 15 57.
- **Hertz.** Boulevard Jubelin ✆ 05 94 29 69 30 - Fax 05 94 29 69 39.
- **Jasmin Rent a Car.** 72bis, rue Jadfard ✆ 05 94 30 84 90 - Fax 05 94 31 65 41.

▸ **Locauto.** Villa 1, 1K, route de Baduel ✆ et Fax 05 94 30 11 52.

▸ **Société Guy Transport.** Manu ZI Collery 1 ✆ 05 94 25 21 30 - Fax 05 94 35 15 57.

A Kourou

▸ **ADA.** 69, rue Edjide-Duchesne ✆ 05 94 32 66 67 et 32 45 12 - Fax 05 94 32 17 64.

▸ **Avis.** 4, avenue de France ✆ 05 94 32 52 99 - Fax 05 94 32 58 43.

▸ **Europcar.** Rue Saint-Exupéry ✆ 05 94 32 25 55 et 32 14 22 - Fax 05 94 32 25 55.

▸ **Hertz Sogula.** ZI de Pariacabo ✆ 05 94 32 47 07 - Fax 05 94 32 02 89.

▸ **Le relais spatial.** Avenue de France ✆ 05 94 32 00 65 - Fax 05 94 32 69 28.

▸ **Locauto.** ZI de Pariacabo ✆ 05 94 32 63 88.

▸ **Service Auto location.** Lotissement Cabalou 8-10, rue des Frères-Amet ✆ 05 94 32 01 01 05 94 32 48 75 - Fax 05 94 32 19 10.

Conduite automobile

La Guyane est un département français : on y applique donc le même code qu'en France... Mais attention ! Les conducteurs sont souvent distraits, les scooters roulent sans lumière, on ignore le port du casque, et le slalom est une discipline très prisée... En plus, les conducteurs ne se soucient pas des autres! Aussi, restez vigilant !

DEPUIS LA GUYANE

Loin d'être un terminus, la Guyane est un point de départ idéal pour partir à la découverte des régions limitrophes. Brésil, Surinam, Guyana, Venezuela et même certaines îles de la Caraïbe, il est possible de se rendre presque partout au départ de Cayenne.

Le Brésil et le Surinam

La région de Belem-Macapa au Brésil et la Guyane ont signé des accords de coopération économique qui se traduisent par une plus grande facilité de déplacement transfrontalier.

Par la route

Aujourd'hui il est possible de rejoindre Saint-Georges par la route puisqu'elle a été ouverte officiellement. Pour cela il faut vous rendre à Régina. Le fleuve vous sépare de l'autre rive où vous pourrez continuer la route en voiture jusqu'à Saint-Georges. Jusqu'à cette année un bac effectuait la traversée (durée 10 minutes environ) pour vous déposer de l'autre côté de cette rive. Depuis peu il a été supprimé pour être remplacé par un pont (en construction avec une ouverture du pont prévue pour fin 2003). Pour l'heure, quelques piroguiers font la navette depuis Régina jusqu'à l'autre rive. Une fois la traversée effectuée, en journée (jusque 17 h à 18 h environ), des taxis collectifs proposent un transport jusqu'à Saint-Georges. Pour ce trajet, il est préférable de prévoir un paiement en espèces.

Par avion

Plusieurs compagnies proposent des vols secs ou des séjours de 2 à 7 jours sur les destinations voisines de la Guyane. Pour les vols à destination du Brésil, il est conseillé de s'y prendre très tôt à l'avance. Il s'agit d'une destination qui est très prisée, surtout pendant les vacances scolaires.

▸ **Surinam Airways.** 15, rue Louis-Blanc Cayenne ✆ 05 94 29 30 01 - Fax 05 94 30 57 86. Vols réguliers vers Belem, Paramaribo, Georgetown, Port of Spain (Trinidad), Bridgetown (Barbade), Aruba, Curaçao et Miami.

▸ **La Penta. Centre commercial Katoury 97300 Cayenne ✆ 05 94 30 39 10 - Fax 05 94 30 90 00.** La Penta est une compagnie aérienne brésilienne qui effectue des vols Cayenne-Macapa-Bélem. Elle a signé un accord de coopération avec Air France pour proposer un billet Guyane-Brésil au départ de Paris.

N. B.: Attention, le vaccin contre la fièvre jaune est obligatoire pour toutes ces destinations.

GASTRONOMIE

La Guyane est un kaléidoscope d'ethnies et la cuisine qu'on y trouve en est le reflet. Il y en a pour tous les goûts et vous pourrez même manger de la cuisine française pour ne pas changer vos habitudes. Que vous souhaitiez vous délecter avec le plat national brésilien, la feijoada, ou avec des plats libanais, égyptiens ou marocains, à vous de choisir. Chinois, vietnamien, laotien, thaïlandais… vous aurez l'embarras du choix, les restaurants asiatiques sont les plus nombreux en Guyane, et en général, ce sont les moins chers. Et le meilleur pour la fin avec la cuisine créole ?

Là aussi, si elles sont rares, il y a de bonnes adresses. On recense en Guyane à peu près 250 restaurants. Il s'agit la plupart du temps de petites entreprises familiales. Si les menus et les cartes sont souvent classiques et le service un peu maladroit, les goûts et saveurs méritent le détour. En Guyane, les origines de chacun ont contribué évidemment à la diversité de cette cuisine. Il faut néanmoins que le visiteur tempère son enthousiasme : les bons restaurants ne sont pas toujours les plus connus. La vraie découverte gastronomique se fait en famille ou chez des amis.

Vous trouverez dans ce guide de bonnes adresses qui, si vous n'avez pas la chance de pouvoir partager le repas d'une famille locale, vous permettront de découvrir quelques-unes des subtilités culinaires du pays.

APERITIF

En guise d'apéritif, le punch (ou **ti'punch**) est la boisson traditionnelle. A ne pas confondre avec le planteur (cocktail de jus de fruits alcoolisé). Sucre roux (ou sirop de canne à sucre), citron et l'indispensable rhum sont les ingrédients de cette entrée en matière qui peut surprendre les plus aguerris. Les plus courageux le boivent nature, d'autres le parfumeront et l'adouciront avec un sirop au maracudja… A consommer avec modération pour les non-initiés !

La production de rhum guyanais provient de la région de Saint-Laurent-du-Maroni. Les amateurs apprécieront son goût parfumé qui s'accompagne d'un degré d'alcool très élevé. **La Cayennaise** ou plus encore **Le Cœur de Chauffe** approchent allègrement les 55°, ce qui appelle à la prudence. Inutile de commencer en fanfare car le deuxième verre ne se refuse jamais.

Marché de Cayenne © T. Montfort

Piments © Forget

ENCHANTEMENTS GUSTATIFS

Hors-d'œuvre

Marinade de crevettes, salade de chou pinot, calarouangue de mangues constituent un aperçu des entrées guyanaises. Et les petits beignets de morue, d'origine antillaise (acras), tiennent également une bonne place... La Guyane possède aussi son boudin. Très parfumé, il reste quand même moins fort que celui des Antilles. Les Guyanais excellent également dans l'art du boucanage (technique de cuisson). Accompagnés de quelques crudités, poulets et poissons fumés cuits sur la canne sèche constituent des mets délicats qui peuvent aussi être servis comme plat de résistance.

RICHESSES DE LA MER, DU FLEUVE ET DES MARAIS

Parmi toutes les préparations de **poissons** que compte la gastronomie guyanaise, l'une des plus appréciées est sans doute le **blaff**. Cuit dans un bouillon très relevé d'oignons, de bois d'Inde, de céleri, de piment et autres épices, le poisson libère toute sa saveur pour le plus grand plaisir du gourmet. Le **blaff** se déguste à toute heure mais surtout le matin, en guise de " chimbé cho " (en-cas) ou de petit déjeuner. En Guyane, on utilise aussi beaucoup la **grosse crevette** qui abonde le long des côtes et complète merveilleusement le poisson. La mangrove fournit aussi de gros crabes succulents. Néanmoins, il est conseillé d'être sûr du cuisinier, car leur préparation nécessite un travail considérable, notamment pour éliminer le goût de la vase. De la même façon, les poissons des estuaires, **machoirans**, **cocos** et autres devront mariner plusieurs heures dans le citron vert avant d'être cuits. L'Océan offre acoupas, mérous, croupias ou requins, qui seront dégustés simplement grillés avec un filet de citron. Les atipas, poissons des marais et spécialités du village de Kaw, sont excellents accommodés au lait de coco.

Viandes

La viande de gibiers est très appréciée par les habitants : en fricassée ou en daube, le **cochon-bois** (pécari), le **maïpouri** (tapir) se laissent déguster sans a priori. Servis avec du riz, des haricots rouges ou du couac, ces mets marqueront votre palais.

Incontournables cuisines chinoise, laotienne et indonésienne

Il est impossible de parler de gastronomie en Guyane sans évoquer la cuisine chinoise. Le visiteur sera stupéfait de voir le nombre de restaurants chinois à Cayenne, mais également dans d'autres communes plus petites. Leur qualité reste cependant assez inégale. Ils ont au moins 3 points communs : on peut y manger presque à toute heure, les prix y sont très intéressants, et le choix est souvent impressionnant. A ne pas rater, le marché du dimanche à Cacao (commune de Roura) et Javouhey (commune de Mana). Offrez-vous l'incontournable salade de papayes ou de mangues (calaouangue).

Ne ratez pas la cuisine indonésienne : **bami** (pâtes longues et fricassé de poule à la sauce soja) ou **nassi** (riz blanc, fricassé de poule) et ses fameux **luom pia** (sorte de longs beignets salés farcis). Il n'existe pas de restaurant indonésien; toutefois, en vous promenant dans les villes et quartiers, vous pourrez trouver quelques bonnes adresses, notamment quelques camionnettes ici et là.

RECETTES

Le bouillon d'awara : une initiation à la tradition guyanaise à Pâques

Pour 8 à 10 personnes : une livre de jambon cru salé, une livre de lard fumé, une livre de queue-de-cochon, une livre de viande salée, un gros chou vert, une livre de concombres longs, une livre de concombres piquants, un kilo d'épinards, une bonne poignée de feuilles de tayoves ou siguine, ou bien une livre d'ergons, un kilo d'aubergines, une livre de haricots verts, un os de jambon, 250 grammes de morue dessalée, un beau poulet farci rôti, un kilo de poisson boucané, une livre de chancres, une livre de crevettes roses. Exquis, mais à déconseiller en cas de régime !

Ce symbole de la gastronomie guyanaise n'a en fait de bouillon que le nom. La base de la préparation est une pâte, fabriquée à partir d'un fruit produit par une espèce de palmier : l'awara. Soigneusement pelés, les fruits sont cuits de longues heures dans une marmite jusqu'à donner une pâte épaisse dans laquelle mijoteront poulet, crevettes, crabes et légumes. La préparation complète du bouillon nécessite plusieurs jours.

Ce mets n'est servi que pour les fêtes de Pâques ou de Pentecôte. La légende veut que si, d'aventure, vous deviez goûter le bouillon d'awara durant votre séjour en Guyane, vous seriez forcé d'y revenir un jour ou l'autre.

Recette du blaff de poissons (pour un kilo de poisson)

Prenez le poisson entier, nettoyez-le, découpez-le et mettez-le à tremper au moins une heure dans une marinade que vous aurez préparé avec du sel, du poivre, du piment, et du jus de citron. Pendant ce temps, dans une casserole, versez un demi-litre d'eau auquel vous ajouterez un oignon coupé en quatre, 2 clous de girofle, du bois d'Inde, une branche de thym ou de basilic, un piment et une ou deux branches de céleri.

Mélangez le tout et après 5 minutes d'ébullition, ajoutez le poisson mariné, avec un peu de sa marinade. Après 10 minutes de cuisson, le poisson est à point, mais ferme. Versez alors le jus d'un ou deux citrons, mélangé à 2 ou 3 gousses d'ail écrasées.

Le bouillon devient alors blafard. Rectifiez l'assaisonnement avec du sel et du piment. Enlevez la casserole du feu. Ce blaff se mange comme une soupe de poisson. Vous pouvez également l'accompagner de couac.

DELICES SUCRES ET PARFUMES

Pour digérer

Les pâtisseries locales sont nombreuses, mais il vous sera un peu plus difficile de les trouver vendues dans les pâtisseries ou boulangeries.

On retiendra pour la digestion les **sorbets** aux multiples parfums (comou, mangue, abricot-pays, corossol...).

Il est difficile également de résister aux classiques et délectables **tartes aux fruits**.

Pour ceux qui ne s'estiment pas rassasiés, il y a le **bédégouel**, le **blanc-manger coco**, le **dokono** ou encore les **sispas** (sorte de galette). Vous pouvez terminer plus légèrement avec un **lanmou chinois** accompagné d'un délicieux madou corossol (jus de fruits fraîchement préparé et glacé).

Ensuite, laissez-vous tenter par une petite liqueur fait maison (moubin, maracudja, ou surette...). Moyennement alcoolisées ces liqueurs parfumées vous charmeront.

LANGUE

L'ALPHABET CREOLE GUYANAIS

L'alphabet créole guyanais se compose de 24 lettres : les 26 lettres de l'alphabet français moins le Q et le X. Le son de la lettre Q est donné par la lettre K, comme dans les mots : kar (quart) et kat (quatre).

Ce même K remplace le C dans les sons durs comme : kès (caisse), kapot (capote).

Le Z reproduit fidèlement le son de notre lettre X, comme dans les mots : zilofon (xylophone), zénofob (xénophobe).

Il est aussi important de noter que l'on n'utilise le C que devant H, ce qui donne le son che comme dans chouval (cheval).

Par ailleurs, le créole guyanais ne comporte pas de lettre muette. La lettre H ne s'emploie qu'avec la lettre C, comme dans : chatouyé (chatouiller), chov (chauve).

Quant à la lettre U, elle ne s'emploie que précédée de la lettre O pour donner le son OU comme dans les mots : ouvri, louvri (ouvrir, vous).

Elle est remplacée ailleurs par la lettre I, comme dans les mots : itil (utile), iniform (uniforme), izé (user), inité (unité).

ORIGINES DES MOTS CREOLES GUYANAIS

De nombreux mots sont issus de la langue française (breton, normand, provençal), mais un certain nombre proviennent de diverses autres langues africaines, anglaise, portugaise, arabe, espagnole, brésilienne, hindustani, surinamienne, amérindienne, caraïbe. Nous nous contenterons de donner ci-dessous quelques exemples et de signaler leurs origines.

Mots issus du français

Zékal Coquille
Lermoué Armoire
Balé Balai ou balayer
Poson Poisson
Souéf Soif
Dwèt Doigt
Tirwet Tiroir
Stébékoué Surpris, abasourdi

Mots issus de l'africain

Dongwé Beignet
Soukou Nuit épaisse
Nika Entrechats
Kongoro Vieille casserole
Kanmougwé Danse folklorique
Djokoti Accroupi
Lenbé Chagrin d'amour
Bodzé Elégant

Mots issus de l'anglais

Djal Flirt
Dèd Mort
Bigin Danse
Sinobol Glace
Drivé Traîner
Djob Job

Mots issus du portugais

Oun Un, une
Briga Lutte, lutter
Fika Se porter (être) bien/mal
Souk Sucre
Korosol Corossol
Koubari Courbaril (arbre)

Mots issus de l'espagnol

Kasav Galette de manioc
Kalbas Calebasse
Bagas Bagasse (de la canne à sucre)
Kaba Déjà
Gouyav Goyave

Mot issu de l'arabe

Kouskouch Variété d'igname

Mot issu du surinamien

Blaf Poisson au court-bouillon

Mots issus de l'hindustani

Kolombo Mets à base de curry

Jinga Etoffe des Indes

Mots issus de l'indien (caraïbe ou autre)

Ajoupa Abri de feuillage

Pakou Pacou, Poisson de rivière

Pakousin Poisson de rivière

Kawen Espèce de tortue (tortue luth de mer)

Katoury Large chapeau

Manaré Tamis

Arouman Jonc

Les onomatopées

Tchouboum Bruit d'une chute dans l'eau

Ababa Muet, surpris, aphasique

Tow Bruit d'une décharge d'arme

Rara Bruit d'une crécelle

Chacha Boîte à clous musicale

Vonvon Bourdon, importun

Kroumkroum Cartilage, cartilagineux

Wélélé Altercation confuse

Taktak Insecte volant, personne importune

Vligidip Bruit de chute brutale

Bankoulélé Bruit confus difficile à interpréter

Vlogodow Bruit de déplacement brutal d'un corps

Djibilop Exprime l'action d'expulser un individu ou un animal

Roche gravée © CTG

EXPRESSIONS USUELLES

Se présenter

Comment vous appelez-vous ? A kouman yé ka aplé ou ?
Je m'appelle monsieur Jean Yé ka aplé mo mouché jan.
C'est qui ? Akimoun ?
C'est madame ou monsieur X A man ou man X ou mouché X.
Je viens d'arriver, je suis tout nouveau à Cayenne Mo soti rivé, mo tou nov Kayenn.

Politesse

Bonjour, comment vas-tu (allez-vous) ? Bonjou kouman to (ou) fika ?
Je vais bien, je vous remercie Mo bien mesi.
Cela va un peu Sa kalé oun ti bi.
Je suis très fatigué Mo kangnan kangnan.
Merci Mesi.
S'il vous plaît Souplé.
Excusez-moi Padon.

Question et réponses

Que voulez-vous ? Akisa to/ou lé ?
Je cherche une chambre Mo ka chaché oun chanm.
Je cherche la rue X Mo ka chaché la ri X.
S'il vous plaît, indiquez-moi la préfecture Souplé montré-mo la préfekti
Où se trouve la mairie, s'il vous plaît ? Koté lanméri fika souplé.
Où se trouve la rue X ? Koté la ri X ?
Où habites-tu ? Koté to ka rété ?
Où vas-tu ? Koté to kalé ?
Je vais au marché Mo kalé a dégra.
Tu es prêt ? To paré ?

Désirs

J'ai envie de manger Mo gen oun lanvi manjé.
J'ai soif Mo souéf.
Je n'ai pas envie Mo pa lé.

Divers

Argent Soumaké
Non Awa
Aujourd'hui Jodla
Cœur Tcho
Fesses Gogo
Avoir (le verbe) Gen (j'ai : mo gen)
Enfant Ti moun
Mec, fiancé, petit copain Djal
Petite copine Sista

Expressions

Tu aimes parler/te battre To conten palé/briga.
Je t'aime Mo content to.
Je suis seul Mo ounso.
Ce qui est fait est bien fait Dlo tonbé pa ka ramasé.
C'est le cœur qui fait l'homme A tcho ki sa wonm…

CAYENNE et ses environs

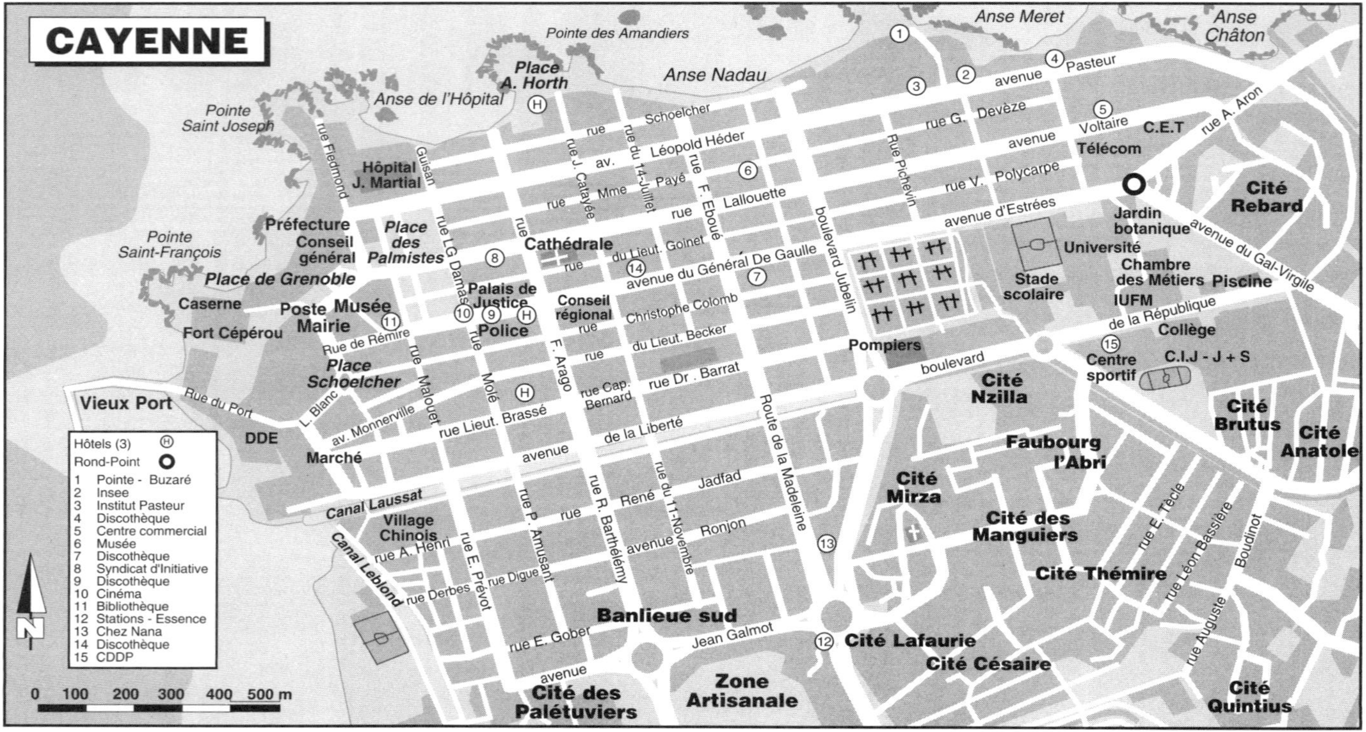
CAYENNE
Hôtels (3)
Rond-Point
1 Pointe - Buzaré
2 Insee
3 Institut Pasteur
4 Discothèque
5 Centre commercial
6 Musée
7 Discothèque
8 Syndicat d'Initiative
9 Discothèque
10 Cinéma
11 Bibliothèque
12 Stations - Essence
13 Chez Nana
14 Discothèque
15 CDDP
0 100 200 300 400 500 m
N
Anse Meret
Anse Châton
Pointe des Amandiers
Anse Nadau
Anse de l'Hôpital
Place A. Horth
Pointe Saint Joseph
Pointe Saint-François
Hôpital J. Martial
Préfecture
Conseil général
Place des Palmistes
Place de Grenoble
Caserne
Fort Cépérou
Poste
Musée
Mairie
Place Schoelcher
Vieux Port
DDE
Marché
Cathédrale
Palais de Justice
Police
Conseil régional
Pompiers
Jardin botanique
Université
Stade scolaire
Chambre des Métiers
Piscine
IUFM
Collège
C.I.J - J + S
Centre sportif
C.E.T
Télécom
Cité Rebard
Cité Nzilla
Cité Brutus
Cité Anatole
Faubourg l'Abri
Cité Mirza
Cité des Manguiers
Cité Thémire
Cité Lafaurie
Cité Césaire
Cité Quintius
Banlieue sud
Zone Artisanale
Cité des Palétuviers
Village Chinois
Canal Laussat
Canal Leblond
avenue Pasteur
rue A. Aron
rue G. Devèze
avenue Voltaire
rue V. Polycarpe
avenue d'Estrées
avenue du Gal-Virgile
avenue de la République
boulevard Jubelin
boulevard
Rue Pichevin
rue Schoelcher
av. Léopold Héder
rue Mme Payé
rue Lallouette
rue du Lieut. Goinet
avenue du Général De Gaulle
rue Christophe Colomb
rue du Lieut. Becker
rue Dr . Barrat
avenue de la Liberté
rue René Jadfad
avenue Ronjon
Route de la Madeleine
rue du 11-Novembre
rue R. Barthélémy
rue P. Amusant
rue E. Prévot
rue F. Arago
rue F. Eboué
rue du 14-Juillet
rue J. Catayée
rue Cap. Bernard
rue Lieut. Brassé
rue Molé
rue Malouet
rue LG Damas
Guisan
rue Fiedmond
Rue de Rémire
av. Monnerville
L. Blanc
Rue du Port
rue A. Henri
rue Derbes
rue Digue
rue E. Gober
Jean Galmot
avenue
rue E. Técle
rue Léon Bassière
Boudinot
rue Auguste

CAYENNE

HISTOIRE

Cayenne tient son nom d'une très jolie légende selon laquelle le roi Cépérou, chef des Indiens galibis, aurait eu un fils du nom de Cayenne. Celui-ci, qui aimait passionnément la princesse Bélem, fit appel au sorcier Montabo pour l'aider à conquérir son cœur. Grâce aux bons soins de Montabo, Cayenne put franchir, monté sur un taureau, une immense rivière aux eaux tumultueuses. Il put ainsi rejoindre Bélem et l'épouser. Pour récompenser son courage, le roi Cépérou décida que le village au pied de la colline sur laquelle il vivait porterait son nom.

La ville de Cayenne a en fait été fondée par les marchands de Rouen qui se sont installés sur la colline de Cépérou où ils ont construit un petit fort en bois **en 1638** : le fort Cépérou. **En 1643,** la Compagnie Cap du Nord, sous la direction de Poncet de Brétigny, s'installa à Cayenne. Alors commencèrent les persécutions contre les Indiens. Paranoïaque au plus haut degré, Poncet de Brétigny ordonna le massacre des Amérindiens, premiers habitants de la ville. Mais lui-même fut bientôt assassiné lors d'une embuscade, puis boucané et mangé par les indigènes...

En 1690, Vauban dessina des plans pour la fortification de Cayenne.

Durant le XVIIIe siècle, Cayenne devint un centre d'expérience pour l'astronomie. A cette époque également, le naturaliste La Condamine dressa la première carte exacte de l'Amazone. C'est au retour de cette expédition qu'il effectua différentes recherches sur la vitesse du son et du vent à Cayenne.

Le 10 août 1848, l'abolition de l'esclavage est mise en application en Guyane. C'est le début d'un nouveau développement pour la ville, et la plupart des esclaves affranchis décideront de s'y installer. D'autres choisiront la vie en autarcie en prenant possession d'un lopin de terre en forêt. L'époque de gloire de Cayenne débute **en 1854** avec la découverte de l'or en Guyane. Le pays s'enrichit et la ville s'embellit de superbes maisons créoles ornées de balcons en ferronnerie. Par la suite, le gouvernement de Tardy de Montravel et de Loubère ordonne des travaux d'urbanisation qui donneront à Cayenne le visage qu'on lui connaît aujourd'hui. La Seconde Guerre mondiale fournit à la Guyane et à Cayenne l'occasion de sortir de leur isolement. En effet, les Américains construisent, **en 1943**, l'aéroport de Cayenne pour remplacer celui de Galion. Ils le dédient au général français Rochambeau, compagnon de George Washington à la victoire de Yorktown. Aujourd'hui, Cayenne offre le visage d'une grande ville. Préfecture de la Guyane, elle compte aujourd'hui 50 594 habitants (**en 1999**), ce qui fait d'elle la ville la plus peuplée de Guyane.

TRANSPORTS

Compagnies aériennes et agences de voyages

- **Air France.** 17-19, rue Lallouette ✆ 05 94 29 87 87 - Fax 05 94 29 87 90, mouvement des avions ✆ 05 94 37 98 99.

- **Air Guyane.** Deux guichets de vente. Takari Tour. 8, rue du Capitaine-Bernard BP 513 97332 Cayenne Cedex ✆ 05 94 31 19 60 - Fax 05 94 31 54 70 - E-mail : takari.tour@wanadoo.fr . Licence 973 95 001 et Air Guyane à l'aéroport de Rochambeau au 05 94 35 03 07.

Atlas Voyages. 15, rue Louis-Blanc ✆ 05 94 29 30 00 - Fax 05 94 30 57 86 - E-mail : atlas.voyages.guy@wanadoo.fr .

La Penta (Agence Sainte-Claire). Centre commercial Katoury ✆ 05 94 30 39 10/05 94 31 68 44 - Fax 05 94 30 90 83.

Location de voitures

Un moyen de locomotion très pratique, voire indispensable en courts séjours pour se déplacer entre les villes :

Automobile Club Location (ACL). 44, boulevard Jubelin ✆ 05 94 30 47 56 - Fax 05 94 37 87 94.

Budget. 13, boulevard Jubelin ✆ 05 94 31 31 32 - Fax 05 94 29 04 20.

ACEZA. Digue Galmot, n° 22 ✆ 05 94 30 06 26.

ADA. 58, rue Vermont-Polycarpe ✆ 05 94 29 00 09 - Fax 05 94 25 47 10.

Avis. 58, boulevard Jubelin ✆ 05 94 30 25 22 - Fax 05 94 31 07 91.

Cash Auto. 14, rue Félix-Eboué ✆ 05 94 30 64 24 et 25 16 28 - Fax 05 94 25 01 69.

Citer. 874, route de la Madeleine ✆ 05 94 30 65 12 - Fax 05 94 31 24 65.

Euro location. Lotissement 26, ZA Galmot ✆ 05 94 35 55 74.

Europcar. ZI Collery Ouest ✆ 05 94 35 18 27 - Fax 05 94 35 15 57.

Hertz. Boulevard Jubelin ✆ 05 94 29 69 30 - Fax 05 94 29 69 39.

Jasmin Rent a Car. 72bis, rue Jadfard ✆ 05 94 30 84 90 - Fax 05 94 31 65 41.

Locauto. Villa 1, 1K, route de Baduel ✆ - Fax 05 94 30 11 52.

Société Guy Transport. Manu ZI Collery 1 ✆ 05 94 25 21 30 - Fax 05 94 35 15 57.

Taxis collectifs

Gare routière de Cayenne, située le long du canal Laussat.

Bus (billetterie, guichet, vente...).

SMTC (Syndicat mixte de transport en commun). Place du Marché à Cayenne ✆ 05 94 30 21 00 - Fax 05 94 30 92 32.

Location de deux-roues

Station Meca-loca. 54, avenue Pasteur 97300 Cayenne ✆ 05 94 30 10 85. Une adresse pratique et pas chère pour profiter des journées ensoleillées et des sentiers en forêt. Pour une journée de location, comptez *10,67 €* pour un VTT, *180 €* pour un scooter et *33,54 €* pour une moto 125. Vous pouvez louer pour un week-end, voire une semaine. Ces prix comprennent l'assurance au tiers. Une caution vous sera demandée.

Polymeca Village ✆ 05 94 28 70 10. Location de scooters.

Location de bateaux à moteur

Nautic Auto Caraïbes. 15 lot. Calimbé 97300 Cayenne ✆ 05 94 25 23 97 - Fax 05 94 25 23 98. Pour votre matériel de pêche et équipement nautique, permis bateau, gardiennage bateau.

NUMEROS UTILES

Urgences

- **Pompiers** ✆ 18.
- **Police secours** ✆ 17.

Santé

- **Urgences** ✆ 05 94 39 52 53.
- **SAMU** ✆ 15 ou 05 94 29 69 75.
- **Centre hospitalier de Cayenne.** Rue des Flamboyants BP 6006, 97306 Cayenne ✆ 05 94 39 50 50 - Fax 05 94 39 52 50. Accueil-renseignements ✆ 05 94 39 52 99.

Généralités

- **Mairie de Cayenne.** 1, rue Rémire 97300 Cayenne ✆ 05 94 39 70 70 - Fax 05 94 30 03 20.
- **Conseil régional.** 66, avenue du Général-de-Gaulle BP 7025 97307 Cayenne ✆ 05 94 29 20 20 - Fax 05 94 31 95 22 - E-mail caberg@nplus.gf .
- **Département de la Guyane.** 12, hôpital Jean-Martial 97300 Cayenne ✆ 05 94 29 55 00 - Fax 05 94 29 55 25.
- **Préfecture.** Rue Fiedmond ✆ 05 94 39 45 00 - Fax 05 94 30 02 77.
- **Chambre de Commerce et d'Industrie de la Guyane.** Place de l'Esplanade (à côté de la place des Palmistes) BP 49 97321 Cayenne CEDEX ✆ 05 94 29 96 00 - Fax 05 94 29 96 34 - Web : www.guyane.cci.fr - E-mail conatct@guyane.cci.fr .

Education

- **Rectorat de la Guyane.** Route de Baduel 97300 Cayenne ✆ 05 94 29 93 93 (standard) - Fax 05 94 30 05 80. Division examens et concours ✆ 05 94 29 63 85
- **Campus universitaire de Saint-Denis.** Avenue d'Estrées 97300 Cayenne ✆ / Fax 05 94 39 04 38.
- **CROUS (Kourou**) ✆ 05 94 32 58 00 Fax 05 94 32 29 84.

Justice

- **Tribunal d'Instance et de Grande Instance.** 7-9, avenue du Général-de-Gaulle 97300 Cayenne ✆ 05 94 29 76 30.

Tourisme

- **Comité du Tourisme de la Guyane (CTG).** 12, rue Lallouette 97300 Cayenne ✆ 05 94 29 65 00 - Fax 05 94 29 65 01 - Web : www.tourisme-guyane.com - E-mail : ctginfo@ tourisme-guyane.gf .
- **Clévacances Guyane (CTG)** ✆ 05 94 29 65 13 Fax 05 94 29 65 01 - Web : www.clévacances.com. E-mail : clevacances@ tourisme-guyane.gf .
- **Gîtes de France Guyane (CTG)** ✆ 05 94 29 65 16 - Fax 05 94 29 65 01 - E-mail : gites@ tourisme-guyane.gf .
- **Fédération des offices du tourisme et syndicats d'initiative de la Guyane (FOTSIG).** 12, rue Lallouette 97300 Cayenne ✆ 05 94 30 96 29 - Fax 05 94 31 23 41 - Web : www.guyane tourisme.gf - E-mail : FOTSIG@nplus.gf .
- **Syndicat d'initiative de Cayenne.** 12, rue Lallouette 97300 Cayenne ✆ 05 94 30 96 29 - Fax 05 94 31 23 41.
- **La Compagnie des Guides de Guyane,** 62 Lotissement Nord, Bourg de Roura 97311 Roura ✆ 05 94 27 00 50 - Fax 05 94 27 00 43. E-mail : initiation.foret@wanadoo.fr .

Culture

- **Direction régionale des Affaires culturelles (DRAC).** 95, avenue du Général-de-Gaulle 97300 Cayenne ✆ 05 94 25 54 00 - Fax 05 94 25 54 10.
- **Fédération des festivals et carnaval de Guyane.** Rond-point Mirza 97300 Cayenne ✆ 05 94 31 82 05 - Fax 05 94 30 06 69 - Web : www.carnaval.gf .

Agences de voyage, réceptifs

▸ **Jal Voyages.** 26, avenue du Général-de-Gaulle BP 1102 97344 Cayenne CEDEX ✆ 05 94 31 68 20 - Fax 05 94 30 11 01 - Web : www.jal-voyages.com - E-mail : jal@jal-voyages.com . Licence 973 95 0003.

▸ **Takari Tour.** 8, rue du Capitaine-Bernard BP 513 97332 Cayenne CEDEX ✆ 05 94 31 19 60 - Fax 05 94 31 54 70 - E-mail : takari.tour@wanadoo.fr . Licence 973 95 001.

▸ **Couleurs Amazone.** 2 bis, avenue Pasteur 97300 Cayenne ✆ 05 94 28 70 00 - Fax 05 94 28 70 01 - Web : www.couleursamazone.fr - E-mail : info@couleursamazone.fr . Licence 973012001.

Central Hôtel. Angle des rues Molé et Becker 97300 Cayenne ✆ 05 94 25 65 65 - Fax 05 94 31 12 96 - Web : www.créol.net/centralhotel - E-mail : centralhotel@wanadoo.fr . Etablissement habilité.

Cybercafés

▸ **Bar des Palmistes. 12, avenue du Général-de-Gaulle ✆ 05 94 29 45 65.** Une douzaine de PC pour vous permettre de rester en contact. Bar-restaurant.

▸ **Camille Ice Tea.** PK 15, route de Baduel n° 1057 97300 Cayenne ✆ 05 94 28 93 10 - Fax 05 94 28 93 14

@ J'ai trouvé un cyberespace à Cayenne. Un accueil sympathique et chaleureux est réservé aux clients. L'ambiance est feutrée avec des paravents pour plus d'intimité. Une personne est toujours là pour aider les débutants [...] On y trouve des jeux en réseau, des logiciels de bureautique et la possibilité de sauvegarder ses données sur disquette et CD-rom et l'impression de document à *0,15 €* la page. **Cyber Espace**. 18, rue Christophe-Colomb 97300 Cayenne ✆ 05 94 31 33 09 - E-mail : Deltacom@deltacom.fr - Web : www.deltacom.fr . *E. Courmont,* Matoury.

Poste

- **Agence de Baduel. Route de Baduel ✆ 05 94 31 01 59.** 2 distributeurs.
- **Agence de Cépérou ✆ 05 94 39 42 80.** Située place de Grenoble, dans le centre-ville. 4 distributeurs.
- **Agence Digue-Ronjon ✆ 05 94 30 44 34.** A l'angle de l'avenue Ronjon et de la rue Barthélemy, près du rond-point Galmot. Un distributeur.
- **Agence de Cayenne.** Cabassou ✆ 05 94 28 91 41.

Banques

Les banques sont *ouvertes tous les jours, sauf le samedi et dimanche, de 8 h à 12 h et les après-midi de 15 h à 17 h.* Le mercredi après-midi, toutes les banques sont fermées. Vous devrez alors faire vos retraits dans des distributeurs extérieurs.

- **BFC. 8, place des Palmistes ✆ 05 94 29 11 11 - Fax 05 94 30 13 12.** 3 distributeurs.
- **BNP Guyane. 2, place Victor-Schœlcher ✆ 05 94 39 63 00 - Fax 05 94 30 23 08.** 3 distributeurs.
- **Bred - Banque populaire. 76, avenue du Général-de-Gaulle ✆ 05 94 29 68 68 Fax 05 94 31 48 01.** 2 distributeurs.
- **Bred - Banque populaire. 5, avenue du Général-de-Gaulle 97300 Cayenne ✆ 05 94 25 56 80 - Fax 05 94 31 98 40.** Un distributeur.
- **Crédit agricole. Angle de la rue Gontran-Damas et de l'avenue Léopold-Héder 97300 Cayenne ✆ 05 94 28 49 80 - Fax 05 94 31 75 29.** Un distributeur.
- **Crédit mutuel. 93, rue Lallouette ✆ 05 94 29 60 80 - Fax 05 94 30 17 65.** 3 distributeurs.
- **Crédit mutuel. Place des Palmistes ✆ 05 94 29 84 84 - Fax 05 94 29 88 04.** 2 distributeurs.

Il est à préciser qu'il existe des bureaux de change dans Cayenne (rue du Général-de-Gaulle). Malheureusement il n'est pas de possibilité de trouver des florins (monnaie du Surinam). Le change se fait sur place (voir rubrique sur le Surinam).

HEBERGEMENT

Bien et pas cher

- **Hôtel Ajoupa**. Route de Cabassou 97300 Cayenne ✆ 05 94 30 33 08 - Fax 05 94 30 12 82 - E-mail : HOTEL-AJOUPA@wanadoo.fr .** Un peu excentré (à 10 minutes de Cayenne en voiture), cet hôtel a du charme et un côté un peu rustique. Parking ombragé, piscine, architecture en bois... 28 chambres (*de 33 € à 42 €*) et 3 studios équipés d'une kitchenette (*à partir de 45,73 €*). Le petit déjeuner *à 5,34 €*. Les animaux y sont acceptés.
- **Hôtel-bar La Bodéga. 42, avenue du Général-de-Gaulle ✆ 05 94 30 25 13 - Fax 05 94 29 42 84 - Web : www.labodega - E-mail : karlb@wanadoo.fr .** Cet hôtel, en plein cœur du centre-ville (parking public à proximité), vous offre une dizaine de chambres ventilées ou climatisées, équipées ou non de salle d'eau. Les tarifs varient de *27,50 € à 48,80 €*. De plus, si vous souhaitez vous désaltérer, vous restaurer ou juste passer un bon moment, cet hôtel dispose également d'un bar-restaurant au rez-de-chaussée.

Confort ou charme

- **Hôtel Amazonia***. 26-28, avenue du Général-de-Gaulle ✆ 05 94 31 00 00 - Fax 05 94 31 94 41 - Web : amazonia-hotel.com - E-mail : amazonia@nplus.gf .** Situé dans le centre-ville, cet établissement (Best Western) offre des chambres climatisées dans un décor assez classique. En plus de ses 77 chambres, 43 studios et 9 F2. L'hôtel possède une piscine ainsi qu'un restaurant, L'Outre-Mer. L'hôtel dispose également d'un parking pour les clients de l'hôtel. Le soir en week-end, n'hésitez pas à demander une chambre sur cour, car c'est un peu bruyant. Les tarifs varient de *62,50 €* (avec douche), *74,70 €* (baignoire) à *99,09 €* pour le F2 et *83,85 €* pour le studio.
- **Central Hôtel***(Logis de France 1 cheminée). Angle des rues Molé et Becker ✆ 05 94 25 65 65 - Fax 05 94 31 12 96 - Web : http : //creol.net/centralhotel - E-mail : centralhotel@wanadoo.fr .** Cet hôtel, situé en plein centre-ville, dispose de 44 chambres spacieuses et climatisées, d'un très bon rapport qualité / prix, équipées ou non de kitchenettes. L'hôtel met à votre disposition un parking privé. Les tarifs : *45,73 €* (chambre simple), *53,36 €* (chambre double) et *914,70 €* par mois pour les studios. A savoir : un petit déjeuner buffet est possible, mais il n'y a pas de restauration.

▸ **Novotel***. Route de Montabo, chemin Saint-Hilaire ✆ 05 94 30 38 88 - Fax 05 94 31 78 98 - E-mail : HO677@accor-hotels.com.** Situé à 10 minutes du centre-ville, cet hôtel de chaîne jouit de la proximité de la plage de Montabo. Piscine, tennis, location de voitures, boutique de souvenirs, location de VTT et aussi de hamacs ! L'hôtel dispose également d'un restaurant et d'un bar, où vous pourrez assister en semaine comme en week-end à des soirées à thème ou à des concerts. Les animaux sont acceptés. Prix à partir *de 99,09 €*. C'est un peu excessif pour la qualité de la prestation fournie.

Chambres chez l'habitant (Clévacances)

▸ **Mme Colette Broudin-Ravin (Clévacances 4 clés). 3667, route de Montabo 97300 Cayenne ✆ / Fax 05 94 30 09 78.** La propriétaire propose une grande chambre indépendante climatisée avec 2 lits d'une place, télévision, frigo, téléphone. La salle d'eau et les toilettes sont indépendantes. La chambre dispose d'un petit coin salon, bibliothèque, d'une cafetière et d'un four à micro-ondes, ainsi que d'une petite terrasse aménagée. A proximité des plages de Bourda et Zéphir. Les tarifs : *41 € à 43 €* par jour, *287 à 300 €* par semaine et *893 € à 930 €* par mois.

▸ **Mme Prévot (Clévacances 3 clés). Villa Wasseye 97300 Cayenne ✆ / Fax 05 94 31 45 30.** Propose 2 chambres d'hôtes dans la villa du propriétaire à la périphérie de Cayenne. Climatisées, salle de bain privatives, TV, linge de maison fourni, minibar. Espace détente, piscine, parking privé sécurisé. *55 €* la journée.

▸ **Résidence le Baduel (Clévacances 2 clés). Route de Baduel, 34, lotissement des Héliconias 97300 Cayenne ✆ 05 94 30 51 58 - Fax 05 94 30 77 76.** 11 studios climatisés avec un lit de 2 places ou 2 lits d'une place. Kitchenette, télévision, téléphone, parking privé. *213,43 €* la semaine.

Mme Raymonde Castor (Clévacances 2 clés). 4, rue du Docteur-Gippet 97300 Cayenne ✆ 05 94 30 91 80 - Fax 05 94 31 66 13. Deux appartements T2 et un studio, climatisés. Le studio a une capacité de 2 personnes, lit 2 places et dispose de sa salle d'eau avec toilettes et d'un coin cuisine (*251 € par semaine et 488 € la quinzaine*). Un premier deux-pièces d'une capacité de 2 à 4 personnes dispose d'une salle à manger avec coin cuisine, d'un Clic-Clac pour 2 personnes, d'une chambre avec 2 lits d'une place, et d'une salle d'eau avec toiletes (*290 € par semaine et 560 € la quinzaine*). Le deuxième deux-pièces peut accueillir également 2 à 4 personnes (*310 € la semaine et 600 € la quinzaine*).

M. Victor Benoit (Clévacances 1 clé). 119, rue Christophe-Colomb 97300 Cayenne ✆ 05 94 31 42 81. Un studio situé au rez-de-chaussée de la maison, au centre-ville. Pour 2 / 4 personnes, 2 lits 2 places, cuisine, salle d'eau, télévision, ventilation naturelle et climatisation. Tarifs : *182,94 €* par semaine.

Pour les étudiants

Foyer des étudiants. 21, rue Félix-Eboué ✆ 05 94 30 11 15 - Fax 05 94 30 14 78.

RESTAURANTS

Cayenne offre un choix plutôt satisfaisant, pour tous les goûts et toutes les bourses. La plupart des restaurants appliquent des horaires habituels. Toutefois, en période de grandes vacances, les jours de fermeture peuvent quelquefois être modifiés.

Snack

Le marché. *Les mercredis, vendredis et samedis*, vous trouverez à l'extérieur ou dans le marché couvert plusieurs petits vendeurs de soupes chinoises ou de spécialités créoles (boudins, poulet boucané). Ne ratez pas les jus aux mille parfums d'Yvana (dans le marché couvert). A vous de jouer, de flâner et de vous laisser guider par votre flair !

Crep'in. 5, rue du Lieutenant-Becker ✆ 05 94 30 28 06. *Fermé le dimanche.* On n'y trouve pas que des crêpes : sandwichs épicés, croque-monsieur, salades et glaces locales, tout cela est bon et pas cher ! Pour vous désaltérer, un large choix de jus de fruits frais locaux (maracudja, goyave, mangue, prune de Cythère, corrossol...).

Chez Faï. 2, rue Samuel-Lubin ✆ 05 94 35 33 80. *Ouvert de 7 h 30 à 22 h.* Rapide, sympathique, tels sont les qualificatifs que l'on pourrait attribuer à ce petit snack chinois où le service est libre et au kilo. Possibilité de manger sur place ou d'emporter. Comptez environ *9,15 € le kilo.* Pour les amateurs de sandwichs, ne ratez pas ses délicieux sandwichs au shop shui. CB acceptée.

Sandwicherie 7 / 14. 28, rue Justin-Catayé 97300 Cayenne. Cette petite sandwicherie vous propose aussi bien de délicieux sandwichs que des repas (par exemple poulet, queue-de-cochon) à emporter. Une petite adresse sympathique si vous souhaitez manger sur le pouce.

Pizzeria Chez Pierrot. Villa Tome 3K, route de Montabo ✆ 05 94 30 59 25. Au menu, poulet ou poisson boucané, crevettes, chorizo... Tout est délicieux. Passez un coup de fil, les plats seront préparés à l'avance. Pas de livraison à domicile. En venant de Cayenne, juste après le dos d'âne à droite (à côté du grand lycée).

Attention : prévoyez de payer en espèces, car il n'est pas certain que le paiement par chèque ou carte bleue soit accepté dans tous ces endroits. Difficile de citer tous les petits restaurants et camions ambulants que vous trouverez ici ou là en centre-ville ou aux alentours, et qui vous proposent les plats du moment : bamis, nassis, brochettes de saté, sandwichs, hamburgers... Flânez et arpentez les rues près de la place des Palmistes, Chicago, route de Montabo, route de Montjoly...

Bien

Spécialités créoles

▶ **Chez Sauveur. 67, rue Justin-Catayée ✆ 05 94 30 13 94.** *Ouvert tous les jours (sauf le dimanche) avec un service jusqu'à 14 h 30.* A l'angle de la rue du Lieutenant-Becker et de Mme Catayée, dans une maison traditionnelle, venez vous délecter d'une authentique cuisine créole à bon prix : cornet d'acras de crevettes ou morue (*1,83 € les 10*), poisson frit, pimentade, blaff, haricots rouges et lentilles, brandade de morue… Ici c'est bon comme à la maison. Possibilité de manger sur place ou à emporter.

Petit restaurant créole. Bon accueil. Beaucoup de monde le samedi soir pour venir acheter son cornet d'accras et le plat du jour. A recommander la marinade de crevettes".

▶ **Chez Mimi. 33, rue du Lieutenant-Becker ✆ 05 94 30 95 23.** Un restaurant qui propose une cuisine aux saveurs antillaises et locales : crabes farcis, colombo, poisson frit, riz et haricots rouges… Un court voyage gastronomique le temps d'un repas…

▶ **Aux Délices des Tropiques. 15, rue Constant-Chlore ✆ 05 94 31 28 13.** *Fermé le lundi.* Calou, poisson en pimentade ou frit, jarret, accompagnés de bananes jaunes, de dachines, de lentilles… Une bonne restauration locale dans un cadre simple (salle climatisée). Un très bon rapport qualité / prix.

Autres spécialités

▶ **Le Cupuacù. 9, rue Gabriel-Devèze ✆ 05 94 30 94 24.** Ce petit restaurant brésilien a fait ses preuves ! Il vous propose un buffet froid ainsi que des plats chauds. Ici on mange "au kilo" (sur place ou à emporter). Comptez environ *11,43 €* le kilo. Déosa, la patronne, vous accueille avec le sourire *du lundi au samedi de 12 h à 15 h.* Un bon rapport qualité / prix. Churrascaria le soir. Carte bancaire acceptée.

▶ **Hei-po. 13, rue René-Barthélemi ✆ 05 94 30 39 59.** *Ouvert de 7 h à 14 h. Repas à 10,67 € environ.* Spécialisé dans les plats à la vapeur ainsi que dans les petits déjeuners chinois, ce restaurant est très fréquenté, surtout le week-end. Aussi est-il conseillé d'appeler pour réserver ou de venir très tôt.

Les Pyramides. Angle des rues Malouet et Christophe-Colomb ✆ 05 94 28 16 28. *Fermé le lundi.* Restaurant de spécialités du Moyen-Orient et du Maghreb, raffinées et variées (tajine, couscous...). *Menu à 8,23 € et 12,04 € le midi.* Les pâtisseries orientales sont excellentes...

La Sarrasine. 55, rue du Lieutenant-Goinet ✆ 05 94 31 72 38. *Fermé le jeudi soir et le dimanche.* Le roi de la crêpe sucrée et salée ainsi que de la galette bretonne. Salle climatisée. En somme un endroit où l'on trouve une ambiance sympathique et une qualité égale. Expositions temporaires intéressantes.

La Croix du Sud. 80, avenue du Général-de-Gaulle ✆ - Fax 05 94 31 17 87. Petit restaurant qui donne sur la rue principale de Cayenne. Des menus à *70 €* vous sont proposés pour le déjeuner (*prévoir 22,87 €* à la carte). Il y a un petit bar en terrasse.

L'Entracte. 65, rue Justin-Catayé 97300 Cayenne ✆ 05 94 30 01 37. *Ouvert tous les jours de 12 h à 14 h 30 et de 18 h 30 à 22 h 30* (sur place ou à emporter). Ici la pizza est reine et divine ! Flamenco, campagnarde, créole, végétarienne, capriata. Vous y trouverez également des plats à base de poisson, des spécialités du sud-ouest, ainsi que des plats avec viande. L'accueil est agréable. Une très bonne adresse pour un très bon rapport qualité / prix.

Parmi les nouveautés

Le Paris-Dakar. 11, rue Lieutenant-Becker 97300 Cayenne ✆ / Fax 05 94 30 55 17. *Ouvert tous les jours*, le dimanche sur réservation. Pas de doute ! Ici on retrouve presque ou toutes les saveurs de la cuisine sénégalaise ; Une cuisine fine, riche et goûteuse. Quelques plats qui font déjà rêver entre le saka-saka, le yassa poulet, le mafé, sauce feuille... En salle climatisée, vous aurez un accueil digne de la qualité de cette cuisine. Il est conseillé de réserver le week-end.

Le Canari. 15, rue du Lieutenant-Brassé 97300 Cayenne ✆ 05 94 30 82 15. *Fermé le dimanche, le lundi soir et mardi soir.* Une cuisine française classique, simple et très agréable. L'accueil est chaleureux, tout est fait pour vous mettre à l'aise sur des rythmes discrets de musique latine. Salades estivales, tournedos, entrecôte et des menus le midi à *10 €*. Il est conseillé de réserver le midi.

Le Partagas. 50, avenue Voltaire 97300 Cayenne ✆ 05 94 30 51 36 - Fax 05 94 30 41 69 - E-mail : le.partagas@wanadoo.fr . *Fermé le samedi midi, le dimanche et le lundi midi.* Ici les amateurs de viande seront ravis. Ce tout nouveau restaurant propose un large choix de viandes (tartare, filet...). Le cadre y est assez agréable, agrémenté de concerts de jazz, salsa.

El borriquito loco. 10bis, boulevard Jubelin 97300 Cayenne. ✆ 05 94 39 00 62. *Fermé le samedi midi et le dimanche midi.* Un rendez-vous pour les nostalgiques du vieux continent. Ce bar à tapas flirte doucement avec les spécialités aillées, poêlées, colorées. On attend la suite !

Coup de cœur

▸ L'Auberge Falédam. Chemin Grant (en venant de Cayenne par la route de Montabo, à gauche juste au feu) ✆ 05 94 30 05 99. *Fermé le dimanche et le lundi.* Accueilli très chaleureusement dans une maison d'architecture créole, vous dégusterez la meilleure cuisine vietnamienne de la place. *Comptez entre 9,15 € et 12,20 €* (les menus du midi), ou *22,87 € à la carte* pour un repas complet. Une cuisine fine, un bon rapport qualité / prix pour un moment agréable, un lieu plein de charme et de calme.

Original

▸ Le Coconut's. 32, rue Schœlcher 97300 Cayenne ✆ 05 94 29 11 40. *Fermé le dimanche toute la journée et le lundi soir.* Un lieu de rencontre pour les amis en toute simplicité : des plats copieux, un accueil agréable, un prix raisonnable. Spécialités de fondues et de raclette. Ce restaurant vous accueille dans un cadre simple et agréable (deux salles dont une climatisée). Certains midis, il est recommandé de réserver. Le paiement en CB est accepté.

Bonne table

▸ Paris-Cayenne. 59, rue Lallouette ✆ 05 94 31 76 17 - Fax 05 94 30 09 23 - E-mail : pariscay@nplus.gf . *Fermé le samedi midi et le dimanche.* Cet établissement existe depuis près de 20 ans et a acquis ses lettres de noblesse. Sa carte, originale et variée dans un cadre subtil, fait de lui la référence sur la place : ravioles d'atipas au gingembre, bosse de zébu aux fruits rouges, panaché de vivaneau et de gambas à la vanille… Un accueil parfait, une décoration et des ambiances uniques à découvrir. C'est également une des meilleures adresses pour les amateurs de havanes et de rhums vieux… De *30,49 € à 45,73 €* par personne selon le vin choisi. Réservation conseillée, surtout en fin de semaine.

▸ Le Patriarche. 12, rue Samuel-Lubin (à l'angle de l'avenue Voltaire) ✆ 05 94 31 76 44 - Fax 05 94 30 92 65. *Fermé le dimanche.* A proximité du centre-ville, ce restaurant vous offre une cuisine raffinée servie avec le sourire et le savoir-faire. De la terrine de poisson au rognon au champagne, on se régale. Ce restaurant fait partie des meilleures tables de Cayenne et mérite bien que l'on y fasse un détour. Une autre bonne adresse… *Prévoir 35 € à 45 € par personne.*

La Kaz Kréol. 35, avenue d'Estrée ✆ 05 94 39 06 97 - Fax 05 94 39 06 98. *Fermé le lundi.* Ce restaurant propose une cuisine créole dans un décor raffiné.

Service en robe d'apparat, une décoration peu commune pour ce type de spécialité. Il a su conquérir la clientèle guyanaise avec ses spécialités.

Dixieland. 10, boulevard Jubelin ✆ 05 94 25 47 32. *Fermé le samedi midi et le dimanche.* En terrasse ou en salle (climatisée), au bar ou au restaurant, vous passerez un moment agréable sur des rythmes jazzy. Une carte de cocktails et une restauration originale fait de cet établissement un des plus fréquentés le midi ou en soirée. Concerts d'ambiance à l'occasion en semaine ou le week-end.

La Taverne. 26, rue Molé ✆ 05 94 29 04 66. *Fermé le dimanche.* Restaurant aux ambiances du sud-ouest, les amateurs de bonne viande pourront se régaler : grillades, magrets, andouillettes, tout cela dans un cadre chaleureux. Les plats y sont copieux à souhait et l'accueil sympathique. Comptez *environ 22,87 €* par personne.

La Kasbah. 97, avenue de la Liberté ✆ 05 94 30 35 89. *Fermé le dimanche soir et le mercredi soir.* Dans un cadre et une ambiance sympathiques, tajines, couscous... de qualité et en quantité. Une salle pour les groupes est aménagée.

Restaurant karaoké

Le Playback Café. 38, rue Eudoxie-Verin 97300 Cayenne ✆ 05 94 28 18 57 - Fax 05 94 30 99 66. *Fermé le dimanche.* Ce restaurant se situe juste à la sortie de Cayenne centre en direction de Rémire-Montjoly. Ce restaurant est surtout très apprécié pour ses grandes soirées karaoké.

Glaces et pâtisseries

Kindou. 47, rue Lallouette ✆ 05 94 31 19 98. Un large choix de glaces aux parfums du pays : maracudja, mangue, cerise-pays, comou... Les prix défient toute concurrence : *1,52 € pour 4 boules* au choix. Vous pouvez les consommer sur la terrasse, en salle ou les emporter.

L'Iceberg. 66, rue Lallouette ✆ 05 94 29 29 72. En terrasse, venez déguster ses glaces et sorbets : parfums locaux ou plus classiques, tout le monde trouvera son bonheur à des prix abordables.

La comtesse du palais. 10, cité Mirza ✆ 05 94 28 18 70. C'est le rendez-vous des douceurs : une adresse incontournable.

SORTIR

En semaine la ville de Cayenne somnole dès 22 h ou 23 h. Quelques terrasses éclairent les rues pour ceux qui font de la résistance mais seulement jusqu'à *1 h du matin* environ. Un quartier fait exception : "Chicago". Ici les rues vivent surtout la nuit. Partie la plus en aval de la rive gauche de la crique Laussat, c'est le quartier dit "chaud" de la ville. Allez-y donc en connaissance de cause.

Dixieland. 10, boulevard Jubelin ✆ 05 94 25 47 32. *Fermé le samedi midi et le dimanche.* Ce bar-restaurant qui a pignon sur rue est un peu l'incontournable des soirées branchées : concerts ambiance jazzy, en terrasse ou en salle climatisée, cocktails originaux, plats à la carte sympathiques !

Harry's Bar. 20, rue Rouget-de-Lisle ✆ 05 94 29 29 58. *Fermé le dimanche et les jours fériés.* Le charme de l'endroit en fait un lieu à privilégier. C'est un endroit discret et intime où vous trouverez 50 marques de whiskies et autant de bières... Le patron est un amateur de cigares et en possède une cave intéressante.

▶ **La Bodéga. 42, avenue du Général-de-Gaulle ✆ 05 94 30 25 13.** Lieu de rencontres à toute heure de la journée en terrasse, sur l'avenue la plus fréquentée de Cayenne. Un endroit animé et agréable.

▶ **Tam Tam Bar. 2, avenue du Général-de-Gaulle ✆ 05 94 231 09 99.** Situé juste en face d'une boîte de nuit, c'est généralement la première étape d'une soirée qui s'annonce longue.

▶ **Le 421. Avenue du Général-de-Gaulle au n°120 ✆ 05 94 30 73 92.** Un bar de type brasserie, avec une petite terrasse coquette et discrète sur l'avenue principale de Cayenne. On regrette toutefois que l'accueil soit aussi irrégulier…

▶ **Au buisson ardent. Chez Sérotte. Avenue d'Estrée.** Vous êtes dans un haut lieu des arts et traditions guyanaises. Ici, on se laisse guider par le son des voix, des tambours, des instruments. Un petit bar, quelques tables, des plats chauds et un espace de danse. Cet endroit est un lieu de rencontre où les artistes peuvent s'exprimer, exposer leurs œuvres en toute simplicité !

▶ **Les Deux Rives. 29, avenue de la Liberté (le long du canal Laussat).** Dans une grande maison d'architecture créole haute en couleurs, ce bar devient le lieu de rencontres le temps d'un soir. Tout le monde se mêle sans se confondre : zouk, reggae, salsa… A apprécier de préférence en groupe. Boissons *entre 1,52 € et 2,29 €*. En période de carnaval, c'est ici que se termine la fête après le défilé (*vers 19 h ou 20 h*). Attention aux pickpockets à la sortie !

▶ **Domino. 10, rue Mentel ✆ 05 94 37 82 88.** A côté du marché et de la station-service, cet ancien fief du Stade Cayennais reste égal à lui-même : ambiance de fiesta, comme il se doit ! C'est aussi une des étapes de la journée carnavalesque pour une nuit d'ivresse ! Les chars brésiliens terminent tous leur folle parade ici dans une ambiance… brésilienne bien sûr : caïpirina (punch brésilien très frais) et bière pression pour étancher votre soif et vous libérer sur des rythmes brésiliens.

▶ **Chez Tonton. Rue Saint-Antoine-du-T ✆ 05 94 35 22 28.** En soirée, Tonton invite souvent quelques musiciens. Accueil sous un grand carbet, plats chauds, apéritifs… Une ambiance chaleureuse !

Discothèques

▶ **Club 106. 106, avenue du Général-de-Gaulle 97300 Cayenne ✆ 05 94 30 01 06 - Fax 05 94 30 49 56.** Située sur l'avenue principale de Cayenne, c'est le lieu de rencontre du week-end : zouk, salsa, ragga… Tout le monde y trouve son compte.

▶ **Beach Club. 31, avenue Louis-Pasteur ✆ 05 94 30 87 67.** *Fermé le dimanche.* Cette discothèque s'est pendant longtemps imposé comme étant la plus fréquentée par la jeune jet-set, toutes origines confondues. Située à l'entrée du centre-ville, elle a vue sur la mer.

▶ **Le Pacha. 45, avenue du Général-de-Gaulle ✆ 05 94 31 57 05 - Fax 05 94 31 57 93.** Cette discothèque située en plein centre-ville de Cayenne a ouvert récemment et connaît déjà un franc succès. Bar à partir de 17 h (musique d'ambiance ou groupes) et discothèque *à partir de 23 h.* Très grande salle. Clientèle assez jeune, zouk, ragga, soul, salsa, reggae…

▶ **Number One. 5, avenue du Général-de-Gaulle ✆ 05 94 30 06 11.** Une boîte très prisée par la jeunesse brésilienne et française. Musique très variée : disco, techno, salsa, merengue… Une clientèle éclectique pour des soirées chaudes… *Ouvert également le dimanche soir.*

Acropolys. Route de Cabassou (Camp du Tigre) ✆ 05 94 31 97 81. Légèrement excentrée, l'Acropolys est une des plus belles discothèques du département : 2 pistes de danse et 2 bars ; une ambiance folle disco, funky, techno, zouk (vraiment peu !), salsa, rock...

Le Soleil Levant (chez Nana). Route la Madeleine 97300 Cayenne ✆ 05 94 31 02 51. Ce lieu est surtout connu des amateurs de bals pendant le carnaval. Les tickets se prennent à l'entrée.

POINTS D'INTERET

Place des Palmistes. En arrivant à Cayenne, vous serez charmé par cette place qui constitue le centre de la ville. Elle portait autrefois le nom de savane, comme la place de Fort-de-France en Martinique, avant qu'elle ne soit aménagée. A cette époque, elle était couverte d'un superbe jardin anglais qui fut sacrifié pour pouvoir organiser la fête annuelle de la ville. En 1822, le gouverneur Laussat décida de son aménagement en ordonnant qu'on y plante des arbres. Aujourd'hui, elle est ornée de majestueux palmiers dont la plupart sont centenaires. La place des Palmistes reste un haut lieu de rassemblements populaires, très animé durant le carnaval. Au centre, une statue commémore, depuis 1957, la mémoire de Félix Eboué, bienfaiteur de la Guyane et gouverneur de l'Afrique équatoriale française en 1940. Humaniste convaincu, respectueux de la différence des peuples qu'il administrait, il fut un artisan efficace de la décolonisation de l'Afrique.

Au bout de la place, en bord de mer, **l'hôpital Jean-Martial** est malheureusement dans un triste état. En 1789 fut construit en bois sur ce même emplacement, le premier hôpital militaire. Son édification en dur, entreprise à partir de 1824, s'est étalée sur douze ans. En 1946, le bâtiment fut baptisé Jean-Martial, en hommage à un médecin colonel cayennais mort un an plus tôt à Djibouti en combattant le typhus.

Place Léopold-Héder (ancienne place de Grenoble). Située au cœur de Cayenne et jouxtant la place des Palmistes, elle abrite de superbes édifices coloniaux.

L'hôtel de l'ancienne préfecture, aux larges et vastes pièces et en forme de U, était à l'origine un couvent de jésuites, construit de 1749 à 1752. Les religieux en furent expulsés en 1763. Sous le mandat de Victor Hugues, l'immeuble devint l'Hôtel des Gouverneurs et abrita par la suite la préfecture dont certains services y sont toujours installés.

Au centre, la fontaine de Montravel date de la première adduction d'eau amenée depuis les montagnes du Rorota, à Rémire. Les travaux ont été réalisés par des bagnards à la fin du XIXe siècle. La fontaine, édifiée en 1867, fut dédiée au gouverneur Tardy de Montravel, qui avait réussi à résoudre le problème de l'approvisionnement en eau de la ville.

Fort Cépérou. En 1643, le Français Poncet de Brétigny acheta aux Indiens galibis le rocher qui domine l'île de Cayenne et les terres qui l'entourent. Il nomma alors la colline Cépérou, du nom d'un chef indien galibi. Ce rocher fut alors fortifié et, à côté, Poncet de Brétigny et ses hommes fondèrent le premier village qui devait devenir plus tard le chef-lieu de la colonie. Le fort servait de poste de surveillance de la rade de Cayenne. Depuis le début du XVIIe siècle, la région était fréquentée par les navigateurs européens qui y recherchaient l'or et les bois précieux. Poncet de Brétigny mourut, tué par les Indiens et, pendant un temps, le nom de Cépérou fut oublié. On s'habitua alors à appeler ce lieu "la maison" c'est-à-dire la caenne ou la cayeane. Le site a été transformé aujourd'hui en zone militaire et les visites sont en principe réglementées, mais cela ne doit pas vous empêcher d'y monter pour profiter du panorama. Surplombant Cayenne, le fort a longtemps été l'unificateur de la vie des Cayennais du fait de sa sirène retentissante qui ponctuait les heures. En 1888, lors de l'incendie qui détruisit une grande partie de la ville, cette sirène hurla pendant dix jours sans discontinuer...

Musée Départemental Franconie. 1, avenue du Général-de-Gaulle 97300 Cayenne ✆ 05 94 29 59 13 / 14 - Fax 05 94 29 59 11. *Ouvert le matin les lundi, mardi, mercredi et vendredi de 8 h à 13 h 30, le jeudi de 10 h 30 à 13 h 30, le samedi de 8 h 30 à 12 h ; Ouvert deux après-midi, les mardis et vendredis de 15 h à 18 h. Fermé le dimanche Tarifs : 2,29 € (adultes) et 1,22 € (réduit).* Une très belle maison créole bleue accueille ce musée qui vient de s'agrandir. On y trouve différentes collections concernant la faune de la Guyane, son histoire, ses peuples et leur artisanat. Il y a une magnifique collection de papillons et de longicornes. Un petit musée agréable pour découvrir un bout de la Guyane. Possibilité de visites guidées (sur réservation).

Musée des Cultures Guyanaises. 78, rue Madame-Payé 97300 Cayenne ✆ 05 94 31 41 72 - Fax 05 94 37 84 49 - E-mail : MCG87@wanadoo.fr . *Ouvert tous les jours de 8 h à 12 h 45 et de 15 h à 17 h 45, sauf les mercredis et samedis après-midi et dimanches toute la journée.* Cette demeure édifiée en 1870 par une famille d'orpailleurs abrite aujourd'hui le musée des cultures guyanaises. Il a pour objectif de sauvegarder et de valoriser le patrimoine guyanais. Le musée dispose d'une documentation complète se référant à la Guyane. Une belle collection d'objets témoigne d'une histoire chargée d'événements et de la présence de nombreux groupes ethniques. Enrichies par des gravures et des publications diverses, les expositions, renouvelées régulièrement, vous permettront de connaître un peu mieux les cultures qui constituent cette région. De plus, vous trouverez à l'étage une salle de documentation très bien fournie (mêmes horaires).

Cathédrale Saint-Sauveur. La cathédrale est le cœur spirituel de la très catholique Cayenne. Sa jumelle, Saint-Jean-Baptiste-de-Grenelle, se trouve, dans le XVe arrondissement de Paris. En 1823, le préfet apostolique et l'administrateur de la Guyane décidèrent de doter la ville d'une nouvelle église pour remplacer celle de Saint-Nicolas (située face à l'actuelle chambre de commerce, jugée vétuste et trop exiguë. En 1933, cette église devint cathédrale, le préfet apostolique ayant été remplacé par un évêque. A l'intérieur, le confessionnal, l'autel et la chaire en bois de wacapou proviennent de la chapelle du pénitencier de l'îlet La Mère. La cathédrale était autrefois entourée de magnifiques palmistes qui devaient lui conférer une certaine allure. Elle a été récemment restaurée.

Place Auguste-Horth - Place des Amandiers. Elle est située derrière l'actuelle prison, face à l'océan. Avec son kiosque à musique et ses joueurs de boules en soirée, elle offre un charme reposant qui, à la nuit tombée, attire les promeneurs et les amoureux. D'ici, il est possible d'apercevoir une petite île appelée L'Enfant perdu qui, de loin, ressemble à un bateau. Par temps clair, on peut y venir les soirs de tir observer le vol d'Ariane pendant plusieurs minutes.

Place Schoelcher. En allant au marché, vous traverserez peut-être cette petite place. Inaugurée en 1897, la statue centrale représente Victor Schœlcher, grand abolitionniste et l'un des plus vaillants champions de la liberté dont s'honore la démocratie française, montrant la voie de la liberté à un esclave. Avec sa figure grave et sereine, ses traits à la fois sérieux et doux, il symbolise la France accomplissant simplement et noblement un grand acte de justice.

Marché aux fruits et légumes. A l'angle de la rue Mentel et de l'avenue du Président-Monnerville. Le premier marché de la ville a été appelé "l'avancée". Il était situé à la grande savane (actuellement la place des Palmistes), à proximité d'un poste de soldats que l'on appelait "poste avancé". A cette époque en effet, les habitants de la savane se trouvaient en dehors des limites de l'agglomération et, se rendant au marché, ils se rendaient en fait "à l'avancée". Au début du XIXe siècle, un nouveau marché fut installé à l'emplacement occupé maintenant par le monument aux morts, sur la place du Coq. Il était alors constitué de deux constructions octogonales couvertes, en forme de kiosque. Dans les années 1909-1910, ces installations, qui ne pouvaient plus répondre aux besoins de la ville, furent démolies et remplacées par l'actuel bâtiment.

Chaque mercredi, vendredi et samedi, tous les producteurs se donnent rendez-vous au marché de Cayenne, qui s'emplit de toutes les saveurs, senteurs et couleurs du pays. C'est l'occasion de découvrir la plupart des produits locaux : ignames, bananes, sorossi, maripas, parépou, wassaï, et poulet boucané, boudin, jus de mangue ou de corossol et puis la soupe chinoise aux crevettes ou au poulet. Un marché couvert et ouvert comme on peut les aimer, authentique et sans artifice.

Marché aux poissons. Situé sur la crique Laussat, il est ouvert tous les jours à partir de 6 h. On y trouve tous les poissons de Guyane provenant de la mer comme du fleuve : atipas, crevettes, acoupas, machoirans, etc. Pour faire vos achats, nous vous conseillons vivement de venir de très bonne heure car le poisson supporte mal d'attendre le client lorsqu'il est exposé en plein soleil...

Port et quartier de La Crique. Sur les quais du port, il subsiste encore quelques "tapouilles". Démunies de quille, ces embarcations sont idéales pour la pratique du cabotage, mais supportent très mal la navigation par grosse mer. Contrebandiers, trafiquants mais aussi artistes, leurs propriétaires les ont ornées de superbes peintures d'inspiration naïve.

Au-delà de la crique Laussat et du marché aux poissons, vous pénétrez dans une zone considérée dignement comme "en voie de réhabilitation". Quelques établissements vous offrent une cuisine brésilienne, créole ou chinoise, à des prix d'avant-guerre. Il faut connaître ! A la nuit tombée, des dames bien intentionnées proposent leurs charmes aux passants et l'air se charge de diverses senteurs prohibées.

Jardin botanique. Un agréable jardin à la périphérie de Cayenne. Boulevard de la République. Après une assez longue fermeture, le jardin est à nouveau ouvert. Des panneaux éducatifs et descriptifs, des fleurs tropicales variées, des palmiers... Ce jardin botanique a été créé en 1879 par le conseil général pour "remplacer" à une plus petite échelle le jardin royal des plantes créé en 1820 par l'administration coloniale, jardin qui deviendra la "pépinière de Baduel" et puis sera abandonnée compte tenu des rendements insuffisants de cette exploitation de 11 hectares.

LOISIRS

Cinéma Eldorado. Place des Palmistes. Programme ✆ 05 94 31 14 14 (répondeur). Une grande salle (son THX) et une plus petite.

Piscine départementale. Route de Baduel ✆ 05 94 31 10 38.

Piscine municipale. Route de Baduel ✆ 05 94 31 71 42.

Stade municipal. Route de Baduel ✆ 05 94 31 38 38.

Stade scolaire. Avenue d'Estrées ✆ 05 94 31 02 64.

Ecole nationale de musique et de danse. Anciennement située au lycée Melkior-Garré, cette école est en plein déménagement. Contactez les renseignements pour obtenir ses nouvelles coordonnées.

Bibliothèques

▸ **Bibliothèque Franconie. 1, avenue du Général-de-Gaulle BP5011 97305 Cayenne CEDEX (à l'angle de la place des Palmistes) ✆ 05 94 29 59 16 et 17.** *Ouverte tous les jours du lundi au vendredi. Fermée au public le mardi.* Pour les petits et les grands, un large choix de revues, livres, romans… Une salle aérée dans un calme respecté. Lecture pour enfants à l'étage supérieur. Animations thématiques.

▸ **Musée des Cultures guyanaises - Centre de documentation. 78, rue Madame-Payé 97300 Cayenne ✆ 05 94 31 41 72 - Fax 05 94 37 84 49 - E-mail : MCG87@wanadoo.fr .** *Ouvert tous les jours de 8 h à 12 h 45 et de 15 h à 17 h 45, sauf les mercredis et samedis après-midi et dimanche toute la journée. Pendant les vacances scolaires, ouverture le matin uniquement.* L'accueil ici est très chaleureux et vous trouverez des ouvrages récents, publications sur la Guyane.

▸ **CDDP. Boulevard de la République BP5010 97300 Cayenne ✆ 05 94 28 91 61 - Fax 09 54 28 91 69 - E-mail cddp@ac-guyane.fr .** Un choix d'ouvrages scolaires pour les enseignants et les étudiants.

Librairies

▸ **Librairie AJC. 31, boulevard Jubelin ✆ 05 94 30 31 32 - Fax 05 94 31 99 34.** Vous y trouverez tous les ouvrages cités en bibliographie, ainsi que la presse, de la papeterie et de la maroquinerie.

▸ **Librairies et Drugstore des Palmistes. 16, avenue du Général-de-Gaulle 97300 Cayenne ✆ 05 94 30 25 45 - Fax 05 94 37 88 84.** Située face à la place des Palmistes, vous y trouverez les ouvrages cités en bibliographie, presse et magazines ainsi que de la papeterie.

▸ **Librairie Quartz. Bâtiment E, résidence Jardins de la Madeleine ✆ 05 94 31 36 01.** Une sympathique petite librairie présentant une palette originale d'ouvrages sur la Guyane et les Antilles françaises. Elle mérite le détour.

SHOPPING

▸ **Jegou Neuza. 7, avenue Léopold-Héder 97300 Cayenne ✆ 05 94 31 52 72 - Fax 05 94 31 58 47.** Cet atelier est l'antre des pierres précieuses, fines et minéraux. Ici tous vos vœux sont exaucés. Ce n'est pas une bijouterie classique.

▸ **Au cœur du bois. Galerie des Trois-Fontaines, 43, avenue du Général-de-Gaulle ✆ 05 94 31 55 88.** Une coquette boutique dans une cour intérieure expose le bois dans toute sa splendeur : tables de salon, lampes, caves à cigares, rangements pour CD, services de table, bijoux et boîtes à bijoux... Des créations très originales exclusivement en bois de Guyane. Vous ne repartirez certainement pas les mains vides !

▸ **Vert'tige. 54, rue Lallouette ✆ 05 94 25 19 89 - Fax 05 94 35 18 77 - Web : www.le-couteau-de-guyane.com .** Cette boutique est spécialisée dans la coutellerie en bois de Guyane (amourette, patawa, bois serpent, boco, wacapou...). Une fabrication artisanale avec une marque déposée. Un produit de qualité (lame en acier Inox, système de verrouillage limer lock avec les plus belles essences). Les prix varient entre *99 € et 106 €*. Sur commande, des créations très particulières avec des incrustations de pépite, des sculptures sur manche...

▸ **Equateur. 65, rue Lallouette ✆ 05 94 30 24 51 - Fax 05 94 30 49 99.** Dans cette boutique, vous serez accueilli chaleureusement. Vous y trouverez des vêtements brodés, des paréos, des ensembles en tissus africains, des chapeaux, et des objets en bois à des prix raisonnables.

▸ **La Case à cadeaux. 42bis, boulevard Jubelin ✆ 05 94 29 19 32.** Des créations tout azimut : ciels de case, manarés, éventails, colliers... Des colis cadeaux personnalisés à envoyer : punch coco, confiture, fleurs, fruits de saison...

▸ **Trésor Nature. 62, rue Lallouette ✆ 05 94 31 52 17.** C'est l'une des plus anciennes bijouteries de Cayenne. Vous y trouverez des idées de cadeaux, comme des pépites et de petits pendentifs originaux en terre de Guyane.

▸ **L'Arlequin. 65, rue Lallouette ✆ 05 94 30 13 45.** Spécialisée dans l'entomologie, cette boutique vous propose un choix de papillons et d'insectes mis sous cadre. Un travail de professionnel d'un bon rapport qualité / prix. Une référence en Guyane !

ENVIRONS DE CAYENNE

Les environs de Cayenne offrent des paysages allant de la plage à la forêt. Ici, l'aventure est souvent proche, et le dépaysement presque à la sortie de la ville. A l'est se développent les plages longues. Entre mer et forêt, le spectacle est sans égal.

REMIRE-MONTJOLY

Située à 8 kilomètres de Cayenne, cette commune résidentielle est bordée de longues plages étroites.

Recouvrant 47 km², elle se trouve sur l'île de Cayenne, à l'embouchure du fleuve Mahury. Elle est délimitée par la mer à l'est, le canal de la crique Fouillée au sud-ouest et la montagne Tigre au nord-ouest. Rémire-Montjoly compte environ 15 555 habitants.

TRANSPORTS

S'y rendre sans voiture ne pose pas de problème car c'est l'une des destinations les mieux desservies par les taxis collectifs.

Le long de la route des Plages, on découvre quelques splendides demeures. Entre forêt luxuriante et plages dorées, Rémire-Montjoly réserve à ses visiteurs quelques vestiges de l'histoire guyanaise.

PRATIQUE

- **Syndicat d'initiative de Rémire-Montjoly.** Ancienne mairie, bourg de Rémire ✆ 05 94 35 41 10 - Fax 05 94 35 40 79.
- **Mairie.** Moulin-à-Vent ✆ 05 94 35 90 00 - Fax 05 94 38 21 14.
- **La poste. En face de la mairie ✆ 05 94 38 20 00 - Fax 05 94 38 14 48.** 2 distributeurs.

Agences de voyages, réceptifs

- **Cric Crac Evasions.** PK 9, 2 route de Rémire 97354 Rémire-Montjoly ✆ 05 94 35 41 00 - Fax 05 94 35 44 05 - E-mail : criccrac@wanadoo.fr . N° HA 973 95 0001.

HEBERGEMENT

Hôtels

- **Motel du Lac*** . Route de Montjoly, BP638 Chemin Poupon 97335 Cayenne Cedex ✆ 05 94 38 08 00 - Fax 05 94 38 10 34.** *Prix de la chambre : 53,36 €.* A 7 minutes du centre de Cayenne et à 10 minutes de l'aéroport par la nouvelle route rapide, cet hôtel trois étoiles propose 32 chambres climatisées avec salles de bain à doubles vasques. L'hôtel est situé dans un agréable cadre de verdure, très calme, au fond d'un quartier résidentiel. Carbet-terrasse, piscine, bain relaxant (spa), salle de conférences.
- **Motel Beauregard*** (Logis de France 1 cheminée). PK 9, 2, route de Rémire 97354 Rémire-Montjoly ✆ 05 94 35 41 00 - Fax 05 94 35 44 05 - E-mail : criccrac@wanadoo.fr .** *Comptez de 39,64 € à 53,36 €.* Des chambres tout confort. Vous aurez le choix entre la chambre traditionnelle ou un bungalow plus intime. Piscine, un restaurant, le Cric-Crac, et une discothèque, le Cric Crac 2000 ; tout ceci dans un cadre ouvert et reposant. Clients de l'hôtel, vous aurez accès aux installations sportives du centre de loisirs le Breack Club, qui se trouve à proximité : squash, tennis, piscine, salle de musculation, et vous pourrez aussi profiter du bowling. Location de voiture possible.

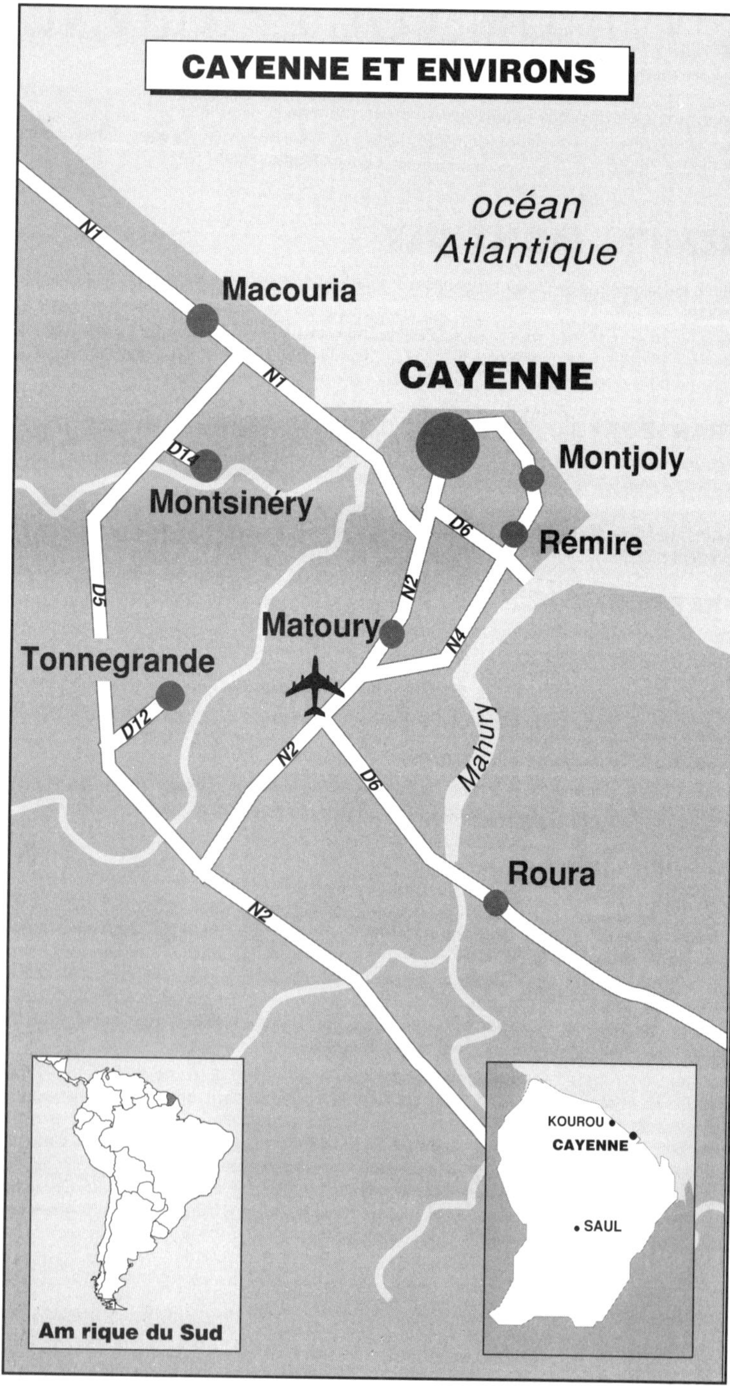
CAYENNE ET ENVIRONS
océan
Atlantique
N1
Macouria
N1
CAYENNE
D14
Montsinéry
Montjoly
D6
Rémire
D5
N2
Matoury
N4
Tonnegrande
D12
N2
D6
Mahury
Roura
N2
Am rique du Sud
KOUROU
CAYENNE
SAUL

Clévacances - Chez l'habitant

Mme Sabine Delicourt (Clévacances 3 clés). 37 lot. Amarylis 97354 Rémire-Montjoly ✆ / Fax 05 94 38 21 91 - Web : www.ifrance.com/papillongite - E-mail : papillongite@yahoo.fr . Le gîte Papillon est un lieu plein de charme. Entièrement équipé, ce petit bungalow (F2) baigne dans un jardin tranquille dans lequel se trouve une piscine privée mise à la disposition des locataires (accès souple mais sous conditions). Il comporte une grande chambre climatisée avec un coin salon disposant d'ouvrages sur la Guyane, avec téléviseur, canapé convertible. A côté une salle de bains (douche) avec toilettes, un coin repas et cuisine avec four, une machine à laver. En somme, un hébergement de qualité qui jouit également de la proximité de la plage. Pas d'animaux. Chèques Vacances acceptés. *250 € la semaine, 450 € la quinzaine, 800 € le mois. Autres prix : du lundi au vendredi 150 € et 80 € pour le week-end* (2 nuits).

Mme Cécile Thebault (Clévacances 1 clé). 2, lotissement Amarillys 97354 Montjoly ✆ 05 94 38 18 20 - E-mail : cecile.thebault@wanadoo.fr . Situés au rez-de-chaussée de la maison du propriétaire, 2 studios climatisés d'une capacité de 2 personnes chacun. Séjour et kitchenette, télévision. Le jardin est en commun. Proche de la plage. Tarifs : *183 € la semaine, 305 € la quinzaine et 534 € le mois.*

RESTAURANTS

Bien et pas cher

L'Auberge des Plages. PK 10, route des Plages ✆ 05 94 38 36 50 - 38 10 30 - Fax 05 94 38 04 23. *Fermé le lundi soir.* Situé sur la route des plages, ce restaurant jouit d'une vue imprenable. Grillades, viande, poisson, buffet de hors-d'œuvre et de desserts pour un prix raisonnable. L'accueil est chaleureux.

Les Mille Pâtes ✆ 05 94 38 29 03. *Comptez 15,24 €, vin compris.* Une chaîne de restaurant proposant un large choix de pizzas (possibilité de livraison à domicile) ainsi que d'autres plats à la carte : buffet, viandes, poissons et crustacés...

Bien

Pizzeria de Montjoly. Route des Ames-Claires ✆ 05 94 38 10 59 - Fax 05 94 38 31 59. Réputé pour son choix et la qualité de ses pizzas, ce restaurant, un des plus anciens de Guyane, vous propose également des grillades, du poisson... Spacieux, il offre, dans un cadre sympathique, une cuisine savoureuse et copieuse, d'un bon rapport qualité / prix. Aussi il est préférable de réserver à l'avance.

La Baie des Iles. Route des Plages ✆ 05 94 38 60 20. *Ouvert de 10 h à 23 h. Fermé le lundi soir et le mardi toute la journée.* Dans un cadre agréable avec vue sur la mer, vous serez accueilli par une équipe sympathique et dynamique. En terrasse, les pieds dans le sable, ou à l'intérieur, venez déguster cocktails, jus frais, salades estivales, grillades, poissons... Un vrai moment de détente ! Certains pourront apprécier les soirées karaoké le jeudi et le samedi. Comptez *environ 22,87 €* pour un repas complet.

Restaurant Cric-Crac. PK 9, 2, route de Rémire ✆ 05 94 35 41 00. Situé à côté du Motel Beauregard, le Cric-Crac doit sa réputation à son excellente cuisine locale. Tous les éléments sont présents pour vous faire passer la meilleure soirée qui soit : restaurant et discothèque (le Cric-Crac 2000) ensuite. Il paraît d'ailleurs que l'entrée est gratuite pour les clients.

© S. Honthas

Plage de Montjoly © T. Montfort

© S. Honthas

L'Oasis. 9, avenue Saint-Dominique ✆ 05 94 38 00 80. *Comptez environ 15,24 €.* Grand restaurant à l'architecture créole en bord de mer propose un cadre rustique pour déguster les fameuses gambas au lait de coco dont on ignore encore le secret. Malheureusement on peut regretter une attente trop longue. En période de carnaval, ce lieu se transforme en dancing.

Bonne table

La Villa. Route des Ames-Claires ✆ 05 94 38 33 69 - Fax 05 94 38 06 54. *Comptez de 38,11 € à 45,73 €. Menus à 9,15 € pour les enfants et de 18,29 € à 38,11 €.* On ne présente plus ce restaurant très recherché pour son service de qualité et sa cuisine sophistiquée. Le décor est raffiné et l'ambiance cosy, en terrasse ou en salle climatisée.

SORTIR

Le Cric Crac 2000. PK 9, 2, route de Rémire ✆ 05 94 35 41 00. Cette discothèque se trouve juste en face du bowling. Le cadre est agréable, la musique sympathique, la clientèle jeune et moins jeune.

Mister Night. Route de Montjoly ✆ 05 94 37 96 26.

POINTS D'INTERET

Plages. Sur plusieurs kilomètres, la commune de Rémire-Montjoly est bordée de superbes plages dont le sable doré semble jouer avec la lumière. Chaque moment de la journée est l'occasion d'assister à un spectacle différent qui séduira l'amateur de photographie. Ici, la forêt équatoriale offre à la plage un arrière-plan à la fois splendide et mystique. A marée basse, l'océan paisible invite à une baignade sans grand risque. A marée haute, il se fait plus dynamique, gratifiant les surfeurs de vagues régulières et quelquefois impressionnantes. Pour atteindre la zone la plus agréable, il faut s'engager sur la route des plages en tournant à gauche à la sortie de Montjoly (en venant de Cayenne). Quelques kilomètres plus loin, vous rencontrerez sur votre gauche le club de voile APCAT dont la plage est l'une des plus appréciées. Le week-end, les plages sont très fréquentées mais jamais surpeuplées. Bars et restaurants ponctuent la route.

Ecloserie sur la plage de Montjoly. Association Kwata. Si la plage des Hattes (Yalimapo) est un lieu de ponte privilégié pour les tortues luth, cette dernière n'en a pas le monopole. La plage de Montjoly accueille également ces tortues pendant les mois de juin, juillet et août. Pour les assister et les protéger dans ce périple, l'association Kwata a depuis peu mis en place une écloserie. L'objectif : encadrement et protection des tortues lors de la ponte et de l'éclosion des œufs, sensibilisation du public grâce à des panneaux et des observations.

Sentier du Rorota. Par arrêté préfectoral, ce site est actuellement fermé au public. Toutefois il reste encore fréquenté. Prenez la route des Plages, puis tournez à droite au niveau du toucan en bois qui sert de panneau indicateur. Au bout de la route, 2 kilomètres plus loin, il faut laisser la voiture pour s'engager sur le sentier dont l'entrée est indiquée par un panneau sur la gauche. Un magnifique parcours circulaire longe la crête du plateau du Rorota et surplombe la côte pour offrir quelques splendides points de vue.

Pour peu que l'on soit silencieux et attentif aux bruits, il n'est pas rare de rencontrer quelques singes tamarins qui sautent par-dessus le sentier. Au sommet, on atteint le lac du Rorota qui sert de réserve d'eau douce à la ville de Cayenne. Les sportifs entameront le parcours par la gauche, pour monter un escalier très abrupt juste après la cascade. Si vous prenez le temps de flâner et de profiter de cette ambiance forestière, il vous faut compter environ 2 heures pour boucler le circuit.

Habitation Vidal. Par arrêté préfectoral ce site est actuellement fermé au public. Toutefois il reste encore fréquenté par le public.

Tout au bout de la route des plages, tournez à droite pour prendre la RN3 en direction de Cayenne. A 5 kilomètres environ, le traditionnel toucan indicateur marque l'entrée d'une piste en mauvais état que vous emprunterez. Allez jusqu'au bout du chemin et laissez votre véhicule dans une clairière, à proximité du lycée Gontran-Damas.

Pour y accéder depuis Rémire : au rond-point de Vidal, prenez la direction du lycée Damas, puis à 20 mètres à gauche, prenez la sortie de la piste cyclable et suivez toujours à droite une piste jusqu'à la clairière derrière le lycée Damas. *Martial Beckrich,* Woustviller.

Après environ 45 minutes de marche sur un sentier aménagé en parcours de santé au cœur d'une forêt luxuriante, on aboutit à une clairière dans laquelle subsistent des vestiges de la plus grande exploitation agricole que connut la Guyane du XIXe siècle : l'Habitation Vidal.

Devant le spectacle de ces instruments et machines rouillés et souvent envahis par la végétation, il est difficile d'imaginer que le site était occupé autrefois par une exploitation extrêmement rentable. Au milieu pourtant, un large moulin à mule aux murs de pierre et quelques machines à vapeur d'origine anglaise témoignent du dynamisme économique qui régnait ici jadis. Si plusieurs cultures étaient pratiquées autour de la plantation, c'est la canne à sucre qui fit essentiellement la fortune de son propriétaire, Vidal de Lingendes. Asséché, le marais environnant offrait un espace gigantesque pour cultiver cette plante qui, transformée sur place, fournissait sirop, rhum et mélasse. D'apparence invulnérable, l'exploitation périclita pourtant très rapidement, subissant successivement les effets de la chute du cours du sucre et de l'abolition de l'esclavage.

Isolé et sans surveillance, le chantier est sans protection face aux pilleurs de vestiges. Les fouilles qui se poursuivent mettent progressivement à jour les secrets de cette époque encore mal connue. Il faut donc découvrir le site avec précaution et surtout éviter d'emporter avec soi le moindre objet trouvé sur place.

Faisant face au sentier, vous découvrirez sur votre droite un autre chemin beaucoup plus étroit qui s'engouffre dans un tunnel végétal. N'hésitez pas à l'emprunter pour revenir sur vos pas. D'apparence sauvage, ce petit sentier est en fait balisé par des marques sur les arbres et rejoint l'itinéraire principal après avoir serpenté au milieu de la forêt.

La proximité des marais rend le site très apprécié des moustiques, surtout par temps pluvieux. Il est recommandé de se munir d'un spray répulsif avant d'entamer cette balade.

▸ **Fort Diamant.** Ce site est actuellement en travaux.

Après la plage où se trouve le premier club nautique, continuez pendant quelques kilomètres sur la route des plages. Sur votre gauche, vous verrez le fort Diamant, un édifice militaire construit au XVIIIe siècle et qui devait servir à la surveillance de l'entrée de l'estuaire du Mahury. En fait, la présence de ce fort n'a en rien empêché l'invasion hollandaise, anglaise et portugaise. L'intérêt du site ne vaut finalement que par le panorama qui s'étend jusqu'aux marais de Kaw où la forêt de palétuviers est aujourd'hui attaquée par la mer.

▸ **Roches précolombiennes.** A découvrir tout au long de la route des plages, mais surtout visibles sur la gauche, avant le carrefour de Dégrad des Cannes. N'y cherchez pas toutefois le spectaculaire mais plutôt le mystérieux. Les Indiens arawak ont gravé sur les roches des symboles qui conservent toujours leurs secrets. Il est quasiment certain que les sites seront recouverts par la végétation lors de votre visite. En effet, même s'ils sont quelquefois nettoyés, la nature récupère rapidement son territoire. C'est probablement mieux ainsi car l'on déplore depuis quelque temps des actes de vandalisme commis en vue de récupérer les gravures. Pour peu que vous ayez l'esprit explorateur, vous découvrirez de nombreux polissoirs sur le littoral et des représentations d'animaux sur les roches en retrait de la mer.

LOISIRS

▸ **Piscine Les Tritons.** Lotissement Constant-Chlore, chemin départemental 1, route Montjoly ✆ 05 94 38 00 98.

▸ **APCAT. 11 PK route des Plages ✆ 05 94 38 03 73.** Un club nautique très fréquenté par les passionnés de voile : planche à voile, hobby 4, canoë. Dans une atmosphère de vacances toute l'année, venez profiter de cette longue plage. Un encadrement sérieux dans une ambiance sympathique. Organisation de compétition et journées grillades.

▸ **Break Club ✆ 05 94 35 41 00 - Fax 05 94 35 44 05.** A la sortie de Montjoly, en venant de Cayenne, suivez la route nationale en direction de Rémire. Le club se trouve sur votre droite, en face du Motel Beauregard (à gauche). Vous y trouverez toutes les installations nécessaires pour vous détendre ou vous refaire une petite santé : bowling à 6 pistes, billard, équitation, squash, tennis, salle de fitness, piscine, escrime... Un établissement plutôt complet !

▸ **ASPAG. Route des Plages ✆ 05 94 30 74 24.** Cette association de sports en plein air organise régulièrement des sorties de découverte de la nature comme des balades en canoë ou du trekking. Des activités sportives et ludiques en toute sécurité, avec une équipe très sympathique.

▸ **Form'Espace. PK 10 route des Plages ✆ 05 94 38 38 74.** Situé quelques centaines de mètres avant le club nautique APCAT et en face du premier restaurant sur la droite, ce club propose des prestations multiples dans un cadre agréable : piscine, salles de squash, salle de gym. et pour vous restaurer ou vous désaltérer, un bar-restaurant, l'Iguana Café. Certains soirs, en fin de semaine, ce club organise des soirées concert autour d'une table.

Location de canoës

▸ **Loca Pirogue. 17, avenue Saint-Dominique 97354 Montjoly ✆ 694 26 35 42 ou ✆ / Fax 05 94 25 09 98.** Ce prestataire loue aussi bien des coques en aluminium (6 places) que des canoë-kayak (une place et 2 places). Tarifs : *78 € par jour et 62,50 € par jour supplémentaire.* Pour les kayaks, comptez pour une journée *19,50 € (1 place) et 24,50 € (2 places)*, avec pour un jour supplémentaire *14,50 € (1 place) et 19,50 € (2 places).*

Loca Pirogue vous fournit un équipement complet (pagaie, gilet, cartes...) et facilite l'acheminement en mettant à votre disposition un service livraison jusqu'à Stoupan *(26, 50 €)*, la Comté *(41,50 €)* et aux marais de Kaw *(99,50 €)*. Une caution *de 1 524 €* pour une coque alu ou *de 76 €* pour un canoë sera exigée.

@ **Loca pirogue.** "Louer un canoë est un bon moyen de se balader sur les fleuves et très intéressant pour se promener sur le canal de Kaw. Sans bruit de moteur, cela permet une bonne approche de la nature. " *F. Palaci,* Clichy.

MATOURY

Il s'agit de la première commune que l'on rencontre en quittant l'aéroport de Matoury-Rochambeau en direction de Cayenne. Cette commune est limitée au nord par Cayenne et Rémire-Montjoly. Au sud, elle s'entoure de Montsinéry, Tonnégrande et de Roura.

Malgré la présence de zones marécageuses ainsi que de nombreux pripris, ses terres fertiles ont favorisé autrefois la culture de la canne à sucre, du coton, du café, du roucou et du giroflier. C'est surtout l'agriculture qui est à l'origine de l'accroissement de sa population. Matoury compte aujourd'hui 18 032 habitants. Disposant sur son territoire à la fois de l'aéroport de Rochambeau et du port du Larivot, la commune est sans doute l'une des plus prospères de Guyane. L'intérêt touristique de Matoury est surtout le sentier de la Mirande, qui permet de découvrir le mont Grand Matoury. C'est en 1942 que ses 166 hectares ont été classés en réserve naturelle incorporée dans le domaine forestier privé de l'Etat. On peut y suivre un circuit botanique ou un circuit de randonnée à caractère sportif.

HEBERGEMENT

▸ **Hôtel La Chaumière** (Logis de France 2 cheminées). Chemin de la Chaumière (RN1, direction de Kourou) 97351 Matoury ✆ 05 94 35 23 00 et 25 57 01 - Fax 05 94 35 25 03.** Un véritable hôtel de charme. Dans un cadre de verdure, les propriétaires vous accueillent avec sourire et professionnalisme. Les 29 chambres sont climatisées, spacieuses et tout se conjugue pour vous faire passer un moment agréable. La piscine et le restaurant sont à votre entière disposition. Un bon rapport qualité / prix. *Chambre de 280 € à 360 €.*

Hébergement Gîte de France, Clévacances, chez l'habitant

▸ **L'Ebène verte (Gîte de France 3 épis). Mme Denise Mignot, allée du Grand Matoury 97351 Matoury ✆ 05 94 30 77 66 et 06 96 26 57 42 (portable) - Fax 05 94 30 77 40 - Web : www.ebeneverte.com - E-mail : ebeneverte@wanadoo.fr .** Sur 2 hectares, cette très belle propriété en pleine nature comporte 5 chambres d'hôtes pour 2 personnes avec salle de bain et toilettes privatives, télévision... Pour un moment de détente, des ouvrages divers sont mis à votre disposition dans les petits coins salon. Les tarifs comprennent l'hébergement, le petit-déjeuner et la mise à disposition des installations (piscine, tables de ping-pong, blanchisserie et repassage...), *soit 61 € / nuit en chambre simple, 68 € en chambre double et 85 € en chambre triple.*

▸ **Le Paymont (Gîte de France 2 épis). M. Bernard 7, allée d'Entre-deux-Côteux BP91 97357 Matoury ✆ 05 94 35 26 22 - Fax 05 94 35 30 80.** Ce gîte rural se trouve à 15 minutes de Cayenne. Petite maison de deux chambres, cuisine équipée, salle à manger, une terrasse avec salon de jardin, barbecue. TV, lave-linge, téléphone, parking privatif non couvert. Dans un cadre agréable et calme.

▸ Mme Jeannine Legrand (Clévacances 2 clés). Bel Air, 19, lotissement Cotonnier Ouest 97351 Matoury ✆ 05 94 35 11 83. Dans la maison du propriétaire, 2 chambres indépendantes avec lit 2 places avec coin salon, bibliothèque, réfrigérateur, salle d'eau-W. C., salle de bains-W.-C., télévision. Dans un cadre agréable, venez profiter de la piscine et de la terrasse. Proche du sentier de la Mirande. *Tarifs : 43 € la journée, 282 € la semaine et 83 € le week-end.*

▸ Le Relais du Galion (Clévacances 2 clés). PK 22, route de l'Est 97351 Matoury ✆ 05 94 27 08 79 - Fax 05 94 28 00 96 - E-mail lerelais.du.galion@wanadoo.fr . A une demi-heure environ de Cayenne, le Relais du Galion propose 2 chambres indépendantes d'une capacité de 2 / 4, lits 2 places, Clic-Clac, coin salle d'eau avec douche et ventilation naturelle. La propriétaire, Mme Destembert, vous propose tout un programme : stand de tir, minigolf, paint-ball, initiation à l'orpaillage. Le Relais dispose également d'un restaurant et d'un bar. Tarifs : *28 à 40 € par jour, 190 à 269 € par semaine, 365 à 482 € la quinzaine et 519 à 750 € le mois.*

▸ Le Relais du Galion (Clévacances 2 clés). PK 22, route de l'Est 97351 Par Matoury ✆ 05 94 27 08 79 - Fax 05 94 28 00 96 - E-mail lerelais.du.galion@wanadoo.fr . A une demi-heure environ de Cayenne, le Relais du Galion propose 2 chambres indépendantes d'une capacité de 2 / 4, lits 2 places, Clic-Clac, coin salle d'eau avec douche et ventilation naturelle. La propriétaire, Mme Destembert, vous propose tout un programme : stand de tir, minigolf, paint-ball, initiation à l'orpaillage. Le Relais dispose également d'un restaurant et d'un bar. Tarifs : *28 à 40 € par jour, 190 à 269 € par semaine, 365 à 482 € la quinzaine et 519 à 750 € le mois.*

RESTAURANTS / GLACIER

▸ La Soupe Créole. Route de la Matourienne. Carrefour de la Levée 97351 Matoury. ✆ 05 94 38 48 63 / 05 94 35 12 29. *Ouvert tous les jours (sauf le lundi) de 12 à 15 h et de 19 h à 22 h.* C'est dans un très grand carbet tout confort que vous serez accueilli et servi. Une cuisine créole avec ses spécialités comme la soupe créole, des gratinés de la mer, ragoût des bois au gingembre. Et un bon rapport qualité prix de surcroît !

▸ Le Kiosque. RN2 vers Rochambeau, après le bourg de Matoury ✆ 05 94 35 64 12. Ce bar-restaurant offre un accueil sympathique sous un grand carbet. Grillades. Un bon rapport qualité / prix !

▸ Le Palika. Hôtel la Chaumière, chemin de la Chaumière (RN1, direction de Kourou) ✆ 05 94 35 23 00. Un peu excentré, ce restaurant vous propose dans un cadre assez agréable, une cuisine simple à des prix corrects. *Menu à 13,72 € et carte à 19,82 € environ.* Idéal pour un repas en famille le week-end.

▸ Le Grillardin. RN2, entre le bourg de Matoury et l'aéroport ✆ 05 94 35 63 90. C'est ici que vous mangerez les meilleurs crabes farcis de la Guyane. Dans ce restaurant familial, l'accueil est quelquefois un peu timide, mais on mange bien, à un prix très raisonnable.

▸ La Calebasse. Bourg de Matoury sur la RN2 ✆ 05 94 35 62 93. Petit restaurant sympathique qui propose des spécialités créoles. *Comptez de 12,20 à 15,24 €.*

▸ Jo le Glacier. 1 lot Jardin de Matoury 97351 Matoury ✆ 05 94 35 63 72. Jo le Glacier propose un large choix de glaces et de sorbet dans une gamme inédite de saveurs locales conçue à base de fruits frais du pays : corossol, cerise, carambole, wassay, lozeil, maïs au lait de coco, patawa, sapotille, monbin, patate douce, citronnelle...

"Accueil chaleureux par Jo. En plus Jo n'hésite pas à faire des dégustations gratuites. Salle climatisée". Un lecteur de Congénies.

ARTISANAT

▸ **Didd Métézo ✆ 05 94 35 68 08.** Cet artiste a choisi de représenter l'habitat guyanais miniature (bois). Une très belle idée de cadeaux. Expo-vente à domicile.

PRODUITS NATURELS

▸ **Guayapi Tropical. 55 rue Traversière 75012 Paris ✆ 01 43 46 52 43 - Fax 01 43 46 18 98 - Web : www.guayapi.com - E-mail : info@gyayapi.com .** Show room / vente artisanat au 73, rue de Charenton 75012 Paris ✆ 01 43 46 14 69. Vous trouvez depuis peu dans quelques pharmacies de Cayenne et ses environs les produits Guayapi, ce spécialiste des plantes sauvages amazoniennes en compléments alimentaires et cosmétiques et également de plantes alimentaires du Sri Lanka. Guayapi tropical travaille en commerce équitable avec les tribus des Indiens Satere Mawe et est associé à l'action des Forest Garden Product (FGP), groupe international délivrant le label F.G.P. et organisant la culture en biodiversité. Une large et belle gamme de produits et qui tiennent compte des besoins des consommateurs : compléments alimentaires avec les poudres et les gélules (au guarana, acerola, urucum, muirapama...) énergisantes, pour les articulations, tonique sexuel, l'antiviellissement ; ou encore des formulations et complexes (complexe restructurant...). Guayapi propose également des boissons rafraîchissantes ainsi que des douceurs à base de miel d'Amazonie ou de sève de Kitul par exemple. On n'oublie pas les thés et épices (thé noir, thé vert, à l'acerola...). Des recettes exotiques, boissons, gélules, ampoules, tablettes. ..Et également une belle ligne de cosmétiques (huiles solaires à l'urucum et Babaçu, sublimateur de teint, lait à l'huile de Carapa...).

Pour tout renseignement sur les produits Guayapi en Guyane (points de vente...), contactez **M. Fabien Sublet ✆ 06 94 23 97 76 ou M. Joseph Dalinx ✆ 06 94 26 71 89.**

SORTIR

▸ **Le Lido. Route de Matoury (à droite en venant de Cayenne).** Cette discothèque se remplit le week-end. Ici le zouk est roi ! Elle comporte un restaurant et une grande piste de danse pour les danseurs déchaînés.

▸ **Polina. PK 5,8 RN2 97351 Matoury ✆ 05 94 35 33 34 - Fax 05 94 30 76 70.** Ce lieu est surtout connu des amateurs de bals pendant le carnaval. Les tickets peuvent se prendre au guichet ou à la TDM (avenue du Général-de-Gaulle).

▸ **Le Califourchon.** Au rond-point de l'aéroport de Rochambeau-Roura. Organise pendant l'été des soirées zouk avec concerts live. Très frenquenté, bonne ambiance.

POINT D'INTERET

▸ **Sentier du mont Matoury ou sentier de la Mirande.** Le panneau indicateur qui signalait l'entrée de la piste sur la route entre Matoury et Cayenne a disparu, ce qui ne facilite guère les choses. C'est pourquoi il faut être attentif pour repérer le chemin. En venant de Cayenne, dépassez la première zone de Matoury (Balata). A partir du rond-point au niveau du hall des sports, juste à la sortie d'un virage à quelques kilomètres, une petite piste en latérite sur la droite vous indiquera l'entrée qui vous mène au sentier. Ce chemin qui vous conduit sur un parking au début du sentier est très abîmé, mais praticable.

La découverte de ce parcours naturaliste de la Mirande est probablement l'une des plus belles balades que l'on puisse faire autour de Cayenne. Un sentier serpente au milieu du mont Grand Matoury qui constitue une réserve naturelle peuplée essentiellement d'oiseaux. Les rencontres avec la faune y sont fréquentes, mais c'est au lever et au coucher du soleil que les chances d'observer aras, toucans ou paresseux sont les plus grandes. Le site fait l'objet de fortes pressions économiques et écologiques qui pour le moment, s'annulent mutuellement. Il y a un sentier de promenade qui forme une boucle de 2,5 km et un sentier d'interprétation de 2,8 km. *Comptez environ 2 h 30 à 3 h* pour les 2 sentiers.

Le mont Grand Matoury, avec ses 234 mètres d'altitude, est la plus élevée des collines de l'île de Cayenne. Le massif boisé a été régulièrement exploité depuis le XVIIe siècle. Le bois de la forêt alimentait les chaudières de la distillerie de la Mirande (les ruines sur la route de Matoury) et les pentes, une fois déboisées, étaient plantées en canne à sucre, destinée à l'usine de la Mirande, puis à celle de Rémire jusqu'en 1984.

▸ **Dès 1942, la forêt de la Mirande** est classée réserve naturelle par un arrêté de l'administration coloniale de l'époque. Un arrêté de conservation de biotope a été signé le 11 avril 1994 concernant tout le mont et il est également classé en ZNIEFF (Zone naturelle d'intérêt écologique, faunistique et floristique).

DANS LES ENVIRONS

Aéroport de Rochambeau

▸ **Informations sur les arrivées et les départs** ✆ 05 94 29 97 52 (messagerie vocale).

▸ **Point information de la Chambre de commerce et d'industrie** ✆ 05 94 29 97 00.

▸ **Air Guyane** ✆ 05 94 35 0307.

▸ **Air France** ✆ 05 94 35 38 89.

▸ **Surinam Airways** ✆ 05 94 29 30 00.

▸ **Penta** ✆ 05 94 30 39 10.Situé à environ 17 km de Cayenne, ce tout nouvel aéroport dessert la Guyane, ses villes et villages dits de l'intérieur : Saint-Georges, Saül et Maripasoula. Des vols réguliers sont également effectués de et vers les Antilles françaises (Guadeloupe et Martinique), le Brésil et le Surinam, ainsi que la France métropolitaine. Différentes compagnies assurent ces vols : **Air Guyane (vols intérieurs), Air France, La Penta, Surinam Airways.** Pour faciliter le séjour du visiteur en Guyane, l'aéroport accueille dans ses boutiques différents prestataires : location de voitures, de téléphones portables, vente de fleurs et d'objets artisanaux, tabac, presse, etc. On y trouve également des points d'informations (chambre de commerce, comité du tourisme, Arianespace). Des cabines téléphoniques et des distributeurs automatiques sont à disposition des voyageurs. Pour se restaurer il y a des snacks et des cafétérias de chaque côté des halls. Des animations temporaires donnent un premier aperçu du pays. La plupart des boutiques ont des horaires alignés sur ceux des vols. Attention : il n'y a pas de navette ni de bus faisant la liaison avec Cayenne. Des taxis assurent le transfert (comptez *environ 22,87 €* pour vous rendre à Cayenne). Un parking payant pour les véhicules. Le paiement du forfait s'effectue aux caisses automatiques à l'intérieur de l'aéroport (côté départ) en espèces ou en carte bleue.

▸ **Aéro-Club de Cayenne-Matoury. Aéroport de Rochambeau 97351 Matoury ✆ 05 94 35 61 28 - Fax 05 94 35 662 9. E-mail : ACB.CAYMAT@wanadoo.fr** Vol à moteur TB9, PIPER PA 28 (180 CV-4 places), PIPER PA 28R (200CV / hélice pas variable-train rentrant-4 places).

Voilier stoupan © T. Montfort

LITTORAL

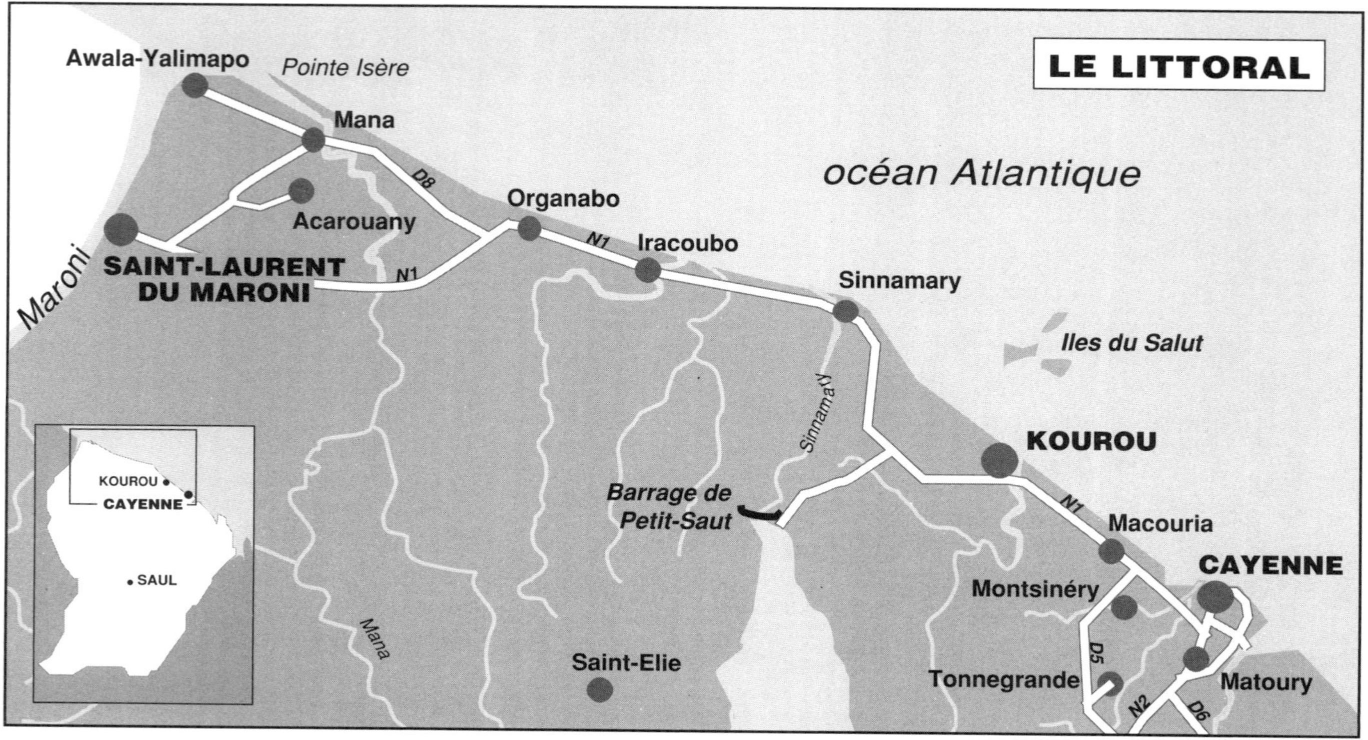
LE LITTORAL
océan Atlantique
Awala-Yalimapo
Pointe Isère
Mana
D8
Acarouany
Organabo
N1
Iracoubo
SAINT-LAURENT
DU MARONI
Maroni
Sinnamary
Sinnamary
Iles du Salut
KOUROU
Barrage de
Petit-Saut
Macouria
CAYENNE
Montsinéry
Tonnegrande
D5
N2
D6
Matoury
Saint-Elie
Mana
KOUROU
CAYENNE
SAUL

MACOURIA

Située à mi-chemin entre Cayenne et Kourou sur la RN1, la commune de Macouria compte actuellement quelque 5 050 habitants. Elle est circonscrite par la rivière de Cayenne, franchie par le pont du Larivot, et la rivière de Montsinéry. Au sud, elle touche la commune de Montsinéry ; au nord-ouest, le territoire de Kourou. La commune doit son nom à la crique Macouria, mais son chef-lieu, s'appelle Tonate, du nom d'un colon. Vers **1716**, ces terres furent concédées aux colons à des fins d'élevage et de culture. La première habitation fut celle d'un certain monsieur Tonat qui laissa son nom au bourg. Ce colon y installa un moulin à coton qui eut un excellent rendement.

Grâce à sa terre fertile, Macouria fut longtemps surnommée " le grenier de Cayenne ", dont elle alimentait le marché. Macouria était surtout habitée par une population d'esclaves plantant le coton. Après l'abolition de l'esclavage, et pendant la seconde moitié du **XIXe siècle**, il n'y eut pas d'établissement pénitentiaire sur le territoire de Macouria, mais il est arrivé que la commune bénéficie de concessions de main-d'œuvre venue du bagne. La région de la Carapa est aujourd'hui un centre de culture orienté vers l'élevage bovin et porcin.

Avec ses lotissements construits au petit bonheur, Macouria apparaît comme une cité-dortoir, une ville de passage, avec comme attrait son église au bord de la route.

PRATIQUE

- **Syndicat d'initiative de Tonate-Macouria** ✆ 05 94 33 71 85.
- **Pompiers** ✆ 18.
- **Gendarmerie** ✆ 05 94 38 88 68.

HEBERGEMENT

- **Mme Solange Charlery (Clévacances 2 clés). 14, lotissement Les Jardins de Sainte-Agathe 97355 Macouria ✆ 05 94 38 86 73/05 94 32 39 79.** Un studio contigu à la maison des propriétaires pour 2 personnes, avec une kitchenette, lit 2 places, salle d'eau-W.-C., TV, ventilation naturelle, terrasse avec mobilier de jardin. *215 € la semaine et 610 € le mois.*

POINTS D'INTERET

Les pépinières

En venant de Montsinéry ou de Macouria, plusieurs plantations d'orchidées sont indiquées sur la route. Malheureusement cela reste des activités peu pérennes. Des routes défoncées, mauvaises signalétiques, véritables culs-de-sac ! Aussi, nous vous conseillons que les activités " sûres " et établies.

- **Jardin botanique Les Mille Fleurs. N° 12, Les Jardins de Sainte-Agathe 97355 Macouria (route du zoo) ✆ 05 94 38 87 52 - Web : www.mdi-guyane.fr/millefleurs .** *Fermé le lundi.* Cette plantation vous offre la possibilité d'acheter toutes sortes de plantes et peut se visiter tous les jours (sauf le lundi). *Le début des visites est à 9 h , durée 2 h . Comptez 8 € par adulte, 2 € pour les enfants de moins de 16 ans.* Elle dispose également d'une serre à papillons.
- **Plantation. Macouria.** " Accueil très chaleureux, visite et explications très détaillée. Nous avons goûté à tous les fruits qui poussent sur les arbres originaires de Guyane. Le parc s'agrandit avec des aires de pique-nique et des étendues d'eau où l'on pourra pêcher très bientôt. Il y a aussi une serre à papillons en plus de tous les arbres et plantes, c'est vraiment très très bien. *Visite guidée [...], de préférence le matin*, faite par l'horticulteur lui-même ". *F. Mauve et P. Orecchioni, Trevol.*

© S. Honthas

Hmongs © T. Montfort

Aï © T. Montfort

▶ **Le Bois de roses**. L'accès s'effectue par le chemin de la départementale n°5, après la réserve animalière. Sur la gauche, une route goudronnée face à celle conduisant à la plantation d'orchidées vous conduit au jardin nommé Bois de Roses "[...]. C'est un moment fort, très agréable et riche en renseignements divers ". G. Ducept. Saint-Georges-des-Coteaux.

▶ **Réserve animalière macourienne. PK29, chemin départemental 5, 97355 Macouria ✆ 05 94 31 73 06 - Fax 05 94 37 86 07.** Ici la plupart des animaux de la forêt amazonienne attendent le visiteur, sous l'œil vigilant du propriétaire. Cet aventurier a fondé cette réserve il y a une dizaine d'années. Seule réserve animalière de cette importance sur le département (voir zoo de Saint-Jean), le parc animalier de Macouria est incontournable pour le visiteur qui souhaite voir dans un seul lieu aussi bien des reptiles, mammifères, poissons constituant la faune de la Guyane.

Entre 30 000 et 40 000 visiteurs par an viennent admirer les milliers d'animaux vivant en semi-liberté sur un terrain de 400 hectares. Le parc abrite des reptiles de toute taille, une surprenante collection d'aras mais aussi de tapirs (maïpouri), pécaris, daguets et autres mammifères. En serpentant sous un véritable couvert végétal, on découvre également jaguars et moutons paresseux.

Avec un peu de chance, vous pourrez peut-être assister aux repas des caïmans et jaguars...

Un sentier botanique de 3 kilomètres réunit les diverses essences de bois indiquées par des écriteaux. Sur ce sentier et au bord de l'un des affluents de la crique Macouria, un carbet d'observation a été construit à la fin de l'été 1996. En prenant son temps, il faut compter au moins 3 heures pour faire le tour de la réserve. Pour cette balade, nous vous conseillons de vous équiper en conséquence (eau, en-cas, chapeau, répulsif...).

Il vous sera également possible de vous restaurer sur place. Cette structure connaît quelques difficultés financières et l'on peut regretter quelquefois le vide de certaines cages, les panonceaux non actualisés et un manque d'entretien du site même.

Le tarif pour les adultes est de 12 €, pour les enfants de 2 à 10 ans de 7 €. Paiement en espèces (CB pas accepté) ou en chèque (hors place aussi).

Possibilité de restauration. Salades, plats chauds (poulet, canard, mouton) pour 11 € environ. Pas de carte bancaire.

Par les prestataires

▶ **JAL Voyages.** 26, avenue du Général-de-Gaulle BP1102 97344 Cayenne Cedex ✆ 05 94 31 68 20 - Fax 05 94 30 11 01 - Web : www.jal-voyages.com - E-mail : jal@jal-voyages.com .

▶ **Crique Patate.** Sur la route de Macouria à Montsinéry, à gauche un peu avant d'arriver à la réserve, une petite piste blanche s'enfonce dans une clairière. La saison de pluie faisant, ce lieu est souvent peu praticable, à moins de faire preuve de témérité ! A l'orée du bois, il vous faudra abandonner votre véhicule pour parcourir à pied les 400 mètres qui vous séparent de la crique Patate. C'est un endroit idéal pour profiter d'une après-midi ensoleillée. Apprécié par la population résidente, ce site est très fréquenté les week-ends.

LOISIRS

Dans les environs de Macouria, plusieurs structures permettent d'avoir une approche différente et originale de la Guyane. Plusieurs ranchs sont installés sur le territoire de la commune de Macouria (route de Montsinéry et route de Macouria).

▶ **Les Ecuries de la Roseraie. La Carapa 97355 Macouria ✆ 05 94 38 71 39 - Fax 05 94 38 83 95.** Ce magnifique ranch se situe après le pont de Cayenne (RN1, direction Kourou, sur la gauche) au lieu-dit La Carapa. Un rendez-vous avec des passionnés, dont Anne, monitrice BESS 1, dans un cadre de toute beauté : cours de tous niveaux, préparation et passage de galops, stages, initiation au horse-ball et aux pony games ainsi que des jeux et animations, des promenades et des randonnées. Adhésions à l'année, par mois et forfait de *4 à 8 heures.* Pour les balades, comptez *15,24 € par heure.* Une bonne adresse !

▶ **Mornand Jean. RN1 97355 Macouria ✆ 05 94 38 85 96 - Fax 05 94 38 87 98.** Ici habite une famille d'amoureux des animaux et de la nature. A partir de cette ferme, de magnifiques balades à cheval vous sont proposées dans la savane, aussi bien pour les initiés que pour les novices. Laissez-vous guider pour quelques heures ou la journée. Un très bon rapport qualité/prix et une charmante compagnie !

Ferme de la Césarée. PK 2, 8, route de Macouria 97355 Macouria ✆ 05 94 38 85 96. Royal Ranch. A 3 kilomètres après le bourg de Macouria, en direction de Kourou, aux abords de la savane Matiti (panneau indicateur sur la gauche). Pour une heure ou pour 2 jours, débutants ou cavaliers chevronnés trouveront ici différentes formules de balades et de randonnées. *Il faut compter moins de 9,15 € pour une promenade d'une heure alors qu'une randonnée de 2 jours complets avec repas et nuit en hamac revient à environ 76,21 €.*

Le Kikinon. PK 7, route de Montsinéry CD5, 97355 Macouria ✆ 05 94 38 88 96. Cet autre club est, quant à lui, situé sur la route de Montsinéry (sur la RN1, à gauche après la station-service, direction Kourou). Ce ranch possède également un centre de loisirs, avec des possibilités de balades en forêt. Les prestations et les tarifs sont similaires aux autres ranchs.

ULM Equateur. PK 6 CD 5, route de Montsinéry ✆ 05 94 38 83 75 - Fax 05 94 38 71 66. Ce club propose une multitude d'activités : randonnées en quad (les engins de 70 à 400 cm^3), baptêmes en ULM, balades à cheval... Pour s'y rendre, il faut prendre la direction de Kourou (dans le sens Cayenne-Kourou), puis à gauche après la station-service. Prendre la direction du zoo de Montsinéry et continuer sur 6 km. Le site est agréable et le personnel charmant.

Guyane Karting. PK 6 CD 5, route de Montsinéry (Centre ULM Equateur) ✆ 05 94 38 83 75 - Fax 05 94 38 71 66. Une piste de karting vous attend pour vous donner du frisson : *12,19 € la séance*, tout le matériel est fourni et sécurisé ! En solo ou en compétition, testez-vous. *Ouvert du mercredi au dimanche inclus de 8 h à 18 h .*

MONTSINERY-TONNEGRANDE

Une curieuse ambiance règne à l'entrée de cette commune. Ici la modernité s'est brusquement imposée dans un univers qui semblait être oublié de tous. Au milieu d'une savane peu touffue, se dresse une antenne gigantesque qui permet à Radio France International d'émettre sur toute l'Amérique latine. Le paysage, à vrai dire, est peu réjouissant aux abords de Montsinéry.

Limitée par les communes de Matoury et de Roura au sud-sud-est, et de Macouria au nord, cette commune est constituée des villages de Montsinéry et de Tonnegrande, distants de 20 kilomètres. Elle est restée très longtemps isolée de Cayenne pourtant assez proche. Les deux bourgs qui constituent cette commune portent les noms des rivières qui se rejoignent dans l'estuaire de la rivière de Cayenne. Montsinéry est un petit village paisible avec beaucoup de caractère. Tonnegrande, plus modeste, a également beaucoup de charme. Dans cette région, l'économie était essentiellement agricole (sucreries et roucouries) et forestière (construction avec le bois et ébénisterie). Il y avait également deux briqueteries.

Les paysages ici sont reposants, comme les balades le long de ces fleuves et douces criques. En rivière, vous rencontrerez de nombreux pêcheurs le week-end. La commune est effectivement très connue pour sa richesse fluviale et pour le site surprenant du bagne des Annamites. Une ville de 1 037 habitants environ.

PRATIQUE

Syndicat d'initiative de Montsinéry-Tonnegrande ✆ 05 94 37 90 18.

Pompiers ✆ 18.

Gendarmerie ✆ 05 94 31 08 91.

HEBERGEMENT

Le Tikilili (Gîte de France 2 épis). M. et Mme Bowen. Pont des Cascades 97356 Montsinéry ✆ 05 94 37 87 15 - Fax 05 94 30 49 33. Situés à 30 kilomètres de Cayenne et à 23 kilomètres de l'aéroport, dans un cadre très agréable, 2 gîtes ruraux. LeToucan (capacité de 4 personnes) dispose d'une terrasse avec cuisine équipée, coin repas et salon. Une chambre avec 2 lits simples, W.-C. et salle d'eau, une autre chambre comprenant un lit double, W.-C. et salle d'eau. Le Ara (capacité de 5 personnes) offre une terrasse spacieuse avec cuisine équipée, coin repas, salon. Une salle d'eau et W.-C. Une chambre avec un lit simple et 2 lits superposés, une autre chambre avec un lit double.

Les tarifs : En demi-gîte (1 chambre + cuisine) les prix varient de 30 à 37 € la nuit, en chambre d'hôte (une chambre + petit déjeuner) de 30 à 37 € aussi la nuit. En gîte (2 chambres), les prix varient selon le nombre de personnes de 66,60 à 92,50 € la nuit et pour les 2 gîtes (les *4 chambres) les prix varient de 148 à 166,55 € la nuit. Possibilité de louer pour 7 nuits ou encore 14 nuits.* Vous pourrez même vous détendre à la piscine et louer des kayaks pour une balade sur la rivière des cascades. *Possibilité de repas (13 €) et petit déjeuner (3,80 €)* sur réservation 48 heures à l'avance.

RESTAURANTS

▸ **L'auberge du Lotus. CD 12, PK 2, 5 route de Tonnégrande ✆ 05 94 31 5 008.** *Ouvert le samedi, le dimanche et les jours fériés.* En semaine, sur réservation. A gauche sur la petite route menant au village de Tonnégrande, ce restaurant vous propose une cuisine vietnamienne et cambodgienne. Un agréable carbet en feuilles de toulouris. Un accueil chaleureux. Une cuisine avec les produits du jardin.

▸ **Mbandjock. PK 27, 5, route de Montsinéry 97356 Montsinéry ✆ 05 94 37 87 24.** Un petit restaurant sympathique, où Elise se fera un plaisir de vous faire découvrir la cuisine africaine. Son sourire et sa gentillesse valent le déplacement. Le restaurant est ouvert normalement tous les jours. Les cartes bleues ne sont pas acceptées.

▸ **Restaurant Le Sympa. 45PK, route de Montsinéry ✆ 05 94 37 86 05.** Un cadre et un accueil appréciables, ce restaurant porte bien son nom. Une carte variée (cuisine locale et antillaise) pour un très bon rapport qualité/prix. Pratique, ce restaurant se trouve non loin du site du bagne des Annamites.

▸ **Restau'Port Inini. Port Inini, CD 5, PK 10, 97356 Montsinéry ✆ 05 94 31 57 85.** A 36 kilomètres de Cayenne, sur les bords de la rivière de Tonnegrande. A la sortie du bourg, vous pourrez vous délectez des spécialités de gibiers. Il est prudent de téléphoner pour connaître les jours d'ouverture (assez aléatoires) et éventuellement réserver.

▸ **Le Grand Pavois. Bourg de Montsinéry ✆ 05 94 37 92 41 - Fax 05 94 37 92 57.** *Ouvert du mercredi au dimanche le midi uniquement (mais un service qui peut s'étaler jusqu'à 15 h ou 16 h).* Il est conseillé de réserver le week-end. Il serait dommage de passer ici et de ne pas déguster entre autres à la marmite du pêcheur, aux crabes farcis, tarte de crevette la spécialité de la maison. Vue sur la Tonnégrande, sur les pêcheurs... Un endroit qui demande toute votre attention, votre sensibilité et votre temps, car on ne vient pas ici pour en reparrtir l'heure qui suit. *Comptez environ 30 € par personne.* De plus, avant ou après ce déjeuner vous pourrez découvrir la beauté de la Tonnégrande en pédalos (*16 € pour 2 personnes, 22 € pour 3 à 4 personnes, 25 € pour 5 personnes*).

POINTS D'INTERET

Au rythme du fleuve. En arrivant au centre du bourg de Montsinéry, on est surpris par l'immensité du domaine fluvial. Ici, le fleuve fait plusieurs centaines de mètres de large. L'estuaire n'est plus très loin et il semble que les eaux douces cherchent à étendre leur territoire avant de se perdre dans l'océan. Nous sommes au cœur du domaine des eaux saumâtres, paradis nourricier des poissons limon. En fin de semaine, Montsinéry est souvent utilisé comme base de départ par les plaisanciers qui remontent la rivière de Cayenne avant de s'engouffrer dans l'une des innombrables criques qui s'offrent aux abords. Sur l'une d'elles, la rivière des Cascades, certains prestataires proposent une découverte de la faune et de la flore, un hébergement en carbet dans une ambiance bon enfant.

Excursions

▸ **Pirogue Tours. PK 4,5 route de Baduel 97300 Cayenne ✆ 05 94 35 74 00 - Fax 05 94 35 84 93.** *Les tarifs : 38 € pour la journée, 91,46 € pour 2 jours.* A une heure de canot de Tonnegrande, M. Joseph Zico vous fera entrer dans ce havre de paix, aux eaux paisibles. A marée basse, les roches se dégagent et vous voyez apparaître des cascades, d'où le nom de " rivière des cascades ". Vous serez initié au canoë, les layons vous invitent à une petite randonnée...

▸ **Emerald Jungle Village. Route de Montsinery (carrefour du Galion) 97356 Montsinéry-Tonnegrande ✆ 05 94 28 00 89.** Location de canoës. Mise à disposition ou transport jusqu'au dégrad. Très bon rapport qualité/prix.

Bagne des Annamites. Pour vous y rendre, vous avez le choix entre 2 itinéraires.

De Cayenne vers Matoury - Roura - route du Galion (RN2). Vous prenez la direction de l'aéroport de Rochambeau, puis de Soupan-Roura. Sur cette route, vous laissez Roura sur votre gauche et prenez la direction de Cacao. Peu après Roura, à l'intersection du Galion, prenez sur votre droite, direction Montsinéry-Tonnégrandre. Vous empruntez la D5 sur quelques kilomètres et vous verrez assez bien indiqué sur votre gauche le parking qui vous donne accès au sentier, vous mène au bagne des Annamites (à 30 à 40 minutes de Cayenne). La RN1, en direction de Kourou. Juste au niveau de la station-service à Tonate-Macouria, prenez sur la gauche, en direction du zoo de Macouria. Vous tomberez sur la route de Montsinéry et qui vous mène au sentier du bagne (à 40 minutes de Cayenne).

L'histoire de ce pénitencier est relativement mal décrite dans la littérature guyanaise, avec de fréquentes contradictions. L'établissement fut installé en 1931 dans le but d'y déporter des ressortissants indochinois coupables de crimes ou ayant manifesté trop vivement leurs intentions indépendantistes. La majorité de ces prisonniers étaient originaires de la région d'Annam, située au centre du Vietnam actuel, ce qui explique le nom donné à ce camp de détention. Le bagne fonctionna jusqu'en 1938, mais pour la plupart des déportés, le voyage vers la Guyane devait être sans retour. En effet, la Guyane étant constamment à la recherche de main-d'œuvre, les autorités coloniales espéraient que les prisonniers libérés restent sur place pour mettre en valeur les terrains. Lorsque ce dessein prit la forme d'une règle obligatoire, les prisonniers se révoltèrent violemment, mais leur insurrection fut matée sans aucune pitié. Les conditions de détention étaient extrêmement difficiles au camp des Annamites. L'austérité des cachots, que le visiteur peut constater, témoigne de la lugubre atmosphère qui y régnait. A un travail usant et à une discipline de fer s'ajoutait un climat propice au développement de nombreuses maladies, dont le paludisme, qui fit des ravages dans le secteur. Les vestiges dispersés çà et là sont aujourd'hui à l'état d'abandon. Rongés par la rouille et envahis par la végétation, ils créent une atmosphère surprenante et austère propre à exciter les imaginations. A l'entrée du sentier, véritable tunnel forestier, un panneau donne quelques repères historiques sur l'établissement pénitentiaire. La visite s'effectue en 2 itinéraires successifs. Il faut prévoir environ 40 minutes pour parcourir le premier tronçon. Après cette agréable marche, on parvient à une clairière où est regroupé l'essentiel des restes du bagne. Vous découvrirez des vestiges assez intéressants comme des wagons, des cellules, même si le site n'est pas très dégagé... Comme l'indique le panneau à cette clairière, vous pouvez aussi emprunter la deuxième partie du sentier qui suit un instant une ancienne voie ferrée installée par les bagnards. Il y a environ 30 à 40 minutes de marche. Ce sentier se termine par une petite crique Anguille où il vous sera possible de vous baigner et de pique-niquer. Malheureusement, le carbet de passage n'existe plus, aussi il ne vous est plus possible d'y mettre votre hamac. Il serait pourtant dommage de résister à l'eau claire de cette crique. Toutefois, si vous vous laissez tenter par le bain, restez prudent, car des raies peuvent se cacher sous les bancs de sable. Bien que le sentier ne soit pas très bien balisé, il est difficile de se perdre si vous restez sur le caillebotis (latte en bois au sol) qui montre très bien le chemin à suivre. La balade est facile, mais comme toute marche, prévoyez des chaussures dans lesquelles vous serez à l'aise.

KOUROU

Kourou n'échappe pas à l'association avec le Centre spatial et Ariane. Troisième ville par le nombre d'habitants (19 107), elle est aujourd'hui pleine de contrastes entre le moderne et l'ancien. Dans la zone la plus en retrait du littoral, le Vieux Bourg rassemble architecture créole, ambiances authentiques et airs mélancoliques. Juxtaposée, Kourou la Nouvelle s'est développée rapidement avec l'installation du centre spatial : grands hôtels, centres commerciaux... Les populations se frôlent dans cette ville aux multiples facettes.

Deux villages se distinguent : le village saramaca (Noirs-marrons) avec de nombreux artisans dont vous pourrez admirer l'art de la sculpture du bois, et le village amérindien galibi au bout de la plage de la Cocoteraie (voir plus bas).

Kourou mérite qu'on y fasse une étape d'au moins 2 jours pour découvrir aussi bien les sites touristiques qui font la réputation de Kourou (le centre spatial guyanais, les îles du Salut) que les endroits moins visités car peu connus (Vieux Bourg, roches gravées...).

Une installation dans le sillage du CSG

L'installation du village saramaca remonte aux années 65-70, au moment de la création de la base spatiale. La construction du centre spatial nécessitant une importante main-d'œuvre, les entreprises ont dû faire appel à des travailleurs étrangers, venus en particulier de Colombie. A ces effectifs " officiels " sont venus se joindre des travailleurs de toute origine, dont des gens du fleuve.

Dans un premier temps, les Saramacas ont trouvé à louer des emplacements dans le bourg de Kourou pour y construire leurs demeures. Mais, leur nombre allant croissant (700 personnes fin 1967), pour éviter l'émergence d'un véritable bidonville, le CSG leur a concédé en 1968 une langue de terre de 3 hectares non loin du fleuve Kourou. Un équipement très sommaire leur a été fourni, comprenant blocs sanitaires et lavoirs-bornes fontaines.

Ne recevant aucune aide pour la construction des logements, les habitants ont utilisé des matériaux de récupération des chantiers sur lesquels ils travaillaient. Ce terrain était situé en plein cœur de la zone marécageuse, entouré par 2 fossés de drainage débouchant sur le fleuve. Le remblaiement de l'ensemble du quartier des Roches, en 1988, a laissé ces fossés en l'état, constituant ainsi une frontière naturelle du village et empêchant son extension.

Depuis 1987, le CSG et la commune ont réalisé divers travaux, qui restent toujours très insuffisants. En 1987, le Vieux Bourg fut consacré rituellement par le chef coutumier du peuple saramaca, le Gran-Man Songo Aboïkoni, qui reconnut le site comme lieu de résidence formel des Noirs marrons travaillant à Kourou. Aujourd'hui, les habitants du village représentent plus de 14 % de la population de Kourou et près de 3 000 personnes y vivent dans des conditions de surpeuplement, de manque d'hygiène et de confort intolérables.

Des problèmes d'intégration

En dix ans, la population des Noirs-marrons du village a été multipliée par 5. Actuellement, les habitants sont obligés de surélever leur case pour installer de nouveaux arrivants car le taux d'occupation du sol est saturé. Le village regroupe des Saramacas, dont le village a pris le nom, des Djukas, des Paramakas, des Bonis, ainsi que quelques Haïtiens, Brésiliens et Créoles. Ces populations rencontrent la plupart du temps des difficultés d'intégration dans le tissu social et économique.

Depuis quelques années, on assiste à une politique sociale visant à l'apprentissage de la langue française. Des associations pour la valorisation et la promotion de leur patrimoine se multiplient et sont de plus en plus actives, l'objectif étant de transmettre leur savoir-faire et de le faire connaître.

ASSOCIATIONS

- **Saramaca Papakaï. Village Saramaca ✆ 05 94 32 10 67.** Cours de sculpture, de peinture, danses...
- **Kuwana. Village amérindien ✆ 05 94 32 15 73.** Artisanat, hébergement, restauration, balades en canot...
- **Taliko.** Village amérindien 97310 Kourou ✆ 05 94 32 70 21.

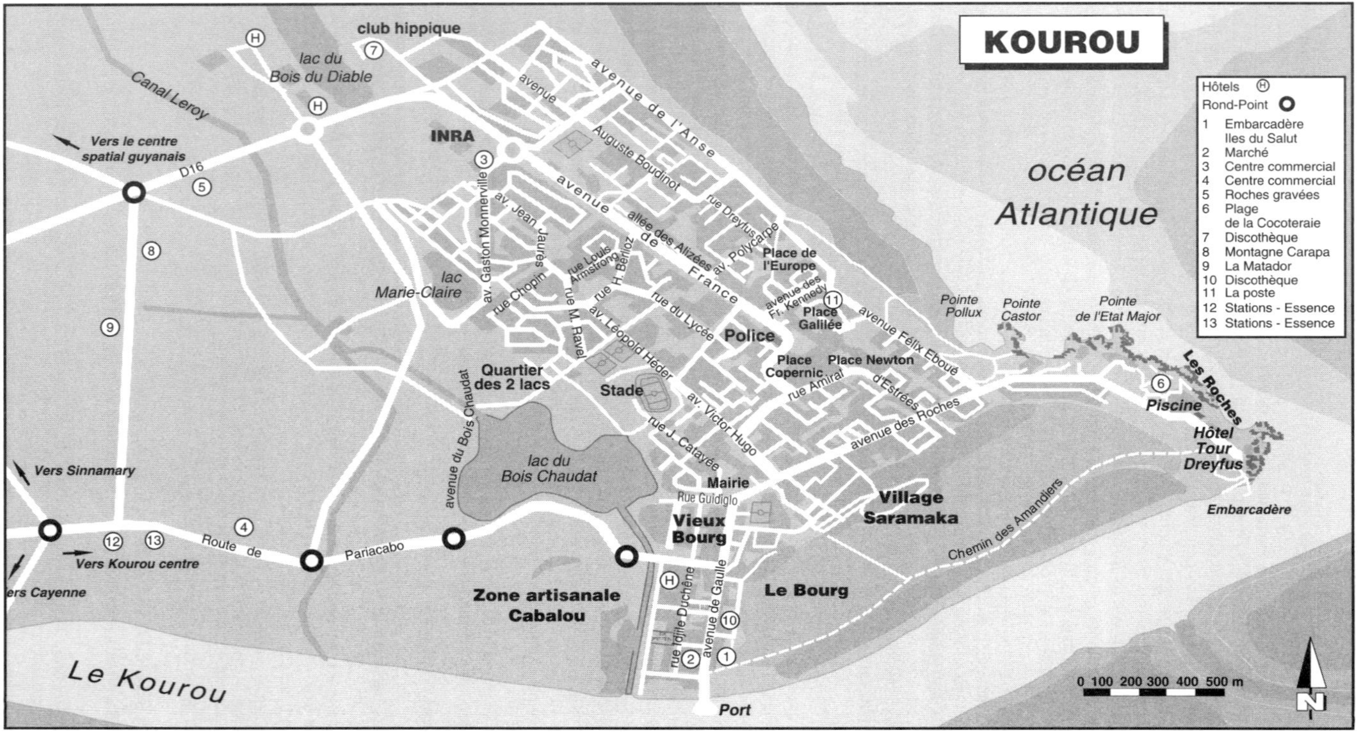
KOUROU
Hôtels
Rond-Point
1 Embarcadère Iles du Salut
2 Marché
3 Centre commercial
4 Centre commercial
5 Roches gravées
6 Plage de la Cocoteraie
7 Discothèque
8 Montagne Carapa
9 La Matador
10 Discothèque
11 La poste
12 Stations - Essence
13 Stations - Essence
océan Atlantique
club hippique
lac du Bois du Diable
Canal Leroy
Vers le centre spatial guyanais
D16
INRA
avenue de l'Anse
avenue Auguste Boudinot
avenue de France
allée des Alizées
av. Polycarpe
rue Dreyfus
Place de l'Europe
avenue des Fr. Kennedy
Place Galilée
avenue Félix Eboué
Pointe Pollux
Pointe Castor
Pointe de l'Etat Major
Les Roches
Piscine
Hôtel Tour Dreyfus
Embarcadère
av. Gaston Monnerville
av. Jean Jaurès
rue Chopin
rue Louis Armstrong
rue H. Berlioz
rue M. Ravel
rue du Lycée
av. Léopold Heder
Police
Place Copernic
Place Newton
rue Amiral d'Estrées
avenue des Roches
lac Marie-Claire
Quartier des 2 lacs
Stade
av. Victor Hugo
rue J. Catayée
Mairie
Rue Guidiglo
Vieux Bourg
Village Saramaka
Chemin des Amandiers
avenue du Bois Chaudat
lac du Bois Chaudat
Vers Sinnamary
Route de Pariacabo
Vers Kourou centre
ers Cayenne
Zone artisanale Cabalou
rue Ìdjilte Duchêne
avenue de Gaulle
Le Bourg
Le Kourou
Port
0 100 200 300 400 500 m
N

CENTRE SPATIAL GUYANAIS

Port spatial de l'Europe. Locomotive économique pour les uns, " Etat dans l'Etat " pour les autres, en négatif ou en positif, le centre spatial inspire les sentiments les plus variés, de l'enthousiasme au rejet en passant par la méfiance. Les procédures d'expropriation lors de la construction des infrastructures ont souvent frôlé l'intolérable, mais désormais des efforts sont réalisés pour réparer les erreurs. Les programmes prévus laissent préfigurer que l'aventure spatiale durera ici encore au moins quinze ou vingt ans. L'évolution des technologies a fait que désormais de plus en plus d'opérations sont réalisées entièrement ici. C'est dire que le poids du CSG sur le territoire n'est pas vraiment en passe de diminuer. Il ne peut donc plus y avoir de rupture entre cette entité et la région. L'idée d'une intégration globale fait heureusement son chemin, préfigurant probablement un avenir plus serein.

Les dates-clés

L'apprentissage

- **9 avril 1968**, premier lancement au CSG de la fusée-sonde Véronique,
- **10 mars 1970**, premier lancement du Diamant B,
- **5 novembre 1971**, premier lancement du lanceur européen Europa II.

Le programme Ariane

- **24 décembre 1979**, premier lancement d'Ariane 1,
- **4 août 1984**, premier lancement d'Ariane 2,
- **28 mars 1986**, premier lancement d'Ariane 3,
- **15 juin 1988**, premier lancement d'Ariane 4.
- **Depuis 1990**, le CSG, grâce à Ariane, est le site de lancement le plus important du monde. Mais la concurrence russe, chinoise et américaine est rude et, pour asseoir la suprématie européenne, un nouveau lanceur, Ariane 5, a vu le jour au milieu de l'année 1996. D'aspect plus trapu que son aîné, il est plus puissant et plus économique. La capacité de charge est désormais de plus de 6 tonnes (au lieu de 4,7), permettant ainsi le lancement simultané de plusieurs gros satellites. La mise en œuvre du programme Ariane 5 a conduit à la construction d'une usine qui fabrique sur place le carburant, appelé propergol, nécessaire à l'alimentation du lanceur.
- **4 juin 1996**, premier lancement de qualification d'Ariane 5. Echec.
- **21 octobre 1998**, troisième lancement de qualification Ariane 5. Lancement réussi à l'issue duquel la qualification du lanceur a été prononcée.
- **10 décembre 1999**, premier vol commercial d'Ariane 5

Décolage fusée Arianna © S. honthas

Implantation

Si la guerre d'Algérie n'avait pas eu lieu, Kourou n'aurait sans doute jamais connu cette aventure. En effet, lorsque les accords d'Evian sont signés en 1962, la France se trouve dans l'obligation de chercher un nouveau site de lancement pour remplacer celui qu'elle vient d'abandonner au milieu du Sahara algérien. Le choix du nouveau lieu d'implantation est une affaire très délicate puisqu'elle engage le pays pour de nombreuses années et conduit à réaliser de gigantesques travaux. Les paramètres de sélection sont de plusieurs natures.

Géographique

Le site doit être le plus proche possible de l'équateur, afin de permettre d'effectuer des lancements plus économiques. En effet, c'est à partir de cette position terrestre que le satellite peut rejoindre son orbite définitive en consommant un minimum de carburant, ce qui lui assure une plus longue longévité. Outre ce problème de latitude, il est aussi indispensable de sélectionner un site qui soit géographiquement stable pour éviter les tremblements de terre et qui ne soit pas une zone de passage des cyclones.

Démographique

En dépit de toutes les précautions que l'on peut prendre, un lancement présente des risques. Il est donc hors de question d'installer un centre de lancement à proximité d'une aire marquée par une forte densité de population ou une concentration d'activités économiques.

Politique

Le dernier paramètre, mais non le moindre. L'expérience algérienne a servi de leçon : la France ne pouvait pas se permettre d'installer un nouveau centre sur un territoire qui risquait d'échapper à son contrôle par suite d'agitations indépendantistes.

Tenant compte de chacun de ces impératifs, le général de Gaulle décida finalement, en 1964, que le centre serait installé à Kourou, en Guyane française. Une latitude idéale, un sol très stable, un climat sans cyclone et une faible densité de population : autant d'atouts qui jouèrent en faveur de ce choix. 90 000 hectares furent réquisitionnés sur le sol de la " France américaine ", dans des conditions parfois traumatisantes pour les populations créoles ou amérindiennes. En quelques mois, le site Fusée sonde, première zone de lancement, voit le jour. Mais la construction du centre lui-même n'est que peu de choses à côté des gigantesques travaux d'aménagement et d'urbanisation qui seront réalisés.

Routes, ponts, immeubles, hôpital et écoles sortent de terre comme des champignons, modifiant la physionomie du petit bourg traditionnel. Aujourd'hui encore, Kourou voit sans cesse pousser les bâtiments ; le dernier en date est la médiathèque.

Les acteurs du spatial

L'activité spatiale européenne au centre spatial guyanais est le fait de 3 entités qui assument chacune des missions bien spécifiques.

- **Agence spatiale européenne (ESA : European Space Agency).** L'ESA est une organisation internationale regroupant 13 Etats européens. Sa mission est d'assurer et de développer, à des fins pacifiques, la coopération entre les Etats européens dans les domaines de la recherche, de la technologie et des applications des systèmes spatiaux opérationnels. L'ESA a son siège à Paris. Ses principales antennes sont aux Pays-Bas, en Allemagne, en Italie, et sa base de lancement dans le périmètre du centre spatial guyanais.
- **Centre national d'études spatiales (CNES).** Etablissement public à caractère industriel et commercial créé en 1961, le CNES est l'agence française de l'espace. Ses missions sont multiples : analyser les enjeux de l'espace, définir les orientations futures et, à ce titre, conseiller le gouvernement ; gérer les grands programmes et animer l'industrie spatiale française ; assurer l'exploitation des systèmes nationaux en liaison avec les organismes utilisateurs ; et enfin soutenir la recherche et les sciences fondamentales. Ses antennes sont situées à Paris, Evry, Toulouse et Kourou.
- **Arianespace.** Première société commerciale de transport spatial, c'est une société anonyme au capital de 270 millions de francs, créée le 26 mars 1980 par le CNES, 43 industriels européens et 12 banques. Pour atteindre ses objectifs, elle s'appuie sur les productions des sociétés industrielles actionnaires comme l'Aérospatiale, SEP, ERNO, BAE, Matra, Contraves, Air Liquide, BPD Difesa e Spazio, et sur les moyens de lancement d'Ariane au Centre spatial. Son siège est situé à Evry, dans la région parisienne.

Comité industriel spatial en Guyane (CISG). Il regroupe l'ensemble des sociétés directement impliquées en Guyane dans le développement, la production et l'exportation des systèmes de transports spatiaux : le CNES et les sociétés Aérospatiale, Arianespace, Régulus, Europulsion, Air Liquide Spatial Guyane, Clemesy, etc. L'Union des entreprises de la base spatiale (UEBS) regroupe, en sus, les entreprises locales participant à ces activités, notamment les implantations guyanaises de Thomson, Alcatel, Cégélec, Delatre-Levivier, Sodexho, etc.

Centre spatial guyanais (CSG). C'est l'établissement du CNES, chargé de réaliser les lancements d'engins spatiaux. Installé à Kourou, il dispose d'un site de 90 000 hectares qui comprend les îles du Salut.

Les missions du CNES au centre spatial guyanais

Les principales missions du CNES au centre spatial guyanais sont : assurer l'organisation et la coordination générale des activités opérationnelles de la communauté industrielle spatiale de Guyane (CISG), acquérir et traiter les mesures liées aux lancements (trajectographie, télémesure, etc.) avec le concours des stations en aval, assurer la sauvegarde des personnes et des biens lors des opérations à caractère dangereux et pendant les lancements, fournir le support logistique nécessaire à la préparation des lanceurs et des charges utiles.

Par ailleurs, le CNES remplit les fonctions suivantes : définition et mise en œuvre des mesures de sécurité et de protection de toutes les personnes et les installations dépendant du centre, ainsi que de celle des lanceurs, charges utiles et matériels associés présents en Guyane, adaptation du centre aux missions inhérentes aux nouveaux projets français et européens tels qu'Ariane 5, poursuite et localisation des satellites pour le compte des réseaux du CNES et de l'ESA. Enfin, le CNES est chargé des relations avec l'ensemble des autorités et des collectivités locales.

Les moyens

Le centre offre aux lanceurs et aux satellites tous les moyens techniques et logistiques dont ils ont besoin pour leur préparation et pour leur lancement, à savoir l'ensemble de préparation des charges utiles mis à la disposition des clients pour la préparation de leur satellite depuis l'arrivée en Guyane jusqu'au montage sur le lanceur, le centre de contrôle Jupiter, qui coordonne l'ensemble des moyens mis en œuvre pendant le lancement et assure la surveillance en vol pour la sauvegarde, des stations de réception de télémesure en Guyane, complétées, pour les lancements vers l'est, par les stations implantées près de Natal (Brésil), sur l'île d'Ascension (Royaume-Uni), près de Libreville (Gabon) et près de Malindi (Kenya), qui enregistrent les données transmises au cours du vol, des moyens de localisation radar qui restituent la trajectoire du lanceur et fournissent les informations nécessaires à la sauvegarde et au diagnostic de satellisation, une station météorologique, des moyens de communication entre les différentes installations reliées au réseau international, enfin, des moyens logistiques très variés.

De Véronique à Ariane 5

L'épopée spatiale européenne. Les premières expériences spatiales sont menées en Algérie dans le cadre des programmes Diamant. Ces derniers prirent fin en Guyane, pour laisser la place à un projet qui devait incarner les débuts de la collaboration européenne dans le spatial : Europa. Lourd, très peu performant, ce lanceur fut à l'origine d'un échec retentissant pour la communauté européenne de l'espace.

Certains s'accordent même à penser qu'Europa aurait pu sonner le glas de cette épopée, si un autre programme n'avait rapidement vu le jour : Ariane. C'est le soir de Noël 1979 que, pour la première fois, Ariane prendra le chemin de l'espace.

Par la suite et jusqu'en 1988, Ariane 2 et Ariane 3 assumeront plusieurs missions avec plus ou moins de succès. Il faudra, en fait, attendre l'apparition du lanceur Ariane 4, en juin 1988, pour enregistrer des progrès spectaculaires. Cette version du lanceur Ariane présente l'intérêt majeur d'être modulable en fonction de la charge transportée.

Il existe aujourd'hui 6 catégories d'Ariane 4, la plus grosse, appelée 44 l, pouvant mettre sur orbite un ou deux satellites d'un poids total de 4,7 tonnes.

Afin de répondre à l'évolution des besoins des utilisateurs en moyens de lancement, le développement du nouveau lanceur Ariane 5 s'avérait nécessaire. Ariane 5 est un programme de l'Agence spatiale européenne qui en a confié la maîtrise au CNES.

Depuis le succès du dernier vol de qualification 503, Arianespace a pris en charge la production et l'exploitation commerciale du lanceur Ariane 5. D'une capacité d'emport de 5,9 à 6,7 tonnes dans sa configuration actuelle, ce lanceur devrait connaître des évolutions de capacité dans les prochaines années.

TRANSPORTS

Kourou est située à 65 kilomètres de Cayenne et à environ 200 kilomètres de Saint-Laurent-du-Maroni (RN1).

▸ **Air France.** Immeuble Vercors, place Newton, 97310 Kourou ✆ 05 94 32 10 50 - Fax 05 94 32 31 78.

▸ **Sainte-Claire Voyages.** CV 2, Simarouba 97310 Kourou ✆ 05 94 32 36 98 - Fax 05 94 32 50 40.

Location de voitures

A Kourou

▸ **ADA.** 69, rue Edjide-Duchesne ✆ 05 94 32 66 67 / 32 45 12 - Fax 0594 32 17 64.

▸ **Avis.** 4, avenue de France ✆ 05 94 32 52 99 - Fax 05 94 32 58 43.

▸ **Europcar.** Rue Saint-Exupéry ✆ 05 94 32 25 55 et 32 14 22 - Fax 0594 32 25 55.

▸ **Hertz Sogula.** ZI de Pariacabo ✆ 05 94 32 47 07 - Fax 05 94 32 02 89.

▸ **Le relais spatial.** Avenue de France ✆ 05 94 32 00 65 - Fax 05 94 32 69 28.

▸ **Locauto.** ZI de Pariacabo ✆ 05 94 32 63 88.

▸ **Service Auto location.** Lotissement Cabalou 8-10, rue des Frères-Amet ✆ 05 94 32 01 01/32 48 75 - Fax 0594 32 19 10.

PRATIQUE

- **Syndicat d'initiative de Kourou.** A déménagé de la rue des Aïmaras. Pour tout renseignement, contactez la mairie de Kourou ✆ 05 94 22 31 31/05 94 22 31 30.
- **Centre médicochirurgical de Kourou.** Avenue Victor-Hugo 97310 Kourou ✆ 05 94 32 76 76.
- **Pompiers** ✆ 18.
- **Gendarmerie** ✆ 05 94 32 00 18 et 32 23 95.

Banques avec distributeurs automatiques

- **BFC. Place Jeanne-d'Arc ✆ 05 94 32 21 21.** 2 distributeurs.
- **BNP Guyane. Avenue des Roches ✆ 05 94 32 05 15.** 2 distributeurs.
- **BRED. 85, avenue Gaston-Monnerville ✆ 05 94 32 33 25.** Un distributeur.
- **La Poste. Avenue des Frères-Kennedy ✆ 05 94 32 05 06.** 2 distributeurs.

HEBERGEMENT

La ville de Kourou dispose d'hôtels de qualité dans le Vieux Bourg ou à l'entrée de la ville. La plupart sont classés 3 étoiles. Hôtels confortables, adaptés surtout à une clientèle d'affaires, les activités proposées sont de qualité : piscine, fitness, tennis... Pour des budgets plus serrés, vous aurez le choix parmi les locations chez les particuliers (dont Clévacances).

Bien et pas cher

- **Centre d'accueil communal ✆ 05 94 22 33 50.** Situé au centre du Vieux Bourg, le centre propose un hébergement en chambres climatisées ou en dortoir pour une somme modique (*environ 7,62 € par personne*). La salle d'eau et les toilettes ne sont pas privatifs. Une adresse intéressante pour les petits budgets.
- **Les Jardins d'Hermès. 56, rue Duchesne ✆ 05 94 32 01 83 - Fax 05 94 32 09 17.** Situé dans le Vieux Bourg, cet hôtel dispose de 40 chambres climatisées assez confortables. Ses couleurs bleues lui donnent un cachet agréable. Il se situe dans la moyenne gamme. L'hôtel dispose également d'une belle piscine.
- **Mme et M. Mimphir. N°1 Résidence Saint-Exupéry 97310 Kourou ✆ / Fax 05 94 32 43 70 / 06 94 21 84 19 (mobile).** Un studio 2 à 3 personnes, coin cuisine, terrasse, TV, téléphone et un F3 4 personnes avec 2 chambres lit 2 places, salle de bains, W.-C. Climatisés, indépendants et contigus à la maison du propriétaire. *Pour le studio, 244 € la semaine et 457 € la quinzaine ; pour le F3, 539 € la semaine et 915 € la quinzaine.*

Confort ou charme

- **Mercure Inn Atlantis. Lac du Bois du Diable ✆ 05 94 32 13 00 - Fax 05 94 32 40 12.** Cet hôtel de chaîne vous propose des chambres spacieuses et confortables (climatisation, réfrigérateurs et télévision avec Canal+). Profitez des forfaits week-end en demi-pension. *Les tarifs changeant selon la saison. Les tarifs varient pour les chambres standard de 79 € (1 personne) à 88 € (2 personnes), pour des chambres supérieures de 87 € (1 personne) à 96 € (2 personnes). Certaines chambres sont équipées de kitchenette (94 € pour 1 personne, 103 € pour 2), les suites à 117 € pour 1 personne et 126 € pour 2 personnes.* Le restaurant de l'hôtel, Le Latina Café, est apprécié pour son cadre et sa terrasse en bord de piscine. Le buffet du petit déjeuner est à recommander (*10 €*). Tennis, location de VTT sur place et possibilité de canoë et de ski nautique avec des tarifs préférentiels sur le lac proche au club de ski nautique de Kourou. Tous les dimanches, buffet avec ambiance musicale (réservation à l'hôtel).
- **Mercure Ariatel. Avenue Saint-Exupéry 97310 Kourou ✆ 05 94 32 89 00 - Fax 05 94 32 61 60. E-mail : H1592@accor-hotels.com .** Cet hôtel propose, dans un cadre agréable, au bord du lac, des bugalows spacieux (suites) avec tout le confort : chambre, salle de bain, toilettes, kitchenette... Vous aurez en tant que client à votre disposition la piscine, les cours de tennis, la salle de musculation, de ping-pong... Comptez environ *129,57 € pour 2 personnes en chambre double et en demi-pension.* Pour les repas, vous aurez le choix entre un restaurant gastronomique et un restaurant-snack au bord de la piscine.
- **Hôtel des Roches. Pointe des Roches ✆ 05 94 32 00 66 - Fax 05 94 32 83 15.** L'hôtel des Roches a fait peau neuve ! Vous découvrirez des chambres avec une vue sur le large : plage de la Cocoteraie, îles du Salut, Guatemala.

Les prestations annexes sont multiples : piscine, court de tennis, squash à proximité. Tarifs dégressifs pour les groupes et les longs séjours. Les 97 chambres sont climatisées et équipées de la télévision. *Les tarifs varient de 93 € (simple) à 101 € (double) et 184 € pour la suite. Le petit déjeuner buffet à 10 €. L'hôtel les Manguiers (59 chambres), deuxième partie de l'hôtel prose des chambres a 55 €. Si vous souhaitez être hébergé dans un des 10 bungalows, cette prestation est également proposée à hauteur de 101 €.* L'accès est direct à la plage de la Cocoteraie. Il y a 2 restaurants : Le Créolia (spécialités de la mer, dans une grande salle aérée au bord de la plage, face aux îles du Salut) et Le Paradisier (restaurant gastronomique, banquets et dîners d'affaires). Au bord de la piscine, le snack-bar La Cage propose une restauration rapide et des pizzas à toute heure.

RESTAURANTS

A l'entrée du village, suivez les odeurs de brochettes : crevettes, requin, bœuf, mérou et merguez. **Chez Dizou**, *tout a du goût et coûte 1,52 €.* **Pas de téléphone, ni de fax**. Vivement conseillé.

Bien et pas cher

▸ **La Pizzeria. 38, rue Martin-Luther-King ✆ 05 94 32 70 66 - Fax 05 94 32 59 46.** *Ouvert midi et soir, sauf le lundi toute la journée. Comptez 15,24 € à la carte.* Dans cette pizzeria accueillante, les pizzas et les grillades sont cuites au feu de bois. Vue sur le lac, excellent rapport qualité/prix, accès à la piscine. Plats à emporter.

▸ **Bar des Sports. 4, avenue des Frères-Kennedy ✆ 05 94 32 64 08.** Le lieu de rencontre des amoureux des sports. *Chaque jour à midi un menu différent comprenant entrée, plat, dessert, café et vin pour à peine 9,15 €.* Le soir, snack à la carte. L'ambiance y est méridionale, surtout à l'heure de l'apéritif. *Ouvert tous les jours dès 7 h pour le petit déjeuner, Le Bar des Sports ferme vers 24 h 30.* Un très bonne adresse à fréquenter sans modération.

▸ **Chez Lourdy. Cité Zenil 2 Oulapa ✆ 05 94 32 13 28.** Situé dans une rue adjacente à la place Gaston-Monnerville, ce restaurant n'est malheureusement pas toujours facile à trouver. Le gibier y est délicieux et l'accueil très apprécié.

▸ **Chinatown. 66, avenue Edjide-Duchesne ✆ 05 94 32 17 69.** Un restaurant agréable, climatisé, dans le Vieux Kourou.

▸ **Le Bois Diable. Lac du Bois du Diable ✆ 05 94 32 87 00.** *Plat du jour à 15,24 €. Ouvert à midi et le soir,* le restaurant de l'hôtel Mercure propose des spécialités régionales adaptées par le chef, et des grands classiques de la gastronomie française. Formule snack.

▸ **Baraka. Avenue du Général-de-Gaulle ✆ 05 94 32 33 23.** *Plats du jour à partir de 6,86 €. Comptez 15,24 € à la carte.* Spécialités arabes et créoles dans un décor d'inspiration arabe. Accueil sympathique.

▸ **N'Jifa. 21, avenue du Général-de-Gaulle ✆ 05 94 32 87 01 - Fax 05 94 32 01 25**. Un restaurant sympathique servant des spécialités africaines et créoles. Situé au Vieux Bourg, il propose, entre autres, *une formule rapide à 6,86 € le midi.* La cuisine est originale, les plats copieux et l'accueil sympathique. Le dimanche, pendant les grandes vacances, retrouvez-le sur la plage de la Cocoteraie.

▸ **Sous l'Equateur. 38, avenue du Général-de-Gaulle ✆ 05 94 22 39 52**. Restaurant brésilien simple, où les plats sont vendus au kilo (au centre du Vieux Bourg).

▸ **La Case à crêpes. 48, avenue du Général-de-Gaulle ✆ 05 94 32 26 20.** *Fermé le dimanche et le lundi midi.* Propose un large choix de crêpes, galettes et glaces.

Une fois sur place, n'hésitez pas à arpenter les rues et à vous arrêter dans les petits restaurants chinois ou devant les roulottes qui proposent souvent aussi bien des plats cuisinés à un très bon prix que le classique steack-frites.

Bonne table

▸ **La Grillade. 49, rue Hector-Berlioz ✆ 05 94 32 46 72.** Dans un cadre méditerranéen, vous serez accueilli avec le sourire. Cocktail et tapas sont offerts par la maison. C'est l'une des meilleures adresses à Kourou. *Entrée à environ 11,43 €, plat à 19,81 € et dessert autour de 4,57 €.*

▸ **Karting. Zone portuaire de Pariacabo ✆ 05 94 32 05 39.** *Comptez 22,86 €.* A l'entrée de Kourou en venant de Cayenne. *Il y a un menu à 75 €* (avec un supplément pour les boissons), avec un choix de 4 entrées, 4 plats et différents desserts. Les mardi et vendredi soir, de délicieuses grillades au feu de bois seront cuites sous vos yeux.

▸ **Latina Café. Hôtel Mercure Atlantis, Lac du Bois du Diable ✆ 05 94 32 13 00.** Vous serez séduit par le cadre et l'ambiance de ce restaurant en bord de piscine. Possibilité de prendre un repas copieux ou tout simplement de venir grignoter un en-cas ou boire un cocktail. Le personnel est fort sympathique et le lieu très apprécié pour sa carte de grands crus.

Glacier

▸ **Glacier des Deux Lacs. Avenue des Deux-Lacs ✆ 05 94 32 12 10.** C'est la référence lorsque l'on parle de glacier en Guyane. A ne pas manquer lors d'une escale à Kourou. Tous les parfums vous attendent, de la mangue au maracudja en passant par la poire. La plupart des glaces sont faites maison ainsi que les gâteaux.

SORTIR

▸ **Café philosophique " Le Moaï ".** Place de l'Europe ✆ 05 94 32 36 65.

▸ **Clibertown Club. Rue Guynemer ✆ 05 94 32 36 65.** C'est la boîte branchée de Kourou. Concert, soirées à thème (disco, rétro zouk...). L'ambiance y est chaude et la clientèle hétérogène. Depuis 1996, il y a à l'étage un snack-pizzeria, un restaurant panoramique avec cuisine gastronomique et un club privé.

▸ **Lazer 2000. 20, avenue du Général-de-Gaulle ✆ 05 94 32 42 31.** Une boîte qui diffuse la musique branchée du moment (zouk, ragga, jump pop...).

▸ **Cinéma Urania. Allée Tamanoirs ✆ 05 94 32 05 50.**

POINTS D'INTERET

Vieux Bourg. C'est un quartier que l'on traverse uniquement pour se rendre au débarcadère (navette pour les îles du Salut), or il serait dommage de ne pas en faire le tour. Le Vieux Bourg mérite, par son histoire et ses coutumes encore vivaces, qu'on lui accorde un minimum d'intérêt.

▸ **Roches Gravées de la Carapa ✆ 05 94 33 71 89 / 33 40 70 - Fax 05 94 33 57 00.** C'est l'Association des Roches gravées de la Carapa avec ses bénévoles passionnés qui s'occupe des visites de ce site. Pour toute information, **contactez un bénévole au centre spatial guyanais.**

▸ **Visite guidée du centre spatial Guyanais**. *La visite du CSG est gratuite. Toutefois il vous est demandé pour toute visite de vous inscrire et de réserver ✆* **05 94 32 61 23.** *(de 8 h à 12 h et de 13 h à 17 h)* - **Fax 05 94 32 17 45 - E-mail : visites.csg@wanadoo.fr .** *Les visites (2 par jour à 8 h et 13 h) ont lieu du lundi au jeudi, et le vendredi à 8 h (une visite).* Rendez-vous 15 minutes avant le départ pour les formalités. L'accueil des visiteurs ainsi que le départ en bus se font au musée de l'espace. Munissez-vous obligatoirement d'une pièce d'identité. *Dans le cadre de son programme de relations publiques, les autorités du CSG organisent des visites guidées qui, pour le moment, sont gratuites et ouvertes à toute personne âgée de plus de 8 ans.* Cette limitation d'âge s'explique par le simple fait qu'au cours de la visite, certains sites sont considérés comme des sites à risque pour les plus jeunes. La visite est effectuée pour une grande part dans un bus climatisé (site du centre spatial, éléments de lancements, poste de surveillance...). Elle s'achève par la fameuse salle Jupiter. Comptez environ 3 heures en tout. Il est à noter que de gros efforts ont été entrepris par le CSG afin de faire de ce lieu le passage incontournable lors d'un séjour dans le département. Pour cela, une équipe jeune et dynamique vous accueille, les explications sont plus légères, plus à l'écoute des attentes et des besoins des visiteurs.

▸ **Musée de l'Espace**. Depuis peu, un superbe musée est installé à l'entrée du centre spatial guyanais. Contrairement à la visite du centre spatial, il n'y a pas de limitation d'âge pour la visite du musée de l'espace. *Il est ouvert du lundi au vendredi de 8 h à 18 h et le samedi de 14 h à 18 h . Entrée payante : 6,10 € pour les adultes et 3,80 € pour les enfants de moins de 10 ans. Une réduction est possible pour une visite combinée avec la visite du centre spatial le même jour.* Le musée propose un parcours thématique, des animations interactives, des maquettes réelles, un choix de films scientifiques et techniques, un espace Internet (accessible aux visiteurs du musée et aux titulaires d'un abonnement) ainsi que des expositions temporaires. Il tient également à votre disposition une petite boutique où vous pourrez retrouver quelques ouvrages sur l'histoire du site, des souvenirs (affiches, maquettes, gadgets, casquettes...). Un espace détente en accès libre.

Pour assister à un tir. Le rythme des lancements est très intensif puisque Ariane prend désormais le chemin de l'espace toutes les 3 semaines. Il est donc probable qu'un lancement ait lieu durant votre séjour et dans ce cas, nous vous conseillons de profiter de l'aubaine. *Les invitations pour assister à un lancement sont également gratuites. Il vous faut pour cela faire une demande écrite (par courrier ou par fax)* au **CNES - Centre spatial guyanais, service Relations publiques, BP726, 97387 Kourou Cedex ✆ 05 94 33 42 00 - Fax 05 94 33 31 22 - E-mail CSG-Accueil@cnes.fr .** Les invitations seront accordées dans la limite des places disponibles. *Pour être admis sur le site rapproché (4 à 6 kilomètres du lanceur), il faut être âgé de plus de 16 ans et pour le site Ibis (à 12 kilomètres du lanceur), de plus de 8 ans. Cependant le site Carapa reste ouvert au public sans invitation et sans restriction d'âge* ; il se trouve sur la montagne du même nom, juste à l'entrée de Kourou. Ce site peut accueillir environ 400 personnes. Bien que son accès soit libre, une fois ce chiffre atteint, il ne vous sera plus possible d'y accéder. Aussi nous vous conseillons d'y arriver suffisamment à l'avance.

Attention : il est impératif de présenter une pièce d'identité pour assister à un lancement ou pour participer à une visite guidée. Puisque vous arriverez sur le site bien avant le lancement, prévoyez un en-cas et, surtout, un produit antimoustique.

Par les prestataires réceptifs

JAL Voyages. 26, avenue du Général-de-Gaulle BP1102 97344 Cayenne Cedex ✆ 05 94 31 68 20 - Fax 05 94 30 11 01 - Licence 973 95 0003 - Web : www.jal-voyages.com - E-mail : jal@jal-voyages.com .

Takari Tour. 8, rue du Capitaine-Bernard BP 513 97332 Cayenne ✆ 05 94 31 19 60 - Fax 05 94 31 54 70 - Licence 973 95 0001. Web : www.takaritour.gf - E-mail : takari.tour@wanadoo.fr . Un combiné sur une journée avec une visite du CSG avec un repas et du zoo de Macouria au départ de Cayenne (*61 €*).

Couleurs Amazone. 2bis, avenue Pasteur 97300 Cayenne ✆ 05 94 28 70 00 - Fax 05 94 28 70 01 - Licence 973012001 - Web : www.couleursamazone.fr - E-mail : info@couleursamazone.fr . Visite du centre spatial.

GuyanEspace Voyages. 39, avenue Hector-Berlioz 97310 Kourou ✆ 05 94 22 31 01 Fax 05 94 22 31 02 - Licence 973990002 - Web :www.guyanespace.com - E-mail : guyanespace@wanadoo.fr. Ce prestataire s'est spécialisé dans des circuits " longue durée " (environ 7 à 8 jours). Il vous propose un forfait découverte (les îles du Salut, visite de Sinnamary et Iracoubo, Saint-Laurent du Maroni, le centre spatial, la réserve animalière, la crique Gabriel et son marché (*1 265 € par personne*), un forfait séjour " Amazonie " (14 jours) dans un campement (+ les îles du Salut, le CSG) à hauteur de *922 €* et un forfait Maroni (+ Les îles du Salut, CSG, Cayenne) pour *1 501 €*. Tous ces forfaits ont l'avantage de vous prendre entièrement en charge (hébergement, petit-déjeuner). Il propose également des activités telles que la découverte des marais de Kaw, les îles du Salut en voilier, la découverte de la Mana, la pêche au gros...

SHOPPING

Marché aux fruits et légumes. *Le samedi au Vieux Bourg (avenue du Général-de-Gaulle) le matin et le dimanche place Copernic (toute la journée).*

Marché aux poissons. Place Siméon-Antoinette-Debar (à la sortie du Vieux Bourg, à côté du port). *Poissons frais entre 8 h et 11 h .*

▸ **Créations du Pacifique. Vieux Bourg et place de l'Europe ✆ 05 94 32 01 05 / 32 49 20 et 32 10 68.** Un travail de précision et des prix raisonnables. Or, arcs, flèches, colliers amérindiens, bijoux et autres fantaisies.

▸ **Souvenirs du Carbet. ZI Pariacabo BP191 Kourou ✆ 05 94 32 11 75 - Fax 05 94 32 11 21.** *Fermé le lundi matin et le dimanche toute la journée.* Il s'agit d'un grand hangar où l'on vend artisanat, bois tourné, pierres précieuses, papillons...

▸ **Librairie Encrage. 41, avenue du Général-de-Gaulle 97310 Kourou ✆ 05 94 22 09 22 - Fax 05 94 22 09 20.** Situé dans le Vieux Bourg, cette librairie propose un choix intéressant d'ouvrages sur la Guyane.

▸ **Bibliothèque associative. Rue Victor-Hugo ✆ 05 94 32 08 88.** Un choix de livres et revues.

LOISIRS

Plage de la Cocoteraie. Avenue des Roches. Vue sur les îles du Salut, la plage de la Cocoteraie est une des rares plages en Guyane à être aménagée : paillotes pour pique-niquer, parcours de santé pour joggeurs...

Activités nautiques

▸ **Club de Ski Nautique de Kourou (CSNK). Lac du Bois du Diable BP417 ✆ 05 94 32 55 03.** *Ouvert de 10 h à 18 h* . Ce club propose des sessions de ski nautique d'environ 15 minutes et des stages de 3 ou 5 jours. Il loue également des canoës (*7,62 € les 2 h*).

▸ **Association Ecole de croisière de Kourou.** 9, rue des Frères-Amet 97310 Kourou ✆ 05 94 21 39 67 - Fax 05 94 22 09 68 - E-mail : fred.lachot@voilme.fr .

▸ **Sports et loisirs Guyane (SELG) ✆ 05 94 22 05 99. (mobile) 06 94 21 91 73.** C'est le règne du kayak : îles du Salut, fleuve Kourou, crique des Pères, Sinnamary... *A partir de 10 € par jour,* tout le matériel est fourni : kayak, gilet, bâches, cartes... Une façon originale de découvrir la Guyane !

▸ **Club nautique de Kourou (CNK). Pointe des Roches ✆ 05 94 32 06 90.** A côté de l'hôtel Les Manguiers (en face de la tour de Dreyfus), le CNK vous propose les activités suivantes : planche à voile et voile, en cours particulier ou en stage. Location de matériel. Permanence du vendredi après-midi au dimanche soir.

Autres activités

▸ **Criolo Ranch. PK 6 dégrad Saramaca 97310 Kourou ✆ / Fax 05 94 32 33 21 - (mobile) 06 94 26 13 39 - Web : crioloranch.asso.fr - E-mail : ranch.criolo@wanadoo.fr .** Situé à 10 minutes de Kourou, ce ranch propose des balades à cheval sur sa propriété de 5 hectares. Onze chevaux qui vivent en liberté. L'heure de monte est à *17 € et 34 € les 2 heures.* Des stages, des camps cheval pour les enfants à partir de 8 ans *(de 107 € à 259 €* de 2 jours à 5 jours*).* Des journées cheval également pour les adultes, des journées " découverte " pour les écoles... Des cotisations à l'année, des cotisations familiales, des cartes de 10 heures. Des programmes originaux : balades au clair de lune, journées pique-nique, fête d'anniversaire pour les enfants...

▸ **Fun Bike. Immeuble Provinces de France 4, place des Frères-Montgolfier ✆ 05 94 32 22 75 - Fax 05 94 32 23 61.** Location de VTT à des prix très intéressants.

Camps touristiques

▸ **Camp touristique Cariacou. Thomas Saunier 13, rue Chopin 97310 Kourou ✆ 05 94 32 44 44 / (portable) 06 94 21 45 81 - Fax 05 94 32 14 81 - E-mail : campcariacou@wanadoo.fr .** Ce prestataire vous propose différents circuits. Les activités y sont nombreuses, telles que le canoë-kayak, des randonnées pédestres, du tir à l'arc, de la pêche, balades fluviales, découverte d'un sentier botanique, le tout dans un milieu naturel très agréable. Cinq circuits sur 2 jours *(de 95 €) ou encore 4 jours (à 170 €).* Le couchage se fait en hamac (campement d'une capacité de 15 personnes) et les prix correspondent à la pension complète.

▸ **Canopée Guyane Sarl. 10, rue Pasteur 97310 Kourou ✆ / Fax 05 94 32 53 59.** Un séjour en week-end, semaines ou à la carte. Ce prestataire vous invite à découvrir la canopée sur ce site. Carbet arboricole où tout est prévu pour vous faire passer des moments acrobatiques, ludiques...Tyrolienne, rappel, balades en layon sur la montagne Saint-Michel. Des moments sympathiques à passer.

◗ **Camp touristique des Maripas (CTM). PK 17,5 dégrad Saramaca 97310 Kourou ✆ - Fax 05 94 32 05 41.** Le site est magnifique au bord du Kourou. Tranquillité et discrétion sont les mots d'ordre. Les promenades en forêt et en pirogue ne sont organisées que sur réservation. *Les tarifs : 45,73 € (repas, nuit, balade en pirogue), repas créole à 23 €, formule hamac et petit déjeuner à 15,24 €...*

Balades

◗ **Kag Tour. 182 village Saramaca 97310 Kourou ✆/Fax 05 94 32 57 93/06 94 26 39 46.** Des balades en pirogue vers la crique Kwie entre autres, sur une journée (*31 €*), 2 jours (*84 €*) ou encore 3 jours (*99 €*).

◗ **Association T°Leuyeu. Village amérindien de Kourou ✆ 05 94 32 18 70.** *(Lundi, vendredi de 9 h à 11 h et de 17 h à 18 h 30).* Cette association propose des week-ends ludiques et didactiques avec une formule week-end, pension complète, boissons comprises *(environ 119 €)*. Le séjour se déroule sur le site Kuwana aménagé sur la crique Couy à une de pirogue de PK21. Activités de pêche, découverte de la faune et de la flore avec des guides amérindiens.

Location de bateau à moteur mer et rivière

◗ **Nautic Auto Caraïbes. Zone Pariacabo. 97310 Kourou ✆ 05 94 32 50 65 - Fax 05 94 32 50 63.** Pour votre matériel de pêche et équipement nautique, permis bateau, gardiennage bateau.

ILES DU SALUT

Comment peut-on imaginer, en découvrant ce site paradisiaque, qu'en ces lieux Seznec, Dreyfus et des milliers d'autres vécurent les pires heures de leur existence ? Face à Kourou, on distingue par temps clair une île luxuriante qui semble défier le continent. Il faut s'en approcher pour réaliser qu'il s'agit en réalité de 3 îles qui se regardent, formant un triangle presque parfait. Les îles du Salut, Royale, Saint-Joseph et l'île du Diable, constituent une zone géographique très différente du continent qui, pourtant, n'est éloigné que de 17 kilomètres. Ici, un climat plus ventilé et beaucoup plus sec offre aux visiteurs un paysage, sinon aride, en tous les cas moins luxuriant que sur la côte. Ici aussi, l'Atlantique se pare de couleurs caribéennes, abandonnant brusquement la teinte brune qui le caractérise le long de la Guyane. Mer bleue, cocotiers et climat sec et ensoleillé feront sans doute oublier un instant, la dure réalité de l'histoire des lieux. Entre culture et détente, les îles du Salut sont presque une étape obligée lors d'un séjour dans le département, offrant l'occasion de passer une excellente journée.

L'échec d'un rêve

A l'origine, Kourou était peuplée d'Amérindiens, les Galibis ou Kalinas, qui vivaient à proximité du fleuve. En **1763**, Choiseul choisit Kourou pour établir une colonie d'Européens qu'il espérait prospère et puissante. Ce fut un échec, car des milliers de colons furent décimés par les fièvres. Les survivants se réfugièrent sur les îles du Diable (appelées ainsi à cause du danger qu'elles représentaient pour la navigation) situées à 15 kilomètres au nord de Kourou. Après y avoir trouvé le salut, ils donnèrent ce nom au petit archipel. La plus grande des îles fut baptisée Royale en souvenir de Louis XV, la deuxième Saint-Joseph, l'expédition ayant été placée sous son patronage, et la troisième a conservé son nom d'origine, île du Diable. **De 1852 à 1946**, Kourou et les îles du Salut furent le siège d'un bagne. En **1964**, le général de Gaulle décide la construction d'une base spatiale en Guyane. Les travaux commencent en **1965**, à Kourou.

COMMENT S'Y RENDRE ?

Depuis 1971, les îles du Salut sont la propriété du CNES. Il en résulte que leur accès est surveillé et limité à l'île Royale pour la navette, contrairement aux voiliers (voir liste prestataires). Aujourd'hui plusieurs prestataires se partagent les visites et le transfert aux îles du Salut. Pour ce qui concerne la navette régulière, l'exploitation commerciale est assurée par la société SOTEL. Cette navette effectue une fois par jour le transfert jusqu'à l'île Royale.

L'achat des billets (*32 € pour les adulte, avec un tarif réduit pour les enfants jusqu'à 12 ans*) peut se faire dans la majorité des agences de tourisme et de voyage à Cayenne et Kourou. Il y a un aller à 8 h 30 au débarcadère du Vieux Bourg de Kourou le matin et un seul retour à 17 h (au départ de l'île Royale). Pour éviter le retard de la navette, le rendez-vous est donné à 7 h 45-8 h au débarcadère. Le paiement se fait en espèces. Sachez que cette navette débarque uniquement sur l'île Royale.

Société SOTEL (réservations des billets pour la navette (Kourou) ✆ 05 94 32 09 95.

Plusieurs prestataires vous proposent une visite des îles sous forme de forfait (transport, hébergement, restauration), en voilier ou en vedette. Vous pourrez également vous rapprocher des réceptifs (voir rubrique " Abécédaire "), qui proposent avec le transfert en navette, une visite guidée de l'île.

EXCURSIONS AUX ILES ET PECHE AU GROS

Les voiliers

▶ **La Hulotte. 1, rue Baudelaire 97310 Kourou ✆ 05 94 32 33 81 / 06 94 21 13 81 (portable) - Fax 05 94 32 08 20 - E-mail lahulotttte2@terresdeguyane.fr .** Venez apprécier les îles du Salut avec Pierre et Sophie Saint-Jalm à bord de L'Effraie, un catamaran de 12,7 mètres ou de La Hulotte, monocoque de 13 mètres. Sortie d'une journée pour *46 € par personne* ou de 2 jours pour *67 €,* nourriture et hébergement non compris. *Demi-tarif pour les enfants de - 12 ans.* Un petit tour des 3 îles avec un débarquement sur l'ile Saint-Joseph le matin, sur l'île Royale dans l'après-midi. L'ambiance est sympathique.

La Hulottte offre un service très convivial et chaleureux avec en prime du ti'punch à volonté. De plus la visite de l'île Saint-Joseph est possible et permet d'avoir une certaine idée de la vie des hommes portés à la réclusion.

Le retour s'effectue par la traversée entre l'île Saint-Joseph et l'île Royale permettant ainsi de découvrir le côté ouest de l'île Royale ". Ducept Georges. Saint-Georges-des-Coteaux.

▶ **Guyane Pêche Passion ✆ 05 94 32 68 28/06 94 26 41 46 (mobile) - Fax 05 94 32 84 19 - Web : www.guyanepechepassion.com - E-mail : guyane-peche-passion@wanadoo.fr - yves.Harlepp@wanadoo.fr.** Passionné de pêche au gros, Yves Harlepp, skipper, vous initiera à la pêche. Mérous, tarpons... Laissez-vous accompagner par ces professionnels. Il fera découvrir les petits coins des îles à bord de leur vedette. Une prestation qui a près de dix ans d'expérience. *A partir de 76 € par personne.*

▶ **Royal Ti-Punch ✆ 05 94 32 09 95/06 94 20 18 88 (mobile) - Fax 05 94 32 30 63 - E-mail : ACTIV.SNC@wanadoo.fr.** Tout nouveau, ce superbe catamaran de 18,20 m (maxi 28 personnes), tout confort. La traversée est conviviale, musique jazzy, un confort exceptionnel. On vous propose un grand tour de l'île royale et Saint-Joseph avec la possibilité de venir vous chercher quand vous le souhaitez sans supplément de prix. *Tarif découverte : 44 € par personne (adhérent F.A.G. -10 %).* Un produit à découvrir absolument !

Tropic Alizés. PK 8,5 Route des Plages 97354 Rémire-Montjoly ✆ 05 94 25 10 10 / (portable) 06 94 23 87 13 - Fax 05 94 25 10 11 - E-mail : tropic.alizes@wanadoo.fr . C'est à bord de Cheval fou, un sloop de 14 mètres d'une capacité de 12 personnes que vous découvrirez l'île Royale et l'île Saint-Joseph : visite, pique-nique... Les excursions peuvent se faire à la demande. Des instants à ne pas rater. Depuis peu, Tropic Alizés vous propose un départ depuis Cayenne (sur réservation, avec un transfert en minibus jusqu'à Kourou). Les tarifs varient pour une journée de *46 € (départ Kourou) à 61 €* (départ Cayenne), pour 2 jours ou plus de *67 € (départ Kourou) à 82 €* (départ Cayenne). *Demi-tarif pour les enfants de - de 12 ans.* Il vous sera possible de manger un repas froid typiquement créole (entrée, plat, dessert, boisson) sur demande à hauteur de *13 €* par personne.

Albatros ✆ 05 94 32 16 12/06 94 26 39 54. Approchez et débarquez aux îles du Salut. Petit tour des 3 îles et une visite de l'île Royale, balade, détente et baignade... Pour une journée *(45 €)*, deux jours *(74 €)*, les enfants de 3 à 12 ans *(31 €* pour jour et *52 pour 2 jours).* L'Alabatros vous propose également une façon originale de découvrir les îles avec Catherine, une artiste peintre qui vous propose des cours de peinture (aquarelle et fusain) pendant 2 heures (*18,50 €,* matériel fourni). Une bonne adresse !

Nous avons visité les îles du Salut. Nous avons utilisé les services d'un voilier qui porte le nom d'Albatros, qui présente l'avantage, [...] d'offrir des boissons diverses, plus l'apéritif, pour un prix moindre : *38,10 €.* De plus, il offre la possibilité de réserver un plateau-repas léger pour *9,15 €.* Nos accompagnateurs, Catherine et Eric, sont très sympathiques ". ✆ **05 94 26 39 54 BP249 97377 Kourou.**

Le Tarpon Club. Zone Industrielle de Kourou ✆ 05 94 32 50 65. Ce club organise des concours de pêche au gros depuis les îles du salut jusqu'à la Motte-Piquet.

Palika Pêche Sportive. 107, rue Véronique 97310 Kourou ✆ 05 94 32 19 16 / 05 94 26 78 22 (GSM) - Fax 05 94 32 53 56 - Web : www.palika.org - E-mail : PLP@palika.org . A bord du Roi d'Argent (vedette de 10m), les pêcheurs, novices ou expérimentés pourront profiter d'une balade autour des îles du Salut.

Agences de tourisme

JAL Voyages. 26, avenue du Général-de-Gaulle BP1102 97344 Cayenne Cedex ✆ 05 94 31 68 20 - Fax 05 94 30 11 01 - Web : www.jal-voyages.com - E-mail : jal@jal-voyages.com . Ce prestataire facilite votre balade sur une journée aux îles. Vous pourrez prendre votre billet pour la navette qui vous conduit à l'île Royale (*32 €*), organiser une visite guidée de l'île royale (*6,10 €/adulte*), réserver votre repas (*20 €*) à l'auberge des Iles ou encore préparer votre visite en voilier des Ile Royale et Saint-Joseph (*46 €*).

Takari Tour. 8, rue du Capitaine-Bernard BP513 97332 Cayenne ✆ 05 94 31 19 60 - Fax 05 94 31 54 70 - Web : www.takaritour.gf - E-mail : takari.tour@wanadoo.fr . Ce prestataire vous propose plusieurs formules pour découvrir les îles, avec la navette régulière (vente et réservation des billets à l'agence) ou en voiliers). Ce prestataire propose également sur place une visite guidée de l'Ile Royale.

▸ **GuyanEspace Voyages. 39, avenue Hector-Berlioz 97310 Kourou ✆ 05 94 22 31 01 - Fax 05 94 22 31 02 - Web : www.guyanespace.com - E-mail : guyanespace@ wanadoo.fr** . Ce prestataire s'est spécialisé dans des circuits " longue durée " (environ 7 à 8 jours). Il vous propose un forfait découverte (les îles du Salut, visite de Sinnamary et Iracoubo, Saint-Laurent-du-Maroni, le centre spatial, la réserve animalière, la crique Gabriel et son marché *(1 265 € par personne)*, un forfait séjour " Amazonie " *(14 jours)* dans un campement (+ les îles du Salut, le CSG) à hauteur de *922 €* et un forfait Maroni (+ Les îles du Salut, CSG, Cayenne) pour *1 501 €*. Tous ces forfaits ont l'avantage de vous prendre entièrement en charge (hébergement, petit déjeuner). Il propose également des activités comme la découverte des marais de Kaw, les îles du Salut en voilier, la découverte de la Mana, la pêche au gros...

▸ **Couleurs Amazone. 2bis, avenue Pasteur 97300 Cayenne ✆ 05 94 28 70 00 - Fax 05 94 28 70 01 - Web : www.couleursamazone.fr - E-mail : info@couleursamazone.fr** . En navette pour l'île royale (*32 €*), en voilier pour les îles Royale et Saint-Joseph au départ de Kourou pour un jour (*à partir de 45 €*) ou 2 jours (*à partir de 67 €*). En catamaran avec le Royal Ti'punch pour un jour ou plus (*44 €*).

HEBERGEMENT

▸ **Auberge des Isles du Salut. SARL SOTHIS. Ile Royale BP324 97381 Kourou Cedex ✆ 05 94 32 11 00/33 45 30 - Fax 05 94 32 42 23.** D'anciens bâtiments du bagne abritent l'Auberge des Isles du Salut, qui offre un point de vue exceptionnel sur l'ensemble des îles. Vous y trouverez une boutique de souvenirs, un bar et un restaurant en plein air. Si vous désirez passer une nuit sur les îles, différentes solutions sont possibles en fonction de votre budget et de votre besoin de confort.

▸ **Le camping est autorisé sur la partie orientale de l'île Royale** aux emplacements indiqués et aménagés à cet effet. Là, de nombreux cocotiers permettent d'installer un hamac et de passer la nuit en toute quiétude, à condition qu'il ne pleuve pas. Attention aux feux allumés. Veillez à prendre les précautions utiles et à la bonne extinction de ces derniers. Prévoyez une bâche en cas d'annonce de temps pluvieux. Si vous craignez que l'orage ne vienne perturber votre sommeil, vous pourrez également installer votre hamac (*pour 9,15 € par personne*) dans un dortoir situé à côté de l'auberge (*lit d'une place à 12, 20 €*). Sachez qu'il n'y a pas d'eau potable sur l'île mais vous en trouverez à l'auberge à un coût plus élevé que d'ordinaire (*3,48 €*). Enfin, si vous recherchez davantage de confort, vous pouvez séjourner dans l'une des chambres ayant vue sur mer (*1 à 3 personne, forfait de 59,46 €*). Le prix est un peu plus élevé, mais la prestation est à la haute. Demandez si possible l'une des chambres climatisées qui surplombent l'Océan. Vous découvrirez un extraordinaire panorama sur l'île du Diable. Les bungalows " gardien " (il s'agit d'anciennes maisons de gardiens du bagne) sont un choix original (*pour 1 à 3 personnes, forfait à 53,36 €*). Ce sont de véritables petites maisons individuelles, très fortement marquées par l'architecture pénitentiaire et coloniale de l'époque, admirablement réaménagées.

▸ **Pour un standing plus haut de gamme**, demandez les nouvelles chambres à l'étage. Vue panoramique, véranda... Les chambres sont climatisées : intérieur chaleureux et soigné, salle de bain coquette (forfait pour 2 personnes à *167,69 €* comprenant 4 déjeuners, 2 dîners et 2 petits déjeuners; ou pour une personne à *114,34 € comprenant 2 déjeuners, 1 dîner, et un petit déjeuner)*. En somme, un lieu idéal pour un week-end romantique ou tout simplement pour un moment de tranquillité.

RESTAURANTS

▸ **Restaurant de l'Auberge des Isles du Salut. Ile Royale BP324 97381 Kourou Cedex ✆ 05 94 32 11 00 / 33 45 30 - Fax 05 94 32 42 23.** Ce restaurant est surtout reconnu pour sa fameuse soupe de poisson (*6,86 €*). Une restauration simple dans un cadre agréable (*menu du jour à 19,82 €, plat unique à 11,43 €, entrée ou dessert à 5,34 €, menu enfant à 10,67 €*). Un lieu d'animation en soirée. Il sert également des petits déjeuners (*6,10 €*).

POINTS D'INTERETS

▸ **La Maison du bagne.** Cette ancienne demeure du commandant du bagne est la propriété du Conservatoire du Littoral. Aujourd'hui restaurée, elle est un centre d'information historique et culturelle et un centre d'accueil du public. *Elle est normalement ouverte du mardi au dimanche de 10 h à 16 h 30.* Des expositions permanentes, temporaires, des cartes postales, ouvrages historiques...

C'est d'ici que commence la visite guidée organisée normalement par le syndicat d'Initiative de Cayenne. **Pour tout renseignement, contactez le syndicat d'Initiative ✆ 05 94 31 29 19 / 05 94 33 54 54 / 05 94 3 351 33 - Fax 05 94 31 48 64 / 05 94 33 32 88 / 05 94 33 43 14.**

L'Ile Royale. *Le prestataire Takari Tour organise le mardi, jeudi et samedi une visite de l'île. Les autres jours de visite sont assurés par l'Auberge des îles.* **Auberge des Isles du Salut. SARL SOTHIS. Ile Royale BP324 97381 Kourou Cedex ✆ 05 94 32 11 00 / 33 45 30 - Fax 05 94 32 42 23.**

LE BAGNE

Chronique étymologique des îles

Les premiers navigateurs évoquent ces îles sous le nom de " îles du Triangle ", en référence à leur disposition géographique. Mais très vite, devant les dangers et les difficultés qu'elles imposent pour la navigation, elles deviennent les " îles du Diable ", et ce pendant de nombreuses années. Souvent craintes, elles allaient pourtant être, à la fin du **XVIIe siècle**, un havre de paix pour les rescapés de la dramatique " expédition de Kourou ".

L'histoire pénitentiaire des îles du Salut commence au milieu du **XIXe siècle**, sous le règne de Napoléon Bonaparte. On se souviendra que les premiers bagnards qui posent le pied sur Royale, en **mai 1852**, étaient venus de leur plein gré, préférant purger leur peine en Guyane plutôt que dans un pénitencier métropolitain. Devant l'engouement que provoque chez les condamnés l'idée d'une déportation vers la Guyane, les autorités françaises envoient des individus par centaines, sans vraiment prévoir les moyens de les accueillir sur place. Très vite, la situation se dégrade, d'autant plus que les bâtiments en bois tombent rapidement en ruine. Les îles sont surchargées et les nouveaux arrivants se trouvent alors incarcérés dans les établissements du continent, notamment à Saint-Laurent-du-Maroni. En **1863**, suite à plusieurs épouvantables épidémies de fièvre jaune, la déportation vers les îles est interrompue et les bagnards sont envoyés en Nouvelle-Calédonie. L'administration pénitentiaire exploite à nouveau les îles du Salut à partir de **1887**. C'est à cette époque que sont entrepris les principaux travaux d'aménagement dont les restes sont encore visibles aujourd'hui sur Royale. Dès **1895**, chacune des îles possède une fonction bien particulière : l'île Royale abrite les services administratifs et accueille les prisonniers de droit commun, l'île du Diable est le site de déportation des prisonniers politiques dont Dreyfus sera le plus célèbre, alors que sur l'île Saint-Joseph on se charge de mater les évadés et les " durs à cuire " par le biais du régime terrible de la réclusion.

La réclusion cellulaire

A leur arrivée sur l'île Saint-Joseph, même les plus durs ont du vague à l'âme, conscients du traitement qui les attend. Un lourd silence pèse sur ces lieux où la vie se résume en deux mots : travail et incarcération. Pas moins de 20 articles régissent le fonctionnement de la réclusion : isolement, promenade minimale et obligation de silence sont quelques-uns des " privilèges " dont jouissent les bagnards. Sur l'île Saint-Joseph, des ouvertures munies de barreaux étaient pratiquées aux plafonds des cellules, permettant ainsi une surveillance continue et privant par là même les reclus d'un seul instant d'intimité. Suivant le cas, les prisonniers subissaient ce régime entre 6 mois et 5 ans. Le plus célèbre et le plus incorrigible d'entre eux fut sans doute Roussenq, qui, pendant plus de dix ans, défia ses surveillants avant d'être enfin gracié par Paul Doumergue, alors président de la République. Mais un tel traitement marque à jamais un homme et Roussenq se suicidera quelque temps après sa libération.

Au début du siècle, on sait d'ores et déjà que les ambitions initiales, qui consistaient à considérer le bagne comme le moyen de développer la Guyane, sont pure utopie. Mais les îles du Salut restent un symbole très fort pour la justice française. La condamnation au bagne guyanais de certains individus suite à des procès très médiatisés sert d'exemple. La peur de la terre maudite dont on ne revient que très rarement fait, durant un temps, l'affaire de l'ordre public français.

Il faudra attendre les années **1920-1930**, et notamment les dénonciations du journaliste et écrivain Albert Londres, pour que l'idée d'une fermeture du bagne soit évoquée. Ce sera fait en 1938, grâce au député Gaston Monnerville, mais le rapatriement total des bagnards durera encore quinze ans.

ILE ROYALE

Après une heure de traversée, la baie des Cocotiers, large et splendide, s'offre au regard des visiteurs. Sur la droite, on découvre déjà l'île Saint-Joseph habitée par les seuls légionnaires chargés de surveiller le site pour le compte du CNES. En débarquant du bateau à l'île Royale, 2 itinéraires sont possibles. Par la droite, on entreprend le grand tour de l'île en empruntant le chemin de ronde, magnifique et le plus souvent à l'abri des cocotiers. De cette façon, l'essentiel des bâtiments pénitentiaires est visité en fin de promenade.

L'autre itinéraire, plus classique, consiste à tourner à gauche au bout du ponton. On longe dans un premier temps la baie des Cocotiers et on passe devant le poste de police où la gendarmerie assure une présence permanente. La protection, conservation et valorisation du patrimoine aux îles du Salut donnent lieu à de nombreux projets, études depuis quelques années, malgré leur statut particulier.

S'évader des îles : l'imagination au service de la liberté

" On ne s'évade pas des îles ", clamait avec orgueil tout directeur à l'arrivée de nouveaux détenus, à l'attention notamment de ceux qui s'étaient fait la belle d'un pénitencier du continent. Il est vrai qu'ici les éléments naturels constituent des barrières qui semblent infranchissables : ensemble insulaire entouré d'un océan où pullulent les requins, très forts courants marins et une houle quasiment constante ont suffi à en décourager plus d'un. Mais pour certains, la liberté n'a pas de prix.

En **février 1939**, le dénommé Stephen Adolphe quitte Royale à bord d'une embarcation de fortune faite de planches assemblées à l'aide de draps et de noix de coco servant de flotteurs. Il réussit à atteindre le continent après avoir dérivé toute la nuit. Huit jours durant, Stephen va errer entre savane et forêt avant d'être repris à Kourou. L'évasion du détenu Henri Charrière, dit " Papillon ", est sans doute la plus légendaire et la moins fondée de ces anecdotes.

Certes, Papillon tenta de se faire la belle, mais seulement lors d'un séjour dans un camp forestier situé près de l'aéroport et certainement pas à partir des îles.

Henri Charrière s'appropria en fait l'évasion entreprise par Fontan et de Simone. Pour ce dernier, la tentative se termina dramatiquement puisqu'il mourut aspiré par la vase qui recouvrait le rivage !

C'est le terrible sentiment d'avoir été injustement condamné qui poussait souvent les hommes à s'évader. Guillaume Seznec était de cette catégorie. Par deux fois il tenta de fuir en déployant des trésors d'imagination. Ainsi, en **avril 1931**, il prit le large à l'aide d'un cabinet de toilette en bois dérobé au gestionnaire des îles. La tentative échoua mais après vérification, les surveillants réalisèrent que l'idée de Seznec était loin d'être saugrenue et que son embarcation flottait parfaitement même chargée d'un poids considérable !

Parmi tous les établissements pénitentiaires de la Guyane, ceux des îles du Salut présentaient au moins l'avantage d'être dans une zone où le climat restait supportable. Les conditions de détention étaient, certes, difficiles mais les détenus qui venaient de Saint-Laurent-du-Maroni appréciaient comme une délivrance le fait d'être mutés sur les îles. Les plus chanceux, les plus riches ou les plus assagis qui résidaient sur Royale se voyaient même offrir des responsabilités et pouvaient se déplacer en semi-liberté. Mais les règles sociales en vigueur parmi les détenus ne faisaient pas la part belle aux plus faibles.

Racket, assassinats et règlements de comptes étaient monnaie courante sur les îles. Quelques billets suffisaient à rendre un surveillant sourd et aveugle le temps de régler une petite affaire... Royale fonctionnait alors comme une microsociété avec sa hiérarchie, ses veinards, ses débrouillards et, surtout, ses victimes.

Laissant le chemin côtier, on emprunte une voie pavée très raide qui conduit au sommet de l'île. Là, on découvre une vaste clairière autour de laquelle sont disposés différents bâtiments. Longeant cette clairière par la gauche, on peut voir tout d'abord le logement du médecin-chef avant d'atteindre l'église, qui constitue sans doute le plus beau bâtiment de l'île. Inaugurée en 1855, elle a connu une activité très importante dans les premières années de fonctionnement du bagne. Par la suite, le rythme des offices s'est régulièrement ralenti et seules les messes de Noël et de Pâques restaient célébrées. Les murs de la chapelle sont décorés de fresques que l'on doit notamment au bagnard Lagrange, artiste et faussaire de talent. Un projet de musée, avec des expositions temporaires, est en cours.

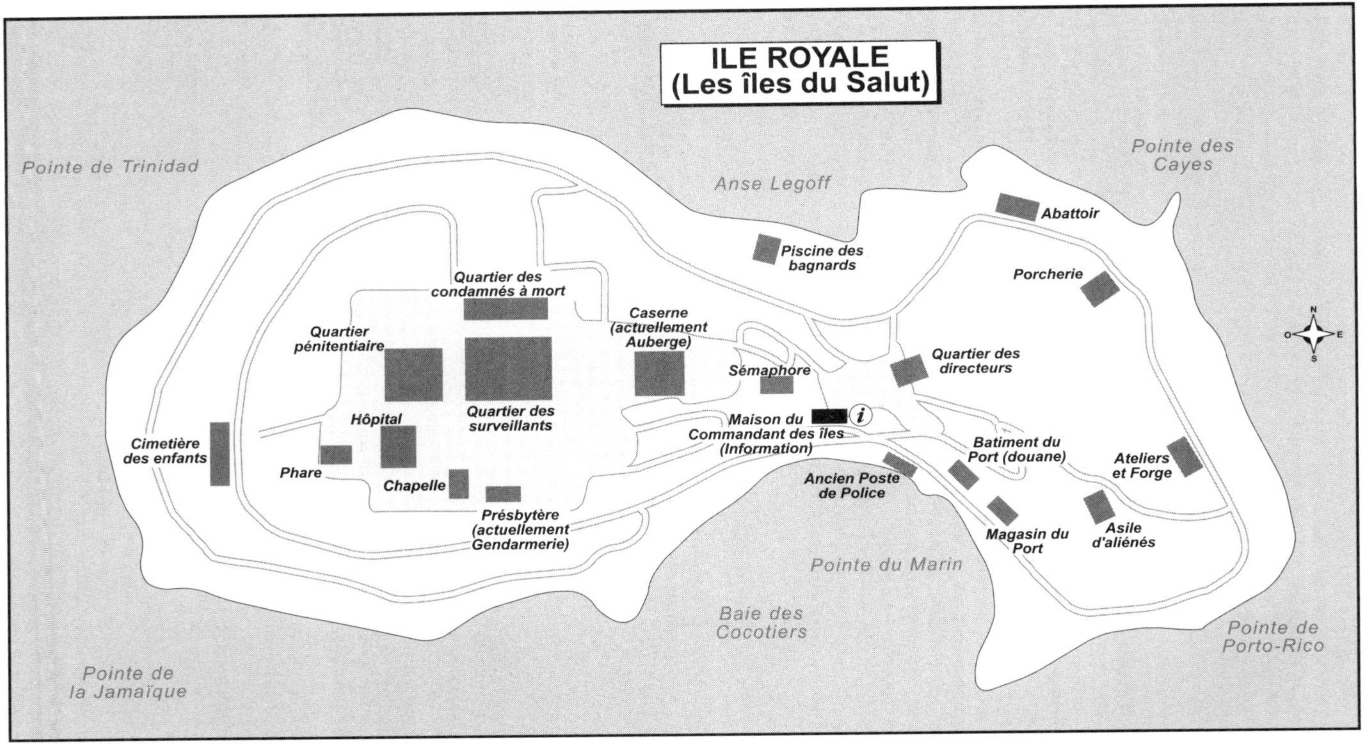
ILE ROYALE
(Les îles du Salut)
Pointe de Trinidad
Anse Legoff
Pointe des Cayes
Abattoir
Piscine des bagnards
Porcherie
N
O
E
S
Quartier des condamnés à mort
Caserne (actuellement Auberge)
Quartier pénitentiaire
Sémaphore
Quartier des directeurs
Quartier des surveillants
Hôpital
Maison du Commandant des îles (Information)
i
Cimetière des enfants
Batiment du Port (douane)
Ateliers et Forge
Phare
Chapelle
Ancien Poste de Police
Présbytère (actuellement Gendarmerie)
Asile d'aliénés
Magasin du Port
Pointe du Marin
Baie des Cocotiers
Pointe de Porto-Rico
Pointe de la Jamaïque

Il faut être prudent en visitant l'église (qui est d'ailleurs quelquefois fermée) car les risques d'effondrement sont réels. En sortant de l'église, on peut voir la Maison des Sœurs et la Maternité où, pendant des années, des religieuses se dévouèrent sans compter pour alléger les souffrances des bagnards. Comme en témoigne l'installation de l'hôpital militaire, Royale constituait un centre de soins important de la Guyane. Son climat, plus sain, facilite en effet certaines guérisons. Cet hôpital accueillait exclusivement le personnel de l'administration pénitentiaire, les bagnards n'ayant que très exceptionnellement le privilège d'y être admis, et souvent pour y mourir... Faisant face à l'hôpital et au phare situé juste à côté, on découvre une piste d'hélicoptère et un étrange bâtiment très moderne qui se singularise dans un tel environnement : le cinéthéodolite.

Cet appareil ultrasophistiqué permet à la fois de localiser avec une extrême précision la position du lanceur en vol et de recueillir des images d'Ariane, même de nuit, grâce aux infrarouges. Quelques heures avant et après les tirs d'Ariane, les îles du Salut sont fermées au public. Il est donc conseillé d'éviter, dans la mesure du possible, de programmer une visite dans un délai trop proche d'un lancement, de crainte de voir celle-ci écourtée ou carrément annulée.

Laissant la piste d'hélicoptère sur la droite, on poursuit la visite par un petit sentier qui descend au milieu des hautes herbes. Çà et là, un petit agouti ou un iguane vous coupera peut-être la route. L'île étant une réserve entièrement protégée, les animaux y sont très nombreux et souvent peu farouches. En contrebas, on parvient au cimetière des enfants où sont rassemblés les fils et les filles des familles des gardiens qui, nombreux, furent emportés par la maladie dans leur plus tendre enfance. A quelques mètres de là, sur la gauche, se trouve une toute petite construction sinistre : la morgue. Les corps des bagnards décédés y étaient entreposés avant d'être jetés en mer, livrés en pâture aux requins... A partir de la morgue, il faut revenir sur ses pas et suivre le chemin qui surplombe l'océan et offre par endroits de superbes points de vue sur la côte. On prendra le temps d'admirer au passage de magnifiques hibiscus et bougainvilliers dont les fleurs inondent de couleurs les bords du chemin. Sur la gauche, en contrebas, quelques porcs et cochons-bois semblent parfaitement à l'aise dans une vaste mare de boue peu engageante.

Au bout du sentier, on se trouve face au quartier des surveillants et aux cellules qui sont situées sur la gauche. Les surveillants restaient au minimum 2 ans sur les îles où ils pouvaient séjourner avec leur famille. Une école y était d'ailleurs installée, permettant aux enfants de suivre normalement leur scolarité. Le quartier cellulaire, formé de 3 ensembles de bâtiments, constitue sans doute la partie la plus sinistre de l'île. Dans ces cachots, certains détenus purgeaient leur peine alors que d'autres, condamnés à mort par le tribunal maritime spécial, attendaient que la sentence soit exécutée. Aujourd'hui encore, on frissonne d'angoisse à la vue de ces minuscules cellules où certaines fortes têtes pouvaient être enfermées plusieurs semaines dans l'obscurité sans jamais sortir durant le temps de leur punition.

Quittant le quartier cellulaire, on découvre une vaste fosse d'eau douce qui permet de recueillir l'eau de pluie. Cette fosse est en fait une ancienne carrière d'où l'on extrayait la “ roche à ravets ”, principal matériau de construction utilisé sur l'île. Périodiquement, des caïmans sont introduits dans cette fosse pour la débarrasser des grenouilles et des crapauds qui l'envahissent rapidement. Derrière cette fosse, se trouve l'hôtel-restaurant des îles du Salut, installé dans d'anciens bâtiments du pénitencier. Une large terrasse couverte sert de salle de restaurant extérieure, offrant un splendide panorama sur l'île du Diable. Dans la grande salle qui abrite à la fois le bar et la réception de l'hôtel, des photos témoignent de la vocation du site pour la pêche au gros. Des pêcheurs posent fièrement à côté de leurs prises. Ici, il n'est pas rare de ramener des tarpons, requins ou mérous qui dépassent allégrement le quintal !

Derrière l'auberge, on découvre les ruines du sémaphore. Ce système, qui s'apparente à un télégraphe visuel, permettait de communiquer avec le continent. A Kourou, à proximité de l'hôtel des Roches, la tour Dreyfus abritait un dispositif similaire. Sur le mur du sémaphore, une plaque vient rappeler qu'ici Seznec purgea injustement une peine de vingt ans de travaux forcés. Tout près de là, légèrement en contrebas, la maison du directeur surplombe magnifiquement la baie des Cocotiers. Propriété du Conservatoire du littoral, ce bâtiment récemment restauré abrite un musée qui retrace l'histoire pénitentiaire des îles du Salut. Elle fait office de centre d'accueil et d'informations et est normalement ouverte tous les jours de 10 h à 16 h 30.

On peut y voir des expositions permanentes et temporaires, trouver quelques ouvrages sur l'histoire du bagne en Guyane (voir la rubrique " Bibliographie "). A partir de la maison du directeur, un chemin permet de redescendre vers l'Océan du côté du large. On atteint alors l'anse Le Goff, seule partie de l'île où l'on peut raisonnablement se baigner sans grand danger. Faisant face à l'Océan, on découvre sur la gauche la surprenante piscine des bagnards. A l'époque du bagne, les eaux étaient véritablement infestées de requins qui n'hésitaient pas à s'approcher du rivage. Pour se protéger de ces prédateurs, les bagnards disposèrent d'énormes rochers suivant un plan carré, créant ainsi une piscine d'eau de mer.

Celle-ci était utilisée principalement pour les soins corporels, moment qui constituait le seul loisir des prisonniers. En reprenant le chemin du tour de l'île en direction de l'île du Diable, on rencontre, quelques dizaines de mètres plus loin, le transbordeur. Ce petit téléphérique permettait autrefois de ravitailler en vivres l'île du Diable et d'assurer la relève des surveillants. De là, on distingue la maison de Dreyfus dont la restauration a été achevée récemment. En suivant toujours le chemin du tour de l'île bordé de splendides cocotiers, on rejoint finalement la jetée sud qui marque l'entrée de la baie des Cocotiers et la fin de la visite. Peu avant, le sentier offre un magnifique panorama sur l'île Saint-Joseph, et mérite quelques instants de flânerie avant le départ.

ILE SAINT-JOSEPH

Il n'existe à l'heure actuelle aucune liaison maritime régulière qui permettrait d'accéder à l'île Saint-Joseph mais la plupart des prestataires qui proposent des forfaits sur les îles vous y amèneront. Les vestiges de " l'île du Silence " sont en si mauvais état que la visite ressemble certainement plus à une expédition qu'à une promenade. Ici, l'homme a trouvé en la nature un formidable allié pour l'aider à effacer de sa mémoire un épisode peu glorieux de son histoire. Partout, plantes et racines étouffent ces cachots qui, un demi-siècle plus tard, nous parlent encore de la souffrance des hommes. Un projet d'aménagement (restauration, protection de l'île...) sur les 3 îles est en cours.

Oubliant quelques instants la sinistre histoire de Saint-Joseph, vous pourrez y découvrir la seule véritable plage des îles du Salut, à proximité de la pointe Marie-Galante.

© S. Honthaas

ILE DU DIABLE

Si elle n'est pas la plus attrayante, l'île du Diable est probablement la plus connue de ces 3 îles. Depuis que le téléphérique qui la reliait à Royale est hors d'usage, il est devenu très difficile, voire périlleux, de l'atteindre. Ses rivages n'offrent aucun lieu de mouillage sécurisant qui permettrait de s'abriter des vagues souvent violentes.

Dans l'organisation pénitentiaire, l'île du Diable était un lieu de déportation, un traitement réservé aux prisonniers politiques que l'on cherchait à isoler du reste du monde, y compris des droits communs. C'est sur ce caillou de 14 hectares que le capitaine Dreyfus débarque le **13 avril 1895**. Pendant quatre longues années, il occupa l'île, seul avec quelques surveillants qui se chargeaient de veiller scrupuleusement à son isolement. Durant son séjour, rien ne fut épargné à Dreyfus qui se trouva mis aux fers dans sa case, sans sortir pendant plusieurs semaines.

En proie à un profond désespoir, il restait des heures à scruter silencieusement l'océan, assis sur un banc de pierre que l'on peut encore voir à l'extrémité de l'île, près de la pointe des Caraïbes. Sans le charisme et le courage de ses partisans dont le plus célèbre fut Zola, Dreyfus aurait pu finir ses jours sur l'île du Diable comme le souhaitaient à l'époque certains de ses détracteurs. Après le départ de Dreyfus, en **juin 1899**, d'autres prisonniers politiques moins connus furent déportés sur l'île. Les conditions de détention s'étaient alors nettement adoucies et ces hommes purgeaient leur peine en bénéficiant d'un régime de semi-liberté sans travail obligatoire.

Classée Monument historique, **la maison de Dreyfus** a bénéficié d'un programme de restauration financé par le CNES.

La Montagne des Singes. Elle est située à 70 kilomètres de Cayenne (un peu après Kourou en direction de Sinnamary. Pour y aller, dépassez Kourou et prenez la direction Sinnamary-Saint-Laurent-du-Maroni. Roulez 5,8 kilomètres et prenez à gauche (dégrad Saramaca) le petit chemin avant la scierie. Longez la scierie et au bout de 8 kilomètres environ, prenez à droite. C'est un terre-plein qui fait office de parking. Le site est magnifique. Vous avez la possibilité de faire un parcours de 700 m environ ou un autre en boucle, plus ardu de plus de 3 km en passant par le sommet de la Montagne des Singes. De là, vous avez un magnifique point de vue. Toutefois les sentiers ne sont malheureusement pas toujours régulièrement entretenus et balisés. Restez prudent ! Cette visite peut être effectuée avec un guide de **a Sepanguy ✆ 05 94 3210 45 - Fax 05 94 32 20 23 - Web : www.chez.com/sepanguy - E-mail : sepanguy@chez.com** ou encore vous pouvez vous rapprochez de **l'office national des forêts ✆ 05 94 34 10 56.**

BARRAGE HYDROELECTRIQUE DE PETIT-SAUT (entre Kourou et Sinnamary)

L'entrée du barrage se trouve sur la route qui relie Kourou à Sinnamary, à mi-chemin environ entre les 2 communes.

Accès

Par la RN1, en voiture, en taxi collectif ou, pour les plus téméraires, à vélo. Le long de la route, on trouve des carbets : Soumourou, Malmanoury et Paroucou.

Visite

La mise en route de cet ensemble industriel a plus ou moins défrayé la chronique au printemps 1994 et même les journaux métropolitains ont fait état de cet événement. En effet, la création de cette installation a été à l'origine d'affrontements verbaux entre les responsables d'EDF, les défenseurs de la nature et les habitants du bourg de Sinnamary. La construction du barrage a duré six ans, de 1989 à 1995, et mobilisé environ 1 000 personnes.

Le coût total est de 2,9 milliards de francs. La mise en eau du barrage a entraîné l'inondation d'environ 310 km² de forêt amazonienne où vivait une faune très importante. Les écologistes se sont donc naturellement émus de cette situation.

D'un autre côté, les habitants de Sinnamary ont fait part de leur inquiétude concernant la qualité des eaux du fleuve qui alimentent le bourg. L'inondation de la forêt provoque en effet une décomposition des matières végétales, entraînant une forme de " pollution naturelle " pour un temps indéterminé.

Les responsables d'EDF ont réagi en mettant en place un système d'oxygénation de l'eau, censé limiter les effets de la pollution, et en organisant une vaste opération scientifique destinée à sauver un maximum d'animaux menacés de noyade. Les esprits semblent s'être quelque peu apaisés mais l'histoire retiendra qu'une nouvelle fois, des heurts sont apparus à cause d'un manque de communication préalable entre les différents acteurs. Aujourd'hui encore, lorsque la saison des pluies approche et que l'on constate les inondations, très marquées dans cette zone, on jette encore un regard inquiet en direction du barrage. Aujourd'hui la production atteint environ 80 % de la consommation de la Guyane.

D'un point de vue touristique, le site de Petit-Saut n'offre pas un spectacle extraordinaire, compte tenu des installations en place. Par contre le détour est à faire pour le lac, les cascades Grégoire et l'embouchure (voir les prestataires cités ci-dessous).

L'organisation des visites de Petit-Saut a été confiée à la **Fédération des offices du tourisme et syndicats d'initiative de Guyane (FOTSIG). Les inscriptions se font donc auprès de cet organisme ✆ 05 94 30 96 29 - Fax 05 94 31 23 41.** *Les visites ont lieu du lundi au vendredi (sauf les jours fériés) à 8 h 30.* Réservation et pièce d'identité obligatoires. Age minimum pour des raisons de sécurité : 9 ans. *La visite est gratuite et guidée.*

▸ **La Maison de la Découverte** (en cours). Pour tout renseignement, contactez **l'Association pour la Découverte Scientifique de Petit-Saut (ADSPS). BP823, 97388 Kourou Cedex ✆ 05 94 32 73 07 - Fax 05 94 32 21 29.**

SINNAMARY

Depuis fort longtemps, Sinnamary est occupée par des groupements d'Indiens galibi dont on connaît peu de choses car leur culture est de tradition orale. L'histoire écrite de Sinnamary ne commence qu'en **1624**, avec l'arrivée dans ce bourg d'un groupe de colons.

Parmi ces colons, se trouvait la femme d'Agrippa d'Aubigné qui mit au monde celle qui devait plus tard devenir l'épouse secrète de Louis XIV, madame de Maintenon.

Dès **1657**, après avoir investi la Guyane, les Hollandais s'y établirent et construisirent des canaux et des tranchées pour rendre les terres plus salubres et plus fertiles. En **1664**, l'arrivée des colons français mit fin à cette occupation. La seconde occupation hollandaise eut lieu en **mai 1676**, la reprise de la colonie par une escadre française conduite par l'amiral d'Estrées intervenant en décembre de la même année.

Un siècle plus tard, en **1763**, une soixantaine de familles de colons alsaciens et lorrains rescapés de la désastreuse expédition de Kourou y furent installés. On construisit 6 grandes cases et un hôpital pour les accueillir. On s'accorde à dire que certains noms des grandes familles de Sinnamary tels que Horth, Clet ou Beneth y auraient leur origine.En **1766**, on distribua à ces gens des vaches qu'on fait venir d'Amérique du Nord. Avec l'aide des esclaves, l'opération connut un tel rendement qu'après 25 ans, le cheptel atteignit 14 000 têtes dans la région de Sinnamary et Kourou.

La première abolition de l'esclavage de **1792** eut un effet retentissant sur l'économie de la commune car les esclaves, se sentant libres pour la première fois, abandonnèrent les terres de culture. Il s'ensuivit une très forte régression.

Après cette période mouvementée, Napoléon rétablit l'esclavage en **1802**. La commune prit alors un nouvel essor économique, grâce à cette main-d'œuvre servile. Par la suite, on utilisera des condamnés pour travailler sur les chantiers administratifs de l'Inini, dans les exploitations agricoles pénitentiaires ou pour exécuter des travaux publics.

La ruée vers l'or de la fin du **XVIIIe siècle** et du début du **XIXe siècle** vers les bassins aurifères de Sinnamary, qui figurent parmi les plus riches de la Guyane, aspira toute une population d'origine antillo-guyanaise ainsi que tout le commerce nécessaire au ravitaillement.

En **1955**, Roland Verderosa favorisa l'implantation d'un village indonésien à Sinnamary où les pouvoirs publics souhaitaient mettre en valeur les terres par la culture du riz. Venant du pays voisin, le Surinam, les Indonésiens s'installèrent d'abord à l'est de la commune.

A leur arrivée, ils logèrent dans des paillotes qui seront transformées en maisons créoles de bois et de tôle, avant de devenir des habitations modernes en béton. Venue à l'origine pour cultiver le riz, cette communauté se consacre à présent à la polyculture sur leurs abattis irrigués par le canal, d'un rapport beaucoup plus intéressant. Aujourd'hui cependant, ce groupe est plutôt en régression.

En l'absence de bras et en raison de la conjoncture actuelle, la communauté indonésienne se tourne vers des travaux demandant moins d'efforts et immédiatement rémunérateurs, comme la restauration ou la vannerie.

Aujourd'hui, Sinnamary compte 2 783 habitants. Elle attire principalement les visiteurs par son artisanat : orfèvrerie, travail du bois, vannerie...

TRANSPORTS

Pour entrer dans le centre-ville, au rond-point, prenez la direction de Sinnamary (première à droite en allant en direction de Saint-Laurent) au lieu de Iracoubo - Saint-Laurent-du-Maroni (deuxième à droite). Inutile de revenir sur vos pas pour repartir sur Iracoubo ; l'ancien pont de Sinnamary est toujours opérationnel et vous permettra de rejoindre sans problème la RN1.

PRATIQUE

- **La Poste. 6, rue du Calvaire & 05 94 34 51 11 - Fax 05 94 34 50 42**. Un distributeur.
- **Pompiers** ✆ 18.
- **Gendarmerie** ✆ 17.

HEBERGEMENT

- **Hôtel du Fleuve*** ✆ 05 94 34 54 00 - Fax 05 94 34 53 03.** Situé sur la RN1 à gauche avant le rond-point marquant l'entrée dans Sinnamary, l'hôtel du Fleuve est l'un des plus grands hôtels de Guyane. Il compte environ 121 chambres climatisées dont 2 suites, une piscine, un bar et un restaurant. *Tarifs promotionnels réguliers. Comptez environ 55,33 € pour 1 personne, 70,20 € pour 2 personnes, 93,50 € pour 3 personnes. Des forfaits nuitées et repas sont proposés.* Une halte sympathique dans cette petite ville pleine de charme. Pendant le carnaval, c'est le fief des touloulous.

RESTAURANTS

- **Le Pakira. 14bis, rue Constantin-Verderosa Sinnamary ✆ 05 94 34 50 49.** Situé au bord du fleuve, il bénéficie d'une magnifique vue. Sa terrasse est abritée par une paillote de feuilles de palmier tressées. Les plats à base de gibier sont sa spécialité : fricassé de maïpouri ou encore de cochon-bois. S'il s'agit d'une adresse incontournable, on ne peut s'y arrêter pour y manger en 5 minutes. Ici on prend son temps... Attention, le restaurant est fermé le lundi et quelquefois le soir en semaine.
- **Le Bouton d'Or. 3, rue du Calvaire 97315 Sinnamary ✆ 05 94 34 51 64.** Situé sur la route principale qui traverse la ville (à droite), le Bouton d'Or vous promet surtout une cuisine antillaise : chatrou, colombo de cabri, court-bouillon de poisson, crabes farcis... C*omptez 80 € pour le plat du jour.* Possibilité de manger en salle climatisée ou en terrasse.
- **Chez Mia. Rue du Calvaire 97315 Sinnamary.** A droite juste avant la Poste, Mia vous propose une cuisine créole succulente, simple, parfumée, épicée, comme " chez maman ". A essayer.

SHOPPING

Une halte à Sinnamary sera donc l'occasion de découvrir un artisanat varié (même s'il n'est pas toujours du meilleur goût), de visiter, à quelques kilomètres d'ici, le barrage hydroélectrique de Petit-Saut qui suscite bien des controverses et, enfin, d'assister au merveilleux spectacle du vol des ibis rouges dans la lumière du crépuscule.

L'artisanat

Sculptures, vanneries, colliers et bracelets en graines, céramiques indiennes et quelques meubles constituent les objets les plus rencontrés sur place. On regrette encore que le respect des espèces animales ne soit pas encore entièrement entré dans les mœurs. Les scarabées, longicornes, papillons morphos, par exemple, sont très recherchés pour l'élaboration de tableaux décoratifs dont la valeur esthétique est loin d'être évidente.

- **Atout-Prix H'Art. 43, rue du Calvaire 97315 Sinnamary ✆ 05 94 34 51 08 - Fax 05 94 34 54 31 - E-mail : hartsin@yahoo.com .** *Ouvert de 9 h à 12 h 30 et de 15 h à 18 h 30 tous les jours.* Cette boutique se trouve juste à l'entrée de Sinnamary sur votre droite : vannerie, chapeaux, tableaux, vêtements, bijoux. Vous trouverez des souvenirs pour tous les goûts et toutes les bourses.

▸ Le Corossol. 14, avenue Verderosa 97315 Sinnamary ✆ 05 94 34 53 08. Cette boutique a son cachet. Au bout de l'avenue principale de Sinnamary, juste avant le pont, prenez à droite ; elle se trouve juste à côté du restaurant. Vous y trouverez surtout de l'artisanat amérindien (collier en graines, bracelets, sonnailles...) et des objets en bois, des créations de la région. Le sourire n'y est malheureusement que trop souvent facultatif !

▸ L'Or Vert. 39, avenue Verderosa 97315 Sinnamary ✆ 05 94 34 52 29 - Fax 05 94 34 55 55. *Ouvert de 8 h à 19 h*. Ce spécialiste du bois se trouve au bout de l'avenue principale de Sinnamary. Juste avant le pont, prenez à gauche. L'atelier est indiqué par un panneau (à 100 mètres environ à gauche). A côté de son atelier, la boutique expose ses créations. Malheureusement, les prix ont augmenté et vous pourrez trouver à peu près les mêmes objets dans les boutiques d'artisanat de Cayenne.

POINTS D'INTERET

Le Sinnamary

Ce magnifique fleuve est coupé depuis 1993 par un important ouvrage hydroélectrique. La remontée s'effectue à présent à partir du barrage de Petit-Saut, entre Kourou et Sinnamary, par la nouvelle RN1. De beaux sauts ont été noyés par cet immense lac artificiel. Toutefois, certains professionnels proposent des activités de découverte.

Les ibis rouges

C'est dans l'estuaire du fleuve Sinnamary que ces majestueux bipèdes ont élu domicile. Au moment où le jour et la nuit s'échangent leurs politesses, des centaines d'ibis commencent à festoyer de poissons et autres crustacés qui abondent. Soudain, l'un d'eux s'agite, entraînant l'envol de ses congénères et offrant ainsi au spectateur attentif un spectacle d'une rare beauté avec, comme toile de fond, l'immensité de l'océan ou la densité de la mangrove. Seul inconvénient : c'est à la tombée du jour que les moustiques sont les plus nombreux. Protégez-vous contre la volée en portant des vêtements à manches longues et en vaporisant un produit répulsif. La pirogue est le moyen de transport le plus approprié pour partir à la rencontre des ibis.

Circuits

▸ Georges Amoïda. 251, lotissement Communal 97315 Sinnamary ✆ 05 94 34 53 10. Cet habitant de Sinnamary saura vous faire découvrir cette partie de la Guyane qui n'a presque plus de secrets pour lui. Passionné, charmant et réservé, vous découvrirez en sa compagnie que l'apparente monotonie des paysages cache une grande diversité de la faune et de la flore. Ouvrez grand les yeux, car que ce soit sur la crique Grégoire, le lac de Petit-Saut, ou l'embouchure du Sinnamary, les instants sont insolites et magiques. Un très bon rapport qualité/prix.

▸ Atmosphère d'Amazonie. PK 111, RN1 Savane Manuel 97315 Sinnamary ✆ / Fax 05 94 34 66 97. Expéditions de pêche sur le Sinnamary, la Mana, le barrage de Petit-Saut, sous la responsabilité d'un guide moniteur de pêche. *Forfaits de 1 ou 2 journées en forêt.* Le matériel de pêche n'est pas fourni, mais vous pouvez en louer.

▸ Espace Amazonie - Takari tour. CV 7.1 RDC Simarouba 97310 Kourou ✆ 05 94 32 34 30 - Fax 05 94 32 57 02 - Web : www.espace-amazonie.com - E-mail : espamaz@ nplus.gf . Ce prestataire vous propose une demi-journée à la découverte de la faune et de la flore du bas Sinnamary. Déjeuner, embarquement pirogue, balade (*45 € au départ de Sinnamary*). Sur 1 ou 2 journées, vous pourrez découvrir la crique Grégoire et les cascades. Une journée (*49 €*) 2 jours/1 nuit (*115 €*). Et le clou reste un circuit autour du lac de Petit-Saut et la découverte du haut-Sinnamary à Takari Tanté. Pour 2 jours (*140 €*), 3 jours (*185 €*).

▸ Amazonie Pêche Passion. 63, avenue Saint-Dominique 97354 Rémire-Montjoly. ✆ 05 94 38 52 79/05 94 28 00 77 - Fax 05 94 30 64 69 / 05 94 27 00 55 - E-mail : charlyco@nplus.gf - chantal.soucy@wanadoo.fr . Le site se trouve au Saut Takari Tanté qui délimite le haut du barrage de Petit-Saut. Une semaine de pêche sur un carbet flottant de 80 m2 comprenant douche, W.-C., cuisine, salle à manger, dortoir en hamac (fourni). Des pêches plus en amont (à 2 jours de pirogue) vous seront proposées. Une semaine (sur une base de 6 personnes) : *99,10 € par jour et par personne* (trajet, repas, boisson, hamac compris au départ de Petit-Saut).

Kag Tour. 182 village Saramaca 97310 Kourou ✆/Fax 05 94 32 57 93/06 94 26 39 46. Ce prestataire vous propose de découvrir le Sinnamary sur une journée (*54 €*) ou encore sur 3 jours (*134 €*).

Maison de la Nature ✆ 05 94 34 57 09.34 58 53 - Fax 05 94 34 58 53 - E-mail : sinnamary.nature@wanadoo.fr. *La maison est ouverte le lundi et le jeudi de 8 h à 13 h 30 et de 15 h 30 à 18 h 30, le mardi et mercredi de 8 h à 13 h , le vendredi de 8 h à 17 h et le samedi de 9 h à 17 h .* Venez découvrir à la sortie de Sinnamary (au mirador) en direction d'Iracoubo la maison de la nature. Cet endroit est une halte incontournable si vous passez à Sinnamary. C'est en 1995 que le conservatoire du littoral fait l'acquisition de près d'un millier d'hectares sur ce site. La mairie de Sinnamary en est le gestionnaire, et le GRID et la Sépanguy les partenaires de la Mairie et du Conservatoire pour développer et dynamiser ce site qui abrite les marais du Yiyi, un site naturel protégé. Dans ce lieu, vous trouverez d'une part la maison et ses expositions permanentes et temporaires, des salles de réunion et vidéo. € l'extérieur, 3 sentiers de découverte, des panneaux pédagogiques et la haute tour d'observation qui offre une vue sublime sur les marais.

Sentier de Saint-Elie. C'est le service Ecotourisme et Environnement de la mairie de Sinnamary qui propose (sur réservation à la maison de la nature) une visite guidée du sentier d'interprétation de la piste de Saint-Elie. Ce sentier s'étend sur 25 km et se situe au PK 16 de la piste de Saint-Elie. Il est possible de dormir dans le carbet communal (20 personnes) gratuitement, mais sur réservation à la maison de la nature. De gros efforts sont faits pour maintenir ces sites dans le respect de son environnement. C'est l'affaire de tout le monde.

Marais du Pripri-Yiyi. Maison de la Nature ✆ 05 94 34 57 09/34 58 53.

Baignade à la crique Canceler. Prenez la RN1. Continuez sur 2 kilomètres environ et tournez à droite en direction de Corossony.

IRACOUBO

Le bourg d'Iracoubo et le lieu-dit d'Organabo furent créés au début du **XIXe siècle**, en même temps qu'un certain nombre de hameaux.

A partir de **1848**, le passage à la période post-esclavagiste dans la région d'Iracoubo s'est effectué, semble-t-il, en douceur, étant donné la pauvreté des habitations, la faiblesse des effectifs d'esclaves et leur gestion paternaliste. D'une façon générale, les esclaves de ces petites habitations pauvres disposaient d'assez longs moments de liberté. Leur installation dans les hameaux du littoral s'effectua donc presque naturellement.

L'emplacement où s'élève aujourd'hui le bourg d'Iracoubo fut la propriété du colon Jacquet. En **1859**, la veuve Jacquet prêta au quartier un ancien hangar à coton qui fut aménagé en église. La même année, le quartier devint une paroisse. L'église Sainte-Rose-de-Lima fonctionnera jusqu'en **1888**.

A la même époque, les Galibis s'installèrent à Rococoua, un affluent du fleuve Iracoubo, à Counamana et à Organabo. En **1886**, le révérend Raffray arrive à Iracoubo. La vie du bourg va se trouver transformée du jour au lendemain. Son église n'était qu'un modeste hangar, mais le révérend agrandit aussitôt son presbytère et obtient une grande concession attenante à l'église. Sabre en main, avec le concours de quelques habitants, il nettoie son terrain en un temps record et transforme le presbytère en verger, plantant et greffant les meilleures variétés d'arbres fruitiers. Vénéré par la population et devenu l'éminence grise du maire, il décide rapidement de construire une église. Le premier baptême y est célébré le **15 février 1890**.

La commune d'Iracoubo n'ayant pas d'établissements pénitentiaires sur son territoire et ayant été peu concernée par les ruées aurifères, ses habitants continuent à vivre paisiblement de l'agriculture et de l'élevage, de la chasse et de la pêche. A partir de **1912** pourtant, l'activité de la commune sera révolutionnée par l'arrivée de l'industrie du balata et du bois de rose.

La région est alors sous l'emprise de quelques évadés du bagne qui sèment la terreur et pillent les boutiques les mieux approvisionnées du bourg. Il faudra l'intervention d'une section de tirailleurs sénégalais pour que cessent ces regrettables exploits.

A partir des années **1930** et jusqu'à la Seconde Guerre mondiale, la commune d'Iracoubo retrouve le rythme de ses occupations traditionnelles. Au cours des dernières années, plus d'une vingtaine de Galibis, issus des groupes de Bellevue et d'Organabo, sont venus s'établir dans l'agglomération de Cayenne.

L'économie de la commune d'Iracoubo reste essentiellement agricole et de type traditionnel, bien que l'arrivée de Haïtiens sur ce territoire ait entraîné une modernisation notable de son agriculture. Ville de passage (1 430 habitants), elle ne se développe que très doucement. Depuis peu, une station-service ouvre la journée (en direction de Saint-Laurent, avant le pont d'Iracoubo).

PRATIQUE

- **Syndicat d'initiative d'Iracoubo.** Galerie artisanale, place Saint-Joseph 97350 Iracoubo ✆ 05 94 34 60 06 (mairie) ✆ / Fax 05 94 30 03 79.
- **Pompiers** ✆ 18.
- **Gendarmerie** ✆ 05 94 34 61 07.

HEBERGEMENT

- **Chez Floria. 14, rue Eugène-Ronda-Silva Iracoubo ✆ 05 94 34 63 85/34 63 78.** *Ouvert dès 8 h pour le petit déjeuner.* Floria, une grand-mère créole, sait recevoir avec chaleur et simplicité. Elle gère environ 6 chambres (*environ 19,81 €*) et se situe à l'entrée de la commune après le pont à droite. *Comptez 12,19 € environ pour un repas.*

POINTS D'INTERET

- **Eglise Saint-Joseph.** Les murs intérieurs de cette église de la fin du **XIXe siècle** ont été recouverts de fresques très originales qui justifient aujourd'hui le classement de cette église comme monument historique. Ces peintures, d'inspiration naïve, sont l'œuvre d'un artiste du nom de Huguet, un bagnard pris en assignation par le père Raffray. Le pinceau d'Huguet a entièrement investi les quelque 600 m² de surface intérieure (plafond, chœur, nef, chevet et piliers) mais sa décoration s'inscrit harmonieusement dans l'édifice. Un jour, Huguet, qui vivait au presbytère, s'évada. On devait par la suite apprendre qu'il avait disparu dans des conditions tragiques.
- **Baignade à la crique Organabo.** En continuant sa route vers Saint-Laurent, on arrive, après Bellevue, au lieu-dit Organabo, où quelques Indiens et Noirs-marrons qui pratiquent l'agriculture sur abattis. 100 m après avoir franchi le pont de la rivière Organabo, tournez à gauche. Quelques centaines de mètres plus loin, une rivière aux eaux limpides, invite à une baignade rafraîchissante.

FLEUVES D'ORGANABO ET D'IRACOUBO

Ces fleuves ne présentent que peu d'intérêt. En revanche, une sortie sur la crique Grand Laussat est plus que conseillée. Au-delà d'Organabo, à environ 175 kilomètres de Cayenne par la RN1, se trouve une crique baignée de savanes et entourée d'une magnifique forêt aux essences variées et à la faune abondante. Le promeneur sera ravi d'apercevoir au passage toucans, aras, hoccos, aigrettes, singes, tatous... Le village saramaca, qui vit au rythme du soleil et de la forêt, installé au bord de la crique Grand Laussat, offre par sa simplicité et son authenticité un véritable voyage dans le temps. Ce village aux coutumes empreintes des traditions africaines, invite le visiteur à partager son mode de vie l'espace d'un moment. Vous pourrez partir en excursion en forêt en compagnie d'un guide expérimenté, découvrir les richesses de cet environnement unique, remonter la crique en pirogue, vous baigner dans les cascades, prendre des repas locaux confectionnés par vos hôtes, et découvrir l'artisanat saramaca.

MANA

Cette petite commune est située sur l'ancienne route reliant Cayenne (259 kilomètres) à Saint-Laurent-du-Maroni (40 kilomètres). Le bourg offre l'aspect d'un vieux village avec ses maisons en bois et une ambiance authentique. Mana est une commune riche d'un passé original, marqué successivement par l'influence de la congrégation de Saint-Joseph-de-Cluny et par la ruée vers l'or. Seule commune du fleuve du même nom, Mana est presque un passage obligé pour partir à la découverte de ce cours d'eau sauvage ou, plus calmement, pour venir assister à l'émouvant spectacle de la ponte des tortues luth sur la plage des Hattes à Yalimapo.

HISTOIRE

Nous sommes ici en pays galibi. L'atlas de la Guyane mentionne la présence de ces groupes ethniques. Récemment, l'Association guyanaise d'archéologie a découvert près du village des tessons de poteries qui semblent indiquer une occupation amérindienne encore plus ancienne. Aujourd'hui, ces Galibis se sont essentiellement regroupés au sein du village d'Awala-Yalimapo (à 20 kilomètres de Mana).

Le premier essai de colonisation sur les rives de la Mana fut un échec total. Les colons jurassiens furent anéantis par la fièvre et l'alcoolisme. Néanmoins, l'Etat, ayant déjà engagé de fortes sommes dans cette opération, n'entend pas en rester là. Il est clair désormais pour les autorités que la réussite est impossible sans un solide encadrement.

C'est alors que le ministre de la Marine et des Colonies, se fondant sur la réputation de l'œuvre qu'elle a accomplie au Sénégal, décide, en 1828, de confier la reprise en main de la colonisation de Mana à la mère Anne-Marie Javouhey, supérieure et fondatrice de la congrégation de l'ordre de Cluny.

Le **16 août 1828**, Anne-Marie Javouhey débarque à Cayenne. Peu de temps après arrive également le premier convoi de colons, à savoir 34 paysans et paysannes ainsi que 11 orphelins, auxquels vont s'ajouter encore 16 ouvriers. Avec les 36 sœurs accompagnant la mère supérieure et 25 esclaves noirs pris dans les ateliers du roi et mis à la disposition de la congrégation, c'est un groupe d'une bonne centaine de personnes qui gagnent Mana.

Dans le même temps, les derniers survivants de la colonie précédente sont progressivement rapatriés, selon le désir de Anne-Marie Javouhey. Dès lors, elle pose comme principe à toute tentative de colonisation la “ table rase ”, c'est-à-dire le départ des colons précédents qui, ayant pris de mauvaises habitudes, sont susceptibles de corrompre les nouveaux venus.

Anne-Marie Javouhey, douée d'un solide bon sens paysan et d'un esprit très pratique, s'activa pour installer sa petite colonie, veillant elle-même de près à l'avancement des travaux. 15 bâtiments furent construits sous la direction de son neveu Louis : une petite maison pour elle, une grande à 2 étages pour les religieuses, une chapelle, 3 écoles, un hôpital et des ateliers. C'est dans ce cadre que débutera, quelques années plus tard, l'expérience de libération des Noirs. Pierre Javouhey, frère de la mère supérieure, se voit confier la responsabilité des cultures : riz, manioc et bananes commencent alors à assurer la subsistance de la population. Mère Javouhey nourrit également le projet d'étendre les cultures au ricin, au café, au tabac et à l'indigo. Le développement de l'élevage est aussi envisagé. Anne-Marie Javouhey voudrait assécher les vastes savanes inondées qui, selon elle, peuvent nourrir 2 000 à 3 000 têtes de bétail. Pour accomplir ces grands travaux, elle demande au gouvernement de la colonie 50 Noirs de plus.

L'idée de la mère Javouhey est radicalement différente de celle du gouvernement royal : dans l'esprit de celui-ci, il s'agit bel et bien de mettre à profit les qualités d'organisation et l'expérience agricole de la religieuse dans un pays similaire à celui où elle a déjà fait ses preuves mais dans le but d'y installer une colonie blanche. Pour la mère Javouhey, en revanche, il s'agit dès **1828** d'œuvrer en faveur de la population noire.

Nous sommes le **28 mai 1828**, huit ans avant le début de l'expérience de libération progressive des esclaves et vingt ans avant l'abolition totale de l'esclavage. La mère met déjà en pratique ces idées.

Une vingtaine d'esclaves marrons s'étant réfugiés sur les terres de la congrégation, elle demande et obtient de l'administration l'autorisation de les racheter à leurs propriétaires. Une telle politique risque de porter atteinte au système esclavagiste que les colons de Guyane veulent maintenir, en dépit du courant abolitionniste qui progresse depuis quelques années en France et provoque chez eux des inquiétudes. De plus, la prospérité rapide de Mana commence à faire des jaloux.

Profitant du changement de régime survenu en métropole à la suite de la révolution de **1830**, un groupe de pression obtient la suppression des subventions allouées jusqu'alors par l'Etat à l'établissement de Mana. La mère Javouhey se voit aussi retirer les esclaves du domaine mis à sa disposition et, ne pouvant assurer leur rémunération, assiste au départ de plusieurs colons blancs. Pourtant, en **1833**, quand le gouverneur Jubelin vient visiter Mana, il peut mesurer l'ampleur du travail accompli malgré les difficultés. Il intervient auprès du ministre pour que des orphelins soient envoyés sur place. Il autorise aussi la mère Javouhey à installer sur le domaine de l'Acarouany des lépreux, mal soignés jusqu'alors aux îles du Salut.

C'est surtout la législation sur la répression de la traite qui va relancer l'entreprise en permettant un apport massif de main-d'œuvre. La prospérité et la réussite de la colonisation de Mana dépendent de l'extension des grandes cultures, principalement en riz et en canne à sucre, sur les terres poldérisées. Jusqu'à la libération du premier contingent de Noirs, elles ont pu être entretenues et même étendues. Mais à partir de **1838**, se pose un problème de main-d'œuvre qui pourrait être résolu en réunissant, comme le souhaite la mère Javouhey, les quelque 3 000 enfants des esclaves de la Guyane. Mais avant qu'ils se mettent au travail, il faudrait pourvoir à leur éducation et à leur instruction, ce qui impliquerait de nouvelles subventions du gouvernement. Le refus de ce dernier entraîne dès lors la stagnation de la colonie de Mana et le départ, en **1843**, de la mère Javouhey. Mana compte aujourd'hui environ 5 450 habitants.

PRATIQUE

- **Poste. Rue Sœur-Bernard-Fontaine, à côté de l'école et en face de l'église ✆ 05 94 34 81 35 - Fax 05 94 34 80 57.** Un distributeur.
- **Syndicat d'initiative de Mana.** 4, rue Maurice-Demogeot 97360 Mana ✆ 05 94 34 83 04.
- **Pompiers** ✆ 18.
- **Gendarmerie** ✆ 05 94 34 82 42.

HEBERGEMENT

- **Communauté des Sœurs. 1, rue Bourguignon Mana ✆ 05 94 34 82 70.** Situé à côté de l'église, c'est un dortoir où vous pouvez passer la nuit en hamac (*6,09 €*) ou dans un lit (*9,15 €*) ou encore dans une chambre particulière (*10,67 €*). On ne peut pas entrer et sortir à sa guise, à n'importe quelle heure, mais c'est à peu près la seule contrainte. L'endroit est très fréquenté, surtout pendant la période de ponte des tortues luth sur la plage des Hattes, à 20 kilomètres de là. Nous vous conseillons donc de téléphoner pour réserver (*il faut venir prendre les clefs entre 15 h et 17 h 30*).
- **Angoulême (Gîte de France 2 épis). Mme Buira. RN1 PK 206 ✆ 05 94 34 28 55.** Entre Sinnamary et Saint-Laurent (après la première intersection de Mana et avant le pont de Saint-Sabbat). Cet établissement mérite vraiment le détour ! Situé au-dessus de la Mana, le site est superbe. C'est au bout d'une surprenante petite route longue de 4 kilomètres environ (attention après de fortes et longues pluies) bordée de fleurs que vous découvrirez ce gîte : un très grand carbet restaurant, un carbet d'hôtel pour 8 personnes (hamacs), un gîte rural pour 6 personnes (meublé et équipé) et d'un carbet sanitaire (douches, W.-C.). Ici l'intimité de chacun est respectée. La restauration y est délicieuse, l'accueil à la fois chaleureux et discret. Les amateurs de confiture se régaleront, elles sont faites maison. Si vous avez le temps, vous pourrez faire une petite balade d'une demi-heure en forêt sur un layon bien dégagé. Nuit en hamac, *(10 € par personne et par nuit, le gîte) 120 € le week-end ou encore 260 €* la semaine, petit déjeuner *6 €,* table d'hôtes *18 € (enfant 10 €).* Prévoyez un paiement en espèces de préférence.

RESTAURANTS

- **Manoa del Dorado. 2, rue Anne-Marie-Javouhey ✆ 05 94 34 81 97.** *Ouvert dès 8 h pour le petit déjeuner. Fermé le dimanche soir et le lundi toute la journée.* Accueil vraiment très chaleureux. Situé juste à côté du fleuve, ce restaurant avec terrasse vous propose une cuisine guyanaise authentique. Une bonne adresse et un très bon rapport qualité/prix. Difficile de citer tous les petits restaurants chinois dans lesquels vous pourrez déguster des préparations rapides, en snack. Aussi n'hésitez pas à errer et vous laisser guider. Mana est une ville qui s'y prête.

POINTS D'INTERET

Découverte du fleuve Mana

Le plus sauvage des fleuves guyanais ne s'apprivoise pas. Il se mérite, et sa découverte est sans nul doute une expérience hors du commun mais qui exige une bonne condition physique, un certain esprit d'aventure et qui exclut l'amateurisme. Il existe heureusement des moyens peu contraignants et peu onéreux qui permettent, le temps d'une journée ou d'un week-end, de profiter de l'ambiance mystérieuse de cette région.

▶ **Amazonie Détente (Gîte de France 2 épis). Nick et Philippe Villaréal, Saut Valentin-Mana 97360 Mana, BP372 97379 Kourou Cedex ✆ 05 94 32 52 28 / 06 94 21 31 22 - Fax 05 94 32 82 52.** Situé près de Saut-Valentin (après la première intersection de Mana au niveau du pont de Saut-Sabbat), Nick ou Phil vous conduiront après environ 45 minutes de pirogue dans ce magnifique gîte d'Amazonie, un carbet d'une capacité de 25 personnes au bord d'une petite crique où il vous sera possible de vous baigner en toute sécurité. Au programme, plusieurs activités vous seront proposées : balade diurne à pied (30 minutes à 1 h environ), balade nocturne en pirogue pour mieux apprécier la nature, tir à l'arc, initiation à l'orpaillage, tout cela pour *137,19 € par personne (pour les plus de 12 ans) et 73,17 € pour les moins de 12 ans*, sur la base de 2 jours. Il s'agit d'un produit de qualité et le carbet, tout en gardant cette harmonie avec le cadre, dispose de tout le confort nécessaire (sanitaire et douche). L'ambiance est sympathique et la restauration excellente. En somme, une bonne adresse.

▶ **Ecotourisme Guyane Expédition. PK 24,5 cd 9, route de Mana 97360 Mana ✆/Fax 05 94 34 20 92 - Web : www.ege.gf - E-mail : contact@ege.gf .** Sur le bord du fleuve à Mana, Ecotourisme Guyane Expédition vous propose un produit très complet : écotourisme, approche animalière en 4x4 ou pirogue, avec des circuits aventure dans cette région de Mana en pirogue. Spécialiste de la Mana, Marc Dabrige vous invite à des expéditions, circuits sur la Mana à la demi-journée (*25 €/personne*) ou à la journée (*54 € par personne repas compris*). Des activités diverses : bivouac, pêche, orientation, en toute sécurité. Tout l'équipement (hamac, moustiquaires...) est fourni. D'autres formules pour tous les goûts. Le circuit de 6 jours " approche animalière " à *700 €/personne (tout compris)* et aussi le circuit " aventure " en trek, canoë ou hélicoptère (de 4 à 12 jours). *Devis gratuit.* Il vous fera également découvrir Saül (circuit pédestre de 6 jours jusqu'à Saut-Maïs (*396 €*), Le Maroni et le Tapanahony (*76 €/jour/personne*), la crique Portal (*69 €/jour/personne*) et la Mana intégrale (*12 jours à 838 €*). Tous les tarifs comprennent les repas, boisson, activités, l'accès en pirogue. Un produit à retenir.

▶ **Espace Amazonie - Takari tour. CV 7.1 RDC Simarouba 97310 Kourou ✆ 05 94 32 34 30 - Fax 05 94 32 57 02 - Web : www.espace-amazonie.com - E-mail : espamaz@ nplus.gf .** Ce prestataire vous propose 2 jours au campement d'Amazonie Détente à Saut Valentin. Des activités pour tous, initiation à l'orpaillage, tressage de feuilles, tir à l'arc, randonnées pédestres (*137 € pour les 2 jours*). Ce prestataire vous propose aussi un autre produit de Saut Sabbat à Crique Tamanoir en 4 jours/3 nuits (*275 €*), à Saut-Fracas en 6 jours (*412 €*) ou la Mana intégrale de Saut-Sabbat à Saül (vol Air Guyane compris), soit la montée en 12 jours (*930 €*), la descente en 10 jours (*808 €*).

▶ **JAL Voyages. 26, avenue du Général-de-Gaulle BP1102 97344 Cayenne Cedex ✆ 05 94 31 68 20 - Fax 05 94 30 11 01 - Web : www.jal-voyages.com - E-mail : jal@jal-voyages.com .** Ce prestataire vous propose une remontée du fleuve la Mana. Un produit pour les amoureux de l'aventure et de la nature. Vous construirez des carbets, installerez des bivouacs et vivrez une initiation à l'orpaillage, à la pêche et aux techniques de boucanage. 6 jours de plaisir en pension complète, boissons incluses, hamacs et moustiquaires fournis au départ de Mana (*à partir de 396 €*).

▶ **Takari Tour. 8, rue du Capitaine-Bernard BP513 97332 Cayenne ✆ 05 94 31 19 60 - Fax 05 94 31 54 70 - Web : www.takaritour.gf - E-mail : takari.tour@wanadoo.fr .** Ce prestataire vous invite à remonter la Mana sur un circuit de 12 jours au rythme des rapides (*838 €*) au départ de Mana ou de la descendre (*716 € au départ de Cayenne sur 10 jours*). Installations de bivouacs, pêche alimentaire, initiation à la vie en forêt. Un autre produit à Saut-Fracas sur 6 jours (*426 €*).

▶ **Couleurs Amazone. 2bis, avenue Pasteur 97300 Cayenne ✆ 05 94 28 70 00 - Fax 05 94 28 70 01 - Web : www.couleursamazone.fr - E-mail : info@couleursamazone.fr .** Remontée de la Mana sur 6 jours jusqu'à Saut Fracas. *Dès 396 € par personne.* Départ Mana.

▸ **Dimpaï John. Maroni Tours. Village de Saint-Jean ✆ 05 94 34 11 75/05 94 34 38 30. ✆/Fax 05 94 30 70 80 - Web : Go.to/Maronitours - E-mail : Maronitours@wanadoo.fr .** Ici vous découvrirez ce fleuve sauvage. Le produit allie la découverte du fleuve en pirogue, marche... (*304,90 € par personne*).

▸ **Kag Tour. 182 village Saramaca 97310 Kourou ✆ / Fax 05 94 32 57 93/06 94 26 39 46.** Ce prestataire vous propose de découvrir la Mana sur 1 jour (*61 €*) ou sur 5 jours (*476 €*).

▸ **GuyanEspace Voyages. 39, avenue Hector-Berlioz 97310 Kourou ✆ 05 94 22 31 01 - Fax 05 94 22 31 02 - Web : www.guyanespace.com - E-mail : guyanespace@ wanadoo.fr.**

AWALA - YALIMAPO

Nous sommes ici au cœur de la plus importante communauté amérindienne de Guyane. Luttant pour être intégrés mais non pas assimilés, les Galibis, ou Kalinas, ont obtenu que ces 2 villages forment ensemble une commune, entièrement administrée par leurs soins. C'est le **24 décembre 1988** que Awala-Yalimapo devint officiellement une commune administrative. Elle est formée sur une base ethnique, par détachement d'une partie de la commune de Mana, dans un espace d'implantation classique des villages kalinas, institué par la DDE depuis quelques années en réserve foncière destinée aux amérindiens. Zone naturelle d'intérêt écologique, faunistique et floristique, elle est protégée par un arrêté préfectoral. En venant de Mana, on découvre tout d'abord Awala, puis Yalimapo tout au bout de la route.

TRANSPORTS

A partir de Mana, il faut suivre la route qui longe l'océan en direction d'Awala-Yalimapo et de la plage des Hattes, située à une vingtaine de kilomètres.

PRATIQUE

▸ **Marché d'Awala.** *Ouvert dès 8 h tous les jours.* Situé sous un grand dôme, visible de la route principale, il n'est pas très animé.

▸ **Poste ✆ 05 94 34 31 61.** A côté de la mairie à Awala, une agence postale.

▸ **Gendarmerie** ✆ 05 94 34 82 42.

A VISITER

▸ **La Réserve Naturelle de l'Amana. 270 avenue Paul-Henri 97319 Awala-Yalimapo. ✆ 05 94 34 84 04 - Fax 05 94 34 01 29.** *Ouvert du lundi au dimanche de 8 h à 12 h et de 14 h à 18 h*. La Réserve Naturelle de l'Amana se situe entre le village d'Awala et de Yalimapo sur la droite. Elle couvre une superficie d'environ 14 800 hectares et s'étend du Maroni jusqu'à l'embouchure de l'Organabo. Cette réserve naturelle, essentiellement littorale, est constituée de plages, mangroves, lagunes, marais, vasières. C'est une zone humide classée site Ramsar en 1993.Elle a été créée le 13 mars 1998 et l'Etat l'a confiée en gestion au Syndicat Intercommunal à Vocation Unique (SIVU) de l'Amana, fondé à cet effet, qui réunit les communes d'Awala-Yalimapo et de Mana. L'objectif est de mieux connaître la biologie et le comportement des tortues marines. La réserve doit être en mesure d'assurer la protection d'un des plus importants sites mondiaux de ponte pour la tortue luth et de permettre la connaissance biologique et des comportements de l'ensemble des tortues marines afin de maximiser l'efficacité de la protection. Pour cela cette structure s'est entourée d'un personnel administratif, d'un conservateur, de gardes (garde-animatrice, agents d'accueil, agents d'entretien) ayant pour mission de faire fonctionner le SIVU et de faire appliquer les objectifs de la réserve. Les missions sont diverses et primordiales et s'étendent de l'accueil des visiteurs, à l'information du public, au respect des réglementations en vigueur ainsi qu'au suivi scientifique mené sur ce territoire.

Cette structure abrite également un musée avec une très belle et simple exposition sur les tortues marines. La visite est gratuite. Pour tout renseignement, contactez la réserve **✆ 05 94 34 84 04 - Fax 05 94 34 01 29.** *Ouvert du lundi au dimanche de 8 h à 12 h et de 14 h à 18 h*.

HEBERGEMENT

A Awala-Yalimapo, on trouvera surtout des hébergements avec hamac à un très bon prix.

▸ **Chez Jeanne (Gîte de France 1 épi). Jeanne Tiouka, plage des Hattes Yalimapo 97319 Awala-Yalimapo ✆ 05 94 34 29 82 - Fax 05 94 34 20 71.** Au cœur du village d'Awala-Yalimapo, un grand carbet d'hôte. Il peut accueillir 14 personnes et a l'avantage d'être à 50 mètres de la plage où a lieu la ponte des tortues luth. Le couchage se fait en hamac (non fourni). Douches, toilettes et lavabos complètent l'installation. Le petit déjeuner et la table d'hôte sont chez la propriétaire, sous un autre carbet. La cuisine y est d'ailleurs excellente. Un très bon rapport qualité/prix. *Tarifs : nuit en hamac et petit déjeuner (18,29 €) et table d'hôtes (boisons comprises 15,24 €).* L'accueil est très chaleureux et discret. Très bonne adresse. Réservation conseillée surtout pendant les périodes des pontes et émergences (juillet et août).

▸ **Chez Judith et Denis (Gîte de France 1 épi). M. et Mme Thibaut, avenue Paul-Henri-Yalimapo 97319 Awala-Yalimapo ✆ 05 94 34 24 38.** Situés à l'entrée du village à gauche, ces carbets d'architecture amérindienne peuvent accueillir 4 personnes chacun et sont équipés de douches et de toilettes privatives. *Les tarifs : 22,86 € (simple), et 32 € (double).*

RESTAURANTS

A Yalimapo

▸ **Chez Jeanne (Gîte de France 1 épi). Jeanne Tiouka, plage des Hattes Yalimapo 97319 Awala-Yalimapo ✆ 05 94 34 29 82 - Fax 05 94 34 20 71.** Très bonne table d'hôtes. *Menu à 15,24 €* comprenant, les boissons, un choix de 2 plats, des desserts. Cassave, crabio, couac... Tout un régal dans ce village plein de vie. Pour la restauration, il s'agit d'une activité ponctuelle; aussi il est indispensable de téléphoner au préalable afin de savoir si la restauration est possible.

▸ **Yalimale. Yalimapo 97319 Awala-Yalimapo ✆ 05 94 34 34 32 - Fax 05 94 34 71 05 - E-mail : gordon@nplus.gf .** Ce restaurant se trouve juste avant le parking au bout de la plage de Yalimapo sur la gauche (à côté de l'épicerie). I propose quelques spécialités amérindiennes, mais la carte n'est pas très originale. L'accueil est sympathique, mais le service reste à améliorer. *Comptez environ 12,19 à 15,24 €.* Ce restaurant fait également de la location de carbets.

A Awala

▸ **Au Paradis des Acajous. La Bouverie 97319 Awala.**

▸ **L'Ibis. Awala.** Cafeteria-restaurant dans un carbet traditionnel amélioré, avec vue sur la plage. Les gérants vous proposent des spécialités amérindiennes et créoles à des prix tout à fait accessibles ainsi que divers souvenirs amérindiens.

POINTS D'INTERET

Les plages d'Awala-Yalimapo s'étendent sur plus de 5 kilomètres, depuis la pointe française jusqu'au village d'Awala. Elles relient la Mana, bordée au nord par la pointe Isère, au fleuve Maroni qui marque la frontière avec le Surinam. C'est probablement grâce aux formidables apports terrigènes de ces deux fleuves, 2 des plus gros de Guyane, que la plage se maintient. Elle avance ou recule au gré des courants marins, mais reste la plus grande du département. A l'est, les zones de plages alternent avec une mangrove qui varie en fonction de l'évolution des bancs de vase.

Cette plage fait partie d'un ensemble littoral étendu sur une dizaine de kilomètres, formé de cordons sableux successifs qui autrefois bordaient la mer et se retrouvent aujourd'hui à l'intérieur des terres à cause du dépôt progressif des sables. Entre chacun des cordons, des marais s'installent.

La région d'Awala est mondialement connue pour ses plages, lieux de rassemblement des tortues marines le plus important de tout l'Atlantique. 4 000 à 6 000 d'entre elles viennent pondre ici plusieurs fois dans l'année entre décembre et septembre, soit 13 000 à 19 000 femelles par an (voir encadré plus loin). La plupart arrivent à la saison des pluies, d'avril à juin. D'autres tortues, les vertes et les olivâtres, viennent également pondre sur cette plage.

La tortue luth (Dermochelys coriacea) est la plus grande des tortues connues. Mesurant en moyenne 1,60 m, elle peut peser plus de 600 kg.

La tortue olivâtre (Lepidochelys olivacea) est la plus petite des trois. Sa carapace mesure 70 centimètres et pèse environ 40 kg. Elle a été chassée, non pour l'écaille de sa carapace, mais pour sa peau, utilisée en maroquinerie. Aujourd'hui, elle est en voie de disparition: on estime à moins de 100 sujets le cheptel de la zone Guyane-Surinam. Outre sa taille plus petite, on la reconnaît au nombre de plaques costales de sa carapace, généralement plus de 5 et jusqu'à 9, symétriques. Mais les tortues ne sont pas la seule richesse de ce site. De nombreux oiseaux d'eau occupent la lagune de la pointe Isère, la mangrove abrite des hérons et des aigrettes. Des iguanes se rassemblent le long des côtes chaque année au moment de la ponte. Plus au sud, s'étend un autre marais, celui de la rivière Coswine, caractérisé par sa composition floristique : on y retrouve la seule tourbière à sphaignes (mousses dont la décomposition est à l'origine de la tourbe) de Guyane. Pour la ponte des tortues, il faut être présent 1 h 30 avant la pleine mer. Pour les éclosions, revenir de 80 à 120 jours après la ponte.

▸ **Association Yawoya Délé. Yalimapo 97319 Awala-Yalimapo ✆ 05 94 34 34 14 - Fax 05 94 34 32 53**. Cette association est très active et organise des circuits de découverte pour les visiteurs.

▸ **Takari Tour. 8, rue du Capitaine-Bernard BP513 97332 Cayenne ✆ 05 94 31 19 60 - Fax 05 94 31 54 70 - Web : www.takaritour.gf - E-mail : takari.tour@wanadoo.fr** . A partir d'Awala, Takari Tour vous emmènera sur la crique Coswine en compagnie d'Indiens galibis. Si vous choisissez la période d'avril à juillet, vous pourrez assister à la ponte des tortues luth. Le rendez-vous se fait à Awala-Yalimapo. Pension complète et encadrement ; *comptez 46 € pour une journée.*

▸ **Espace Amazonie - Takari tour. CV 7.1 RDC Simarouba 97310 Kourou ✆ 05 94 32 34 30 - Fax 05 94 32 57 02 - Web : www.espace-amazonie.com - E-mail : espamaz@nplus.gf** . Balade en pirogue, visite du village de Coswine, observation des techniques traditionnelles, repas et nuits en carbet au camp Itupo. *Sur une journée (52 €), 2 jours (130 €) et 3 jours (190 €). En saison, forfait avec la ponte des tortues luth (46 €).*

La ponte des tortues luth

La plage des Hattes offre un spectacle incroyable et émouvant. Les énormes tortues luth, qui peuvent peser jusqu'à 700 kg, viennent y pondre tous les soirs d'avril à juillet. Fournissant un effort qui force l'admiration, elles se traînent sur le sable pour trouver un abri contre les prédateurs. Afin d'apprécier au mieux ce spectacle, il faut venir les voir, environ 1 h 30 avant la marée haute et y rester 1 h après, équipé d'une petite lampe de poche. Prenez également toutes les précautions pour vous protéger des moustiques.

Pour les observer sans les déranger, il est impératif de respecter au moins trois règles essentielles :

- laisser le champ libre à une tortue qui sort de l'eau ou qui rejoint l'Océan après la ponte en évitant de se mettre face à elle,

- ne jamais monter sur une tortue car celle-ci pourrait s'étouffer sous le poids,

- éviter d'utiliser des flashes ou des lumières jusqu'à ce que la tortue ait commencé à pondre. Et même à partir de ce moment, il ne s'agit pas de l'éblouir. L'éclairer donc de derrière et à faible intensité.

Sur place, une mission scientifique du WWF étudie le comportement de ces magnifiques reptiles. Rendez-leur visite avant d'assister à la ponte, ils vous donneront des informations passionnantes sur leur comportement. Si vous vous trouvez en Guyane entre le mois de juillet et le mois de septembre, vous pourrez assister à l'éclosion des œufs pondus 40 jours auparavant. De minuscules tortues sortent alors de terre pour gagner l'océan. Soyez leur sauveur en éloignant les prédateurs comme les oiseaux et les chiens qui voient dans cet émouvant spectacle l'occasion de faire un bon festin. Aujourd'hui, la plage des Hattes est un peu victime de son succès. Dans la mesure du possible, il faut éviter de venir assister à la ponte durant le week-end. La foule gâche l'intimité du spectacle et gêne les tortues par son indiscipline. Vous pouvez également vous régaler de ce spectacle sur les plages de Montjoly où depuis peu une écloserie a ouvert ses portes.

JAVOUHEY

Situé à 32 kilomètres de Mana, Javouhey est le deuxième village hmong de Guyane. Son marché, particulièrement intéressant, réunit l'artisanat et les fruits et légumes. Les jardins des maisons du village regorgent de toutes sortes de fruits.

HEBERGEMENT, RESTAURANTS

▸ **Auberge de Bois Diable. PK 8, route de l'Acarouany 97360 Mana ✆ 05 94 34 19 35.** Cette auberge n'est pas, à proprement parler, tout près du fleuve mais son propriétaire, Alain Dewevre, est certainement l'un des meilleurs spécialistes de la Mana. Son site a fait peau neuve et arbore de très jolies couleurs. *Des possibilités de dormir dans le carbet hamac (10,67 € hamac et moustiquaire fournis et 6,10 € sans hamac) ou dans le bungalow (lit double) pour 38,11 € (la nuit), 228,67 € (la semaine). Vous aurez la possibilité de prendre un repas (sans boisson) pour 15,24 € avec le petit déjeuner (4,57 €)* servis dans ce cadre spacieux et fleuri. Et Alain a plus d'un atout dans son sac. Il vous propose également différentes formules de découverte du fleuve Mana : Saut Maïpouri en 2 jours (*91,47 € par personne*), Saut Double Tamanoir en 5 jours (*274,41 €*), Saut Fracas en 6 jours (*304,90 €*). Egalement des circuits sur le Maroni avec Providence en 4 jours (*243,90 €*), Gaan Oloo (Tapanahony) en 6 jours (*384,09 €*). Tout un programme...

▸ **Le marché de Javouhey**. *En semaine comme en week-end*, venez apprécier les délicieuses soupes de crevettes. Le jour le plus apprécié reste le dimanche. Un moment agréable et simple.

SHOPPING

Sur la route de Mana en direction de Saint-Laurent, à l'intersection de Javouhey, de petites cahutes sont alignées et abritent des objets en bois sculpté : chaises, tabourets, pirogues, cannes, pagaies... Un large choix. Toutefois on peut regretter le manque d'originalité des objets et les prix peu intéressants finalement par rapport à certaines boutiques, à Cayenne par exemple. L'idéal est de pouvoir vous arrêter directement auprès des artisans entre Mana et Saint-Laurent-du-Maroni.

LOISIRS

▸ **Association Javouhey Randonnées. M. Ly, village de Javouhey 97318 Javouhey-Mana ✆ 05 94 34 54 06/34 25 12.** L'association vous propose une balade en pirogue à un prix très raisonnable : visite du site Bois Bandé (en amont de l'Acarouany), randonnées en forêt... *Le tout pour 52 € (de 1 à 4 personnes; + de 4 personnes à 13 €).* La balade dure environ 3 h . Elle propose également des prix forfaitaires. *Une nuit en carbet hamac à + 5 €/personne.*

▸ **Association Konet mo péi. Village de Javouhey 97318 Javouhey-Mana ✆ 05 94 34 27 19.** Cette association est très active au sein même du village puisqu'elle organise pendant toute l'année des animations, manifestations de loisirs pour la population résidente. *Elle loue également des VTT pour 4,57 € la journée* (possibilité d'être accompagné d'un guide).

Saut-Maripas, fleuve Oyapok © S. Honthaas

LE MARONI

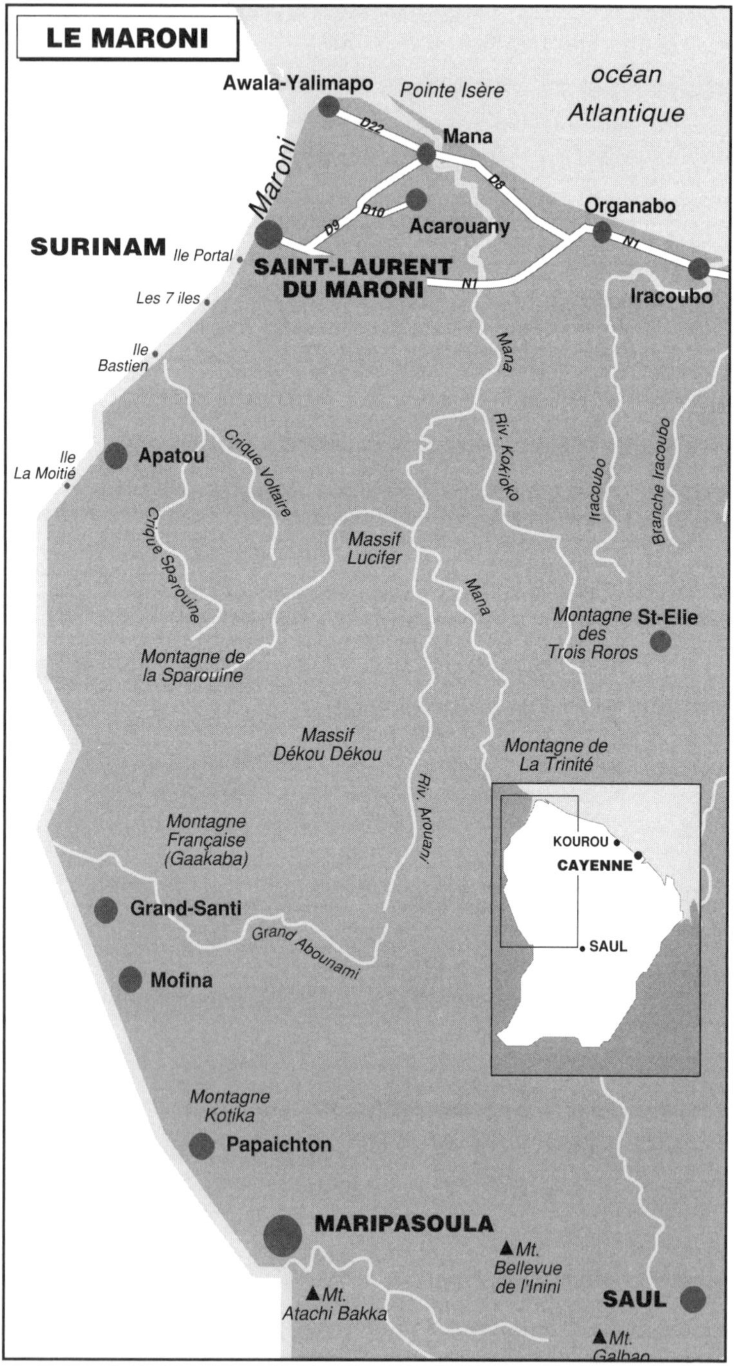

LE MARONI
océan
Atlantique
Awala-Yalimapo
Pointe Isère
D22
Mana
Maroni
D8
D10
D9
Acarouany
Organabo
N1
SURINAM
Ile Portal
SAINT-LAURENT
DU MARONI
N1
Iracoubo
Les 7 iles
Mana
Ile
Bastien
Riv. Kokioko
Iracoubo
Branche Iracoubo
Ile
La Moitié
Apatou
Crique Voltaire
Crique Sparouine
Massif
Lucifer
Mana
Montagne
des
Trois Roros
St-Elie
Montagne de
la Sparouine
Massif
Dékou Dékou
Montagne de
La Trinité
Riv. Arouani
KOUROU
CAYENNE
SAUL
Montagne
Française
(Gaakaba)
Grand-Santi
Grand Abounami
Mofina
Montagne
Kotika
Papaichton
MARIPASOULA
Mt.
Bellevue
de l'Inini
Mt.
Atachi Bakka
SAUL
Mt.
Galbao

LE MARONI

SAINT-LAURENT-DU-MARONI

Saint-Laurent-du-Maroni, deuxième plus grande ville de Guyane (19 167 habitants), est située à environ 260 kilomètres de Cayenne, au bout de la route de l'Ouest ou du littoral. Bienvenue à Kamalaguli ! De Cayenne à Saint-Laurent-du-Maroni, les paysages sont superbes. De son passé colonial et d'administration pénitentiaire, Saint-Laurent a hérité de monuments magnifiques qui parsèment un réseau de ruelles et rappellent que la ville a connu jadis une certaine prospérité. Ici, chaque pas dans les rues semble réveiller l'histoire derrière les maisons. Le décor et l'ambiance sont exceptionnels, ce qui fait de Saint-Laurent une ville esquisse, considérant l'architecture des bâtiments un foyer d'art, une ville d'histoire et de bien-vivre.

La guerre civile qui a ravagé le voisin surinamien a également beaucoup modifié le paysage démographique de la ville. Fuyant leur pays, de très nombreux Noirs marrons et Surinamiens ont trouvé refuge dans la région de Saint-Laurent-du-Maroni et y sont restés. On retrouve cette population essentiellement au village de la Charbonnière, à côté du bac.

Depuis quelques années, un gros effort de restauration des bâtiments anciens a été effectué et continue. Il faut savoir que les vestiges du bagne sont probablement parmi les mieux conservés. Mais Saint-Laurent, c'est aussi une ville avec ses habitants, ses odeurs, ses traditions. Avec le Maroni, le fleuve roi de la Guyane, Saint-Laurent est une terre propice à l'éclosion de rêves.

Architecture urbaine

Les amateurs d'architecture coloniale trouveront à Saint-Laurent-du-Maroni un certain nombre d'ouvrages dignes d'intérêt. Une main-d'œuvre gratuite et la présence d'une briqueterie y ont permis l'édification de quelques splendides bâtiments. On s'intéressera plus particulièrement à la mairie, la sous-préfecture ou encore au tribunal.

Piroguier sur l'Oyapock © S. Honthaas

Çà et là, de petits murets en brique font office de clôture, mais ils se trouvent particulièrement menacés, notamment par ceux qui en récupèrent des morceaux pour leur collection personnelle. Le pillage des vestiges est d'ailleurs un important problème pour la Guyane : certaines pierres provenant des îles du Salut se négocient jusqu'à *4 573 €* sous le manteau. Sachez qu'il est tout à fait interdit d'acheter ou de vendre ces vestiges. De très fortes amendes sont prévues pour vous en dissuader.

Au début du siècle, Saint-Laurent-du-Maroni possédait également un superbe hôpital pénitentiaire tout en bois. Le bâtiment a, certes, perdu de son intérêt, mais il mérite toujours un coup d'œil.

TRANSPORTS

L'ancienne gare routière se trouve au bout de l'avenue Félix-Eboué à côté du bac. La nouvelle gare routière se trouve maintenant plus au cœur de la ville (à quelques mètres de l'église) mais n'est pas vraiment opérationnelle. Des départs ont lieu tous les jours (*30 € pour un trajet Saint-Laurent/Cayenne*). Il faut savoir que bien souvent, le chauffeur attend d'être complet pour quitter la gare.

Une liste des transporteurs effectuant la ligne Saint-Laurent-du-Maroni - Cayenne est disponible à l'**office du tourisme de Saint-Laurent ✆ 05 94 34 23 98 - Fax 05 94 34 28 83.**

▸ **Transport Cars Ruffinel. ✆ 05 94 31 26 66.** *Départ devant l'hôtel Star tous les jours à 5 h45 (sauf le dimanche).*

▸ **Maroni Transport et Liaisons.** Adam Abongo, chemin Balaté 97320 Saint-Laurent-du-Maroni ✆ 05 94 34 01 98 - Fax 05 94 34 15 74.

Location de voitures

▸ **Maroni Rent a Car.** 6, rue Jean-Jacques-Rousseau 97320 Saint-Laurent-du-Maroni ✆ 05 94 34 14 30 - Fax 05 94 34 20 35. Location de voiture à la journée ou plus.

PRATIQUE

▸ **Office du tourisme de Saint-Laurent-du-Maroni. 1, esplanade Laurent-Baudin BP240 97393 Saint-Laurent-du-Maroni ✆ 05 94 34 23 98 - Fax 05 94 34 28 83 - E-mail : dir@nplus.gf.** *Ouvert du lundi au vendredi de 7 h 30 à 18 h, le samedi de 7 h45 à 12 h45 et de 14 h45 à 17 h45 et le dimanche de 9 h à 13 h (et 15 h à 18 h en juillet et août).* Située sur l'Esplanade, à côté du ponton dans un magnifique bâtiment rose et bleu, cette structure, très organisée, vous offrira un très bon accueil et répondra à vos demandes. Professionnalisme, sourire sont ici la devise. Vous y trouverez tous les renseignements sur l'hébergement, la restauration, les activités de loisirs, ainsi que des informations administratives, culturelles et historiques, réactualisées régulièrement aussi bien sur Saint-Laurent-du-Maroni que sur les autres villes. Vente d'objets artisanaux, d'ouvrages et de cartes postales. Des expositions permanentes et temporaires, originales et de qualité, vous attendent également.

Si vous souhaitez connaître l'histoire de la ville de Saint-Laurent, l'Office du tourisme organise tous les jours une visite de la ville ainsi que du Camp de la transportation *(du lundi au samedi à 8 h, 9 h 30, 11 h, 15 h, 16 h 30). Le dimanche et les jours fériés à 9 h 30, 11 h et l'après-midi à 15 h et 16 h 30.* La durée de la visite est de 1 h 15. Il est important de savoir qu'en période touristique haute, les horaires peuvent être soumis à des modifications. Aussi par sécurité si vous vous dirigez vers Saint-Laurent en prévoyant éventuellement une visite du Camp de la Transportation, nous vous conseillons de vous renseigner auprès de l'Office du tourisme et syndicat d'initiative & 05 94 34 23 98 - Fax 05 94 34 28 83.

Tarifs : 4 € par adulte, 1 € pour les enfants jusqu'à 12 ans et 2 € pour les scolaires (de 16 ans). Des tarifs de groupes (scolaires et adultes).

▸ **Poste. Avenue du Général-de-Gaulle ✆ 05 94 34 11 99.** 3 distributeurs.

▸ **BFC. Avenue Félix-Eboué ✆ 05 94 34 43 33.** Un distributeur.

▸ **Sous-préfecture.** Face à la Poste. Ouverte de 9 h à 11 h.

▸ **Piscine. Face à l'Office du tourisme.** *Ouverte au public pendant les vacances scolaires de 10 h à 18 h, du mardi au samedi, de 10 h à 17 h le dimanche et de 14 h à 18 h le lundi.* Pendant la période scolaire, les heures d'ouverture sont moins régulières.

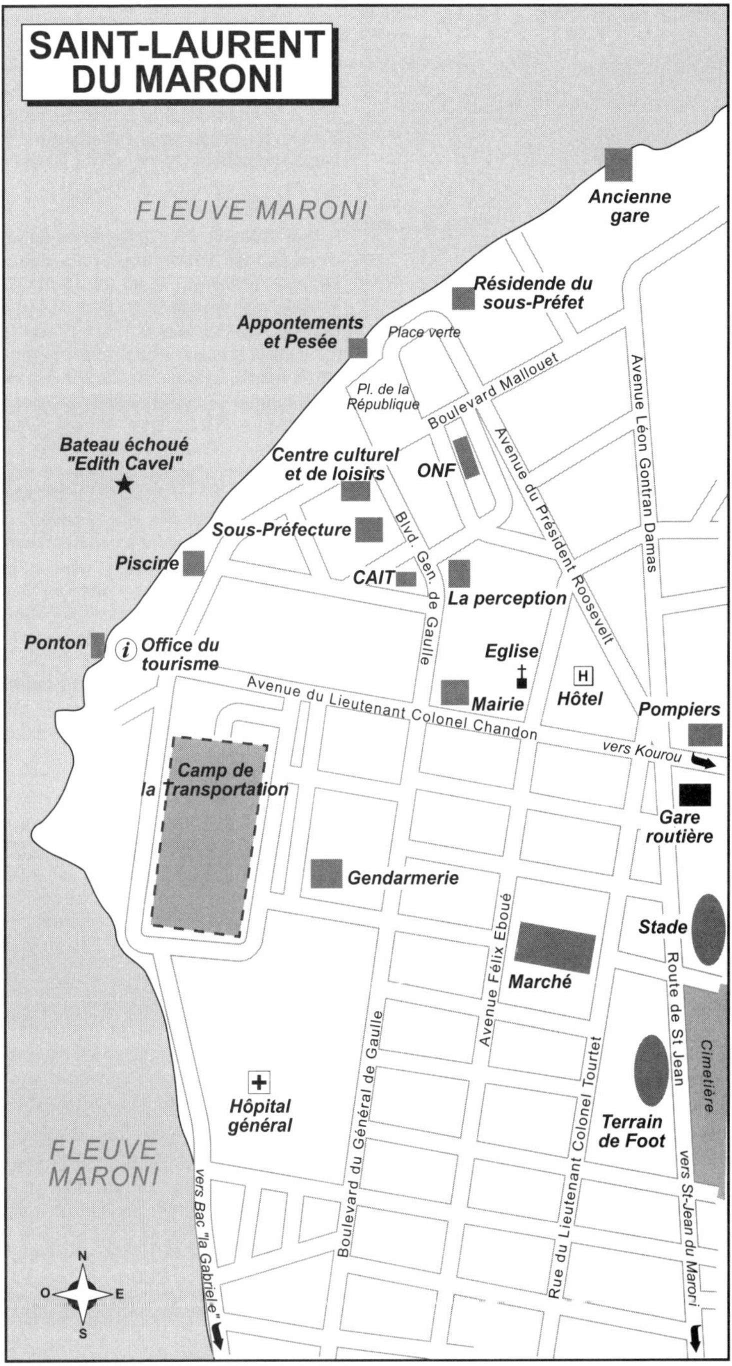
SAINT-LAURENT DU MARONI
FLEUVE MARONI
Ancienne gare
Résidende du sous-Préfet
Appontements et Pesée
Place verte
Pl. de la République
Boulevard Mallouet
Avenue Léon Gontran Damas
Avenue du Président Roosevelt
Bateau échoué "Edith Cavel"
Centre culturel et de loisirs
ONF
Sous-Préfecture
Blvd. Gen. de Gaulle
Piscine
CAIT
La perception
Ponton
Office du tourisme
Eglise
Hôtel
Avenue du Lieutenant Colonel Chandon
Mairie
Pompiers
vers Kourou
Camp de la Transportation
Gare routière
Gendarmerie
Stade
Avenue Félix Eboué
Marché
Route de St Jean
Cimetière
Boulevard du Général de Gaulle
Rue du Lieutenant Colonel Tourtet
Hôpital général
Terrain de Foot
FLEUVE MARONI
vers Bac "la Gabriele"
vers St-Jean du Maroni
N
O
E
S

Musicien H'Mongh à Cacao © S. Honthaas

HEBERGEMENT

Les carbets

▸ Agami. PK 10, route de Saint-Jean. Village Espérance. Sur la gauche une fois entrer dans le village, tout au début▸ Carmen vous propose un *hébergement en lit, une chambre 2 lis (15 € la nuit) et en hamac dans un carbet de 6 places (7 € la nuit, hamac non fourni).*

▸ Chez Thibault. PK 10, Route de Saint-Jean. Village Espérance 97320 Saint-Laurent-du-Maroni ✆ 05 94 34 01 89. Thibault et sa femme se trouvent un peu à l'extérieur de Saint-Laurent (PK 10) sur la route de Saint-Jean, direction le village d'Espérance à une dizaine de minutes de Saint-Laurent. Une fois arrivé au village d'Espérance (sur votre droite) vous trouverez une piste en latérite. Roulez sur une centaine de mètres, peu après l'entrée du village sur votre droite, tout de suite passé la petite colline. Ils vous réservent un grand carbet (couchage en hamac) avec tout le confort nécessaire, douche et toilettes. L'accueil y est sympathique. Les collectionneurs se feront plaisir au musée d'entomologie du maître des lieux : morphos, longicornes...

▸ Association Chilibonbo. 14 rue des ébéniers. Village Terre Roure 97320 Saint-Laurent-du-Maroni. ✆ 05 94 34 38 60. Une adresse absolument incontournable pour découvrir la forêt dans les environs de Saint-Laurent. Il s'agit de carbets amérindiens traditionnels extraordinaires jonchant la crique Margot fraîche et poissonneuse [...]. Demandez Rémi Maïpo, le responsable de l'Association [...]. Nazim Sellal. Saint-Laurent-du-Maroni.

▸ Association Sololia. PK 10, route de Saint-Jean Espérance 97320 Saint-Laurent-du-Maroni ✆ 05 94 34 42 24. Dans ce même village, au bout du village Espérance, un grand carbet d'une capacité de 12 hamacs environ. Cette association, ayant connu quelques difficultés financières, nous vous conseillons, comme pour toutes les autres structures, de vérifier si elles sont toujours en activité avant de vous y rendre. *Tarif : 8 € par personne.* Ici on vit comme la plupart des amérindiens dans ce village (pas de sanitaire et salle d'eau).

Bien et pas cher

▸ Hôtel Star*. Rue Thiers 97320 Saint-Laurent-du-Maroni ✆ 05 94 34 10 84 - Fax 05 94 34 25 19.** Cet établissement de 38 chambres a pour avantage de se situer en centre-ville à proximité de toutes les commodités. Des chambres double ou simple, salle de bain baignoire et toilettes séparées. *Les tarifs vont de 27,44 € (simple) à 45,73 € (double).*

Confort et charme

▸ Hôtel La Tentiaire*. 12, avenue du Président-Franklin-Roosevelt 97320 Saint-Laurent-du-Maroni ✆ 05 94 34 26 00 - Fax 05 94 34 15 09. E-mail : rioual.robert@wanadoo.fr .** Cet hôtel situé dans l'ancien quartier pénitentiaire, en centre-ville (à côté de l'église) propose une vingtaine de chambres spacieuses, propres, climatisées à un prix intéressant : *de 40 à 69 €, avec ou sans terrasse, pour 1 ou 4 personnes, en duplex.* Un très bon accueil et un très bon rapport qualité/prix. Les petits déjeuners (*5,50 €*) sont servis dès 6 h 30. Parking gardé la nuit. L'hôtel dispose également d'une piscine. Il est conseillé de réserver aussi bien en semaine que le week-end.

Confort et dépaysement

▸ **Maroni Club (Gîte de France 1 épi). 1, esplanade Laurent-Baudin (à côté du syndicat d'initiative) 97320 Saint-Laurent-du-Maroni ✆ 05 94 34 73 73 - Fax 0594 34 73 74 - E-mail : maroni.club@wanadoo.fr .** Ce gîte de séjour se situe sur les rives de la crique Balaté à 15 minutes en pirogue de Saint-Laurent. Le campement a du caractère et comprend 2 carbets de 6 personnes en couchage hamac (non fourni). Sur le site, des sanitaires collectifs complets, un carbet commun pour la table d'hôtes. Le site est calme, l'accueil discret et chaleureux et vous pourrez aussi bien au vivarium que dans leur environnement naturel. De multiples activités vous seront proposées (balades, circuits...). Un endroit à ne rater sous aucun prétexte. *Tarifs : 14 € la nuit et 4 € le petit déjeuner. Demi-tarif pour les - 12 ans.*

Luxe

▸ **Le Relais des Trois Lacs***. 19-23, domaine du Lac Bleu ✆ 05 94 34 05 05 - Fax 05 94 34 02 76.** Un hôtel de luxe avec 42 chambres climatisées dont 21 en bungalows et 5 suites. Il dispose d'un restaurant, La Case créole, très réputé pour sa cuisine, de 3 piscines et d'un cours de tennis. Equatours, le bureau d'excursions, vous propose des circuits à bord de canots et de véhicules tout-terrain (chutes Voltaire). Cette prestation reste tout de même un peu chère.

RESTAURANTS

Bien et pas cher

▸ **Ti Pic Kréol's. Angle des rues Thiers et Tourter 97320 Saint-Laurent-du-Maroni ✆ 05 94 34 09 83 - Fax 05 94 34 70 56.** *Fermé le lundi.* Ce bar-restaurant a pignon sur rue et est un lieu de détente dans la ville. Une bonne cuisine et un bon rapport qualité/prix : boudins de crabe ou de poulet, grillé ou fumé, filet d'acoupa au poivre, poulet albinos, fricassée de cochon-bois... Ne ratez pas leurs jus nature assez originaux (pastèque, gingembre, cupuacù...).

▸ **Chez Loé. 24, avenue du Général-de-Gaulle 97320 Saint-Laurent ✆ 05 94 34 12 24.** Ce restaurant se trouve le long de l'hôpital, non loin du quartier chinois. Dans un cadre familial, rien n'entame la placidité de ces lieux. Les fleurons de son restaurant sont le cochon-bois en fricassée et le poisson en court-bouillon ou grillé. Chaleur et discrétion s'harmonisent. La table est rustique mais riche de saveurs.

▸ **Marius et Jeannette. 18, avenue Félix-Eboué 97320 Saint-Laurent-du-Maroni ✆ 05 94 34 49 71 - Fax 05 94 34 34 48.** Restaurant agréable où l'accueil est sympathique. Bon rapport qualité/prix.

▸ **Chez Félicia. 23, avenue du Général-de-Gaulle ✆ 05 94 34 30 87.** *Spécialités créoles pour environ 7,62 €.* Ce restaurant possède un cachet local tout à fait particulier. Les plats sont copieux, parfumés et épicés. C'est également l'une des meilleures adresses de Saint-Laurent.

▸ **Les Pieds dans l'Eau. 29, pointe Saint-Louis 97320 Saint-Laurent-du-Maroni ✆ 05 94 34 40 97 - Fax 05 94 34 38 84.** *Fermé le lundi et mardi midi.* A 5 minutes à peine de Saint-Laurent, sur la route de Saint-Jean, après le pont (Saint-Maurice), prendre à droite en direction de Saint-Louis. Dans un cadre idyllique, ce bar-restaurant vous accueille tous les jours (sauf le lundi et le mardi midi) dans ce décor immuable. Une carte exhaustive et originale et on se délecte déjà. Médaillons d'acoupa au coulis de tomates, crevettes de Guyane flambées au whisky, filet de loubine au coulis d'épinard, gratiné de la mer aux fines herbes, requin....

▸ **Le Mambari. 7, rue Jean-Jacques-Rousseau ✆ 05 94 34 35 90 - Fax 05 94 34 42 20.** Dans ce bar-restaurant, en terrasse ou à l'intérieur, vous frôlerez les ambiances vivaces de Saint-Laurent. Ne ratez pas les petits déjeuners dans la douceur de la matinée.

▸ **Restaurant Agami. PK 10, route de Saint-Jean. Village Espérance. ✆ 05 94 34 74 03.** Carmen, toujours souriante vous accueillera tous les jours pour vous proposer une cuisine amérindienne. Les produits viennent du jardin et le repas copieux.

Une fois sur place, n'hésitez pas à errer dans les rues et à suivre votre flair : brochettes, liom-pias sur l'avenue de la Marne... Les adresses sont multiples et les ambiances différentes.

Bonne table

▸ **La Case créole. Hôtel le Relais des Trois lacs, 19-23, domaine du Lac bleu 97320 Saint-Laurent-du-Maroni ✆ 05 94 34 05 05 - Fax 05 94 34 02 76.** Restaurant gastronomique. Dommage que ce restaurant se repose sur ses lauriers !

SORTIR

▸ **Le Manococo. Avenue Christophe-Colomb. ✆ 05 94 34 25 64.** A 600 mètres environ du rond-point, à l'entrée de Saint-Laurent (D11). C'est la seule discothèque de Saint-Laurent.

▸ **Cinéma Le Toucan.** Rue Victor-Schoelcher ✆ 05 94 34 12 36. Une salle.

POINTS D'INTERET

En **1644**, année de l'arrivée à Cayenne de messire Charles Poncet (seigneur de Brétigny et possesseur du cinquième de toutes les terres situées aux Indes occidentales, entre les fleuves Amazone et Orénoque), vivent sur le bord du Maroni quelques Français survivants d'une petite colonie installée, semble-t-il, en **1643**.

Une première exploration du fleuve a lieu dans les années **1820-1821**, sous le gouvernement du baron de Laussat. Elle est suivie de la mission du lieutenant de vaisseau Carpentier, en **1852**. Ce dernier écrit dans son rapport du **30 août 1855** : «Quant au Maroni qui limite les Guyanes française et hollandaise, il est de beaucoup supérieur aux autres rivières des Guyanes. L'Amazone et l'Orénoque, seuls, dans cette partie nord de l'Amérique du Sud, l'emportent sur lui. D'après les sondes faites en **1855**, par le Paramaribo (vapeur de la Marine royale néerlandaise), la profondeur des passes ne serait pas moindre que 4,30 mètres. Dès qu'elles sont franchies, l'eau augmente encore et se maintient à la profondeur de 6 mètres jusqu'à l'établissement de Kappler, point où s'arrêta le Paramaribo et où je m'étais arrêté moi-même en **décembre 1852**».

Le lieutenant de vaisseau Carpentier est enchanté par cette région et fait une remarque élogieuse sur l'établissement du sieur Kappler : «Un fait qui se passe à cet établissement doit attirer au plus haut point l'attention des personnes qui s'intéressent à la colonisation de ces belles contrées. Une quarantaine de familles de la Frise se sont établies à Kappler et se livrent à la culture et aux travaux des bois depuis plus de trois ans. Quand je quittai la Guyane, il y a un an, on n'avait pas encore compté un seul malade parmi eux, et pourtant ils travaillaient pendant les heures les plus chaudes de la journée, sans user d'aucune précaution contre l'ardeur du soleil».

Au cours de l'année **1852**, le commissaire général Sarda-Garriga a pour mission de rechercher un lieu plus salubre pour installer un établissement pénitentiaire en Guyane. Son choix se fixe sur la rive droite du Maroni, sur les lieux d'un ancien village galibi où s'étaient installés les Bonis. **Entre juillet 1852 et avril 1853**, des relégués venant des pénitenciers de la montagne d'Argent (région de l'Oyapock), commencent les travaux devant servir à l'établissement pénitentiaire.

Mais le départ de Sarda-Garriga met fin aux travaux. Son successeur ne s'intéresse pas au projet et il faudra attendre le gouverneur Baudin pour les terminer.

Ce dernier arrive en Guyane en **novembre 1855** et prend ses fonctions de gouverneur en **février 1856**. Pendant ces trois mois, il fait une tournée sur les rivières du Maroni, Mana, Sinnamary et Kourou.

Il visite l'établissement de Kappler et rend compte au ministre de la Marine et des Colonies. Voici la conclusion de son rapport rendu en **août 1856** : «En résumé, j'ai trouvé quelques Européens parfaitement nourris, logés proprement et à l'aise, en aussi bon air qu'il est possible entre les tropiques, et cependant ils n'ont pas été à l'abri de la fièvre».

Le travail de colonisation commence véritablement en **1858**, juste après l'inauguration de la cité pénitentiaire. Saint-Laurent devient alors pénitencier agricole. L'idée de coloniser et de développer l'économie de la Guyane à la manière des Anglais en Australie se concrétise. La région de Saint-Laurent devient un exemple et un certain nombre de concessions où l'on cultivait la banane et la canne à sucre sont tenues par des condamnés.

Plusieurs chantiers forestiers sont ouverts, dont ceux de Saint-Jean et de Sparouine.

Fier de ce succès, le gouvernement français décide de fixer les transportés et, en **1859**, arrive à Saint-Laurent un premier convoi de femmes condamnées.

© S. Honthaas

Toutes sont volontaires et choisies parmi celles qui ont le plus de chances de retrouver une vie normale. Le dernier convoi arrive en **1905**. L'entreprise est un échec. La situation sanitaire des bagnes de Guyane étant devenue catastrophique, Napoléon III en décide la suspension et, en **1867**, son choix se porte sur la Nouvelle-Calédonie. Pendant vingt ans, Saint-Laurent-du-Maroni ne recevra plus aucun Européen.

En **1859**, le manque d'ouvriers spécialisés provoque la fermeture des chantiers de Sainte-Marguerite, Saint-Pierre, Sainte-Anne et Saint-Jean. Seuls restent ouverts ceux de Saint-Louis et de Saint-Maurice. En **1870** est créé le camp des Malgaches.

En **1878**, Saint-Laurent abrite le siège de l'administration pénitentiaire avant de devenir «commune pénitentiaire spéciale» en **1880**.

L'installation du bagne, naissance d'une commune

Le pénitencier de Saint-Laurent est fondé en **1857**. Dès **1852**, M. Melinon, l'un des premiers commandants de l'établissement, rêve de faire de cette région une grande exploitation agricole et forestière. La localité, appelée «pointe Bonaparte», où s'élèvera Saint-Laurent, abrite alors quelques indigènes.

En **1852**, aidé d'une quarantaine d'anciens esclaves de la région de Mana, Melinon commence à défricher la forêt. Il obtient par la suite que quelques dizaines de transportés viennent grossir les rangs de ses ouvriers.

Venu en tournée d'inspection, le gouverneur de la Guyane de l'époque, l'amiral Laurent Baudin, décide que la future ville prendra le nom de son patron, Saint-Laurent, ainsi que celui du fleuve auprès duquel elle était construite, Maroni.

L'inauguration du centre pénitentiaire, en activité depuis un an déjà, a lieu quelques années plus tard, le **21 février 1858**. La même année sont installés tous les services de l'administration pénitentiaire les bureaux, les hôtels pour le personnel supérieur, les maisons des employés subalternes et des gardiens, ainsi qu'un hôpital de 12 bâtiments.

Le **16 mars 1880**, un décret fait de Saint-Laurent une commune autonome. Par ce décret, le président de la République, Jules Grévy, décide de l'organisation de la commune pénitentiaire de Saint-Laurent-du-Maroni.

L'arrêté est promulgué à Cayenne le **7 mai 1880** par le gouverneur Marie-Alfred-Armand Huart, et un directeur de l'administration pénitentiaire est chargé de son exécution. Le territoire pénitentiaire du Maroni prend le nom de «commune pénitentiaire du Maroni». Sa circonscription a les limites établies pour les besoins de la transportation par le décret du **30 mai 1860**.

La commune est personne civile et exerce tous les droits des autres communes. Elle est administrée par une commission municipale composée du commandant supérieur du Maroni, qui en est le président, de l'officier d'administration, du juge de paix, et de 4 membres nommés par arrêtés du gouverneur et choisis parmi les officiers et fonctionnaires des différents corps détachés à l'établissement du Maroni. 2 adjoints sont nommés par le gouverneur parmi les membres de cette commission et le président prend le titre de maire.

Peines et institutions du bagne

Le Tribunal maritime spécial à Saint-Laurent juge seulement les forçats. C'est une survivance du temps où la Marine régissait le bagne et où le grand maître de la transportation était l'amiral commandant de la division nationale des Antilles. Le tribunal est présidé par un capitaine d'infanterie coloniale qui a pour assesseurs le président du tribunal civil de Saint-Laurent et un sous-chef du bureau de l'administration pénitentiaire.

Un autre fonctionnaire du même grade occupe le siège du commissaire-rapporteur et un surveillant militaire fait office de greffier. C'est lui qui, le moment venu, lit au prévenu l'acte d'accusation. La défense, bien maigre, des transportés, est assurée d'une part par les surveillants (choisis parmi les plus intelligents) et d'autre part par toute personne libre qui veut bien remplir ce rôle.

La salle des séances est celle du prétoire de la commission disciplinaire : le jour de la session, la porte est ouverte car les audiences sont publiques.

La bastonnade. Le nombre de coups est fixé par décret à Paris. Les fouettards, qui sont aussi bagnards, ne font pas de difficultés pour rendre encore plus terribles les supplices, selon l'humeur des gardiens. Le bagnard Maynard parle ainsi du fouettard Ambarrek :

«*Quand il frappait les condamnés liés au banc fatal, il se hissait sur la pointe des pieds afin que le fouet tombât de plus haut et se pelotonnant tout à coup comme un fauve, il abaissait le fouet à nœuds et le tirait horizontalement. Cet Arabe était le seul correcteur qui du premier coup arrachait avec son fouet à 7 lanières des lambeaux de chair écarlate. Sa figure se contractait, ses yeux étincelaient. Il montrait toutes ses dents. Il était épouvantable...*».

L'arrivée de Jules Grévy à la présidence de la République met fin, au début des années **1880**, aux châtiments corporels. On assiste alors à la création du tribunal maritime spécial et à l'institution des camps disciplinaires.

Guillotine. Lors de l'abolition des peines corporelles, les 2 machines furent placées dans un local du quartier disciplinaire de Saint-Laurent.

En accueillant ces 2 bascules à mort, Saint-Laurent gagna en importance et sa réputation de capitale du bagne prit son sens.

Pour une exécution, les préparatifs commençaient dans la nuit. Bourreaux et aides-bourreaux procédaient à l'érection de la machine. Ils accomplissaient cette tâche dans le silence pour ne pas réveiller les occupants des 2 rangées de bat-flanc.

A l'aube, le groupe de porte-clefs venait prendre le condamné. On lui remettait un dernier repas, un litre de vin et un paquet de cigarettes. Après cette ultime collation, il était amené au greffe où il retrouvait le directeur, le procureur, le médecin et l'aumônier.

Il signait le registre de levée d'écrou, puis était conduit vers la guillotine pour y être exécuté.

Camp de la transportation

L'office du tourisme organise tous les jours une visite de la ville ainsi que du **Camp de la transportation** (*du lundi au samedi à 8 h, 9 h 30, 11 h et 15 h et 16 h 30*). *Le dimanche et les jours fériés à 9 h 30, 11 h, 15 h et 16 h 30. Le bureau est ouvert du lundi au vendredi de 7 h 30 à 18 h, le samedi de 7 h45 à 12 h45 et de 14 h45 à 17 h45 et le dimanche de 9 h à 13 h (et 15 h à 18 h en juillet et août).* **E-mail : dir@nplus.gf - ✆ 05 94 34 23 98 - Fax 05 94 34 28 83.**

Tarifs : 4 € par adulte, 1 € pour les enfants jusqu'à 12 ans et 2 € pour les scolaires (de 16 ans). Des tarifs de groupes (scolaires et adultes). Les horaires changent quelquefois pendant les vacances, aussi il est préférable de se renseigner dès votre arrivée à Saint-Laurent.

Excursions

Si le temps vous manque pour effectuer une découverte complète du fleuve, il vous sera possible d'en apprécier quelques aspects en une journée ou seulement quelques heures.

◗ **Maroni Club Guyane. 1, esplanade Laurent-Baudin (à côté du syndicat d'initiative) 97320 Saint-Laurent-du-Maroni ✆ 05 94 34 73 73 - Fax 0594 34 73 74 - E-mail : guyanem@voilà.fr ou maroni.club@wanadoo.fr .** Ici, Maroni Club est synonyme de professionnalisme et de qualité. Ce prestataire vous propose des balades pour tous les goûts : circuit 1/2 journée avec une visite détaillée des rives de Saint-Laurent, l'île des Lépreux, sur la crique Balaté jusqu'à un petit village noir-marron avec une halte camp et sa réserve animalière *(25 € par personne)*, circuit une journée pour Apatou *(40 €)*, circuit découverte du fleuve (et une partie du Surinam à Bigiston) à *42 €*, et le circuit Alizée, une belle découverte aussi...Ce produit allie une bonne connaissance de la faune et de la flore (sentier botanique), vous permet de bénéficier d'un bon encadrement grâce au savoir-faire de son guide nature et de vous présente dans un cadre agréable quelques animaux majestueux de la faune guyanaise. Tous ces circuits prévoient un tarif pour les enfants. Un bon tuyau pour découvrir la Guyane en toute sympathie ! Propose également de l'hébergement (Gîte de France 2 épis).

▸ **Tropic Cata. 1, esplanade Laurent-Baudin 97320 Saint-Laurent-du-Maroni ✆ 05 94 34 25 18.** Découverte du fleuve Maroni en circuits courts (2 h pour 12,19 €), ou plus longs. Tropic Cata propose aussi la découverte des chutes Voltaire en 4 x 4 en une journée ou en combiné avec le fleuve.

▸ **Owi Kwaï Gon Ma. 25, route des chutes Voltaire BP228 97320 Saint-Laurent-du-Maroni ✆ 05 94 34 01 10 - Fax 05 94 34 01 03.** Cette petite équipe d'Amérindiens kalinas vous propose 4 formules : une journée *(36,59 € par personne)* à 3 jours.

▸ **ADNG (Association pour la découverte de la nature en Guyane). BP64 97320 Saint-Laurent-du-Maroni ✆ 05 94 34 04 88/37 60 88.** Le site se situe sur la route de Mana et le siège à Saint-Laurent. Pour participer aux activités de cette association; il faut en être adhérent *(7,62 € pour l'année civile)*. Elle propose différentes activités telles que des balades en canoë, des randonnées pédestres ou en VTT... Les locaux de l'Association se trouvent au-dessus de la bibliothèque (Camp de la Transportation).

▸ **Le Pou d'Agouti. Maison de quartier au village chinois BP194 97393 Saint-Laurent-du-Maroni cedex ✆ 05 94 34 20 97/34 33 32 - Fax 05 94 34 18 87.** Le Pou d'Agouti est tout à la fois une association de protection de la nature et de l'homme, des activités de découverte et de sensibilisation à la nature, une revue d'information...

▸ **Association Gepog.** Protection et observation des oiseaux. Siège situé à Cayenne. Pour tout contact, voir tous les mercredis Michel qui fait découvrir les oiseaux dans le restaurant Les Pieds dans l'Eau.

SHOPPING

▸ **Marché de Saint-Laurent**. *Le mercredi et le samedi matin jusqu'à 13 h environ* : légumes, fruits, artisanat, cassettes audio...

▸ **Art and Co.** Rue Victor-Hugo 97320 Saint-Laurent-du-Maroni ✆ 05 94 34 13 77.

▸ **La Salamandre.** 8, rue Victor-Hugo ✆ 05 94 21 20 40.

▸ **Bibliothèque.** A l'intérieur du camp de la Transportation, juste à l'entrée sur la droite. Plutôt bien fournie, cette petite bibliothèque propose également des demi-journées de lecture animations pour les plus petits.

▸ **Drugstore du Maroni. 26, rue Félix-Eboué ✆ 05 94 34 13 32**. Papeterie, livres de poche, et quelques journaux.

LOISIRS

▸ **CCKN (Club Canoë-kayak du Maroni). Balaté plage 15, rue des Amazones 97320 Saint-Laurent-du-Maroni ✆ 05 94 34 49 03/05 94 34 28 97**. Le club vous propose aussi bien des stages d'initiation que des balades plus corsées. Tout le matériel vous est fourni. Location de canoë-kayak possible.

▸ **La Forêt des Malgaches.** Juste à l'entrée de la ville de Saint-Laurent (forêt de pins sur la gauche), un parcours de santé (1,9 km) et un parcours VTT de 8,9 km. Accès libre.

ONF, 8, avenue Franklin-Roosevelt BP90 97393 Saint-Laurent-du-Maroni ✆ 05 94 34 10 56 Fax 05 94 34 16 85.

▸ **Phytothèque traditionnelle. Village de la Forestière. Association Mamabobi. ✆ 05 94 34 49 59.** Pour rencontrer un des animateurs de cette association, vous rendre à leur siège qui se trouve au bout de l'hôpital près du village chinois (maison avec décoration tembé).

DE SAINT-LAURENT A SAINT-JEAN

A proximité de Saint-Laurent, la distillerie Saint-Maurice est la dernière encore en activité en Guyane. Il est possible de la visiter librement tous les matins à l'exception des week-ends et des jours fériés (durée 40 minutes environ). La production de rhum guyanais n'est pas très importante en volume, mais les puristes vous diront que son parfum est unique au monde. Prudence cependant lors de la dégustation car le nectar frôle les 55° d'alcool !

▸ **Usine Saint-Maurice. Lieu-dit de Saint-Maurice BP47 97320 Saint-Laurent-du-Maroni ✆ 05 94 34 09 09 - Fax 05 94 34 13 22 - Web : www.rhums-saintmaurice.com - E-mail : rhumsguy@rhums-saintmaurice.com .** L'usine Saint-Maurice se trouve à la sortie de Saint-Laurent-du-Maroni, sur la route de Saint-Jean. Prendre direction Saint-Maurice.

CASCADES VOLTAIRE

A partir de Saint-Laurent-du-Maroni, au rond-point, longez la route qui se trouve entre le stade et le cimetière en direction de Saint-Jean (D11). A environ 2,5 kilomètres, prenez à gauche dans le grand virage et suivez la direction du domaine du Lac bleu. Poursuivez sur la piste de Paul Isnard. Vous passerez devant la distillerie de rhum (sur votre droite). Tout de suite, le goudron fait place à la latérite et la piste s'enfonce dans la forêt. Si vous souhaitez faire un pique-nique, vous pourrez faire une halte à PK27,5 à la crique Tatou. Passez les abattis qui bordent les premiers kilomètres, la scierie du PK32.

Vers PK 46 vous serez face à deux pistes. Empruntez celle de droite. Vous dépasserez ensuite le camp militaire de Maîpouri. Au PK70, vous arriverez à l'Auberge Voltaire et au parking (une aire dégagée) où vous pourrez laisser votre voiture. Il est plus prudent de s'informer sur l'état des routes avant de s'y rendre, surtout en saison des pluies (contactez l'**Office du tourisme de Saint-Laurent ✆ 05 94 34 23 98**). Normalement vous trouverez 300 m plus loin un panneau d'information. Le sentier est à gauche après le passage de la crique. Celui qui mène aux chutes serpente sur 3,3 kilomètres environ (environ 1 h 30 de marche), le long de la crique Voltaire. Cette crique va se jeter dans la crique Sparouine.

Revenons sur ce sentier. Au bout de celui-ci, vous découvrirez des chutes magnifiques sur un dénivelé de 35 m réparti sur 200 m de long. Bien entendu, son débit est fonction de la saison.

Un carbet (20 places environ) vous permet de pique-niquer ou de dormir. Un autre carbet d'une dizaine de places se trouve au-dessus des chutes. Respectez tous ces lieux que vous êtes heureux d'apprécier propres et repartez avec vos poubelles. L'accès aux carbets est gratuit. Les plus courageux ont la possibilité de marcher pendant encore 2 h 30 pour arriver à de nouvelles chutes, hautes de 41 mètres, au lieu-dit «Les Chutes du Vieux Broussard». Après un voyage relativement éprouvant, la baignade dans les eaux claires et fraîches des cascades est un moment de plaisir intense. Les chutes Voltaire constituent un site particulièrement apprécié en Guyane.

HEBERGEMENT, RESTAURANTS

▸ **Auberge des Chutes Voltaire. Chutes Voltaire ✆ 00 87 47 62 94 57 74** - *entre 13 h et 16 h et 19 h à 22 h*. Vous aurez le choix pour l'hébergement. En carbet lit 1 ou 2 personne (*40 € et 15 € supplémentaire*), en carbet hamac (*8 €*), en chambre 1 ou 2 personnes (*43€*) ou encore dans un appartement équipé 1 ou 2 personnes (60 €). Sanitaires. On vous propose des parcours en quad (*45 € 1 h environ*). Possibilité de manger au restaurant de l'auberge (*repas : 20 € petit déjeuner : 6 €*). Fermeture les mardis et mercredis. Pendant les vacances scolaires, uniquement le mercredi. Pendant les vacances scolaires, il est préférable de réserver.

POINTS D'INTERETS

Nous avons découvert un certain **M. Georgy Morvan 7125, avenue de Christophe-Colomb Route de Saint-Jean 97320 Saint-Laurent-du-Maroni**. Il possède chez lui des serpents, singes, oiseaux, cochons et il en parle avec beaucoup d'humanité et de respect». Famille Gete, Guadeloupe.

Circuits

▸ **Owi Kwaï Gon Ma. 25, route des Chutes-Voltaire BP228 97393 Saint-Laurent-du-Maroni Cedex. ✆ 05 94 34 01 10 - Fax 05 94 34 01 03.** Venez découvrir la crique serpent sur une journée (*36,60 €*), 2 j/1 nuit (*79,27 €*) ou encore 3 j/2 nuits (*121,96 €*). *Demi-tarif pour les enfants de - 14 ans.* Remontée de crique, balade en layon, descente à la pagaie, repas amérindien, baignade, initiation à la vannerie, soirée contes... *Carbet d'accueil à 7,50 € par nuit, repas possible. Déjeuner amérindien à 9,15 €, dîner européen à 9,15 € et le petit-déjeuner à 2,30 €.*

SAINT-JEAN-DU-MARONI

En **1860** est créé le territoire pénitentiaire du Maroni, séparé de la commune de Mana et centré sur Saint-Laurent-du-Maroni. Les annexes se multiplient : Saint-Pierre, Saint-Louis, les Hattes... et également Saint-Jean.

HEBERGEMENT

▸ **Chez Albert. Village Saint-Jean ✆ 05 94 34 14 22.** Cette petite auberge se trouve un peu avant d'arriver au zoo, à l'entrée du chemin, sur la gauche. Logement et repas chez l'habitant (*comptez entre 5,35 et 10 € et entre 15,24 et 22,86 € pour les chambres*). Dépaysement assuré. «Le restaurant a changé de nom, il s'appelle désormais le Restaurant Saint-Jean, il est toujours tenu par une Amérindienne (...). Nous avons dégusté un excellent poisson du Maroni, le jamais-goûté. A noter, un très intéressant gîte d'étape, proposé par Daniel, 2 belles chambres donnant sur le fleuve, avec sanitaires et douches à proximité (*22,86 et 15,24 €*)». C. Lérin, Chatou.

POINTS D'INTERETS

▸ **Circuits pédestres** de 8 km et de 1,5 km dans la forêt de Saint-Jean. **ONF, 8, avenue Franklin-Roosevelt BP90 97393 Saint-Laurent-du-Maroni ✆ 05 94 34 10 56 - Fax 05 94 34 16 85.**

▸ **Le Camp de la relégation.** L'Association Meki wi libi na wan propose des visites guidées de ce site exceptionnel *le matin de 9 h à 11 h et l'après-midi de 16 h à 18 h.* **Pour tout renseignement, contactez l'association au 05 94 34 45 70/34 45 57. Association Meki wi libi 97320 Saint-Laurent-du-Maroni.**

▸ **Arche de Noé. Zoo de Saint-Jean ✆/Fax 05 94 34 13 95.** Ce zoo a connu quelques difficultés, mais a rouvert ses portes. Il existe depuis 1986 et héberge environ une centaine d'animaux. *Les visites sont guidées et commentées (à 9 h, 10 h 15, 11 h 30, 14 h 30, 15 h 45 et 17 h tous les jours). Les tarifs sont les suivants : 6,50 € pour les adultes, 3 € pour les moins de 10 ans, les scolaires et les groupes bénéficient d'un tarif préférentiel.*

@ La visite du zoo «arche de Noé» est conforme à vos indications et mérite le détour». Ducept Georges. Saint-Georges-des-Coteaux.

Excursions sur le fleuve Maroni

La découverte complète du fleuve roi de Guyane constitue sans nul doute la plus belle excursion qu'il soit possible de réaliser dans la région. Découvrir le Maroni, c'est à la fois pénétrer au cœur d'un environnement naturel exceptionnel et rencontrer des populations aussi traditionnelles que différentes les unes des autres.

Situé à l'ouest de la Guyane, ce fleuve, le plus long (près de 520 km) et le plus peuplé, forme la frontière naturelle entre le Surinam et la Guyane. De l'embouchure à sa source, plusieurs communes et villages sont implantés sur ses rives : Les Hattes, Saint-Laurent, Saint-Louis, Saint-Jean, Apatou, Grand-Santi, Papaïchton et Maripasoula. Au-delà de Maripasoula, la zone est réglementée en vue de protéger les populations indigènes de Twenké, Elahé et Antécume-Pata. La gendarmerie et l'armée veillent au respect de cette réglementation.

Le Tapanahony est un affluent du Maroni entièrement situé en territoire surinamien.

La remontée du Maroni jusqu'à Maripasoula est un classique. De très nombreux canots sillonnent le fleuve, que ce soit pour le fret, l'essence, le courrier... ou plus simplement pour permettre aux enfants de se rendre à l'école. Pour le remonter, il existe plusieurs possibilités, mais pour profiter pleinement du voyage (en 3 à 5 jours) il vaut mieux faire appel aux professionnels du tourisme.

APATOU

Apatou s'étend du village Sparouine au village Providence en territoire paramaka. C'est par un arrêté de **novembre 1976** qu'est créée la commune d'Apatou, sur un territoire détaché de celui de Grand-Santi-Papaïchton. Ce village porte le nom de son fondateur. A l'origine, il était nommé Moutende et fut créé en **1882**, par le capitaine Apatou, d'origine Aluku. Il était considéré comme le médiateur entre les 2 rives et reconnu comme tel par l'administration coloniale française et hollandaise. Il a servi d'accompagnateur à de nombreux explorateurs (Crevaux) et ses connaissances des populations et en matière de guidage furent reconnues. Il a joué un rôle important dans le regroupement des différentes ethnies sur cette partie du fleuve. Aujourd'hui, on retrouve à Apatou des Alukus, des Paramakas, des Djukas et des Saramacas.

La population d'Apatou, répartie sur 250 000 hectares, occupe principalement 3 agglomérations : Patience, Maïman et Apatou. Les voies de communication sont principalement fluviales. C'est d'Apatou à Papaïchton que l'on retrouve les plus grands sauts du Maroni.

TRANSPORTS

▸ **Maroni Transport et Liaisons. Adam Abongo, chemin Balaté 97320 Saint-Laurent du Maroni ✆ 05 94 34 01 98 - Fax 05 94 34 15 74.** Cet enfant du pays vous proposera des circuits qui, même classiques, seront originaux, avec une approche différente.

▸ **Taxi-pirogue.** *Départ de Saint-Laurent-du-Maroni à 11 h et d'Apatou à 7 h pour 11 € par personne.*

PRATIQUE

▸ **Office du tourisme d'Apatou. BP65 97393 Saint-Laurent-du-Maroni ✆ 05 94 26 29 51 - Fax 05 94 34 30 98.** *Permanence de 8 h à 12 h, du lundi au vendredi,* au bourg d'Apatou **✆ 05 94 34 71 69/34 49 59.** L'Office du tourisme organise également des visites guidées de la ville.

HEBERGEMENT - RESTAURANTS

La plupart des restaurants à Apatou ou dans les villages avoisinants vous proposeront des plats typiques de la cuisine boni. En prévenant suffisamment longtemps à l'avance, vous pourrez toujours demander à manger autre chose, dans la limite de leurs possibilités. Les plats sont copieux et la moyenne de prix est de *9,15 €.*

▸ **Restaurant Maroni River** ✆ 05 94 34 13 30.

▸ **Restaurant Khathe** ✆ 05 94 34 02 13. Carbet.

@ Pour ceux qui veulent passer 2 ou 3 jours sur le fleuve Maroni, une étape indispensable : le petit village d'Apatou, à 2 h de pirogue de Saint-Laurent. Le bar-restaurant Le Kathe, tenu par Khalid, est la meilleure base pour découvrir la forêt et le fleuve. Son carbet est impeccable, les repas excellents et Khalid a le don pour rendre heureux ses clients. Fixées sur les murs, une collection de casquettes : celui qui veut lui offrir sa casquette avec ou sans commentaires dessus pour qu'elle soit affichée est le bienvenu. Bref, il fait bon vivre à cette auberge». **Bar-restaurant Le Kathe. Khalid Baarroub, bourgd'Apatou ✆/Fax 594 34 02 13.** *A. Sfeir, Auzeville.*

▸ **Restaurant Anapaye** ✆ 05 94 34 22 36.

▸ **Ecosite Mama Bobi** ✆ 05 94 34 49 59.

Village Maïman

▸ **Restaurant Chez Amoutengue.**

Village Kwali Ondo

▸ **Tables d'hôtes Chez Dany** ✆ 05 94 34 71 69.

POINTS D'INTERET

▸ **Centre culturel Mama Bobi. 20, avenue du Général-de-Gaulle 97320 Saint-Laurent-du-Maroni ✆ 05 94 34 49 59.** Promenades, randonnées, canoë-kayak...

GRAND-SANTI ET PAPAICHTON

La scission entre Papaïchton et Grand-Santi, anciennement 2 éléments d'une même et vaste commune, est récente (**1992**). L'ensemble couvrait une superficie de 474 000 hectares (262 000 pour Papaïchton et 211 000 pour Grand-Santi).

HEBERGEMENT

A Grand-Santi

◗ **Un grand carbet municipal.**

A Papaïchton

◗ **Le Massanga. Chemin de la source 97316 Papaïchton ✆ 05 94 37 40 02 (demandez Manou Madet ou sa femme) - Fax 05 94 37 40 02.** 2 carbets (couchage en hamac) sont mis à votre disposition : un petit carbet fermé et un autre plus grand avec plusieurs séparations en gaulettes. L'endroit est calme et propre, avec douches et toilettes. A côté, le restaurant vous propose une cuisine locale (gibiers...), bonne et copieuse. C'est également le lieu de rendez-vous de certains habitants pour écouter la musique (petite discothèque). *Tarifs : 7,62 € la nuit, 22,87 € en demi-pension, 33,54 € en pension complète et 11,43 € pour un repas complet.*

Autres adresses : demandez **le petit restaurant de Mme Fosset** (ancien maire de la ville).

Entre Grand-Santi et Maripasoula, vous rencontrerez de nombreux petits villages. Cette partie de la Guyane fourmille de petits coins et de régions secrètes. Ici, les villages se saluent d'une rive à l'autre : Loca, Boniville, Assissi... Le fleuve glisse à travers un merveilleux ruisseau de verdure.

MARIPASOULA

Que ce soit au début ou à la fin de votre périple, vous découvrirez obligatoirement Maripasoula, la plus grande commune de France par sa superficie. Maripasoula marque la limite territoriale entre les populations bosh et boni (populations de Noirs marrons issues des révoltes d'esclaves au **XVIIe siècle**) et des populations amérindiennes, en particulier des Wayanas (ethnies surnommées roucouyennes pour leur coutume de s'enduire le corps d'huile de roucou).

TRANSPORTS

On peut, à partir de Saint-Laurent-du-Maroni en remontant le fleuve, atteindre Maripasoula après 3 ou 4 jours de pirogue, suivant la hauteur des eaux. Une piste d'atterrissage permet des liaisons aériennes au départ de Cayenne (*110 € aller-retour*).

◗ **Air Guyane (à l'aéroport de Rochambeau au 0594 35 0307) et via Takari Tour.** 8, rue du Capitaine-Bernard BP513 97332 Cayenne. ✆ 05 94 31 19 60 - Fax 05 94 31 54 70 - E-mail : takari.tour@wanadoo.fr . ✆ 05 94 29 36 30 - Fax 05 94 29 36 31.

PRATIQUE

Le centre-ville de Maripasoula ne se trouvant pas tout près de l'aérodrome, des taxis-navettes vous attendent à côté de la piste. *Prévoyez environ 7,62 € pour ce transfert.*

Arrivé à Maripasoula, il vous faut absolument confirmer votre départ la veille de votre retour sur Cayenne.

◗ **Office du tourisme de Maripasoula.** Centre culturel Wi Massanga 97370 Maripasoula ✆ 05 94 37 21 50 - Fax 05 94 37 21 97.

◗ **Agence postale.** Rue Maurice-Gougis ✆ 05 94 37 20 60 - Fax 05 94 37 20 10.

◗ **Centre de santé.** Rue Léonard-Domerger ✆ 05 94 37 20 49.

◗ **Urgences.** Rue Léonard-Domerger ✆ 05 94 37 21 50.

HEBERGEMENT - RESTAURANTS

▸ **Centre d'hébergement. Rue Léonard-Domerger 97370 Maripasoula ✆ 05 94 37 25 82 - Fax 05 94 37 20 13.** Un peu en retrait du centre-ville, il offre tout le confort d'un hôtel : chambres pour deux, toilettes et douches. *Il est peut-être un peu cher de 150 à 250 € (petit déjeuner compris).*

Campement touristique

▸ **Campement de Saut-Sonnelle. 48, rue Madame-Payé 97300 Cayenne ✆ 05 94 31 49 45 - Fax 05 94 30 92 30.** En amont de Maripasoula, sur la rivière Inini, un camp d'une superficie de 2 hectares et situé en face d'un saut offre un hébergement en pleine nature. 3 grands carbets ouverts sont à votre disposition, de 7 places chacun. C'est Mme Lassort et sa petite famille qui vous accueilleront. Vous pourrez prendre l'apéritif dans le carbet donnant sur l'Inini, pour y profiter de la vue agréable. Les repas sont servis dans la grande salle. Si vous souhaitez découvrir la région, plusieurs formules vous seront proposées : pêche, baignade, pratique du canoë.

Restaurants

▸ **Le délice du Lawa. 100, rue Léonard-Domerger 97370 Maripasoula ✆ 05 94 37 22 47** Ce petit restaurant est le coup de cœur du Petit Futé pour son choix de plats. La cuisine est bonne, l'accueil simple et agréable. *Très bon rapport qualité/prix (environ 10,67 euros).*

▸ **Chez Carmen. Rue Flamboyant 97370 Maripasoula ✆ 05 94 37 20 04.** Plats au kilo.

Sur place, il y a plein de petits restaurants. Laissez-vous guider par votre instinct !

POINTS D'INTERET

Descente et remontée du Maroni/Inini

Sur place renseignez-vous. Certains habitants peuvent vous proposer des balades sympathiques et originales (visite de sites d'orpaillage, chasse, pêche...). Fleuve frontière, le Lawa-Maroni n'a pas constitué une barrière. Au cours du **XVIIIe siècle**, des groupes d'esclaves fugitifs, des Noirs-marrons s'étaient constitué dans l'intérieur de la colonie voisine, la Guyane hollandaise. On les retrouve aujourd'hui présents sur les bords du Maroni. L'exploitation de l'or à la fin du **XIXe siècle** a attiré une grande population de Créoles, des Antilles françaises et anglaises, entre autres.

Maroni-Inini

▸ **Dimpaï John. Maroni Tours. Village de Saint-Jean. ✆ 05 94 34 11 75/05 94 34 38 30. ✆/Fax 05 94 30 70 80 - Web : Go.to/Maronitours - E-mail : Maronitours@wanadoo.fr .** Ils sont 2 frères, qui connaissent très bien la région et vous proposent des aventures sur le Maroni sur une journée (polissoires île Portal, Apatou) *de 38,11 à 42,69 €*, un week-end sur la crique Serpent (*60,98 €*), un circuit sur 2 jours (*76,22 €*), 5 jours (village Providence, Grand Santi...) à *213,43 €* ou un circuit de 7 jours (Apatou, Providence, Grand Santi et Papaïchton) à *282,03 €*.

▸ **GuyanEspace Voyages. 39, avenue Hector-Berlioz 97310 Kourou ✆ 05 94 22 31 01 - Fax 05 94 22 31 02 - Web : www.guyanespace.com - E-mail : guyanespace@wanadoo.fr .** Ce prestataire s'est spécialisé dans des circuits «longue durée». Il vous propose un forfait découverte Maroni avec 6 jours d'aventure amazonienne en pirogue de Saint-Laurent à Maripasoula. Découverte des populations du fleuve, passage de sauts, visite de St-Laurent, Mana, Awala-Yalimapo, visite du centre spatial, des îles du Salut, de Cayenne, de Cacao.

▸ **Alain Dewevre. Auberge de Bois Diable. PK 8, route de l'Acarouany 97360 Mana ✆ 05 94 34 19 35.** Il vous propose différentes formules de découverte du fleuve Maroni avec Providence en 4 jours (*243,90 €*), Gaan Oloo (Tapanahony) en 6 jours (*384,09 €*).

▸ **Takari Tour. 8, rue du Capitaine-Bernard BP513 97332 Cayenne ✆ 05 94 31 19 60 - Fax 05 94 31 54 70 - Web : www.takaritour.gf - E-mail : takari.tour@wanadoo.fr .** Vous découvrirez le Maroni depuis Cayenne. Ce prestataire vous propose des circuits allant de 4 à 5 jours avec des descentes (*454 €*) ou des remontées du Maroni (*480 €*). Il vous propose également de découvrir le campement de Saut-Sonnelle sur l'Inini en 2 jours 1/2 (*330 €*). Pour les plus aventuriers, reste le Maroni-Tapanahony en 9 jours, pour une découverte de ce grand fleuve amazonien (*760 €*).

▶ **Ecotourisme Guyane Expédition. PK 24,5 cd 9, route de Mana 97360 Mana ✆/Fax 05 94 34 20 92 - Web : www.ege.gf - E-mail : contact@ege.gf .** Ce prestataire vous propose (minimum 9 personnes) des expéditions sur le Maroni et le Tapanahoy pour une durée de 3,5 ou encore 10 jours. *Tarifs : 76 €/jour/personne.*

▶ **Espace Amazonie- Takari tour. CV 7.1 RDC Simarouba 97310 Kourou. ✆ 05 94 32 34 30 - Fax 05 94 32 57 02 - Web : www.espace-amazonie.com - E-mail : espamaz@ nplus.gf .** Remontée de Saint-Laurent à Maripasoula sur 4-5 jours (*480 € départ-retour Cayenne*), descente de Maripasoula à Saint-Laurent sur 4 jours (*454 € départ et retour Cayenne*) ou encore un aller-retour Saint-Laurent à Abouna Sounga sur 5 jours (*435€*). Et il vous sera aussi proposé un combiné Maroni/Inini au camp de Saut-Sonnelle (*+ 84 € par jour*). Pour 2 jours uniquement sur Saut-Sonnelle, à 45 minutes en pirogue de Maripasoula, *comptez environ 320 €* (2 j/2 nuits).

▶ **JAL Voyages. 26, avenue du Général-de-Gaulle BP1102 97344 Cayenne cedex. ✆ 05 94 31 68 20 - Fax 05 94 30 11 01 - Web : www.jal-voyages.com - E-mail : jal@jal-voyages.com .** Ce prestataire vous invite à découvrir le Maroni sur 4 jours et demi. Le départ se fait de Cayenne jusqu'à Saint-Laurent. Ensuite vous remonterez le fleuve Maroni jusqu'à Maripasoula avec des haltes dans les villages bordant le fleuve. Le couchage se fait en carbet hamac. Une fois arrivé à Maripasoula, le retour se fait en avion jusqu'à Cayenne. *Comptez environ 445 € par personne* (transfert en minibus, vol Air Guyane, repas et boissons compris, hamacs et couverture fournis). Le même produit vous est proposé en sens inverse (descente).

▶ Vous pourrez aussi passer quelques jours au **campement Saut-Sonnelle**, une structure d'accueil sur l'Inini avec toutes ses activités. *Comptez environ 335 € tout compris.*

▶ **Couleurs Amazone. 2bis, avenue Pasteur 97300 Cayenne. ✆ 05 94 28 70 00 - Fax 05 94 28 70 01 - Web : www.couleursamazone.fr - E-mail : info@couleursamazone.fr .** Remontée du Maroni de Saint-Laurent à Maripasoula (au départ de Cayenne sur 5 jours), *comptez environ 480 €.* Descente du Maroni en 4 jours (*454 €*). Séjour au campement de Saut-Sonnelle (Inini) *à partir de 3 jours dès 330 € par personne* au départ de Rochambeau.

▶ **Kag Tour. 182 village Saramaca 97310 Kourou. ✆/Fax 05 94 32 57 93/06 94 26 39 46.** Cette structure vous propose de découvrir les villages du Maroni, leurs traditions sur une journée (*54 €*) 2 jours (*115 €*) ou 3 jours (*177 €*). Vous pourrez aussi remonter et/ou descendre le Maroni (*de 252 à 458 €*).

Expédition Maroni-Tapanahony

Ce circuit convient à toute personne en bonne condition physique, d'esprit sportif, avide d'aventure non aseptisée. Le parcours n'offre pas de difficultés majeures nécessitant un engagement physique important.

Toutefois, la durée du trajet sur le fleuve (10 jours) et un confort relatif exigent de la part de chacun un solide esprit d'équipe et, parfois, une bonne dose d'humour.

Détails : 8 à 16 participants sous la conduite d'un guide connaissant parfaitement le milieu. Un à deux grands canots à moteur, dirigés chacun par un équipage de 2 habitants du fleuve.

La durée de navigation journalière sur les fleuves sera de 5 h à 6 h en moyenne. Cependant, suivant le temps (et l'étiage du fleuve), elle pourra être écourtée pour pêcher, se baigner, rencontrer les habitants... Des haltes pour la nuit sont prévues dans les villages ou en carbet de brousse.

Intérêt du circuit : Découverte d'un grand fleuve amazonien. Cette expédition, à caractère ethnographique, permettra de découvrir le grand pays bosh ainsi que les populations amérindiennes wayanas. Deux jours supplémentaires sont prévus pour essayer de s'enfoncer plus profondément au-delà du village de Pala-Campo.

Les premiers jours permettent de vous familiariser avec votre nouvel environnement. La forêt, omniprésente, enserre de ses cascades végétales le fleuve à cet endroit encore large. Au fil des jours, vous dépassez successivement les villages des Bosh d'Apatou et de Stella Condre, puis de Stoelmans Eiland, poste administratif surinamien situé sur une île, d'où vous quittez définitivement le Maroni pour nous engager sur le Tapanahony. Vous rencontrerez les populations bosh, descendants d'anciens esclaves qui, au début du XVIIIe siècle, se sont échappés des plantations de coton de leurs maîtres afin de reprendre une vie d'hommes libres, très empreinte de coutumes africaines. Ils sont passés maîtres dans l'art du canotage.

De Stoelmans Eiland à Drietabetje, s'égrènent les villages des Bosh, chez qui vous passez la nuit dans des carbets de passage. A Drietabetje, réside le Grand Man. Il est le chef spirituel et l'autorité reconnue et incontestée des populations habitant cette vaste région.

Vous quittez ce village, dernier poste rappelant notre civilisation, pour continuer votre progression sur le fleuve. Celui-ci, calme sur l'ensemble du parcours, est cependant entrecoupé de nombreux sauts (rapides). Il existe plusieurs façons de les franchir.

Les sauts peu dangereux et de faible dénivellation sont franchis avec le moteur lancé à pleine puissance, après avoir trouvé le «bistouri» et déchargé les bagages et les objets les plus lourds.

Pour le franchissement d'un saut ou d'une chute importante, on se sert quelquefois d'un wagonnet aménagé en pleine forêt ou sur la rive et sur lequel on va arrimer la pirogue et les bagages. Lorsqu'il n'y a pas de passage aménagé, on pratique le halage à la cordelle.

Le fleuve est maintenant une rivière cloisonnée par la jungle qui la presse sur ses 2 bords. A cette suite de difficultés géographiques et écologiques, correspond la variété des types de populations rencontrées et des modes de campements utilisés.

Ainsi, vous arrivez chez les Indiens wayanas après une succession de rapides formant une barrière naturelle entre leur territoire et le pays des Noirs okanis.

Le village de Pala se dresse sur un promontoire de terre rouge. Autour d'une vaste place formant écran, se dressent les carbets indiens. Le village est composé exclusivement d'Indiens wayanas, dont certains sont venus récemment du Brésil.

On ne découvre pas de campement indien sans émotion. Abris de branchages et de palmes, grandes churuatas communautaires des Marquiratares et légers auvents aux toits nattés, accolés en polygones réguliers des Yanoamas.

Au fil de l'existence nomade ou semi-nomade que mènent ces populations, les villages ne sont que des haltes soumises à l'agriculture de la terre brûlée, où les aires défrichées s'épuisent vite et ne sont productives que quelques années.

Il faut alors ouvrir de nouvelles plantations, et réédifier un campement à proximité de nouveaux jardins.

Courir le gibier, le flécher, le dépecer, sont des tâches qui incombent aux hommes. La cuisine est toujours l'affaire des femmes : rôtis d'agoutis ou de singes, poissons à l'étouffée ou en blaff et bananes sur la braise, manioc grillé ou bouilli, des cendres de palmier en guise de sel ; parfois des fourmis vivantes ou des larves grillées. L'art culinaire indien comporte peut-être des ingrédients qui ne nous sont pas familiers, il n'en est pas moins soumis à une tradition.

Pratique

▶ **Dimpaï John. Maroni Tours. Village de Saint-Jean. ✆ 05 94 34 11 75/05 94 34 38 30. ✆/Fax 05 94 30 70 80 - Web : Go.to/Maronitours - E-mail : Maronitours@wanadoo.fr .** Ils sont 2 frères, qui connaissent très bien la région et vous proposent des aventures sur le Maroni/Tapanahoni sur 10 jours à la découverte de la Montagne Sacrée «Tepoe». Un moment magique que vous passerez en compagnie d'un groupe et du guide qui connaît le pays. *Comptez environ 358,26 € par personne.*

▶ **Maroni Transport et Liaisons. Adam Abongo, chemin Balaté 97320 Saint-Laurent-du-Maroni ✆ 05 94 34 01 98 - Fax 05 94 34 15 74.** Cet enfant du pays vous proposera des circuits, qui, même classiques, seront originaux, avec une approche différente.

▶ **Takari Tour. 8, rue du Capitaine-Bernard BP513 97332 Cayenne. ✆ 05 94 31 19 60 - Fax 05 94 31 54 70 - Web : www.takaritour.gf - E-mail : takari.tour@wanadoo.fr .** Vous découvrirez le Maroni depuis Cayenne. Ce prestataire vous propose des circuits allant de 4 à 5 jours avec des descentes (*454 €*) ou des remontées du Maroni (*480 €*). Il vous propose également de découvrir le campement de Saut-Sonnelle sur l'Inini en 2 jours et demi (*330 €*). Pour les plus aventuriers, reste le Maroni-Tapanahony en 9 jours, pour une découverte de ce grand fleuve amazonien (*760 €*).

▶ **Espace Amazonie - Takari tour. CV 7.1 RDC Simarouba 97310 Kourou. ✆ 05 94 32 34 30 - Fax 05 94 32 57 02 - Web : www.espace-amazonie.com - E-mail : espamaz@nplus.gf .** Ce prestataire vous propse de découvrir le Tapanahony sur 9 jours depuis Saint-Laurent en prigue, bivouac (*760 €*).

ROUTE DE L'EST

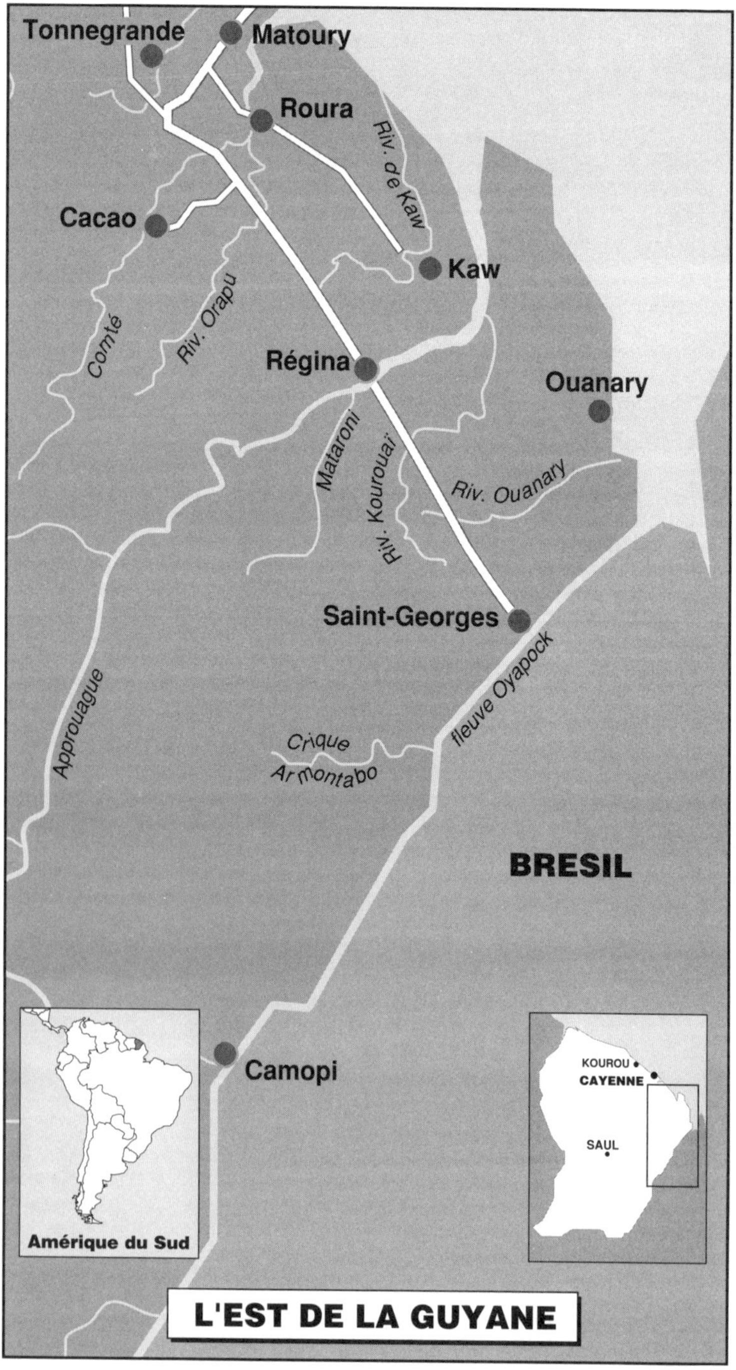

Tonnegrande
Matoury
Roura
Riv. de Kaw
Cacao
Kaw
Comté
Riv. Orapu
Régina
Ouanary
Mataroni
Riv. Kourouaï
Riv. Ouanary
Saint-Georges
fleuve Oyapock
Approuague
Crique
Armontabo
BRESIL
Camopi
KOUROU
CAYENNE
SAUL
Amérique du Sud
L'EST DE LA GUYANE

ROUTE DE L'EST

Cette route est le résultat de la conquête et de la domestication d'une infime partie de la forêt amazonienne. La Guyane est à l'étroit sur le cordon littoral. Construite par des militaires, la RN2 s'enfonce vers l'intérieur sur un peu plus de 100 kilomètres. Un très ambitieux projet, qui a débuté il y a quelques années, vise à intégrer la route de l'Est dans un vaste ensemble routier liant l'Amazonie guyanaise et brésilienne. Déjà on peut se rendre à Saint-Georges bien que le pont ne soit pas terminé. (Voir Régina et Saint-Georges). Mais ce n'est pas le seul attrait de cette région.

STOUPAN

Juste avant le pont de Roura, à Stoupan, se trouve un mouillage forain pour les bateaux de plaisance. Là, une petite bourgade étalée, vivant essentiellement des cultures maraîchères (tomates, tubercules...) et de l'élevage bovin. Elle reste discrète...

LA COMTE

Ce cours d'eau a connu des heures de prospérité du temps de l'orpaillage. Aujourd'hui, ce sont les habitants de l'île de Cayenne qui y ont construit leurs carbets de week-end. Certains dimanches, on peut qualifier la Comté d'autoroute du fleuve !

Malgré le bruit des puissants moteurs de hors-bord et des jet-skis, le calme de la forêt est vite retrouvé, surtout après le village de Cacao, et après le magnifique Saut-Bief et ses deux îlots. Peu après Saut-Bief se trouve la crique Bagot que l'on peut remonter sur quelques kilomètres. Le niveau souvent bas de la rivière vous obligera à la prudence et à tirer votre canot sur les fonds sableux de la crique : la beauté du site vaut bien cet effort. Plusieurs emplacements de bivouac sont possibles. En revanche, les carbets sont privés, il est donc a priori interdit ou peu recommandé d'y installer son hamac. Ensuite, la Comté remonte jusqu'à la piste de Bélizon-Saül (ancienne piste créée au bulldozer il y a plusieurs décennies), qui permet de rejoindre la Haute-Comté, après une marche difficile de plus de 100 kilomètres. Le tracé au milieu de la forêt a pratiquement disparu, ce qui impose une grande prudence. Des noms aussi évocateurs que Sapajou, Batardeau, Domrémy, La Conie, Charenton, Vichy, Montdésir, Village-Chinois, Carbet-la-Panne, Rubis, Irène, Yolande, le Rallye, Venise, Ouragan, Cochon-Brûlé, Carbet-Gaulettes, Bamboula, Carbet-la-Nuit, Agami, Saint-Eloi, Eau-Claire... restent les seuls témoins d'un passé glorieux, à présent tout à fait oublié. La végétation reprend très vite ses droits.

Couleurs Amazone. 2bis, avenue Pasteur 97300 Cayenne ✆ 05 94 28 70 00 - Fax 05 94 28 70 01 - Web : www.couleursamazone.fr - E-mail : info@couleursamazone.fr . A bord du Papadilo, un carbet flottant, passez une journée sur les berges de la Comté (pour les groupes).

ROURA

Tout à Roura respire le calme et la tranquillité. A seulement une trentaine de kilomètres de Cayenne, on découvre un bourg paisible qui vit au rythme des différents cours d'eau qui l'entourent. Située au sud de l'île de Cayenne, cette commune s'étend sur 4 000 km2, bordée au sud par Régina, au nord par Matoury, Montsinéry, Kourou et Saint-Elie. Elle recouvre en gros les bassins de la rivière Comté et du fleuve Mahury. La paroisse de Roura fut fondée par des jésuites en **1675**. La rivière Oyack servit de refuge au début du **XVIIIe siècle** à un célèbre chef Marron, Gabriel, qui à son tour, a laissé son nom à l'Habitation Gabrielle. En **1854**, l'administration pénitentiaire construisit sur le terrain Cacao le bagne Saint-Augustin, complété par ceux de Sainte-Marie et de Saint-Philippe. En **1859**, il fut transféré à Saint-Laurent-du-Maroni. C'est en **1879** que le quartier fut érigé en commune. Félix Eboué y est né.

A partir de Roura, on peut effectuer diverses excursions en canot ou à pied, mais le site en lui-même est déjà un ravissement avec son église en bois, construite au siècle dernier par les jésuites et qui surplombe magnifiquement le fleuve. La Fayette y possédait une propriété, la fameuse Habitation Gabrielle, qui fut occupée par un groupe d'esclaves affranchis. Aujourd'hui, Roura continue d'assurer son rôle de terre d'asile puisque, depuis **1977**, elle accueille une communauté hmong sur le territoire de Cacao. Cacao fait partie de la commune de Roura.

COMMENT S'Y RENDRE ?

A partir de Cayenne, prenez la RN2 en direction de Matoury, comme si vous alliez à l'aéroport de Rochambeau. Arrivé au rond-point juste avant l'aéroport, prenez la direction Stoupan, Roura (D6). Des taxis collectifs desservent Roura à partir de Cayenne, en général deux fois par jour. Il est possible d'effectuer l'aller-retour dans la journée, mais il vous sera alors difficile de vous déplacer autrement qu'à pied. Il est donc vraiment conseillé de disposer d'un véhicule, d'autant plus que le village de Dacca, par exemple, est tout de même à 3 kilomètres de Roura. Une autre solution consiste à s'adresser à l'une des agences réceptives de Cayenne (voir la rubrique " Les professionnels du tourisme ") qui organisent régulièrement des excursions d'une journée à Roura pour découvrir la crique Gabriel et les cascades de Fourgassié.

PRATIQUE

▸ **Syndicat d'initiative de Roura.** Ancienne mairie 97354 Roura ✆ 05 94 27 03 94 et 28 07 10.

▸ **Agence postale.** Rue Montravel 97311 Roura ✆ 05 94 27 04 88.

HEBERGEMENT

▸ **Gîte de la Crique Marguerite (Gîte de France 2 épis). M. et Mme Vergara. PK 37,5 Route de l'Est 97311 Roura.** Situé à 3 km de piste de la RN2. Chambre d'hôtes dans une maison en bois pour 2 personnes, salle d'eau et W.-C. privatifs. Terrasse, piscine dans un grand jardin de fruits. Layon menant jusqu'à la crique. Tables d'hôtes, barbecue, lave-linge, TV. *20 € pour 2 personnes* (petit-déjeuner compris). *13,50 €* pour la table d'hôtes. **Pour les coordonnées, écrivez à l'adresse E-mail qui suit : gites@tourisme-guyane.gf .**

▸ **Les terrasses de l'Oyack (Gîte de France 1 épi). M. et Mme Feve, Le Bourg 97311 Roura ✆ / Fax 05 94 27 04 03 / 06 94 44 61 49 (portable).** Ce gîte propose 3 chambres d'hôtes (pour 2 personnes, 2 à 3 personnes et 2 à 4 personnes) meublées dans le style local, avec salle d'eau et W.-C. privatifs. La maison, d'architecture traditionnelle, donne sur le fleuve, et la vue y est magnifique. Comptez de *25,92 €* (une nuit pour une personne) *à 50,31 € (pour 3 personnes),* petit déjeuner compris. La table d'hôtes est possible sur réservation *(15,24 € par personne).*

▸ **Le Créola. Village Dacca ✆ 05 94 28 07 15 / 05 94 21 35 81 - Fax 05 94 28 07 15.** Une extension de l'activité restauration. Ici on vous propose 2 chambres climatisées (*30 € la nuit*) et un bungalow pouvant héberger 6 personnes dont 3 en hamacs kitchenette et lit 2 places à *46 €*, hamac *(4 €)*, petit déjeuner *(5, 35 €).*

▸ **Madame Lucia Primerose (Clévacances 2 clés). 8, rue du 14-Juillet 97300 Cayenne. Adresse du meublé : lot. S 97311 Roura ✆ 05 94 30 29 20.** Ce meublé se situe dans le bourg de Roura à côté de l'ancienne mairie. Il s'agit d'un appartement situé à l'étage d'une maison indépendante. conçu pour 6 à 8 personnes (F4), il comporte 3 chambres avec des lits à 2 places, une cuisine américaine, une salle de douche et des W.-C. indépendants. Ventilation naturelle et ventilateur, TV, téléphone. Tout cela dans un petit bourg sympathique. Tarifs : *305 € la semaine, 534 € la quinzaine et 763 € le mois.*

RESTAURANTS

▸ **Restaurant Crique Gabriel. Village Dacca 97311 Roura ✆ 05 94 28 01 04 - Fax 05 94 28 06 80 - E-mail : sarl.crique.gabrielle@wanadoo.fr .** Situé tout au bout du village de Dacca, ce petit restaurant jouit d'un cadre plutôt agréable. Les plats proposés sont essentiellement laotiens avec des prix raisonnables. Pendant le week-end et les vacances scolaires, il est prudent de faire une réservation. Il propose également des visites sur la crique Gabriel (*18,29 € par adulte et 9,15 € pour les enfants de moins de 12 ans*), des circuits de nuit (3 h) en canoë électrique (*location à partir de 13,72 € la première heure*), une promenade en pirogue aux cascades de Fourgassié (*18,29 € par adulte*), une visite de Cacao et d'autres circuits à la carte. Un produit qui a su se faire connaître...

◗ **Restaurant Le Créola. Dacca ✆ 05 94 28 07 15 / 05 94 21 35 81 - Fax 05 94 28 07 15.** *Ouvert tous les midis, sauf le mardi.* Premier restaurant en arrivant au village de Dacca, dans un cadre familial, vous goûterez à une vraie cuisine créole : crabes farcis, acras, colombo... et pour finir pour le dessert, faites-vous plaisir avec le délicieux blanc mangé coco de la maison. Les légumes sont du jardin, les apéritifs et digestifs sont maison, aucun doute ! L'accueil est chaleureux et vaut bien une petite halte. Les vendredi et samedi soir, grillades et carte. Les autres soirs sur réservation. Possibilité de louer des chambres.

LOISIRS

◗ **Centre d'Initiation à la Forêt. 62 Lotissement Nord, Bourg de Roura 97311 Roura ✆ 05 94 27 00 50 - Fax 05 94 27 00 43 - E-mail : initiation.foret@wanadoo.fr .** M. Riché est considéré comme étant la personne qui connaît le mieux cette région. Si vous souhaitez découvrir la région de façon originale, n'hésitez pas à faire appel à lui. Il vous propose des randonnées en forêt primaire sur un circuit d'un jour ou 2 jours. Randonnée à travers la forêt vers Placer Trésor, pique-nique (non fourni), orpaillage dans une ancienne mine d'or (*37 € la journée*), avec en plus une nuit en forêt (*92 € avec les 3 repas, petit déjeuner, les boissons*). Un produit très intéressant. Il propose également des stages ludiques de 5 jours où sont abordés la topographie, la botanique et l'organisation en forêt). Comptez *300 € par personne* (repas et boissons inclus).

◗ **Atelier d'entomologie.** 50, lotissement communal 97311 Roura ✆ 05 94 28 09 34.
Isabelle Charbonnel, Bordeaux.

CRIQUE GABRIEL

Cette crique est souvent présentée comme la plus belle... mais aussi comme la plus proche de Cayenne.

La crique Gabriel se jette dans le Mahury à la hauteur du pont de Roura à Stoupan. Il convient de l'éviter les week-ends, pendant lesquels elle est fréquentée par de trop nombreuses embarcations. Préférez la semaine, vous y serez seul ou presque.

Après quelques centaines de mètres, vous rejoignez l'embarcadère du village de Dacca. Un peu plus loin, la végétation change, la crique devient plus étroite et l'eau prend une couleur ambrée.

Si la saison et l'heure s'y prêtent, de nombreux morphos (grands papillons de couleur bleu métallique) viendront vous saluer. Un conseil, veillez à ne pas faire de bruit, et scrutez bien les arbres, il vous sera alors possible de voir singes et moutons paresseux.

Plus loin, après un passage sous le vieux pont de bois de dégrad Eskhol (attention, il y a peu de fond et beaucoup de pierres), la crique quitte la forêt pour la savane marécageuse, où le paysage est superbe. Ensuite, elle deviendra plus étroite et il sera temps de faire demi-tour. La seule précaution à observer lors de cette jolie promenade en pirogue est de vérifier la marée. A marée basse, le niveau de la crique ne vous permettra pas d'aller loin, le franchissement de dégrad Eskol devenant alors impossible.

Pour atteindre les rives de la crique Gabriel, vous avez 2 possibilités. Vous pouvez choisir de mettre votre bateau à l'eau juste après le pont du Mahury, à gauche du débarcadère. Ainsi vous pourrez remonter toute la crique.

Sinon, continuez jusqu'au bourg de Roura. Dirigez-vous vers le village de Dacca (il faut emprunter une piste un peu cabossée que l'on découvre en tournant à gauche juste après la mairie). Il se trouve 3 kilomètres plus loin et est peuplé de Laotiens qui demandèrent asile en Guyane au début des années 80 et pratiquent essentiellement l'agriculture.

Chronique et découverte de la crique Gabriel

La région de la crique Gabriel offre aujourd'hui l'aspect d'un paysage calme et pratiquement désert. Pourtant, pendant toute la période esclavagiste, cet endroit connut une grande activité et fut le théâtre d'épisodes importants pour l'histoire de la Guyane.

Ce cours d'eau, fréquenté par les Indiens arouas, s'appela d'abord " la crique de Racamont " ou de Touréné, du nom de la colline qui borde sa rive gauche. A ceux qui venaient par la mer, cette crique donnait accès aux premières terres hautes de la rive droite de l'Oyack. Cette position a favorisé l'implantation précoce des colons.

Au cours du dernier quart du **XVIIe siècle**, des habitants occupaient déjà les abords de cette rivière. Ils y pratiquaient la culture vivrière, celle du roucou et même de la canne à sucre. La petite sucrerie de Touréné, fonctionna jusqu'en **1736**. La culture du café (**après 1721**) se développa sur les pentes de la montagne Anglaise. Le cacao, introduit aux alentours de **1730**, prospéra sur les berges limoneuses et très humides de la rivière. **Vers 1740**, près de l'embouchure de la crique, on aménagea une indigoterie.

La terre à poterie de Racamont, d'abord exploitée par les Amérindiens, était réputée comme étant la meilleure de toute la colonie. A la fin du **XVIIe siècle**, on installa dans le haut de la rivière une briqueterie dont l'activité se prolongea durant la première moitié du XIXe siècle.

En **1712**, plusieurs esclaves, sous la direction de leur chef Gabriel, désertèrent leurs ateliers pour s'installer au pied d'un grand fromager, sur une hauteur isolée des montagnes de Kaw. Un détachement, commandé par Kerkhove, habitant et officier de milice, réussit à les surprendre et à détruire leur campement. Les esclaves marrons demandèrent leur grâce et obtinrent de s'en retourner chez leurs maîtres, sans avoir à subir de sanctions graves. Gabriel, quant à lui, ne pouvait espérer la moindre indulgence. Il parvint à s'enfuir, mais poursuivi par la troupe, il s'égara et périt noyé dans les " savanes tremblantes " qui s'étendent à perte de vue au pied de cette montagne.

Cet épisode frappa les imaginations et le nom de Gabriel désigna bientôt la grande colline qui domine le marécage où coule la crique Racamont.

En **1744**, le chroniqueur Arthur, visitant cette crique en compagnie du célèbre savant La Condamine, signala que " cette petite rivière ne se naviguait point jusque-là (aujourd'hui, à hauteur du dégrad Eskol) autrefois, mais les propriétaires des habitations voisines en ont allongé le cours navigable et l'on pourrait l'allonger encore ".

Bien des années plus tard, en **1774,** Sonnini, cadet des troupes nationales, reconnut un passage vers la fameuse montagne : " Il s'est embarqué dans un canot avec quelques mulâtres, et après avoir erré pendant douze jours dans ces savanes, il est parvenu à la montagne et est revenu par le même chemin. Il a reconnu qu'effectivement on pouvait rendre le chemin très court en faisant une crique qui commencerait au pied de la Gabrielle et tomberait dans la Marianne ". (La Marianne est une habitation, située plus au nord, près de laquelle on avait creusé un canal).

En **1787**, enfin, un tracé partant d'un embranchement de la crique de Racamont fut arrêté et les travaux commencèrent. Il s'agissait de creuser 2 canaux, l'un pour rejoindre les mines de fer qui devaient être mises en exploitation (l'expérience ne durera pas un an), l'autre pour atteindre en pirogue la nouvelle habitation Epicerie de la Gabrielle. En deux années de travaux, le canal était achevé.

L'habitation, qui portera le nom de cette montagne, occupait les terrains d'une ancienne concession à Dupas de La Mancelière nommée Le Fromager. **Depuis 1740**, elle était affermée à un officier sans fortune, le chevalier de Lingendes, dont la fille, Elisabeth, épousera Jean Vidal en **1793**.

On avait reconnu la fertilité extraordinaire des sols de cette montagne que Malouet prenait pour un ancien volcan. La dépression circulaire de son sommet ressemble effectivement à un cratère.

Dans le dernier quart du **XVIIIe siècle**, les autorités françaises, influencées par Pierre Poivre, intendant de l'île Bourbon, étaient convaincues qu'il serait possible de réaliser d'immenses profits avec la culture et le commerce des épices. Le vieux monopole de cette denrée, jalousement protégée par les Hollandais aux Moluques, avait fait long feu. Des pieds de muscade, de poivre et de girofle avaient été transportés et acclimatés dans les jardins botaniques des Mascareignes. Dès **1773**, on avait transporté une partie de ces plants dans le jardin du Roi à Cayenne.

On recherchait, pour développer en grand cette culture, une région moins exposée que les îles. La Guyane continentale, avec ses côtes marécageuses et son immense forêt, présentait l'avantage d'un accès très difficile. Les terres de la Gabrielle furent reconnues d'une grande fertilité par l'ingénieur Guisan et l'on arrêta le choix sur ce site : " C'est dans ce terrain sans communications aisées qu'on a installé les girofliers, pour les soustraire aux pirates ". (Guisan).

En **1778**, on établit sur ce terrain une épicerie royale et 500 pieds de girofliers furent plantés l'année suivante. La première récolte eut lieu en **1785** et, en **1788**, la production de clous de girofle atteignait 2 livres.

Le marquis de La Fayette, voulant mettre en application sa théorie sur l'émancipation des esclaves (il était membre de l'Association Les amis des Noirs), fit l'acquisition de cette habitation en **1786**. L'administration royale voulait alors se défaire de tous les établissements agricoles à sa charge.

Le projet de La Fayette consistait à transformer en salariés les anciens esclaves de la Gabrielle. Mais la Révolution ne permit pas au marquis de mettre en application son généreux dessein. Après le départ de Guisan, cette habitation fut très mal gérée et les résultats de l'épicerie furent plus que médiocres. L'administration révolutionnaire confisqua la propriété de La Fayette " au nom de la République ".

Au **XIXe siècle**, cette habitation restera la propriété de l'Etat qui se contentera de l'affermer à des particuliers. Le domaine représentait alors une superficie totale de 600 hectares. Il était très important, puisqu'on y dénombrait 387 esclaves en **1829**. Pendant presque dix ans, on pourra même le qualifier de prospère. On y cultivait de la cannelle, du poivre, de la muscade, un peu de girofle blanc mais surtout du girofle noir et, plus tard, du café et du roucou. En **1824**, la production atteignait plus de 40 tonnes de girofle, mais en **1840** on dépassait à peine 7 tonnes. La faillite s'installait, accentuée par la chute des cours mondiaux et par l'épuisement des sols, envahis par les fourmis-maniocs. Cette habitation au passé prestigieux n'était plus que l'ombre d'elle-même, les cases et les installations de la manufacture tombaient en ruine, faute d'entretien. En **1848**, l'abolition de l'esclavage fut un véritable coup de grâce pour le domaine, fondé sur ce système. Cependant, bien que vivotante, La Gabrielle resta en activité jusqu'aux alentours de **1870**. Une fois désaffectées, ses ruines furent rapidement envahies par la végétation.

EXCURSION

▸ **Centre d'initiation à la forêt. 62 Lotissement Nord, Bourg de Roura 97311 Roura ✆ 05 94 27 00 50 - Fax 05 94 27 00 43 - E-mail : initiation.foret@wanadoo.fr .** Une balade sur la crique Gabriel tous les matins sur demande pour une durée de 3 h environ *(19 €).*

▸ **JAL Voyages. 26, avenue du Général-de-Gaulle BP1102 97344 Cayenne cedex. ✆ 05 94 31 68 20 - Fax 05 94 30 11 01 - Web : www.jal-voyages.com - E-mail : jal@jal-voyages.com .** Ce prestataire vous propose sur une demi-journée de découvrir la crique Gabriel à partir du village de Dacca pendant 3 h *(20 € par personne)* en remontant ce cours d'eau. Vous aurez la possibilité de déjeuner laotien *(remontée + déjeuner à 34 €).* Un produit simple pour une demi-journée sympathique. Il vous propose aussi pour une excursion " journée de découvrir " avec la crique Gabriel, les cascades Fourgassié ou la rivière la Comté (avec la visite d'un village amérindien. *Comptez environ 54 €. Minimum 5 personnes et demi-tarif pour les enfants de 2 à 11 ans.*

▸ **Takari Tour. 8, rue du Capitaine-Bernard BP513 97332 Cayenne ✆ 05 94 31 19 60 - Fax 05 94 31 54 70 - Web : www.takaritour.gf - E-mail : takari.tour@wanadoo.fr .** Ce prestataire vous propose une découverte de la crique Gabriel et une baignade aux cascades Fourgassié. Vous dégusterez un repas créole pour une journée pleine de sensations *(57 € par personne).*

▸ **Couleurs Amazone. 2bis, avenue Pasteur 97300 Cayenne ✆ 05 94 28 70 00 - Fax 05 94 28 70 01 - Web : www.couleursamazone.fr - E-mail : info@couleursamazone.fr** . La remontée de la crique Gabriel (3 h) en pirogue *dès 33 € par personne* au départ de Roura.

▸ **Espace Amazonie - Takari tour. CV 7.1 RDC Simarouba 97310 Kourou ✆ 05 94 32 34 30 - Fax 05 94 32 57 02 - Web : www.espace-amazonie.com - E-mail : espamaz@ nplus.gf** . Ce prestataire vous propose une journée découverte en pirogue de la crique Gabriel, visite du village d'Eskhôl, en combiné avec les cascades de Fourgassié. Une journée à *49 €* au départ de Stoupan (+ *8 €* au départ de Cayenne).

▸ **GuyanEspace Voyages.** 39, avenue Hector-Berlioz 97310 Kourou ✆ 05 94 22 31 01 - Fax 05 94 22 31 02.

▸ **Emerald Jungle Village. Route de Montsinéry (carrefour du Galion) 97356 Montsinéry-Tonnégrande ✆ 05 94 28 00 89.** Location de canoës. Mise à disposition ou transport jusqu'au dégrad. Très bon rapport qualité/prix.

ROUTE DE KAW

En quittant Roura, laissez sur la gauche la route qui mène au village de Dacca, et prenez à droite. La route est goudronnée et un peu sinueuse. Sur plus de 50 kilomètres, cette route longe les crêtes des collines de Kaw, offrant par endroits un panorama à perte de vue sur les grands marais. La civilisation gagne du terrain au détriment de l'aventure et l'asphalte remplace la latérite. Si votre intention est de gagner le débarcadère au bout de la route de Kaw, vérifiez votre niveau d'essence car, entre l'aller et le retour, il vous faudra parcourir plus de 130 kilomètres sans aucun ravitaillement. De Roura à Kaw, 3 sites seront l'occasion d'une halte paisible avant d'atteindre l'univers mystérieux des marais.

CASCADES DE FOURGASSIE

A 13 kilomètres de Roura, un petit chemin en latérite et pentu à droite abandonne la route sur la gauche. 3 kilomètres plus loin, une clairière invite à laisser son véhicule pour parvenir aux cascades situées en contrebas. Soyez prudent car la route est complètement abîmée. Si elles ne sont pas spectaculaires, ces chutes sont l'occasion d'apprécier une baignade rafraîchissante dans leurs eaux vives et pures. Prenez garde en vous déplaçant car l'humidité rend les rochers très glissants.

L'endroit est magnifique et nous vous prions donc de repartir avec vos poubelles. On peut regretter d'ailleurs le peu d'effort fait pour l'entretien et l'aménagement de ce site.

PRATIQUE

Une excursion en pirogue à la crique Gabrielle et aux chutes Fourgassié très bien organisée par un guide particulièrement érudit. A. et D. L'Ange, Saint-Claude, Guadeloupe.

▸ **Espace Amazonie - Takari tour. CV 7.1 RDC Simarouba 97310 Kourou ✆ 05 94 32 34 30 - Fax 05 94 32 57 02 - Web : www.espace-amazonie.com - E-mail : espamaz@ nplus.gf** . Ce prestataire vous propose une journée découverte en pirogue de la crique Gabriel, visite du village d'Eskhôl, en combiné avec les cascades de Fourgassié. *Une journée à 49 €* au départ de Stoupan (+ *8 €* au départ de Cayenne).

HEBERGEMENT

▸ **L'Auberge des Cascades ✆ 05 94 31 17 87 / 05 94 29 14 07.** Si vous continuez la piste en laissant les cascades sur votre gauche au terre-plein, vous trouverez cette auberge, qui ne fonctionne que très ponctuellement. Elle propose de bons repas, à des prix un peu élevés. La beauté du site invite naturellement au pique-nique, alors, à vous de juger !

SENTIER BOTANIQUE DE LA RESERVE NATURELLE TRESOR

Cette réserve naturelle est située à environ 30 kilomètres de Cayenne et à 19 kilomètres de Roura. Si vous vous trouvez sur la route de Kaw, elle se trouve sur votre droite après les cascades de Fourgassié. Il vous sera impossible de la rater : l'entrée du sentier, signalisée, se trouve juste à côté de la grande maison en bois. Le sentier Trésor tire son nom du placer Trésor qui fût exploité pendant plusieurs années pour ses gisements d'or, puis abandonné. Les quelques vestiges de cette exploitation ne se situent pas dans les limites de la réserve.

Un panneau à l'entrée du sentier vous indique la réglementation à respecter dans cette réserve. Vous pourrez y voir également une description du parcours. Le sentier traverse une forêt primaire plutôt bien conservée. S'agissant d'une réserve naturelle volontaire (RNV), les gestionnaires s'engagent à l'ouvrir au public et mener une politique de sensibilisation. Aussi les espèces végétales que vous trouverez le long du sentier sont clairement décrites à l'aide de petits panonceaux. Il faut compter environ une heure et demie pour visiter ce sentier en boucle.

Pour tout renseignement, contactez Joep Moonen, le conservateur de la réserve naturelle volontaire ✆ **05 94 28 00 89.**

Le long de la route de Kaw, 2 autres campements permettent de prendre un repas, ou mieux encore, d'y dormir bercé par la nuit amazonienne. Ces campements font partie des rares établissements de ce type accessibles individuellement en voiture, sans qu'il soit nécessaire d'organiser sa sortie à l'avance.

A 500 mètres avant l'auberge de Camp Caïman, un chemin sur la gauche menait à un carbet de l'ONF (qui a brûlé depuis). La vue ici est une des plus belles que vous pourrez avoir sur cette partie de route. Avec un peu de chance, en saison de pluies, prenez le petit layon (sentier) à droite. Contournez le fromager. Juste là, vous verrez et entendrez les cascades.

◗ **Auberge de Camp Caïman** ✆ **05 94 30 72 77.** (à 28 kilomètres de Roura, après Fourgassié). Après les cascades Fourgassié, Camp Caïman est le premier campement sur votre droite. Les propriétaires, Josiane et Michel, vous proposent un hébergement en chambre et en hamac. Le carbet hamac dispose de tout le confort nécessaire (douche, toilettes et lavabo) et le site est très agréable. Josiane est un vrai cordon bleu. Ici c'est le client qui crée l'ambiance, en la compagnie de ce couple des moments insolites...

◗ **Le Relais de Patawa** ✆ **05 94 28 03 95.** (à 40 kilomètres de Roura, après Fourgassié). *Fermé le jeudi.* Ultime étape avant le débarcadère de Kaw, ce campement a beaucoup de charme. Ici règne la tranquillité. Plusieurs grands carbets pour le couchage en hamac et 1 ou 2 carbets pour ceux qui préfèrent un lit. Il est à préciser que pour dormir, il faut prendre le repas au camp. Le couchage est *de 4, 60 €* et pour le repas il faut compter entre *13 à 14 €* avec *3,10 €* pour le petit-déjeuner. Les repas se prennent dans la salle du restaurant. Le charmant couple qui vous accueille est discret et répond à votre demande en toute simplicité. Non loin du camp, si vous avez le temps, suivez le sentier qui mène à des chutes (30 à 40 minutes de marche environ) : un spectacle magnifique vous attend.

C'est un camp privilégié pour les chasseurs de coléoptères et de papillons. On peut y louer du matériel pour la chasse de nuit. Tarifs variant selon les saisons. Isabelle Charbonnel, Bordeaux.

MONTAGNE FAVARD

Le sentier est situé juste avant le débarcadère de Kaw au bout de la route de Kaw, à gauche, soit à 70 kilomètres de Cayenne. Il n'est malheureusement pas très bien entretenu. La montagne Favard est petite colline de 200 mètres d'altitude.

Vous traverserez une petite forêt pendant environ 45 minutes. Juste après le petit pont de bois qui traverse une belle crique, faites un détour sur le layon (sentier) qui se trouve sur votre droite. Là vous découvrirez quelques vestiges d'une ancienne exploitation sucrière, qui a malheureusement subi le vandalisme.

Ce site a également été habité par des Amérindiens. Si vous revenez sur vos pas et continuez votre chemin, 20 minutes plus haut vous terminez votre route par une superbe roche gravée amérindienne. Elle est protégée par une coupole. Il ne s'agit pas d'un sentier en boucle, aussi il vous faudra revenir sur vos pas pour regagner le parking. Il s'agit d'une balade très agréable et sans difficulté particulière. Attention : prévoyez du répulsif contre les moustiques !

LE VILLAGE ET LES MARAIS DE KAW

Au bout de la route, c'est-à-dire au bout du monde, un débarcadère invite à s'embarquer pour découvrir un univers où la nature réserve mystères et surprises.

Kaw est une commune entièrement entourée d'un marais, appelé " pripri ", et d'une savane flottante. C'est le royaume de la faune batracienne et ornithologique. Ici, hérons, aigrettes et grands échassiers côtoient les caïmans noirs. Ce site grandiose est aujourd'hui une réserve naturelle protégée, surnommée parfois " les Everglades de Guyane ".

HISTOIRE

Des populations amérindiennes habitaient ce territoire bien avant l'arrivée des Européens. Les gravures rupestres de la montagne Favard mais aussi des débris de poterie et d'outillage lithique retrouvés en de nombreux endroits témoignent de leur présence ancienne. Au moment où les premiers Européens arrivaient en Guyane, la région de Kaw marquait la frontière entre les groupes arawaks et karibs, ancien nom donné aux Galibis.

Dès le début du **XVIIe siècle**, le nom de Kaw apparaît sur les cartes anciennes sous les formes Cô, Caubonne et Caux. L'orthographe Kaw finira par s'imposer au siècle suivant. Ce toponyme désigne d'abord la rivière qui prend sa source sur les flancs est de la montagne et se jette dans l'océan, non loin de l'embouchure du Mahury. De hauts-fonds vaseux et surtout une barre, très dangereuse à marée haute, ont opposé des obstacles naturels au développement de cette zone pourtant relativement proche de Cayenne. La préservation des espaces naturels de la région, véritable sanctuaire écologique, s'explique en grande partie par ces difficultés d'accès.

Pendant les débuts de la colonisation, la région de Kaw est encore peuplée d'Amérindiens, visités épisodiquement par des pêcheurs et des traiteurs de lamantins. La viande de cet animal, séchée, salée ou boucanée, était revendue à Cayenne. Elle servait à la nourriture des esclaves et on en vendait de grandes quantités aux îles antillaises.

La colonisation européenne des terres de Kaw commença timidement au cours de la première moitié du **XVIIIe siècle**. Seules les collines dominant les marécages étaient cultivées en cacao, en café mais surtout en produits vivriers.

Pendant le reste du siècle, on attendra en vain la mise en valeur de cette région liée au quartier de l'Approuague. En **1765**, le baron Besser tenta d'y implanter des colons acadiens, mais le projet échoua.

En **1783**, sous l'impulsion de l'ingénieur Guisan, les rives de l'Approuague se couvrirent de polders. Le plan d'un canal bordé d'habitations (canal d'Approuague à Kaw) fut alors tracé avec l'ambition d'étendre les polders aux terres marécageuses de Kaw. L'habitation royale du Collège, importante sucrerie établie sur la rive gauche de l'Approuague, communiquait avec Kaw par un canal et un chemin terrestre qui se prolongeait ensuite jusqu'à Roura. Alors que le canal de Kaw venait à peine d'être creusé, la Révolution, en provoquant l'exil des colons nobles, nombreux dans ce secteur, et surtout la libération des esclaves, ruina cette région.

Dans la première moitié du **XIXe siècle**, les habitations renaissent tandis que s'établissent de nombreuses plantations nouvelles. En **1819**, le baron de Laussat tenta d'installer à Kaw une colonie de 200 ressortissants chinois, qui devaient y cultiver du thé. Mais l'entreprise échoua totalement en moins d'une année. En **1832**, il y avait 39 habitations dans la région de Kaw, dont 11 roucoueries et 4 sucreries. La population servile atteignait alors presque 1 000 personnes.

On retrouve aujourd'hui encore des vestiges de cette importante phase agricole : l'Habitation Favard, avec ses rouleaux de moulins et chaudières à sucre ou à roucou dispersés çà et là. Vues d'avion, les traces de poldérisation sont encore très nettes.

L'abolition de l'esclavage en **1848** et la découverte de l'or sur le Haut-Approuague, au cours de la décennie suivante, allaient amorcer le déclin de ce quartier où l'on ne pratiquait plus que de l'agriculture de subsistance.

Le bourg, établi sur un ancien cordon littoral de terres sablonneuses, relié à la rivière par un canal de 300 mètres de long, regroupe quelques cases autour d'une église.

Kaw est administrativement rattaché à la commune de Régina, mieux située au bord de l'Approuague, proche des placers aurifères et des plantations de bois de rose.

Une distillerie de cette substance fonctionnera un moment dans la région de Kaw. En **1914**, on compte 150 habitants dans le bourg, ils seront 200 en **1950**, bénéficiant désormais d'une école et d'un dispensaire.

L'élevage des bovins, la pêche de l'atipa, les cultures vivrières, constituent désormais les ressources principales des habitants de Kaw dont le nombre décroît tandis que la moyenne d'âge est en hausse sensible. Il semble toutefois que ce bourg n'est pas menacé de disparition comme Guisanbourg ou Pays Indien, villages nés dans le contexte de l'abolition de l'esclavage ou de la ruée vers l'or.

L'arrivée de la route, la construction du pont sur le Mahury ont représenté des données nouvelles pour la région de Kaw. Elle se tourne lentement vers le tourisme, profitant de la beauté de ses paysages et de la richesse de sa faune.

PRATIQUE

Si vous souhaitez vous rendre au village, n'hésitez pas à demander à ses habitants, qui passent de temps à autre, de vous y emmener. C'est un service qui peut toujours se négocier.

Pour les informations touristiques sur place, vous pouvez contacter le ✆ 05 94 27 04 60 (restaurant Gingembre Sirop).

HEBERGEMENT ET RESTAURANTS

▸ **Gîte communal.** Un gîte tout beau, tout neuf. Il se trouve au cœur du village, à gauche (angle de la cabine téléphonique) en vous dirigeant vers l'église. Un hébergement en hamac *(5 €).* Pour tout renseignement, rapprochez-vous du restaurant Gingembre Sirop (ci-dessous).

▸ **Restaurant Gingembre Sirop ✆ 05 94 27 04 60.** Ce restaurant peut vous donner les bons plans pour l'hébergement privé *(8 € en hamac et 10 € en lit)* et prend les réservations pour le gîte communal. Il fait également de l'acheminement du débarcadère au village de Kaw *(6,10 €)* et propose également des balades sur les marais en journée pour les oiseaux *(15,50 €)* et de nuit pour voir les caïmans *(23 €). Demi-tarif pour les enfants de - 10 ans.*

▸ **Restaurant Gingembre Sirop, à l'angle de la rue à droite en venant de l'embarcadère ✆ 05 94 27 04 65.** *Comptez 11,43 €* pour le plat typique : l'atipa accompagné de légumes. Il est préférable de réserver un peu avant, mais tout peut s'improviser ! F. Petit, Paris.

▸ **Atipa Gîte ✆ 05 94 3799 05 / 05 94 29 04 52.** Vous pourrez vous restaurer ici et également vous loger en lit *(11 €)* ou en hamac *(8 €). Pour les couples, la chambre est à 23 €.* Possibilité de faire des circuits sur les marais pour découvrir les caïmans et les ibis *(23 € le jour et 31 € la nuit).* Pas de chèque.

POINTS D'INTERET

Village de Kaw

Il est situé à 83 kilomètres de Cayenne au sud-est de la Guyane, au centre du marais de Kaw. Il est accessible par la route de Kaw jusqu'au débarcadère. Ensuite il vous faudra prendre un canot pour vous y rendre. Ce village qui date de 1740, compte aujourd'hui une cinquantaine d'habitants. Ils y mènent une vie paisible et disposent d'une école pour les enfants, d'une mairie annexe, d'un gîte communal, d'un syndicat d'initiative, de 2 restaurants et d'un dispensaire.

RESERVE NATURELLE DES MARAIS DE KAW-ROURA

Dans un décor grandiose, un chenal serpente à travers ce marais magnifique, au milieu des moucou-moucou, ces arums aux larges feuilles en forme de cœur et les zébus, sorte de bœufs (à bosse) se déplaçant dans l'eau : un autre monde ! Dans les airs ou sous l'eau, la vie est partout, grouillante et mystérieuse. Alors que l'embarcation glisse doucement sur la surface, vos yeux et vos oreilles seront en alerte, animées par la volonté de découvrir la diversité d'une faune encore riche et si surprenante, à la fois si protégée et si menacée. Canards musqués, pipras vous jettent un regard en coin, immobiles, perchés sur les herbes, tandis que de nombreux jacanas vous surprennent par le jaune inattendu qui se déploie dans leur envol vif et malicieux. Autrefois, des lamantins accompagnaient les pirogues, mais ils sont aujourd'hui plutôt rares. Parfois, un regard vigilant et chanceux croise un hoazin, reconnaissable à la crête qu'il arbore glorieusement sur sa tête. C'est un spectacle plein de surprises pour le visiteur attentif. Les marais de Kaw font partie de la réserve naturelle des marais de Kaw-Roura. La gestion en est confiée à l'association Arataï (décret ministériel du 13 mars 1998).

Depuis peu une **Maison de la Réserve** a été créée à l'entrée du village de Kaw sur la droite. **Association Arataï. 2, rue du Lieutenant-Goinet 97300 Cayenne ✆ 05 94 28 40 20 - Fax : 05 94 28 40 19 - E-mail : ARATAI@wanadoo.fr .** Au cœur de la nuit, le marais vit toujours... Rappelez-vous que ces animaux sont protégés ! Ce spectacle en a ravi plus d'un, résident ou non-résident ; aussi préservez-le pour les autres à venir ! Riche en émotions, la nuit se termine paisiblement, la brume est là, la fraîcheur aussi, un moment de toute beauté et vous vous endormirez comme un enfant qui aura réalisé son rêve d'enfant.

POUR DECOUVRIR LE MARAIS

Découvrir les marais de Kaw individuellement peut s'avérer difficile, mais pas impossible. Vous pouvez choisir de prendre votre canoë ou votre coque depuis le débarcadère et de suivre le canal à votre guise. Si vous ne connaissez pas bien les lieux, préférez découvrir ce site de jour. Vous pouvez également vous laisser guider par des spécialistes qui vous feront découvrir la grandeur de ces sites exceptionnels.

EXCURSIONS

▸ **Centre d'initiation à la forêt. 62 Lotissement Nord, Bourg de Roura 97311 Roura ✆ 05 94 27 00 50 - Fax 05 94 27 00 43 - E-mail : initiation.foret@wanadoo.fr .** Une façon très chaleureuse et exceptionnelle de découvrir les marais. A bord de sa coque, Jacques vous fera découvrir ce village et ses habitants ; La magie commence déjà ici (halte à la Maison de la Réserve, pause). Et elle continue sur les marais où vous irez de surprises en surprises : jacans, hérons, zébus, singes hurleurs, aigrettes, canard musqué et ibis et aussi les caïmans ! Pour cela 2 circuits : une balade de 15h à minuit environ (pique-nique sur le marais) à *49 €* par personne marais et caïmans) et une autre balade de 15h à minuit environ, où Jacques vous propose cette fois de descendre la rivière de Kaw jusqu'à l'embouchure en coque (environ 60 km) afin d'observer les ibis rouges et aussi les caïmans *(65 € par personne)*. Une balade plus que sympathique et un bon rapport qualité/prix où professionnalisme et respect d'autrui sont les maîtres mot.

▸ **JAL Voyages. 26, avenue du Général-de-Gaulle BP 1102 97344 Cayenne cedex. ✆ 05 94 31 68 20 - Fax 05 94 30 11 01 - Licence 973 95 0003 - Web : www.jal-voyages.com - E-mail : jal@jal-voyages.com .** Les forfaits proposés se font au départ de Cayenne (supplément transfert) ou du débarcadère de Kaw. Que ce soit à bord du Kouka (bateau de style créole couvert d'une capacité de 45 places) ou en pirogue jusqu'à son carbet flottant, Jal Voyages vous invite à découvrir soit une journée, une nuit ou une journée et une nuit les marais de Kaw et son village. Vous déjeunerez et dormirez à bord (hamac) et pourrez observer l'avifaune, faire du canoë et même vous baigner. Découverte de la crique Wapou, balade de nuit au cours de laquelle vous ne manquerez pas de voir des caïmans. Les tarifs varient selon le produit choisi. De jour, comptez *49 € (de Kaw) ou 72 € (de Cayenne)* et de nuit *76 € (de Kaw) et 99 € (départ Cayenne)*. Mise à disposition de canoës, VTT d'eau, catamarans électriques. Une balade agréable et originale.

▸ **Takari Tour. 8, rue du Capitaine-Bernard BP513 97332 Cayenne ✆ 05 94 31 19 60 - Fax 05 94 31 54 70 - Licence 973 95 0001 - Web : www.takaritour.gf - E-mail : takari.tour@wanadoo.fr .** Ce prestataire vous invite de nuit à découvrir les marais de Kaw et la savane lac Pali, un circuit original *(57 €)*. Vous pourrez découvrir uniquement les marais en amont et en aval et voir les ibis pour un produit allant *de 49 à 65 €.*

▸ **Couleurs Amazone. 2bis, avenue Pasteur 97300 Cayenne ✆ 05 94 28 70 00 - Fax 05 94 28 70 01 - Licence 973012001 - Web : www.couleursamazone.fr . - E-mail : info@couleursamazone.fr .** Une formule avec le carbet flottant sur un jour (d*ès 49 € par personne* au départ du débarcadère de Kaw), une nuit *(76 €)* ou encore un jour et demi *(109 €)*. Des formules pour observer les caïmans et les ibis rouges.

▸ **Espace Amazonie- Takari tour. CV 7.1 RDC Simarouba 97310 Kourou ✆ 05 94 32 34 30 - Fax 05 94 32 57 02 - Licence 973 95 0001 - Web : www.espace-amazonie.com - E-mail : espamaz@ nplus.gf .** Découverte dans la savane inondée et sur le lac Pali de la faune et de la flore pour la journée. Départ de Roura. Comptez environ *57 € par personne.* Vous pourrez également découvrir en pirogue, les marais de Kaw en amont et observer les caïmans de nuit *(53 €)* ou en aval (caïmans et ibis) à 60 € ; ou encore en carbet flottant sur une journée *(49 €)*, une nuit *(76 €)*, une journée et demie *(109 €)* ou encore sur 2 jours *(152 €)*.

▸ **Amazonie Découverte ✆ 05 94 32 10 19.** Découverte des marais à bord du " Morpho ". *Sortie jour (49 €), nuit (70 €) et jour + nuit (104 €).*

▸ **GuyanEspace Voyages.** 39, avenue Hector-Berlioz 97310 Kourou ✆ 05 94 22 31 01 - Fax 05 94 22 31 02 - Licence 973990002 - Web : www.guyanespace.com - E-mail : guyanespace@ wanadoo.fr .

ROUTE DU GALION

▸ **Le Relais du Galion (Clévacances 2 clés). PK 22, route de l'Est 97351 Matoury ✆ 05 94 27 08 79 - Fax 05 94 28 00 96 - E-mail : lerelais.du.galion@wanadoo.fr .** A une demi-heure environ de Cayenne, Le Relais du Galion propose 2 chambres indépendantes d'une capacité de 2/4, lits 2 places, clic-clac, coin salle d'eau avec douche et ventilation naturelle. La propriétaire, Mme Destembert, vous propose tout un programme : stand de tir, minigolf, paint-ball, initiation à l'orpaillage. Le Relais dispose également d'un restaurant et d'un bar. Tarifs *: 28 à 40 €* par jour, *190 à 269 €* par semaine, *365 à 482 €* la quinzaine et *519 à 750 €* le mois.

CACAO

Village de la commune de Roura, sur le fleuve de la Comté, Cacao est situé sur un plateau. Il a constitué au **XIXe siècle** le pénitencier de Cacao et le bagne de Saint-Augustin. Abandonné, le village renaît en **1977**, avec l'arrivée des Hmongs, réfugiés politiques originaires du Haut-Laos dans le Sud-Est asiatique. Ces réfugiés se sont vu attribuer cette terre qui n'était alors qu'une vaste étendue de forêt dense. Au prix de nombreux efforts, et assistés par des prêtres et un ingénieur laotien, les Hmongs ont commencé à construire ce village et mis en place de petites exploitations agricoles. Ils sont aujourd'hui les plus importants producteurs de fruits et de légumes, comme en témoigne la place prédominante qu'ils occupent au marché de Cayenne (cf : rubrique Peuples).

Eloigné pourtant de plus de 50 kilomètres du bourg, Cacao est situé dans les limites de la commune de Roura qui abrite moitié moins d'habitants. Très récemment il a été question d'en faire également une commune séparée de Roura.

HISTOIRE

La Comté a un passé amérindien qui nous a laissé peu de traces, hormis les polissoirs trouvés à Saut-Bief et Saut-Brodel, au-dessus de Bélizon.

Le nom de Cacao date probablement du **XVIIe siècle**, époque à laquelle les jésuites entretenaient des plantations de café et de cacao sur les montagnes avoisinantes. De ces cacaoyers, il ne reste aujourd'hui que quelques arbustes.

De 1850 à 1855, 3 bagnes ont été construits sur ce qui deviendra le Saint-Marie, puis le Saint-Augustin, et leurs ruines, bien qu'à l'abandon, sont encore visibles.

A la fin du **XIXe siècle**, on découvrit la mine d'or Boulanger, toujours en activité. Cette mine, américaine à l'origine, passa ensuite successivement sous contrôle allemand, brésilien et français... C'est dans cette même mine, en **1982**, qu'on découvrit une pépite de 1,5 kg. Grâce à ces différentes activités, la comté était plus peuplée au siècle dernier qu'à l'heure acuelle.

COMMENT S'Y RENDRE ?

A partir du rond-point de Rochambeau, qui marque le début de la route de l'Est, suivez la direction de Régina pendant environ 50 kilomètres. Laissez l'embranchement pour Montsinéry à droite et continuez. La route est agréable et le paysage ample et ouvert. Plusieurs kilomètres après le pont qui traverse la rivière Comté, vous rencontrerez une route qui indique Cacao sur la droite. Le village est situé 13 kilomètres plus loin, au bout d'une route en piteux état où, là encore, la plus grande prudence s'impose. Cacao est un village très visité, aussi vous rencontrerez de nombreuses voitures, surtout le week-end.

Taxi collectif

▸ **Bruno Levessier. Village de Cacao ✆ 05 94 27 01 22 - Fax 05 94 27 01 48.** Un taxi collectif (minibus de 8 places) peut vous emmener à Cacao au départ de Cayenne. Dans ce cas, vous devrez prévoir de passer le week-end sur place car les liaisons ne sont pas toujours assurées régulièrement.

Dernière solution, vous pouvez essayer de demander à un Hmong, au marché de Cayenne, de vous ramener avec lui à Cacao. Le confort n'est pas garanti, mais c'est toujours mieux que rien. Enfin, on accède aussi à Cacao par voie d'eau, en remontant la rivière Comté au départ de Stoupan ou de Roura (prévoyez environ 2 heures depuis Stoupan).

A savoir

Il est préférable d'arriver à Cacao à 10 h au plus tard le dimanche (avant l'afflux des touristes vers 11 h). On peut ainsi tranquillement visiter le petit musée [...]. Cécile Grenier, Kourou.

Bien qu'il y ait une vie au village en semaine, il est à savoir qu'en semaine le musée est fermé et que peu de restaurants assurent le service. Aussi pour léviter les mauvaises surprises, il est préférable de téléphoner avant votre départ pour réserver (voir liste ci-dessous).

PRATIQUE

▶ **La Poste. Bourg de Cacao ✆ 05 94 27 05 16.** *Ouverte de 7 h à 9 h 30 (le mardi), 9 h (le mercredi) et 10 h (le jeudi et le samedi).*

HEBERGEMENT

▶ **Quimbé Kio (Gîte de France 1 épi). M. Levessier. Le bourg 97352 Cacao ✆ 05 94 27 01 22 - Fax 05 94 27 01 48.** Chez Bruno, l'accueil est sympathique ! C'est un Gîte de France. Situé sur une colline boisée non loin du bourg de Cacao, il a une capacité d'accueil de 22 personnes. Ce carbet collectif est équipé d'une salle d'eau et de toilettes attenantes. Le couchage se fait en hamac *(7,62 €)* ou en lit *(7,62 €, petit-déjeuner compris).* Location du hamac ou literie *(2,29 €).* Vous pourrez prendre vos repas dans ce grand carbet où l'ambiance est bon enfant, le soir (entrée, plat, dessert) à *11,43 €* (boisson non comprise). Pour agrémenter votre séjour, louez un VTT *(6,86 € pour 1 h 30, 9,15 € pour 3 h, 15,24 € pour la journée)*, un canoë-kayak *(de 6,86 à 15,24 € selon la durée de location)*, ou faites une promenade en pirogue. Les tarifs sont intéressants. Une adresse à retenir !

RESTAURATION

▶ **Marché de Cacao**. Tous les dimanches dès les premières heures, on vient à Cacao se délecter de savoureuses soupes aux recettes bien gardées. Il y en a pour tous les goûts. Chaque dimanche, ce sont plusieurs centaines de repas qui sont ainsi servis. La clientèle de Cacao, la plus matinale, laisse la place dès 11 h aux premiers visiteurs. Si vous êtes de passage, faites une halte au marché, vous ne le regretterez pas. Riche en couleurs, vous y trouverez des broderies, des fruits et légumes et des plats cuisinés.

Coup de cœur

▶ **Restaurant Bellevue.** Impossible de le rater. A gauche de la route (en direction de Cacao), il surplombe le village. Ici, vous retrouvez les joies simples de la nature, du grand air. Ici l'accueil est simple, les plats aussi, le plaisir du palet (nems, brochettes de poisson, de gibier, beignets de bananes, d'ananas) et des yeux immenses... *Ouvert le midi uniquement (jusqu'à 15 h-16 h le dimanche). Peut-être fermé en début de semaine.* Pour faire une réservation, il faut passer au restaurant (pas de téléphone). Paiement en CB pas possible.

▶ **Chez By et Daniel. 111, le bourg de Cacao ✆ 05 94 27 09 98.** Situé à la droite du musée, dans un petit jardin fleuri, vous y serez très bien accueilli par Daniel. Sur la terrasse, vous pourrez profiter de la vue et goûter à la cuisine laotienne, riche en saveurs. *Fermé le mardi et le mercredi.*

▶ **Restaurant Dégrad Cacao. Bourg de Cacao ✆ 05 94 27 08 30.** Ce restaurant se trouve au bout du village de Cacao, non loin du dégrad (appontement), en surplomb de la Comté sur laquelle il offre une vue magnifique. Un rendez-vous avec la cuisine traditionnelle hmong. Une bonne adresse et un bon rapport qualité/prix. *Fermé le vendredi, mais peut être fermé en semaine.*

▶ **Restaurant Le Lotus d'Orient. 6, bourg de Cacao ✆ 05 94 28 03 41.** Situé sur la droite en allant vers le dégrad, ce restaurant vous propose un choix de plats allant de la cuisine laotienne au simple poulet avec frites. Le décor y est très simple avec quelques tables sur la petite terrasse. A l'intérieur vous y trouverez quelques souvenirs : vente de vêtements, pipes à eau en bambou, broderie...

POINTS D'INTERET

Le château. Après la scierie sur la route vers Cacao, on peut voir sur la droite un château presque grandeur nature tout en bois. C'est l'œuvre de Fabian, un passionné de Tolkien.

Parti depuis la fin de cette construction vers d'autres projets, il a laissé cette construction originale à Pascal, qui l'habite et la fait visiter selon son gré. Il aura pris 2 ans pour arriver à son rêve " d'enfant ". A chacun ses chimères ! Normalement vous pouvez avec l'autorisation de l'actuel occupant visiter ce château, avant que celui-ci ne devienne une véritable propriété privée fermée.

Un monde de traditions

Cacao est une invitation à voyager dans le temps et dans l'espace. L'impression de dépaysement est saisissante. Dans la pratique de l'artisanat ou de l'agriculture, les Hmongs ont conservé leurs traditions et leur savoir-faire comme de précieux trésors garants de leur identité. Dans le village, le regard croise yeux bridés, costumes traditionnels, femmes portant leur enfant sur leur dos à l'aide d'un sac brodé de leurs mains...

Au centre du bourg, une coopérative et quelques boutiques proposent des broderies d'une extrême finesse aux couleurs chatoyantes, ainsi que des papillons et des mygales sous verre et des posters de papillons guyanais. Çà et là, des enfants vendent des papillons morpho ou des insectes qu'ils chassent à proximité du bourg dans la forêt.

Le marché

Le dimanche matin, le marché occasionne dans le village une animation plus importante que de coutume. Productions agricoles et objets d'artisanat se côtoient dans un festival de couleurs. Tout près de là, des femmes préparent salades, bamis (voir rubrique " Gastronomie "), nems et soupes asiatiques dont les senteurs subtiles flottent dans l'air et ouvrent l'appétit.

Une fois l'an, au mois d'octobre, le week-end qui suit la pleine lune, Cacao est en fête. Initialement, ce moment était celui où l'on célébrait les mariages. Les futurs époux se choisissaient mutuellement au moyen du jeu de la balle. Si cette tradition s'est un peu perdue, les festivités de Cacao permettent encore d'assister à de superbes spectacles de danses asiatiques et de voir les magnifiques costumes d'apparat que les habitants ne portent qu'à cette occasion.

Le Nouvel An

La fête du Nouvel An représente une manifestation collective à laquelle les Hmongs se disent spontanément très attachés et qu'ils tiennent à reproduire régulièrement. Elle constitue un des liens les plus affirmés avec le passé laotien.

Musée

L'Association Le Planeur Bleu ✆ 05 94 27 00 34. *Ouvert le dimanche de 9 h à 13 h et de 14 h à 16 h. Entrée payante.* Cette association s'occupe de ce musée qui présente une collection toujours grandissante de spécimens vivants de mygales, matoutous et autres beautés. L'impressionnante collection de papillons comprend des spécimens rares. Un accueil sympathique et de très belles collections. En plus des insectes que l'on trouve en Guyane, on peut y voir des poteries amérindiennes, des briques estampillées venant des quatre coins de la Guyane et, enfin, des bouteilles soufflées trouvées sur des sites d'orpaillage (la plus ancienne date du XVIIe siècle).

Circuits

A Cacao, l'environnement naturel offre de nombreuses possibilités de découvrir la forêt, à pied ou par le fleuve. A moins que vous ne possédiez une longue expérience de broussard, la présence d'un guide est quasi indispensable. Il en va de votre sécurité, mais aussi de l'intérêt de l'expérience car la forêt amazonienne ne dévoile ses secrets qu'à ceux qui possèdent " l'œil du naturaliste ".

▸ **Quimbé Kio. Le bourg 97352 Cacao ✆ 05 94 27 01 22 - Fax : 05 94 27 01 48.** Bruno est le guide parfait pour vous faire découvrir la région. Différents circuits vous sont proposés sur un jour *(38,11 € par personne)*, un jour 1/2 *(57,17 €)*, 2 jours *(91,47 €)*, 3/4 jours *(57,17 € par jour et par personne)* ou encore 4/5 jours *(57,17 €/j/personne)*. Ici des produits pour tout le monde : découverte d'un sentier botanique, marche nocturne en forêt, baignade, pêche, randonnée pédestre (10 km) sur la piste Bélizon-Saül... Une très belle aventure sur 12 jours en traversant la forêt de Bélizon jusqu'au village de Saül. Pour cela il faut être un marcheur confirmé car le retour n'est pas possible, assuré son portage (20-25 kg), être prêt pour cette aventure tout simplement. *Comptez environ 762,25 € par personne* (le billet retour Saül-Cayenne non compris). Pour les réservations, veuillez appeler *de 7 h 30 à 9 h et de 17 h à 20 h.*

▸ **Amazonie Pêche Passion. 63, avenue Saint-Dominique 97354 Rémire-Montjoly ✆ 05 94 38 52 79/05 94 28 00 77 - Fax : 05 94 30 64 69 / 05 94 27 00 55 - E-mail : charlyco@nplus.gf / chantal.soucy@wanadoo.fr .** Sur une journée *(48,78 €)* ou 2 *(83,85 €)*, découvrez la crique Bagot. Promanade sur un sentier botanique, découverte de la forêt, baignade, pêche, tir à l'arc, initiation à l'orpaillage...

▸ **JAL Voyages. 26, avenue du Général-de-Gaulle BP1102 97344 Cayenne Cedex ✆ 05 94 31 68 20 - Fax 05 94 30 11 01.** Ce prestataire vous propose une excursion pirogue à Cacao le dimanche, avec le déjeuner libre. *Pour les adultes comptez environ 35 €, demi-tarif pour les enfants de 2 à moins de 12 ans.*

▸ **Takari Tour. 8, rue du Capitaine-Bernard BP 513 97332 Cayenne ✆ 05 94 31 19 60 - Fax 05 94 31 54 70 - Web : www.takaritour.gf - E-mail : takari.tour@wanadoo.fr .** Le rendez-vous se fait à Dacca pour une balade en pirogue jusqu'à Cacao (*45 €*). Un produit intéressant. En collaboration avec Quimbé Kio, possibilité d'hébergement sur place avec des activités diverses (canoë, VTT, circuits fleuve...).

▸ **Couleurs Amazone. 2bis, avenue Pasteur 97300 Cayenne ✆ 05 94 28 70 00 - Fax : 05 94 28 70 01 - Web : www.couleursamazone.fr - E-mail : info@couleursamazone.fr .** Le dimanche, Cacao en pirogue dès *35 € par personne* au départ de Roura.

▸ **Espace Amazonie- Takari tour. CV 7.1 RDC Simarouba 97310 Kourou ✆ 05 94 32 34 30 - Fax : 0594 32 57 02 - Web : www.espace-amazonie.com - E-mail : espamaz@ nplus.gf .** Au départ de Cacao, partez en pirogue jusqu'au carbet Lysis et Saut-Bief en une journée. Parmi les activités, baignade, sentier botanique... *38 €* par personne. *Pour 2 jours* (carbet Galibi, roche fendue...), *comptez environ 91 €.* Si vous êtes sur votre faim, un circuit plus long, de 5 jours avec une randonnée pédestre de 10 km sur la piste de Bélizon-Saül jusqu'au saut Panomé *(286 €)*.

▸ **A.V.I.S.O.L.O.C.O. Bourg de Cacao (au débarcadère) ✆ 05 94 27 00 09 - E-mail : avisoloco@wanadoo.fr .** Cette association a une section canoë-kayak et prête le matériel (canoë, gilet, pagaie...) si vous souhaitez faire une balade sur al Comté. Seule condition, prendre une assurance *(10 € par personne ou 5 € si vous êtes déjà adhérent de l'Association)*. Vous pouvez partir seul ou être accompagné par un moniteur. Certains week-ends, il est préférable de réserver.

▸ **GuyanEspace Voyages.** 39, avenue Hector-Berlioz 97310 Kourou ✆ 05 94 22 31 01 - Fax 05 94 22 31 02.

Location

▸ **Quimbé Kio (Gîte de France 1 épi). M. Levessier. Le bourg 97352 Cacao ✆ 05 94 27 01 22 - Fax 05 94 27 01 48.** Pour agrémenter votre séjour, louez un VTT *(6,86 € pour 1 h 30, 9,15 € pour 3 h, 15,24 € pour la journée)*, un canoë-kayak (*de 6,86 à 15,24 €*, selon la durée de location) ou faites une promenade en pirogue.

ROUTE DE L'EST-REGINA

HEBERGEMENT ET RESTAURATION

Auberge des Orpailleurs (Gîte de France 1 épi). M. et Mme Germain. PK 62, route de l'Est ✆ 05 94 27 06 22/06 94 26 42 61 (portable) - Web : www.blada.com . Ce lieu enchanteur mérite une halte. Le gîte de séjour propose un hébergement qui peut se faire aussi bien en chambre qu'en hamac. Location de canoës (*à partir de 5,34 € de l'heure*). Un cadre et une ambiance sympathiques au bord de l'Orapu. Vous y mangerez à un prix raisonnable (*menu complet à 13,72 € en semaine et 16,77 € le week-end*).

BALADES

- **Le Papadilo.** A bord de ce carbet flottant de 100 m2 (capacité de 30 personnes environ), venez découvrir le fleuve Orapu sur une journée *(environ 60 €)*, en soirée *(66 € repas, petit déjeuner, casse-croûte boisson comprise) ou encore sur une demi-journée à 90 €* environ. Une formule plus longue vous est proposée pour *122 €*. Un produit sympathique dans une végétation magnifique. **Messagerie Papadilo ✆ 06 94 21 51 40.**
- **Takari Tour.** 8, rue du Capitaine-Bernard BP 513 97332 Cayenne ✆ 05 94 31 19 60 - Fax 05 94 31 54 70 - E-mail : takari.tour@wanadoo.fr .
- **JAL Voyages.** 26, avenue du Général-de-Gaulle BP1102 97344 Cayenne cedex ✆ 05 94 31 68 20 - Fax : 05 94 30 11 01 - Web : www.jal-voyages.com - E-mail : jal@jal-voyages.com .
- **Couleurs Amazone.** 2bis, avenue Pasteur 97300 Cayenne ✆ 05 94 28 70 00 - Fax : 05 94 28 70 01 - Licence 973012001 - E-mail : info@couleursamazone.fr .

REGINA

Située de part et d'autre du fleuve Approuague, à environ 70 kilomètres à l'est de Cayenne, la commune de Régina couvre aujourd'hui 12 000 km² et compte 765 habitants. Le bourg de Régina est de création récente. En fait, le bourg le plus ancien est Guisambourg, né vers **1788** et fruit de la politique de Malouet qui, chargé d'examiner le projet de colonisation du baron de Bessner, rencontra au Surinam l'ingénieur agronome suisse Guisan et le chargea de poldériser les terres basses.

C'est en **1855** que les Indiens oyampis apportèrent à Guisambourg de la poudre d'or en provenance du Haut-Approuague, sans susciter un réel enthousiasme. Mais, à partir de **1870**, diverses découvertes ayant été faites, ce fut la ruée. Plusieurs milliers d'habitants vivaient alors à Régina dans une ambiance presque euphorique, avec des saloons et même un casino. Aujourd'hui, la commune a retrouvé son calme, et le passé est bien présent, comme en témoignent les épaves industrielles dispersées çà et là. Cet intense trafic au début du **XXe siècle** entraîna la fondation de Régina (du nom du premier commerçant qui s'installa sur le site), étape entre Guisambourg et les placers de l'intérieur. Dès **1920**, Régina avait détrôné sa rivale et ses habitants obtinrent en 1924 le transfert du centre administratif. La fièvre de l'or baissa et, sous l'impulsion de Jean Galmot, une autre richesse, le bois de rose, allait être exploitée. La Seconde Guerre mondiale sonna le glas de l'exploitation de l'or et les années 50 furent dures pour Régina. Aujourd'hui Régina compte environ 765 habitants (en **1999**).

COMMENT S'Y RENDRE

Sur la route de l'Est, si vous souhaitez vous rendre à Régina, au lieu de bifurquer à droite (direction Cacao), continuez tout droit. Au bout de la route de l'Est apparaît Régina, qui marque la fin de la route, à 122 kilomètres de Cayenne. Il faut donc suivre cette voie jusqu'au bout. Des taxis collectifs, aux horaires changeants, desservent Régina à partir de Cayenne, au moins une fois par jour. Enfin, la commune est équipée d'un aérodrome. 2 liaisons par semaine sont proposées depuis l'aéroport de Rochambeau. Cette solution, relativement onéreuse, ne serait intéressante que dans le cas où vous envisageriez de rester plusieurs jours sur place, notamment pour effectuer une excursion sur le fleuve Approuague.

HEBERGEMENT

Gîte communal de Régina (Gîte de France 1 épi). Lotissement Patawa rue Gaston-Monnerville 97390 Régina ✆ 05 94 28 05 89. C'est un gîte de séjour situé en plein cœur du bourg sur les bords de la rivière Approuague. Il a une capacité d'accueil de 24 personnes et est composé de dortoirs avec lits (*5,34 €* avec le drap fourni *et 3,80 €* sans drap) de 2 studios (pour les groupes ou individuels). Chaque chambre-dortoir dispose de salles d'eau et de toilettes. Le gîte dispose également de chambres (2 petits lits) à *10,67 €*. Contactez la mairie de Régina ✆ **05 94 28 0589.**

POINT D'INTERET

Désormais pour beaucoup, l'intérêt de Régina réside principalement dans la découverte de l'Approuague, fleuve désert et sauvage.

Surprenante sera la découverte du minuscule village de Saint-Esprit. Quelques âmes seulement peuplent ce bourg hors du temps. Chaque année pourtant, **le 24 juin**, Saint-Esprit est le théâtre d'un spectacle particulièrement impressionnant. Ce jour-là, des adeptes de la Colombe d'Or se livrent à différentes pratiques rituelles qui les conduisent notamment à traverser pieds nus un lit de braises : ambiance mystique et sensations assurées !

APPROUAGUE

Quatrième fleuve de Guyane par son importance (270 kilomètres de long), il prend sa source, tout comme la Mana, dans le massif central au sud de Saül. Parmi ses magnifiques sauts, les plus célèbres sont le Grand-Machicou et surtout Grand-Canori, le plus spectaculaire de la région avec ses 19 mètres de dénivelé. Cette route, ou plutôt cette piste liquide, fut empruntée au siècle dernier par les aventuriers de l'eldorado. Aujourd'hui, seuls les noms d'Impératrice, Titine, Bœuf Mort, Dardanelle... chantent encore l'épopée de ces aventuriers des temps passés.

TRANSPORTS

Le point de départ de toute aventure sur le fleuve se situe à Régina. Aujourd'hui le bac permet d'accéder à la route, dorénavant autorisée au grand public et qui vous conduit à Saint-Georges.

DE REGINA A SAINT-GEORGES

Pour cela, il faut dans un premier temps, vous diriger vers Régina. Aujourd'hui la route de l'autre côté de la rive de Régina et allant jusqu'à Saint-Georges est officiellement ouverte et les fondations du pont de Régina sont presque achevées. De Cayenne à Régina, on parcourt une centaine de kilomètres. A l'entrée de Régina, il n'y a plus de bac à cause des travaux pour le pont. Si vous souhaitez vous rendre de l'autre côté du fleuve, il faut vous trouver une pirogue pour effectuer la traversée. La fin de la construction du pont est prévue pour **fin 2003**. Une fois la traversée effectuée, la nouvelle route continue jusqu'à Saint-Georges. Quelques taxis collectifs effectuent le transport de cette rive jusqu'à Saint-Georges. Il est important de savoir que depuis l'ouverture de la route, la fréquentation est de plus en plus importante. Aussi l'attente des taxis collectifs peut être très variable.

DE REGINA A L'EMBOUCHURE

Un itinéraire peu intéressant, si ce n'est pour les vestiges du village de Guisanbourg, sur la rive droite du fleuve, au croisement avec la rivière Kourouaï. Depuis peu, quelques personnes sont venues s'installer dans le village et essaient de le faire revivre. Plus en aval, 2 îles (Aïpoto et Mantouni) divisent l'Approuague.

Le canal de Kaw, situé à la hauteur de l'île de Mantouni, permet de rejoindre le village et les marais de Kaw.

REMONTEE DE L'APPROUAGUE

LES CAMPEMENTS

Elle peut être très difficile lors de la saison sèche. L'Approuague a la triste réputation de causer pas mal de casse au matériel... Les rochers cachés à quelques centimètres sous l'eau sont bien plus durs que l'hélice du moteur. Au mieux, elle sera rabotée, au pire c'est la queue entière du moteur qui sera réduite en miettes. Vous ne vous y aventurer pas comme une balade sur la Comté !

La remontée au départ de Régina se fera de préférence en tenant compte de la marée. Poussée par celle-ci, vous gagnerez pas mal de temps et d'essence !

A quelques kilomètres de Régina, sur la rive droite, se trouve le hameau de Saint-Esprit, qui organise une magnifique fête au mois de juillet. Puis, toujours sur la rive droite, on rencontre la rivière Mataroni. La faune et la flore y sont assez riches, hormis durant les premiers kilomètres où la Légion a installé un camp. Après avoir franchi les sauts Yapoura, Bois, Dagonelle (attention, une vieille drague partiellement immergée peut vous jouer de mauvais tours), Saut-Magasin et enfin Saut-Lavillette, une marche importante oblige à tirer la pirogue sur les rochers. Il y a là un endroit de bivouac très sympathique au pied du saut avec baignade... Au-dessus de ce saut, la faune et la flore sont abondantes.

Toujours en remontant l'Approuague, nous arrivons à Saut-Tourépé, le premier et pour certains, le dernier. Car la " vague de Tourépé " peut être difficile.

Après avoir franchi les sauts Mapaou, où s'arrête enfin la marée (et dire que l'Océan est si loin...), nous arrivons au magnifique site de Saut-Athanase. Le village du même nom est installé sur les hauteurs, rive droite, dominant ainsi le saut.

▸ Saut-Athanase (Gîte de France 1 épi). Loisir Tourisme Sarl. Saint-Athanase BP1175 97346 Cayenne cedex (M. Freytigné) ✆ 00 8747628 37696 - Fax 00874762837698 - E-mail : atanase@inmarsat.francetelecom.fr . Ce gîte est situé à 1 h 30 de Régina. Il surplombe Saut-Athanase sur votre gauche. Il a une capacité de 40 à 50 places. Vous apercevrez plusieurs petits carbets en bardeaux pour l'hébergement en hamac (12-15 places) et les bungalows lits (jusqu'à 3 personnes par bungalow), un carbet bar-dancing, un pour la restauration et un carbet sanitaire (douches, lavabos, W.-C.). Ici tout vous est fourni (drap, hamacs, couverture). Le site est très agréable et vous pourrez découvrir ses environs (cascades) lors de randonnées autour d'activités multiples : pêche, techniques de survie...Des programmes sur 2 jours avec diverses activités *(145 €)* ou de 3 jours *(200 €)*.Si vous souhaitez prolonger le plaisir, ce prestataire vous propose d'aller jusqu'à Saut Grand Machicou sur 3 jours *(220 €)* ou 4 jours *(270 €)* ou encore sur Saut Grand Canori de 5 à 6 jours *(de 370 € à 405 €)*.

Mais l'aventure se poursuit plus loin, passé le Saut-Athanase que l'on franchit en contournant tout un chapelet d'îlots de la rive gauche.

Les sauts Petit et Grand-Mathias sont de véritables champs de pierres en saison sèche, alors gare à la casse !

▸ Cisame (Gîte de France 2 épis). M. Gilabert. Ce gîte se trouve sur votre droite au pied de Saut-Mathias; un site magnifique où professionnalisme, sourire, ambiance conviviale et aventure sont au rendez-vous. Vous trouverez tout le confort sous l'un de ces carbets hamac aux toitures de toulouris, en plus du carbet restaurant, le carbet sanitaire (douche, W.-C., lavabo) et le carbet à palabres. Situé à 2 h de pirogue de Régina en pirogue au pied de Saut-Mathias, c'est en toute sécurité que vous pourrez découvrir l'Approuague avec ce prestataire. Vous pourrez remonter sur les sauts de Grand Machicou ou de Canori comme le héros de René Jadfard dans une nuit de Cachiri (voir bibliographie). Sur ce site, vous pourrez choisir parmi les activités proposées : initiation à l'orpaillage, descente du fleuve à la nage ou en canoë, promenade sur un layon botanique. Une crique borde le camp. Ici fraîcheur, chaleur et douceur trouvent leur place... Un personnel (guides, motoristes, cuisinières) compétent et dévoué. Un clin d'œil à Saïd et Erwan.

Après Saut-Colonis, le fleuve devient plus étroit, plus beau, plus sauvage. Saut-Akoupaï vous offre une possibilité de bivouac sur l'îlot de la rive gauche.

Vous laissez sur votre droite la rivière Arataï (site protégé, chasse et pêche interdites).

▸ Association Arataï. 2, rue du Lieutenant-Goinet 97300 Cayenne ✆ 05 94 28 40 20 - Fax 05 94 28 40 19 - E-mail : ARATAI@wanadoo.fr . Cette association a pour objectifs la protection de la nature guyanaise, l'éducation et la sensibilisation à l'environnement et la recherche scientifique. elle a créé depuis 1996 un camp d'accueil sur la crique Aratave, à l'entrée de la réserve naturelle des Nouragues, dont elle a la gestion (à environ 4 h en canot de Régina). Ses guides vous feront découvrir la faune et la flore dans une ambiance sympathique et spontanée. Un carbet hamac et cuisine à votre disposition. **Renseignements et réservations au ✆ 05 94 28 40 20.**

Et après avoir franchi (sans problème) le Saut Kalawéli, vous arrivez à Grand Machicou, terme de certaines excursions. Le lieu offre plusieurs carbets, tant à gauche qu'à droite, dont certains sont déjà bâchés. Le site est vraiment très beau. Comptez 3 jours aller-retour de Régina.

Franchir Machicou est une autre paire de manches. Machicou est important et trouver le chemin au travers d'une multitude d'îlots n'est pas chose aisée. Machicou comporte 5 marches, il faut trouver les passes, et c'est surtout là que réside le problème. La meilleure solution sera d'attendre qu'un canot de ravitaillement d'orpailleurs se présente. Vous le suivrez, mais attention... il vous faudra franchir au moteur les 4 premières marches. La cinquième, infranchissable, se fera par portage dans la forêt.

Revenons à la première marche, pas très dure. C'est une sorte de rampe en forme d'arc, sous laquelle des pierres menacent votre pauvre hélice, mais ça passe ! Un peu plus loin, la deuxième marche : une vaste étendue d'eau calme vous permet de juger le passage étroit entre un rocher qu'il faut absolument éviter et une vague qui attend de submerger votre embarcation pour l'engloutir en moins de temps qu'il ne faut pour le dire. Ce qui arrive à bon nombre de canots qui, trop chargés ou trop hésitants, ou encore par manque de puissance, se retrouvent très vite au fond du fleuve. Une véritable caverne d'Ali Baba se trouve par 7 à 8 mètres de fond au pied de ce saut : canots, moteurs, fusils, et même, paraît-il, de l'or. Les troisième et quatrième marches ne posent aucun problème, puis il vous faudra décharger la pirogue et la porter sur 250 mètres à travers la forêt, la cinquième marche étant infranchissable.

Après tous ces efforts, un punch sera le bienvenu pour savourer la victoire sur le Grand Machicou.

◗ **Amazonie Pêche Passion. 63, avenue Saint-Dominique 97354 Rémire-Montjoly . ✆ 05 94 38 52 79/05 94 28 00 77 - Fax 05 94 30 64 69 / 05 94 27 00 55 - E-mail : charlyco@nplus.gf / chantal.soucy@wanadoo.fr .** Saut Grand Machicou (Gîte de France). Ce gîte d'Amazonie vous offre un hébergement en hamac dans un grand carbet équipé d'une cuisine, espace couchage A l'écart, toilettes et douches. Le carbet surplombe le Saut Grand Machicou et est encerclé par un layon de découverte. Pour un séjour de 4 jours de découverte, comptez environ *305 € par personne tout compris.*

La remontée se poursuit en franchissant facilement le Saut Petit Machicou, puis les sauts Ménado, à peine perceptibles, les sauts Bois Blanc, Bouchard et Petit Canori.

Le Petit Canori peut se passer au moteur en empruntant un petit bistouri sur la rive gauche. Attention, le courant est assez important et il y a pas mal de pierres au ras de l'eau. Il est donc conseillé, si vous êtes en coque alu, de franchir directement le saut en son milieu en tirant le bateau à la cordelle, moyen assez facile et plus sûr (au bas du saut, il y a 2 beaux endroits de bivouac). L'obstacle une fois franchi, il ne vous restera plus que 5 minutes avant de vous trouver face au splendide Saut Grand Canori. Celui-ci engendre les chutes les plus hautes de la Guyane, hautes de 19 mètres et longues de 400. Au pied du saut, vous trouverez un superbe emplacement de bivouac. Les chutes étant invisibles du bas du saut, il vous faudra suivre un layon forestier sur la rive gauche et chercher un peu. Pour protéger le site, le layon ne va pas jusqu'aux chutes.

Le Grand Canori représente souvent la fin de la remontée de l'Approuague. La suite tient plus d'une véritable expédition : d'abord, il vous faudra porter le bateau au-dessus du saut. Un large layon de 2 kilomètres sur la rive droite vous y conduit. Il faut compter une bonne journée pour effectuer ce portage. Sachez que les orpailleurs tirent sur les pentes de ce layon des fûts de 200 litres d'essence, portent des moteurs de plus de 80 kilos, et surtout tirent, poussent et portent de longs et lourds canots en bois de plusieurs centaines de kilos, voire de plus d'une tonne.

© S. Honthaas - Fleuve Oyapock

Le parcours de l'Approuague au-dessus de Grand Canori est plus sauvage, et les sauts sont plus dangereux à cause du courant qui y est plus fort. Si, avant le Grand Canori, vous n'avez aperçu que peu d'oiseaux et de gibiers, à présent vous en verrez énormément. Les sauts de Petit Japigny et Grand Japigny vous offrent de bons bivouacs. Une grotte naturelle sous Grand Japigny vous donnera l'occasion de prendre quelques photos, aussi belles qu'originales. Plusieurs sites d'orpaillage, plus ou moins licites, se trouvent dans le Haut-Approuague.

Il faut compter 2 jours pour arriver à Grand Machicou et une journée supplémentaire pour gagner le Grand Canori.

Pour ces excursions, faites votre choix parmi les prestataires cités ci-dessous.

▶ **Couleurs Amazone. 2bis, avenue Pasteur 97300 Cayenne ✆ 05 94 28 70 00 - Fax 05 94 28 70 01 - Web : www.couleursamazone.fr - E-mail : info@couleursamazone.fr .** Ce prestataire s'est spécialisé sur l'Approuague. Des produits qui allient la forêt et le fleuve. Couleurs Amazone propose des séjours accessibles à tous avec un séjour découverte au camp Cisame à Saut Grand Mathias sur 2 jours ou plus *(dès 140 €)* avec toutes ses activités; ou encore un séjour détente à Saint-Elarion sur la Matarony pendant 2 jours *(dès 75 €)* ou encore une excursion " bivouac " sur une savane roche pendant 2 jours (randonnée, bivouac, baignade). Ce prestataire vous proposera également des remontées de fleuve, sur l'Approuague entre 3 et 5 jours sur Saut Grand Machicou *(à partir de 230 €)* ou Saut Grand Canori *(à partir de 375 €)*. Pour les plus aguerris, des stages de 5 jours en forêt *(dès 370 €)*, raids de 4 jours ou plus avec trekking *(dès 289 €)*, raids nautiques de 4 jours ou plus *(dès 295 €)* ou encore séjour Hélitrek de 6 jours *(dès 1 060 €)*. Possibilité de départ de Cayenne *(supplément d'environ 45 €)*.

▶ **Takari Tour. 8, rue du Capitaine-Bernard BP513 97332 Cayenne ✆ 05 94 31 19 60 - Fax 05 94 31 54 70 - Web : www.takaritour.gf - E-mail : takari.tour@wanadoo.fr .** Ce prestataire vous propose une découverte de l'Approuague au Lodge Athanase pendant 2 jours *(145 €)* ou au camp Cisame pendant 3 jours *(206 €)*. Bien sûr des aventures pour tous les goûts avec des passages de sauts jusqu'à Saut Grand Machicou *(4 jours à 320 €)* ou encore Saut Grand Canori *(6 jours à 420 €)*. Vous bénéficierez de toutes les activités des différents campements. D'autres produits sur la crique Angèle (*198 €*) ou encore jusqu'à la réserve des Nouragues.

▶ **Espace Amazonie- Takari tour. CV 7.1 RDC Simarouba 97310 Kourou ✆ 05 94 32 34 30 - Fax 05 94 32 57 02 - Web : www.espace-amazonie.com - E-mail : espamaz@ nplus.gf .** Une halte pendant 2 jours au Camp Cisame à Saut-Mathias. Excursion pédestre, canoë, initiation à l'orpaillage, tir à l'arc à partir de *149 € (2 j/1 nuit)* ou encore à Saut-Athanase avec toutes ses activités *(2 j/1 nuit) pour 145 €*. Vous pourrez aller plus loin en allant jusqu'à Saut Grand Machicou sur 4 jours *(320 €)* ou encore sur le Saut Grand Canori sur 5 jours *(420 €)*.

▶ **JAL Voyages. 26, avenue du Général-de-Gaulle BP1102 97344 Cayenne cedex ✆ 05 94 31 68 20 - Fax 05 94 30 11 01 - Web : www.jal-voyages.com - E-mail : jal@jal-voyages.com .** Ce prestataire vous propose sur l'Approuague deux produits. Le premier circuit se déroule sur deux jours au pied du saut Grand Mathias au camp Cisame avec toutes ses activités (*149 €/personne*). Les départs se font tous les mardis, jeudis et samedi à Régina. Des réductions pour les couples (*280 € pour les 2*) et les enfants *(de 85 à 130 €)*. Possibilité de vous proposer des circuits sur Saut Grand Machicou (3 / 4 j) et Saut Grand Canori (4 / 5 j). L'autre circuit est au Jungle Lodge de Saut-Athanase. Vous découvrirez pendant 2 jours le fleuve et la forêt amazonienne sur ce site très agréable *(145 €/personne)*. Sur demande, vous aurez la possibilité d'aller jusqu'à Saut Grand Machicou *(4 jours à 270 €)* ou encore Saut Grand Canori sur 5 jours *(370 €)*.

SUD ET CENTRE

SAINT-GEORGES-DE-L'OYAPOCK

Saint-Georges-de-l'Oyapock est accessible par avion avec Air Guyane *(98,18 € A/R)* et maintenant par la route. Ce petit bourg vit tranquillement la journée et devient un peu plus animé en soirée. On y vient surtout pour s'imprégner d'une ambiance nourrie par des traditions fortes et une population pluriethnique très chaleureuse. Ici la vie est liée à celle du deuxième plus important fleuve guyanais : l'Oyapock, frontière naturelle avec le Brésil. C'est une zone d'échanges entre les gens du fleuve vivant sur ses 2 rives ; il y a 3 agglomérations : Saint-Georges, Trois Palétuviers et Tampac.

COMMENT S'Y RENDRE ?

En avion

Un vol quotidien au départ de Cayenne à l'aéroport de Rochambeau *(98,18 € aller-retour).*

▸ **Air Guyane.** A l'aéroport de Rochambeau ✆ 05 94 35 03 07.

▸ **Takari Tour.** 8, rue du Capitaine-Bernard BP513 97332 Cayenne ✆ 05 94 31 19 60 - Fax 05 94 31 54 70 - E-mail : takari.tour@wanadoo.fr - ✆ 05 94 29 36 30 - Fax 05 94 29 36 31.

Par la route

De Cayenne, se diriger jusqu'à Régina. Aujourd'hui il est possible de rejoindre Saint-Georges par la route puisqu'elle a été ouverte officiellement. Pour cela il faut vous rendre à Régina. Le fleuve vous sépare de l'autre rive où vous pourrez continuer la route en voiture jusqu'à Saint-Georges. Jusqu'à cette année un bac effectuait la traversée (durée 10 minutes environ) pour vous déposer de l'autre côté de cette rive. Depuis peu il a été supprimé pour être remplacé par un pont (en construction avec une ouverture du pont prévue pour fin 2003). Pour l'heure, quelques piroguiers font la navette depuis Régina jusqu'à l'autre rive. Une fois la traversée effectuée, *en journée (jusqu'à 17 h ou 18 h, environ)*, des taxis collectifs proposent un transport jusqu'à Saint-Georges. Pour ce trajet, il est préférable de prévoir un paiement en espèces.

HEBERGEMENT

▸ **Hôtel-restaurant chez Modestine. Rue Elie-Elfort 97313 Saint-Georges-de-l'Oyapock ✆ 05 94 37 00 13 - Fax 05 94 37 02 14 - E-mail : modestine@wanadoo.fr .** Cet hôtel, le plus ancien de Saint-Georges, se trouve juste en face de la place des Fêtes dans le bourg. Demandez Modestine, c'est un personnage légendaire en ces lieux. Si vous souhaitez dormir chez elle, nous vous conseillons de réserver votre chambre avant votre venue. L'hôtel dispose de 13 chambres (*de 28 à 39 €* selon les commodités : salle de bains, climatisation, télévision). Cet hôtel a aussi un restaurant et bar, et propose des balades dans la région (îlet Sophia, Saint-Maripa, Oyapock...).

▸ **Hôtel-restaurant Caz Calé. Rue Elie-Elfort 97313 Saint-Georges-de-l'Oyapock ✆ - Fax 05 94 37 00 54.** Petit hôtel de charme, il constitue, avec l'hôtel Modestine, tout le parc hôtelier de Saint-Georges.

@ Il est possible d'installer gratuitement son hamac et de bénéficier des commodités sanitaires de l'ancien dispensaire, situé le long du fleuve après le cimetière ". *Alexandre Salaün, Talence.*

POINTS D'INTERET

C'est à la nuit tombée que Saint-Georges offre l'aspect d'une véritable commune d'Amérique du Sud. La place du village, jusque-là déserte, s'anime peu à peu, chacun vient flâner et se distraire. Dominos ou jeux de cartes font monter la pression ambiante alors que l'air se charge de senteurs délectables. Autour de la place, de grands barbecues font griller gibier et autres viandes qui sauront vous mettre en appétit. Certes, on ne s'éternise pas à Saint-Georges, mais le village est un passage obligé pour rejoindre d'autres sites très intéressants, accessibles uniquement par le fleuve.

ILET SOPHIA

▸ **Ilet Sophia (Gîte de France 1 épi). SARL Modestine. Rue Elie-Elfort 97313 Saint-Georges-de-l'Oyapock. ✆ 05 94 37 00 13 - Fax 05 94 37 02 14 - E-mail : modestine@wanadoo.fr .** Un très beau site touristique où il est possible de passer une journée de farniente. Ce gîte d'Amazone est accessible en pirogue, à 30 minutes de Saint-Georges. 8 chambres de 4 personnes (lits single). Sanitaires (douches, W.-C., lavabos). Balades (Brésil, Maripa...), volley, foot, pétanque, TV satellite.

OIAPOQUE

A partir de Saint-Georges, on peut très facilement faire une incursion en pays brésilien, dans le village d'Oiapoque. Il faut compter environ 15 minutes en canot de Saint-Georges. Cette petite ville brésilienne frontalière permet entre autres d'accéder à Macapa au Brésil. On accoste ici sans visa, mais si vous avez l'intention de vous enfoncer plus profondément dans le pays, faites immédiatement viser votre passeport par les autorités douanières. Pour une somme modique, un canotier vous accompagnera jusqu'au village brésilien. C'est le pays de la fête, de la musique.

Vous ne trouverez probablement pas grand-chose d'intéressant à acheter à Oiapoque. On y vient surtout pour y faire la fête.

CHANGE

Il est plus intéressant à faire dans les comptoirs de change à Oiapoque

TRANSPORTS

▸ **Bus** *tous les jours pour Macapa vers 17 h (comptez 50 reals et 11 h de bus).*

HEBERGEMENT

Hôtel Oyapock. Se trouve en face de lapompe à essence. Comptez environ *22 € pour la nuit.* Très bon rapport qualité/prix.

RESTAURATION

Juste à côté de cette même pompe à essence, vous ne pouvez pas râter ce délicieux restaurant où vous mangerez les meilleures churrascarias du coin le soir.

FLEUVE OYAPOCK ET SAUT-MARIPA

Deuxième fleuve par son importance après le Maroni, l'Oyapock fait 370 km de longueur. L'aventure commence avec les nombreux sauts, dont le plus redoutable est le saut Maripa, le plus connu des 100 rapides qui le jalonnent, soit 2 kilomètres de rapides sur 14 mètres de dénivelé ! Entre les sauts Maripa et Cafesoca, il existe une petite voie ferrée Decauville, longue de 2 kilomètres, permettant d'éviter les barrages de roches à l'époque des forts courants. Les amateurs de vestiges précolombiens pourront relever des polissoirs sur les roches, baignées par les eaux du fleuve et de ses affluents, tandis que les autres goûteront avec joie le calme des lieux et la richesse faunistique de ce petit paradis. Sur près de 14 kilomètres, le fleuve Oyapock s'emballe pour donner naissance à des rapides au cœur de la forêt amazonienne. La traversée est une opération périlleuse, entreprise seulement en cas d'absolue nécessité et toujours par des canotiers expérimentés. Pour rejoindre Saut-Maripa, il faudra terminer votre voyage à pied. Suivez alors le chemin qui forme un véritable tunnel forestier. Après environ 25 minutes de marche, vous atteindrez le campement de Saut-Maripa. Plusieurs petits bungalows à l'abandon surplombent magnifiquement le saut, offrant un point de vue unique sur le fleuve. Rien n'est malheureusement prévu pour vous permettre de découvrir les alentours.

@ L'hébergement sous les carbets ou en bungalows n'est plus payant. En effet, Modestine a cessé son activité sur place, mais les bâtisses demeurent. Ainsi, il vaut mieux prévoir les vivres en fonction de la durée du séjour ". *Alexandre Salaün, Talence.*

▸ **Oyapock Evasion. Thierry Beltan ✆ 05 94 37 02 59/06 94 41 60 01/06 94 40 15 90 (portables).** Evadez-vous sur les rives du fleuve Oyapock avec Thierry, un enfant du pays qui vous fera découvrir la paisible commune de Saint-Georges et ses richesses. Un séjour, on peut le dire, à la carte. Il propose des forfaits pour 2 ou 3 jours ; mais l'idéal est de disposer de 4 jours pour profiter de la région : Saint-Georges, Ouanary, Juminam (marais), Tampack, îlet Sophia, Oiapoque (un village frontalier au Brésil)... Tout cela dans une ambiance sympathique, découverte de villages amérindiens et brésiliens, bonne cuisine... Comptez pour 4 jours (soit 3 nuitées) environ *275 € ;* 2 jours et une nuit et *138 €* pour 2 nuits et 2 jours (par personne, repas inclus) sans le billet d'avion. Vivement recommandé.

▸ **Couleurs Amazone. 2bis, avenue Pasteur 97300 Cayenne ✆ 05 94 28 70 00 - Fax 05 94 28 70 01 - Site Internet : www.couleursamazone.fr - E-mail : info@couleursamazone.fr** Ce prestataire vous propose une remontée de l'Oyapock pendant 5 jours. *(435 € par personne).* Saut Maripa, la Roche mon Pé, Vila Brasil, marche, franchissement de sauts, Oyapoqué, Saint-Georges...

▸ **JAL Voyages. 26, avenue du Général-de-Gaulle BP1102 97344 Cayenne Cedex ✆ 05 94 31 68 20 - Fax 05 94 30 11 01 - Web : www.jal-voyages.com - E-mail : jal@jal-voyages.com .** Jal Voyages vous propose sur 2 jours / 2 nuits de faire une escapade au Brésil à partir de Saint-Georges. Vous découvrirez Saint-Georges, Saut-Maripa, crique Minette, Oyapoque avec la visite d'ateliers de poteries. Vous passerez une nuit sur l'îlet Sophia en hamac (côté Guyane), une nuit à l'hôtel à Oyapoqué (côté Brésil). Comptez environ *183 E / pers* (minimum 2 personnes), pension complète, hamac fourni, boissons incluses.

▸ **Takari Tour. 8, rue du Capitaine-Bernard BP513 97332 Cayenne ✆ 05 94 31 19 60 - Fax 05 94 31 54 70 - Site Internet : www.takaritour.gf - E-mail : takari.tour@wanadoo.fr** Propose depuis l'aéroport un circuit jusqu'à Saut-Maripa sur 2 jours *(237 €).* On peut prolonger l'aventure jusqu'au Brésil (Oyapoqué) sur 3 jours *(329 €).*

▸ **Espace Amazonie - Takari tour. CV 7.1 RDC Simarouba 97310 Kourou ✆ 05 94 32 34 30 - Fax 05 94 32 57 02 - Site Internet : www.espace-amazonie.com - E-mail : espamaz@nplus.gf .** Sur 5 jours en pirogue entre la Guyane, le Brésil jusqu'en face de Camopi à Vila Brasil *(419 €).* Un autre séjour vous est proposé, soit 2 jours à Saint-Georges, Piapoque, Saut-Maripa avec excursion jusqu'aux roches plates (nuit à l'îlet Sophia) sur 2 jours/1 nuit *(240 €)* et 2 jours/2nuits *(280 €)* et avec une nuit à Oiapoque (3 jours et 2 nuits pour *325 €*). Pour une découverte plus large de la région, visitez Saint-georges, Ouanary, Juminan, Saut-Maripa et une montagne inselberg. Tout cela en 5 jours pour *559 €.* Au-dessus de Saut-Maripa, on aborde les zones réglementées. Il vous sera impossible, sauf autorisation préfectorale, d'accoster à Camopi et, à plus forte raison, au-delà. C'est pourquoi aucune agence réceptive n'organise la remontée de l'Oyapock.

CAMOPI

Cette commune s'étend sur 14 000 km². Elle est essentiellement peuplée d'Indiens wayampis et émerillons. Vers la fin des années **1738**, une mission de Notre-Dame-de-Sainte-Foi (pères jésuites) fut installée entre Camopi et le fleuve Oyapock dans un souci d'évangélisation des habitants de cette région. Ils amenèrent avec eux les maladies européennes et les missions commencèrent à se dépeupler. L'expulsion des jésuites fut décidée en **1763** et les populations ayant survécu se dispersèrent. Aujourd'hui un arrêté préfectoral interdit l'accès de la commune sans contrôle.

OUANARY

Cette petite commune est située à environ une heure de Saint-Georges en amont du fleuve, à proximité de son embouchure. Le réseau fluvial est une voie de communication primordiale à Ouanary. Ce hameau compte une population de 90 habitants environ. Il se caractérise par son isolement et par son passé historique et archéologique. Il est devenu une commune de plein exercice en **1949**. Au **XIXe siècle**, les Amérindiens palikurs utilisés comme main-d'œuvre sur les nombreuses habitations créées par les pères jésuites migrèrent sur l'Oyapock. Ils furent remplacés par des esclaves venus d'Afrique qui constituèrent, au bout de quelques années, la principale population. Ouanary a été pendant longtemps le pays du roucou, de l'indigo et de la canne à sucre.

LA MONTAGNE D'ARGENT

C'est dans cette zone que commença l'histoire du bagne, plus particulièrement sur la montagne d'Argent. Y accéder n'est pas très facile, mais l'effort sera récompensé. Le site offre au visiteur une vue imprenable sur le fleuve et sur l'estuaire de l'Oyapock. Du point de vue archéologique, Ouanary possède un site de première importance. On y trouve en effet des urnes funéraires, des poteries diverses et des fragments de faïence européenne qui témoignent des premiers contacts entre Amérindiens palikurs et Européens. Ouanary peut constituer aussi une base de départ pour une incursion en forêt profonde, vierge de toute présence humaine. Si telle est votre intention, assurez-vous l'assistance d'un guide et gardez à l'esprit que la forêt, univers merveilleux mais plein d'embûches, pardonne rarement les imprudences.

SAUL

Certains disent que Saül est comme une île, perdue au milieu d'un océan végétal. Le seul repérage de cette commune sur une carte peut donner le vertige tant son isolement est total. Jadis, au temps où les hommes entretenaient en Guyane le mythe de l'eldorado, Saül connut la richesse et une intense activité, surtout touristique.

TRANSPORTS

C'est **Air Guyane** qui dessert normalement Saül au départ de Cayenne-Rochambeau. Le billet d'avion revient à environ *98,18 € aller-retour*. A votre arrivée à Saül, une navette gratuite vous déposera au bourg. Comme à Maripasoula, il est important de confirmer au moins la veille la date de votre retour sur Cayenne à l'agence d'Air Guyane (agence postale en face de la mairie).

PRATIQUE

▶ **Marché de la communauté hmong** *le matin* (se renseigner au village).

HEBERGEMENT - RESTAURANTS

▶ **Chez Lucien Timane.** Très connu dans le village, il est difficile de ne pas le trouver. Il vous propose 2 types d'hébergement : un grand carbet avec du couchage en hamac et 4 bungalows pour 2 à 4 personnes (salle d'eau, toilettes, cuisine équipée, petite véranda). *Comptez 23 € pour 2 personnes.*

▶ **Chez Fred.** Ce passionné de la nature vous invite à vous réveiller dans un petit éden avec le bruissement des ruisseaux en fond sonore. Le couchage se fait en hamac. Très bon rapport qualité/prix : *5,34 € par personne.*

▶ **Gîte communal.** *Comptez 9,15 € par personne.* En plein cœur du village, le gîte offre le confort d'un lit. Les chambres sont séparées par de légères cloisons en gaulettes. Les salles d'eau et les sanitaires sont communs. Un petit salon à l'entrée relate l'histoire du village. Une cuisine est aménagée.

▶ **Chez Nono.** C'est également l'épicier du village. Il propose plusieurs petits bungalows en bois, avec lit, douche et coin cuisine à *15,24 €* pour 2 personnes. Attention aux moustiques !

@ (...) Au bourg, renseignez-vous à l'agence postale, certains habitants proposent un hébergement avec sanitaire, toilettes, réfrigérateur et eau potable pour environ *6,10 €* la nuit. Et pour environ *13,72 €* vous pourrez goûter aux délices des gibiers savoureusement cuisinés ". *Jean-Baptiste Castellano, Saint-Fiacre-sur-Maine.*

Les réservations chez l'un ou l'autre de ces habitants se font à la mairie de Saül ✆ 05 94 37 45 00.

POINTS D'INTERET

La région de Saül offre au visiteur l'un des plus beaux et des plus sauvages espaces forestiers guyanais. Ici, l'office national des forêts a repris les tracés de layons qui permettent de découvrir ce fabuleux univers avec une relative sécurité. Car, comme presque partout en Guyane, la prudence est de rigueur à Saül : si la forêt accepte de livrer ses secrets, il faut éviter de la défier. La principale difficulté réside en fait dans l'absence de points de repère. Le risque de se perdre est donc très important si l'on s'écarte du sentier balisé. Les dangers liés à la faune sont, par contre, peu importants.

Situé à environ 25 kilomètres de la source du fleuve, Saül sera le point de départ ou d'arrivée de ceux qui auront vécu l'aventure de la descente ou de la remontée de la Mana. Sachez qu'il faut une bonne journée de marche sur un terrain difficile pour rallier Dégrad Blanc, où le fleuve s'apparente à un ruisseau. Les plus téméraires envisageront peut-être de parcourir la fantastique piste reliant Saül à Belizon, sur la Haute-Comté ! Il y a plusieurs dizaines d'années, un engin traça cette voie pour construire la piste d'atterrissage de Saül. Aujourd'hui, les 160 kilomètres de sentier existent toujours, mais par endroits, la forêt a décidé de reprendre entièrement ses droits. La région offre un répertoire infini de randonnées et plusieurs sentiers balisés avec des niveaux de difficulté différents : le sentier Gros Arbres ; la boucle Roche-Bateau ; boucle des monts Lafumée ; circuit Bœuf mort ; sentier du mont Galbao. Inutile de passer par un prestataire pour découvrir ces sites. En saison des pluies, prévoyez des chaussures vous permettant de marcher dans la boue.

Excursions

▶ **Guyane Randonnées. Stéphane Plaine. Membre de la Compagnie des Guides de Guyane. Le Bourg 97314 Saül. ✆/Fax 05 94 25 35 13.** Ce guide, connu pour être un des meilleurs guides de Guyane, vous propose différents " séjours randonnées " allant de 4 à 11 jours. Marche, bivouac, découverte de la faune et de la flore, carbet de brousse, baignade dans des criques, pêche...Des circuits " retour aux sources " de 4 à 5 jours *(de 215 à 288 €)*, ou encore circuit «tchimbé raid» sur 5 jours *(410 €)* et circuit " Pa moli " sur 11 jours *(1 000 €)*. Ces prix comprennent les repas, l'équipement. Une très bonne surprise !

▶ **Quimbé Kio. Le bourg 97352 Cacao ✆ 05 94 27 01 22 - Fax 05 94 27 01 48.** C'est sur 12 jours que Bruno vous propose d'arriver jusqu'à Saül en trekking depuis Cacao. Départ en pirogue pour 100 km jusqu'à Bélizon. Ensuite marche en forêt de Bélizon à Saül. Une grande et belle aventure.

▶ **Ecotourisme Guyane Expédition. PK 24,5 CD 9, route de Mana 97360 Mana ✆/Fax 05 94 34 20 92 - Web : www.ege.gf - E-mail : contact@ege.gf .** Marc Dabrigeon vous invite sur 6 jours/5 nuits à participer à cette aventure, un circuit pédestre de Saül à Saut-Maïs (*396 €* tout compris, sauf A/R Rochambeau) au cœur de la forêt amazonienne sur les traces des anciens orpailleurs du début du siècle. 22 kilomètres de randonnée pédestre : bivouacs, marche de nuit...

▶ **Takari Tour. 8, rue du Capitaine-Bernard BP 513 97332 Cayenne✆05 94 31 19 60 - Fax 05 94 31 54 70 - Web : www.takaritour.gf - E-mail : takari.tour@wanadoo.fr .** Ce prestataire vous propose d'aller au cœur de la Guyane pour une immersion dans la forêt guyanaise. Un produit sur 4 jours à *335 €* ou encore de 5 jours à *540 €*. Ici des circuits pédestres pour tout public et à la carte.

Un village qui aurait sans doute la palme de l'accueil en Guyane. Il paraît se situer hors du temps. Au bourg, renseignez-vous auprès de l'agence postale, certains habitants proposent un hébergement très bien équipé pour environ *6,10 €*. De nombreux sentiers balisés vous feront découvrir la faune et la flore guyanaises ".

▶ **Espace Amazonie- Takari tour. CV 7.1 RDC Simarouba 97310 Kourou✆05 94 32 34 30 Fax 05 94 32 57 02 - Web : www.espace-amazonie.com - E-mail : espamaz@ nplus.gf** Au départ de Rochambeau, découvrez Saül, ses randonnées (layon Roche Bateau), initiation à l'orpaillage, visite d'anciens placers, crique Limonade, nuit en bivouac sur 3 jours *(259 €)*, 4 jours *(332 €)* ou encore 5 jours *(412 €)*. Trekking de 25 km jusqu'à Saut-Maïs en 6 jours *(587 €)*. Un combiné trekking et canoë à Saül sur 5 jours (à partir de *510 €*).

▶ **Couleurs Amazone. 2bis, avenue Pasteur 97300 Cayenne ✆ 05 94 28 70 00 - Fax 05 94 28 70 01 - Web : www.couleursamazone.fr - E-mail : info@couleursamazone.fr** Des circuits pédestres à partir de 3 jours au départ de Rochambeau (hors vol). *Comptez environ 159 € par personne.*

Equipement conseillé pour les sorties

Short, tee-shirt, chapeau, imperméable • Maillot de bain, serviette de bain.

Chapeau ou casquette • Lunettes de soleil et produits solaires à fort indice protecteur.

Vêtement de pluie imperméable • Vêtement chaud pour la nuit (à manches longues).

Chaussures en plastique pour l'eau ou vieilles baskets • Crème ou lotion antimoustiques.

Elénol contre les poux d'Agouti • Pharmacie personnelle et affaires de toilette.

Lampe de poche • Touque ou sac étanche pour les affaires personnelles.

Trousse à pharmacie • Rappel santé • Le vaccin contre la fièvre jaune est obligatoire et un traitement antipaludéen est très fortement recommandé (notamment sur le Maroni et l'Oyapock).

LE SURINAM

LE SURINAM

Pour certains, l'évocation du Surinam sera le souvenir de ce passage du " Nègre du Surinam de Voltaire " ou juste une des trois " Guyanes " , et pour d'autres des souvenirs de lecture, de carnets de voyage sur l'Orénoque... Passage désiré, passage espéré ou encore programmé au cours d'un voyage en Guyane française... Le Surinam est si proche de la Guyane qu'il nous a semblé judicieux, pour vous chers lecteurs, visiteurs en transit, voyageurs locaux, curieux tout court, d'étendre ce guide Guyane, sur le Surinam, plus précisément sur Paramaribo, le temps d'une escapade de 3 à 4 jours. Un pays plein de surprises, un détour de l'autre côté du fleuve Maroni. Mais avant votre départ, nous vous rappelons que nous quittons la Guyane, département français, et pour cela, quelques informations pratiques importantes pour découvrir Paramaribo, capitale du Surinam. Quelle que soit la solution choisie, il s'agit d'une destination que l'on doit tout de même préparer, surtout si vous partez en famille.

EN BREF

- **Capitale :** Paramaribo.
- **Monnaie :** La monnaie officielle du Surinam est le florin surinamais (guilder)
- **Nombre d'habitants :** 433 998 (juillet 2001)
- **Groupes ethniques :** Hindous (dont les ancêtres ont émigré essentiellement de l'Inde du Nord à la fin du XIXe siècle après l'abolition de l'esclavage) 37 %, Créoles (mulâtres) 31 %, Javanais 15 %, Noirs-marrons (dont les ancêtres ont été embarqués et amenés dans le pays comme esclaves au XVIIe et XVIIIe siècle) 10 %, Amérindiens 2 %, Chinois 2 %, Blancs 1 %, autres 2 %.
- **Langues :** le néerlandais (langue officielle), anglais (parlé largement), le sranang tongo (patois local, appelé taki-taki) est la langue native des Créoles et beaucoup par la population jeune et est la " lingua franca " parmi les autres, l'hindou (un dialecte de l'hindi), le javanais
- **Religion** : hindou 27,4 %, musulmans 19,6 %, catholiques 22,8 %, protestants 25,2 % (majoritairement Moraves), croyances indigènes (5 %)

VOYAGER VERS LE SURINAM DEPUIS CAYENNE

Le Surinam est accessible par avion au départ de Cayenne (Guyane française), d'Amsterdam (Pays-Bas), de Curaçao (Antilles néerlandaises), Miami (Floride, Etats-Unis), Port-au-Prince (Trinidad) et sporadiquement de certaines villes du Brésil (p.e. Belem). Il est conseillé d'effectuer les réservations pour ces vols le plus tôt possible en raison de la fréquentation plutôt élevée de ces courriers. Le Surinam est autrement accessible en voiture du Guyana, de la Guyane française, et du Brésil, même s'il reste vivement conseillé pour l'heure d'éviter ce mode de transport pour des raisons de sécurité et de confort.

Compagnies aériennes en Guyane

- **Surinam Airways.** 15, rue Louis-Blanc ✆ 05 94 29 30 01 - Fax 05 94 30 57 86.
- **Penta (Sainte claire Voyages).** Centre commercial Katoury ✆ 05 94 30 39 10/05 94 31 68 44 - Fax 05 94 30 90 83.

PRATIQUE

Formalités

Pour entrer au Surinam, un visa est requis, excepté pour les citoyens des pays du Caricom et du Brésil, Chili, Costa Rica, Gambie, Hong Kong, Japon, Israël, Malaisie, Philippines, Singapour, Corée du Sud et Suisse. Pour établir ce dernier, il vous faudra vous rendre au consulat du Surinam à Cayenne muni d'une photo d'identité, de votre passeport et de *28 € pour les ressortissants européens (50 € pour les ressortissants américains).*

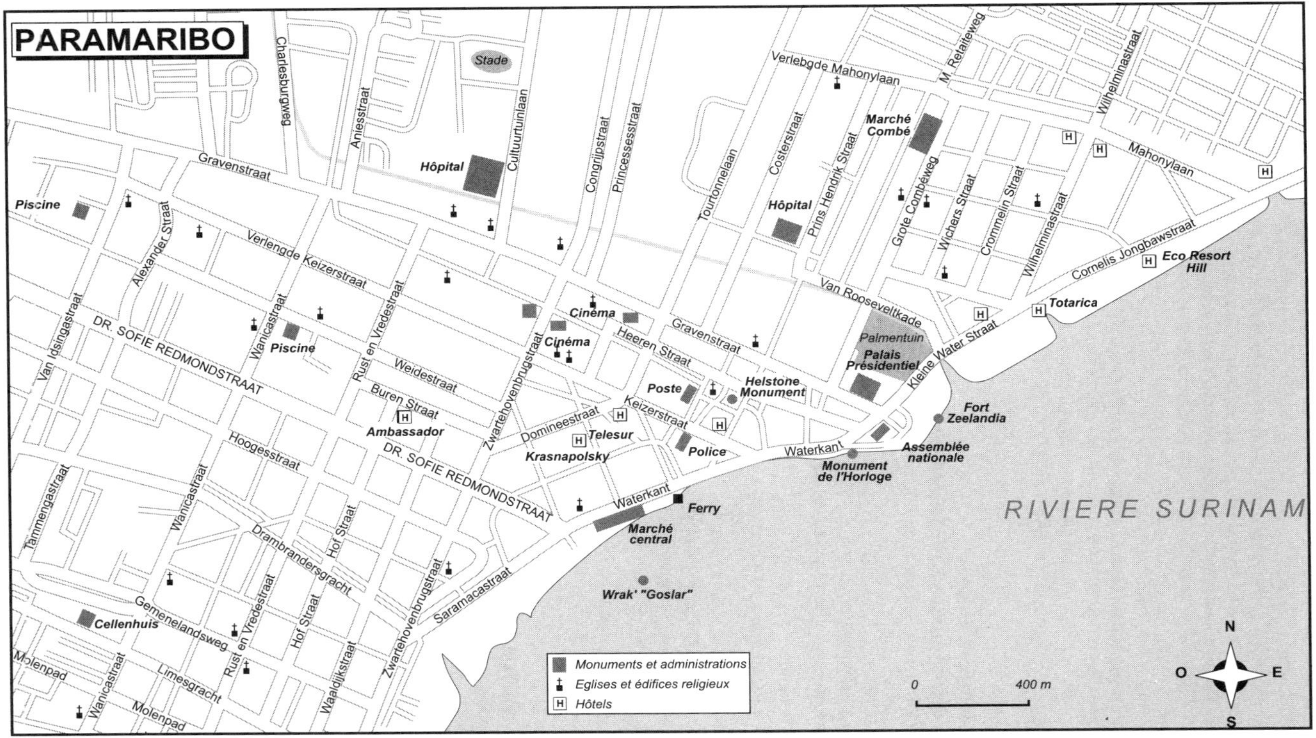
PARAMARIBO
Stade
Hôpital
Piscine
Cinéma
Cinéma
Piscine
Marché Combé
Hôpital
Palmentuin
Palais Présidentiel
Helstone Monument
Poste
Ambassador
Telesur
Krasnapolsky
Police
Fort Zeelandia
Assemblée nationale
Monument de l'Horloge
Ferry
Marché central
Wrak' "Goslar"
Cellenhuis
Eco Resort Hill
Totarica
RIVIERE SURINAM
Charlesburgweg
Aniesstraat
Cultuurtuinlaan
Congrijpstraat
Princessesstraat
Tourtonnelaan
Costerstraat
Prins Hendrik Straat
Grote Combéweg
Wichers Straat
Crommelin Straat
Wilhelminastraat
Verlebgde Mahonylaan
M. Retaiteweg
Mahonylaan
Cornelis Jongbawstraat
Gravenstraat
Alexander Straat
Verlengde Keizerstraat
Van Idsingastraat
DR. SOFIE REDMONDSTRAAT
Wanicastraat
Rust en Vredestraat
Weidestraat
Buren Straat
Zwartehovenbrugstraat
Heeren Straat
Van Rooseveltkade
Kleine Water Straat
Keizerstraat
Domineestraat
Waterkant
Hoogestraat
Tammengastraat
Drambrandersgracht
Hof Straat
Saramacastraat
Gemenelandsweg
Limesgracht
Molenpad
Waaldijkstraat
Monuments et administrations
Eglises et édifices religieux
Hôtels
0
400 m
N
O
E
S

Consulat du Surinam. 3, avenue Léopold-Héder 97300 Cayenne ✆ (0594) 28 21 60. *Ouvert uniquement le matin.* Bien que cette procédure soit rapide (visa fait dans la matinée), nous vous conseillons de le faire au moins 24 heures avant votre départ pour le Surinam.

Change

Si vous êtes en Guyane, vous ne trouverez pas de florin dans les bureaux de change en Guyane. Cela ne pose pas de problème puisqu'il vous sera possible de le faire en arrivant au Surinam. Les meilleures adresses restent les bureaux de change se situant juste après l'immense pont où passe le fleuve du Surinam à gauche. Si toutefois vous ratez ces lieux de change, une bonne adresse reste le bureau de change se trouvant en face de l'hôtel Torarica à la Kleine Waterstraat *(ouvert tous les jours de 9 h à minuit).* Une fois sur place, prévoyez vos paiements en espèces seules les cartes Mastercard et/ou American Express (pas de carte Visa et de chèques) sont acceptées.

1 euro = 2 950 guilders du Surinam (taux très variable).

Décalage

Aucun par rapport à la Guyane française.

Numéros utiles

- **Section consulaire Ambassade de France :** 597 47 52 22/47 64 55.
- **Permanence d'urgence :** 80 80 32/80 16 87.

Police

- **à Paramaribo :** 115/47 11 11/47 77 77. ▸ **à Albina :** 84 13 21.
- **à Mongoe :** 84 10 77. ▸ **à Nickerie :** 23 12 22.

Pompiers

- **à Paramaribo :** 47 33 33/49 11 11.

Office du tourisme

Il existe un Office du tourisme juste en face du musée. Malheureusement il est encore difficile de connaître les heures d'ouverture et de fermeture tant elles sont irrégulières.

Sécurite

Le tourisme dans la capitale ne comporte pas de danger particulier. Toutefois restez vigilant quant aux pickpockets. Evitez également de vous retrouver seul (et isolé) dans certaines rues de jour comme de nuit.

GEOGRAPHIE

Le Surinam, ex-Guyane hollandaise devenue indépendante en **1975**, se situe sur la côte nord du continent sud-américain, et s'étend entre 2 et 6 degrés de latitude au nord de l'Equateur et 54-58 degrés de longitude ouest le long de la côte septentrionale de l'Amérique du sud baignée par l'océan Atlantique.

Le pays a une superficie de 163 265 km², et comprend les deux territoires disputés aux frontières sud-ouest et sud-est du Guyana (ex-Guyane britannique devenue indépendante en **1966**), et de la Guyane française (département d'outre-mer) respectivement. Le Surinam est une des plus petites nations de l'Amérique du Sud, et fait approximativement cinq fois les Pays-Bas, soit un petit tiers de la France. Il est bordé au nord par l'océan Atlantique, à l'ouest par le Guyana, et à l'est par la Guyane française et enfin au sud par le Brésil. Deux fleuves énormes, le Maroni à l'ouest, la Corentyne à l'est séparent donc l'ex-territoire néerlandais de la Guyane et du Guyana tandis qu'au sud, la chaîne du Tumuc Humac ferme l'entrée du Brésil

Climat

De part sa situation en latitude (entre 2° et 8° nord pour les Guyanes) et son exposition aux alizés sur la façade orientale de l'Amérique du Sud, le Surinam a un climat équatorial, constamment chaud au cours de l'année (26 °C de température moyenne annuelle en plaine), humide (humidité relative très rarement au-dessus de 80 %), et très pluvieux (plus de 2 m d'eau par an presque en toute région), avec une répartition des pluies au cours de l'année peu contrastée sans longue période de sécheresse avec une saison pluvieuse et des différences régionales dans les précipitations.

Un climat d'une forêt humide domine sur la côte et tout le long de la frontière sud avec le Guyana. Une grande partie du pays, et particulièrement le sud, a un climat de mousson.

Quatre saisons peuvent être distinguées :

- **début décembre à début février :** une faible saison des pluies
- **début février à fin avril :** une faible saison sèche
- **fin avril à mi-août :** une forte saison des pluies
- **de mi-août à début décembre :** une forte saison sèche

La température moyenne en milieu de journée avoisine les 27°.

Les régions naturelles

La plaine côtière alluviale, originellement occupée par la mangrove et les marécages est celle qui a été la plus transformée par l'homme, et dans certaines zones, elle a cédé la place à un paysage entièrement artificiel, les polders. L'arrière-pays des épandages de sables blancs et d'argiles encore appelé zone des savanes intermédiaires. Il s'agit de la zone des savanes, terres sableuses et infertiles. Mais en dépit de la pauvreté des sols, elle a été en partie modifiée par l'agriculture sur brûlis des Amérindiens et des Bush-negroes, car elle est plus facile à pénétrer et les sols à cultiver.

L'intérieur forestier de la pénéplaine et des massifs de hautes collines. Il occupe 80 % de la superficie du Surinam. Son vallonnement, l'épaisseur du manteau d'altérite qui couvre les roches mères, l'opacité de la forêt, la pluviosité le caractérisent. Il présente de coûteux obstacles à la pénétration humaine. C'est la forêt vierge, immense et mystérieuse, où se dressent au-dessus d'une végétation abondante, énormes et majestueux, les géants de bois dur, lourd et précieux, couronnés de cimes grandioses et arborant des variations de fleurs colorées. C'est aussi le site des collines et des montagnes, des rochers et des marais; le site pittoresque des sources et des criques innombrables, qui s'entremêlent et s'unissent et se jettent dans les fleuves - la Corentyne, la Nickerie, le Coppenam, la Saramacca, le Surinam, les deux Commewines, la Cottica et le Maroni - qui arrosent le littoral et regagnent l'Océan par des embouchures étonnantes de largeur. C'est aussi là que le sol cache ses richesses, ses minerais, l'or, le diamant, le bauxite.

La répartition de la population

- **Population** : 420 000

Au Surinam, la répartition de la population est encore plus inégale. En effet, plus de 75 % de la population se regroupent dans l'estuaire du Surinam, autour de la capitale Paramaribo. Le reste de la population de la région de l'estuaire du Surinam se rassemble dans les centres miniers et industriels de la bauxite de Paranam, d'Onderwacht et dans les localités qui les entourent situés à une vingtaine de kilomètres au sud de la capitale, et dans de gros bourgs implantés dans des polders aménagés de part et d'autre de l'estuaire et le long du fleuve vers l'amont (Meerzog, Nieuw Amsterdam et Marienburg dans le polder de la basse Commewigne, Vitkijk et Groningen dans les polders de la basse Saramacca à l'ouest de Paramaribo). En dehors de ce gros noyau qui est le cœur historique du Surinam, il y a quelques foyers discontinus le long du littoral.

A l'ouest, celui de Nieuw Nickerie et des bourgs (Waterloo, Wageningen, Paradise) est le plus important de la plaine côtière en dehors du noyau de l'estuaire du Surinam.

A l'est, les deux seuls foyers de peuplement sont Moengo qui doit son existence à l'exploitation de bauxite et Albina qui est à la fois centre administratif et de services situé sur le Maroni (passage vers Saint-Laurent du Maroni en Guyane française).

L'intérieur du Surinam est presque vide d'hommes. Quelques tribus amérindiennes, des communautés noirs-marrons, des petits groupes de chercheurs d'or et de diamants se dispersent le long des fleuves. Une nouvelle route relie aujourd'hui Paramaribo au barrage du Bronkopondo.

HISTOIRE

Les premiers habitants du Surinam étaient les indiens Caraïbes. Le premier établissement européen dans cette région est celui des colons de la Barbade, amenés par Lord Willoughby (**1650**). Ils mettent en place des plantations de canne à sucre et de tabac sur les rives ouest de la rivière du Surinam et fondent la localité appelée aujourd'hui Paramaribo. Le Zélandais Abraham Crijnsen envahit la colonie de Willoughby et les Néerlandais se font céder cette colonie à la paix de Breda (**1667**), cession confirmée par le traité de Westminster (**1674**) en échange d'une de leur colonie, l'actuelle New York. La population, fort cosmopolite (Anglais, Néerlandais, Allemands, Français, marranes) se consacre aux plantations de canne à sucre.

Mais difficile de résister aux assauts des Européens. Les Zélandais vendent la colonie à la Compagnie des Indes Orientales Néerlandaise et à la famille Van Sommelsdijck en **1683**. Le chef de famille, Cornelis van Aerssen heer van Sommelsdijck, devient gouverneur du Surinam. Sommelsdijck améliore la sécurité dans les plantations. Il est tué dans une mutinerie en **1688**. Pour améliorer le rendement dans les plantations, la Hollande fait venir des Noirs africains, mis ensuite en esclavage. Ces esclaves dépassaient numériquement les Européens dans les plantations. Dès la deuxième moitié du **XVIIIe siècle**, les esclaves s'échappent des plantations pour vivrent dans la forêt. Ces réfugiés sont appelés " marrons ". Beaucoup sont revenus dans les plantations et les ont attaqués.

Les gouverneurs Mauritius et Crommelin ont réussi à signer des accords de paix avec certaines tribus de marrons. Le Surinam fut ensuite occupé par les Anglais en **1799** après que la Hollande fut devenu un bout de la France (la République batave). Excepté la période allant **de 1802 à 1804**, le Surinam est resté territoire anglais jusqu'en **1816**. Les Britanniques en effet occupent les colonies de la Hollande lors des guerres de la Révolution et de l'Empire (**1796-1802 et 1804-1816**). Ils abolissent la traite des esclaves en **1808** et améliorent la situation des esclaves. Après la défaite de Napoléon, les Pays-Bas récupèrent leur colonie. Les Britanniques restituent alors le Surinam aux Pays-Bas (**1816**) à la suite de la convention de Londres (**13 août 1814**) et du second traité de Paris (**20 novembre 1815**). Le **1er juillet 1863**, les Hollandais sont les derniers des Européens à abolir l'esclavage. Quelques années auparavant, afin de pallier le manque de main-d'œuvre dans les plantations, les propriétaires des plantations avaient commencé l'importation de travailleurs d'autres continents. Parmi eux, des Indonésiens, Indiens (Inde du Nord), des Chinois, des Portugais, Libanais.

Le déclin irrémédiable des plantations fait dépendre l'économie locale de la bauxite, dont l'essor date de **1938**. Les compagnies américaines s'emparent de l'intérieur du Surinam pendant 40 années. Et c'est ainsi que la bauxite du Surinam aura sa place et sa contribution aux forces alliées pendant la Seconde Guerre mondiale. L'aluminium fait à partir de la bauxite était très important dans la construction des avions.

Le Surinam était alors livré à lui-même pendant l'occupation allemande des Pays-Bas (**1940-1945**). A cette même période, les Allemands avaient un énorme bateau, le Goslar à Paramaribo. Avant qu'il ne soit pris par les autorités surinamaises, il fut coulé par son capitaine.

On y voit encore les vestiges dans le port de Paramaribo. Après la guerre, le statut politique des colonies hollandaises a changé. En **1950**, le Surinam reçoit des Pays-Bas le régime parlementaire et le suffrage universel. La Constitution de **1954**, qui octroie l'autonomie, prévoit que les ministres sont responsables devant le Conseil législatif, élu pour 4 ans.

Après une période où gouvernent surtout les conservateurs, créoles (**1963-1969**) ou hindous (**1969-1973**), le parti progressiste NPK (Nationale Partij Kombinatie) emporte les élections de **1973**. Son leader, Henck Arron, devient alors Premier ministre et négocie avec le gouvernement des Pays-Bas l'accession à l'indépendance. Celle-ci devient effective en **novembre 1975** et une Constitution de type parlementaire est votée, Dr Johan Ferrier devient le premier président du Surinam indépendant, avec H. Arron comme premier ministre.

Les difficultés économiques, l'émigration vers les Pays-Bas de 140 000 hindous, et une vie politique où s'affrontent une multitude de petits partis souvent à base ethnique, provoquent le coup d'Etat de **février 1980**. Un Conseil national militaire est créé et un médecin, Hendrik R. Chin A Sen, devient d'abord Premier ministre, puis, après un nouveau coup d'Etat en **août 1980**, il cumule ses fonctions avec celles de président de la République. Le nouveau pouvoir se met au régime démocratique : dissolution du Parlement, suspension de la Constitution, interdiction des partis politiques...Une tentative de coup d'Etat en **mars 1982**, destiné à restaurer un régime parlementaire pro-occidental, échoue; le président Chin A Sen est destitué. Le lieutenant-colonel Desi Bouterse, homme fort du pays, liquide tous ses opposants. La confusion politique se double d'une grave agitation sociale. Le régime est également menacé de déstabilisation par le développement de la guérilla dans le Sud et l'Est du pays. Un processus de démocratisation est engagé en **1985**; il aboutit à l'adoption par référendum d'une nouvelle Constitution (**septembre 1987**). L'Assemblée nationale, issue des élections du **25 novembre**, élit à la présidence de la République (**janvier 1988**), le candidat de l'opposition Ramsevak Shankar. Ce dernier, en **1989**, négocie avec la guérilla un accord de paix qui ouvre la voie du retour pour des milliers de réfugiés.

Mais en **1990**, les militaires reprennent le pouvoir et Ronald Venetiaan, candidat d'une coalition multiethnique hostile aux militaires, est élu chef de l'Etat en **1991**. En **1992**, un accord de paix est signé entre le gouvernement et la guérilla.

En **1996**, Jules Wijddenbosch, soutenu par Desi Bouterse, est élu président de la République.

POLITIQUE

- **Type de gouvernement :** démocratie constitutionnelle
- **Branche exécutive :** Le président Runaldo VENETIAAN (depuis le 12 août 2000) et le vice-président Jules Rattankoemar AJODHIA (depuis le 12 août 2000). Le président est à la fois le chef de l'Etat et la tête du gouvernement
- **Divisions administratives :** 10 districts : Brokopondo, Commewijne, Coronie, Marowijne, Nickerie, Para, Paramaribo, Saramacca, Sipaliwini, Wanica
- **Indépendance :** 25 novembre 1975 (des Pays-Bas)

Le drapeau du Surinam

Le drapeau du Surinam est composé de cinq bandes colorées avec une étoile au milieu de cette bande. En regardant celui-ci du haut vers le bas, les couleurs des bandes sont successivement vertes, puis blanches (fines), rouges, blanches (fines) et vertes. L'étoile qui se trouve au milieu de la bande rouge est jaune. La bande rouge symbolise le progrès et la lutte pour une vie meilleure. La bande blanche représente la liberté et la justice. La verte symbolise la fertilité de la terre surinamaise et l'étoile jaune le futur du Surinam.

Les armoiries du Surinam

Les armes du Surinam représentent deux Indiens tenant un bouclier. Sous les pieds de ces Indiens (amérindiens) et le bouclier, vous pourrez lire " Justitia Pieta Fides " ce qui signifie " Justice Foi Loyauté " . Ce bouclier est composé de 3 parties : à gauche un bateau, à droite un palmier et en son centre un diamant. Le bateau à voiles dans le bouclier symbolise l'histoire du Surinam quand les esclaves ont été embarqués de l'Afrique vers le Surinam. Le palmier à la droite dans ce même bouclier représente aussi bien le présent que la justice. Le diamant au milieu symbolise le cerf et l'étoile à l'intérieur de ce diamant représente les 5 continents d'où sont originaires les habitants du Surinam.

ECONOMIE

- **Ressources naturelles :** la bauxite (70% du PIB, le bois, l'énergie hydraulique, la pêche, le kaolin, la crevette, la bauxite, l'or, et une petite quantité de nickel, du cuivre, du platine et du minerai de fer
- **Produits agricoles :** riz non décortiqué (paddy), bananes, graines de palmiers, noix de coco, bananes plantains, arachides, bœufs, poules, produits forestiers, crevettes
- **Export :** $ 516 millions (FOB 2001) : aluminium, pétrole brut, bois, crevettes et poissons, riz, bananes.
- **Partenaires (export) :** les Etats-Unis (23 %), la Norvège (19 %), les Pays-Bas (11 %), La France, le Japon, le Royaume-Uni (1999)
- **Import :** $ 505 millions (FOB 2001) : biens d'équipement, pétrole, denrées alimentaires, coton, biens de consommation
- **Partenaires (import) :** les Etats-Unis (35 %), les Pays-Bas (15 %), Trinidad et Tobago (12 %), le Japon, le Royaume-Uni, le Brésil (1999)
- **PNB/hab. :** 1 083 dollars (2001) - **Croissance :** 5 % (1999)
- **Taux de chômage :** 20 % (1997)
- **Armée :** 2 000 actifs.

TRANSPORTS

Les transports publics utilisés sont les taxis collectifs ou les bus qui peuvent vous conduirent aussi bien partout dans Paramaribo, que dans d'autres villes le long de la côte. La gare routière se situe près de la Surinam River sur le Waterkant (non loin du marché central). Il vous sera possible de louer un véhicule; toutefois, il est préférable de l'essayer avant de payer la location, car les voitures de location sont souvent en mauvais état. Pour voyager à l'intérieur même du Surinam, le seul moyen sera l'avion ou le bateau. Pour l'avion, la plupart des autres villes sont joignables avec de petits avions quittant l'aéroport de Zorg en Hoop à Doekhieweg à Paramaribo. Vous avez aussi l'alternative de traverser les rivières à l'aide de canots (koorjaals) conduits par les excellents Noirs-marrons. Il y a aussi le ferry qui fait la traversée entre Paramaribo et Meerzorg qui sont sur les rives opposées de la rivière du Surinam. Les canots font également la navette entre Leonsberg, à 5 kilomètres au nord de Paramaribo, et Nieuw Amsterdam. Nieuw Amsterdam est un site où l'on peut voir un vieux fort, qui a été transformé aujourd'hui en musée.

Conduite

Comme une des traces de la colonisation britannique du Surinam, même courte, les Surinamais conduisent du côté gauche de la route. Aussi nous vous conseillons d'être vraiment très prudent lorsque vous traversez les rues.

Taxi

Le soir très tard, devant les hôtels, vous pouvez prendre un taxi pour rentrer. Comptez environ *6 000 florins* la course.

GASTRONOMIE

La cuisine est souvent très épicée et quelquefois pimentée qu'elle soit javanaise, indienne ou autres. Pour éviter de mauvaises surprises (si vous supportez mal le piment), demandez si elle est pimentée (hot).

PARAMARIBO

En **1613** les deux Néerlandais Dirck Cleaszoon van Sanen et Nicolaas Baliestel ont construit une petite compagnie de commerce à côté du village amérindien Parmirbo. Cet emplacement à la West Bank de la rivière du Surinam, 23 km de l'océan Atlantique, était la base de l'actuelle Paramaribo, la capitale de la République du Surinam.

▶ **La Kleine Waterrstraat.** Ici vous êtes dans le quartier des restaurants, bars, guesthouses, hôtels, casinos. Cuisine javanaise, indienne, française quelquefois. Pour tous les goûts...

▶ **Le Palais présidentiel.** Onanfhankellijkheidsplein (Independance Square). Juste à la frontière du vieux centre et le quartier dit des restaurants, à côté de la rivière du Surinam. Le bâtiment le plus prédominant du square est le palais présidentiel. Ce bâtiment blanc a été construit dans la première moitié du XVIIIe siècle, mais de nombreuses parties le constituant aujourd'hui ont été rajoutées plus tard. Le bâtiment et le jardin privé sont accessibles au public uniquement le jour de la fête de l'Indépendance le 25 novembre.

▶ **Le ministère des Finances.** Ce bâtiment date de 1836. Il s'agit d'un bâtiment rouge avec une tour blanche. Les briques étaient utilisées comme poids pour les bateaux qui venaient d'Europe quand le Surinam était une colonie des Pays-Bas.

▶ **La Statue (sur la place l'Indépendance) :** Représente le politicien Johan Adolf Pengel, un Premier ministre surinamais très connu dans les années soixante.

▶ **Le Palmentum (Garden Palm/Palmeraie).** Au XIXe siècle, le Palmentum faisait partie du jardin du palais. Au début du XXe siècle il a été ouvert au public. De ce Palmentum, vous pouvez apercevoir le jardin privé du palais.

▶ **Le fort Zeelandia (Stichting Surinaams Museum).** *Ouvert le jeudi et le vendredi de 9 h à 14h et le dimanche de 10h à 14h. Visite guidée à 11h et 12 h30* en hollandais et anglais selon le groupe. *Entrée : 5 000 florins.* Ce fort a plus de 350 ans. Il a été construit par les colons français, amélioré par les colons anglais et ensuite utilisé par les colons néerlandais. En 1667 il prend son nom actuel. Au XXe siècle le fort était utilisé comme musée. De 1981 à 1992 il a été utilisé par l'armée surinamaise comme base militaire. L'armée s'est retirée du fort et actuellement il est réutilisé comme musée (expositions temporaires, petite boutique de livres...).

▶ **Le boulevard Waterkant (Waterside).** Les maisons que vous trouvez sur ce boulevard ont été construites après les tires de la ville de 1821 et 1832. Auparavant il s'agissait de maisons de commerçants.

▶ **Le marché central.** Situé au bord du fleuve à gauche en restant sur le Waterkant. Un lieu très convivial qui vit *tous les matins jusqu'à environ 13 h à 14 h.* Vous y trouverez de tout. Une première partie du marché (couvert) abrite les épices; à cet endroit on retrouve surtout des vendeurs noirs-marrons. Un peu plus loin, la partie indienne. Ici des légumes et fruits, épices. Tout de suite après, vous trouvez le marché de poissons. Un mélange d'odeurs qui risquent de surprendre les sensibles. Mais le spectacle, les ambiances sont si agréables. Au-dessus, le marché aux pures épices indiennes. Un plaisir des couleurs, des odeurs...

▶ **La Steenbakkerrijstraat.** Il s'agit de la rue la plus commerçante de la ville.

▶ **La mosquée et la synagogue.** Deux imposants bâtiments dans la Keizerstraat.

▶ **L'église réformée (Kerkplein).** A côté de la Kerktraat, un bâtiment blanc. Cette église a été achevée en 1837. Le bâtiment contient 8 côtés, comme l'église originelle qui a été détruite dans le feu de la ville en 1821.

▸ **La cathédrale Saint-Petrus and Paulus.** Un bâtiment jaune qui est le plus grand bâtiment en bois de l'Amérique Latine. Cette cathédrale a été construite à la fin du XVIIIe siècle. Elle a été fermée au public après une rénovation en 1979 car elle menaçait véritablement de s'écrouler.

▸ **Le marché aux fleurs.** Tous les jours dans la Kleine Waterstraat près de la grande terrasse des snacks, restaurants.

COMMENT SE RENDRE À PARAMARIBO ?

Vous pouvez préparer ce voyage seul ou passer par un prestataire qui vous facilitera les démarches comme les visas, les transferts en pirogue ou encore les réservations d'hôtels à Paramaribo en vous laissant une très grande liberté pour le reste de votre séjour.

Par vos propres moyens

Jusqu'à un passé récent, le bac était très utilisé en Guyane pour franchir les fleuves qui coupent la route du littoral. Aujourd'hui, des ouvrages d'art ont été construits partout où c'était nécessaire, donnant des ensembles quelquefois impressionnants, comme le pont de la rivière de Cayenne. Le seul bac actuellement en fonctionnement est celui de Saint-Laurent, La Gabrielle II, qui permet de traverser le Maroni pour se rendre à Albina au Surinam. Les horaires sont les suivants :

Du lundi au vendredi, 4 départs quotidiens à 7 h, 9 h, 14h et 17 h. Le samedi, départ à 8h et 9 h. Le dimanche, 15 h 30 et 17 h. Aucune liaison donc le samedi après-midi et le dimanche matin. Et le mercredi, un transfert à 7 h et à 17 h. Le trajet dure environ 1h. Pour une personne comptez environ *3,50 €* la traversée, *23 €* pour une voiture particulière et chauffeur, *33,50 €* pour une camionnette et chauffeur et *56,50 €* pour un camion et chauffeur.

Ce bac est assez ancien, aussi souvent en réparation, même pour peu de temps. Aussi nous vous conseillons de contacter la **Direction Départementale de l'Equipement BP6003 97306 Cayenne Cedex ✆ 05 94 39 80 00 - Fax 05 94 31 74 20 (DDE de Saint-Laurent ✆ 05 94 34)** ou l'**Office du tourisme et syndicat d'initiative de Saint-Laurent pour confirmation ✆ 05 94 34 23 98.**

Sinon, de nombreux canotiers indépendants assurent la liaison de façon aléatoire *(environ 5 € aller simple).*

Attention, quel que soit le moyen de transport choisi, vous devrez faire tamponner votre visa au poste de la police frontière d'où part le bac (à l'ancienne gare routière de Saint-Laurent). Le trajet Saint-Laurent/Albina est d'environ 10 minutes.

HEBERGEMENT

Coup de cœur

▸ **Eco Resort. Cornelis Jongbawstraat 16 Paramaribo ✆ (597) 42 55 22 / pour les réservations : 47 15 00. Fax (597) 42 55 10 / pour les réservations : 41 16 82 - Web : ecores.com - E-mail : info@ecores.com .** Légèrement en retrait du centre mais proche des restaurants, bars, casinos, cet hôtel d'architecture coloniale répond à tous les critères de qualité. Dans un cadre agréable, au bord du fleuve, 74 chambres spacieuses, climatisées, avec balcon vous offre le confort. Mobilier en bois de qualité. De vrais petits-déjeuners (fruits frais, salés, sucré...), une restauration sympathique et légère (crudités, plats, desserts) en libre-service le midi et le soir *(environ 5 €).* Un coin bar si vous désirez des boissons (bière, vin, café...). Le personnel parle parfaitement anglais et aux petits soins. Pour les clients de l'hôtel, accès aux prestations de l'hôtel Torarica (voisin de quelques mètres) pour la piscine, sauna, Jacuzzi, courts de tennis, salle de fitness... Les tarifs : pour les chambres standard, comptez *65 $ pour une chambre simple, 75 $ pour une twin* (2 petits lits) *ou une double. Pour les chambres plus haut de gamme, 85-95 $ pour une simple et 95-105 $ pour une double ou twin.* Une boutique de souvenirs " Palulu Giftshop " dans l'hôtel (cartes, timbres postaux, colliers, vêtements, artisanat...).

▸ **Suriname Torarica. P.O. Box 1514 ✆ (597)47 15 00 - Fax (597)41 16 82/42 19 70 - Web : www.torarica.com - E-mail : info@torarica.com .** Cet hôtel fait partie des plus fréquentés à Paramaribo. Il dispose de 132 chambres climatisées et très modernes. C'est un lieu d'animation permanent puisqu'il dispose d'un petit casino (machines à sous, tables à jeux...). Un bar à l'intérieur (Saramacca bar) et un autre en terrasse avec vue sur la piscine. Un espace vert plus loin où sont répartis le sauna, Jacuzzi, cours de tennis, salle de fitness...

Au bord du fleuve un magnifique bar avec un ponton aménagé pour les promenades. Un endroit surprenant. Les tarifs : *pour les chambres simples, comptez 100 $ pour une stand, 125 $ pour haut de gamme I et 130 $ pour une haut de gamme II. Pour les chambres doubles, 110 $ pour une standard, 135 $ pour une haut de gamme I et 140 $ pour une haut de gamme II. La suite présidentielle est à 310 $. Propose également un city tour tous les jours à 9 h, 12 h ou 15 h (durée 2 h à 3 h).*

▶ **Hôtel Krasnopolsky. 39 Domineestraat. Paramaribo ✆ (597) 47 50 50 - Fax (597)42 01 39. Web : www.krasnapolsky.sr - E-mail : krasnam@sr.net**. Cet hôtel se trouve dans le quartier des commerces de la ville. Très réputé pour son standing, il est composé de 6 étages et propose 84 chambres (*de 55 $ à 132 $, petit déjeuner inclus*). Elles sont équipées de climatisation, TV câble, téléphone, baignoire, balcon patio, coffre-fort. Il met à votre disposition une piscine terrasse où vous avez une très belle vue de Paramaribo. *Des tarifs spécifiques les week-ends et pour les ressortissants français. Tous les vendredis, soirée concert (jam session surtout).*

▶ **Plaza. 11 Domineestraat ✆ (597)42 03 50 - Fax (597)42 49 75.** Hôtel du Casino Suriname Palace.

▶ **Hotel de Luifel. 13 Gondastraat ✆ (597) 43 99 33 - Fax 43 99 30 - E-mail : Hotel-Luifel@cq-link.sr**. Ce nouvel hôtel offre 12 spacieuses chambres et 5 suites. *Possibilité d'avoir pour 99 $ une chambre + voiture. Les tarifs : à partir de 50 $ jusqu'à 99 $.*

▶ **Ambassador.** 66-68 Dr. Sophie-Redmondstraat ✆ (597) 47 75 55/47 79 03.

▶ **Stardust Hotel. Hoek Anton Dragtenweg/Condorstraat 1, Leonsberg, Paramaribo. ✆ (597) 45 15 44/45 30 65 - Fax (597) 45 29 21 - Web : www.hotelstardust.com - E-mail : stardust@sr.net** . Cet hôtel dispose de 115 chambres et 17 appartements avec cuisine intégrée. Légèrement excentré, vous trouverez ici salle de jeux, parc pour enfants, piscine, cours de tennis et minigolf. Possibilité de restauration au Coffeeshop Creole. Une navette est disponible pour le transport en centre-ville.

▶ **Residence Inn. 7 Anton Dragtenweg. Paramaribo ✆ (597) 47 23 87 - Fax (597) 42 48 11 Web : www.metsresorts.com - E-mail : resinpbo@sr.net**. Hôtel de charme qui vous propose 27 chambres près des rives de la rivière Suriname. Piscine et bar. *Les tarifs varient entre 65 et 150 $. Repas servis au Restaurant Atlantis spécialisé en fruits de mer.*

▶ **Combi Inn. 9 Kleine Waterstraat Paramaribo ✆ (597) 42 60 01 - Fax (597) 42 60 05 - Web : www.paramaribo.net - E-mail : combi-inn@paramaribo.net** . Un petit hôtel dans le vieux centre-ville de la capitale. A proximité de tout. 9 chambres climatisées, TV, réfrigérateur. Petit déjeuner servi en chambre ou en terrasse. Les repas peuvent pris au restaurant la Bastille géré par la même direction. *Les tarifs de 35 à 57 $.*

▶ **Paradiso Inn.** 206 Keizerstraat, Paramaribo ✆ (597) 42 43 11/47 84 83 - Fax (597) 47 84 82.

▶ **Savoie Residence Inn. 25 Johannes Mungrastraat ✆ (597) 43 24 95 - Fax (597) 43 47 03.** Propose des appartements avec 14 chambres. A la terrasse de l'hôtel, vous pourrez prendre un verre. *Les tarifs de 25 à 50 $.*

▶ **Guco Apartements.** 266 Anton Dragtenstraat ✆ (597) 45 81 10 - Fax (597)55 17 22.

Guesthouses

▶ **Guesthouse AA BéBé Plus. 55 Mahonienlaan ✆ (597) 47 24 29/42 29 50 - Fax (597) 47 75 88.** Tarifs de *35 à 60 $.*

▶ **Guesthouse Ed's Inn. 12 Haydnstraat ✆ (597) 45 47 67.** Tarifs de *25 à 80 $.*

▶ **Guesthouse Centre.** 4 Van Sommelsdijckstraat ✆ / Fax (597) 42 63 10 - E-mail : guesthouseCentre@mailandnews.com .

▶ **Guesthouse Amice. 5 Gravenberchstraat, paramaribo. ✆ / Fax (597) 43 42 89 - E-mail: guesthouse-amice@cq-link.sr.** Tarifs de *70 à 85 $.*

▶ **Guesthouse Euglis.** 37 Van Chayennelaan Kasabaholo ✆ (597) 43 85 39.

▶ **Guesthouse Lisa.** 6 Burenstraat. ✆ (597) 47 69 27.

▶ **Guesthouse Famiri.** 76 Axwijkstraaa ✆ (597) 45 20 30.

▶ **Guesthouse Stay-Cey.** Verl. Hogestraat ✆ (597) 41 20 19/42 71 16 - Fax (597) 55 05 77.

▶ **Graaf von Zinzendorf der A.B.G.S. 100 Gravenstraat ✆ (597) 47 16 07/47 12 10.** Tarifs : *chambre simple (15 $), chambre double (20 $), petit déjeuner inclus.*

RESTAURANTS

Vous pouvez manger partout à Paramaribo. Difficile de citer tous les endroits entre les petits snacks, restaurants des hôtels, casinos ou autres restaurants. Cuisine javanaise, chinoise, indienne, créole... Laissez-vous guider par votre flair, écouter autour de vous.

Quelques adresses.

▸ **Plantation Room à l'Hôtel Torarica. Rietbergplein 1 ✆ (597) 47 50 50.** Un décor très agréable et un accueil et savoir-faire à la hauteur. Une cuisine raffinée et exotique.

▸ **Restaurant Heliconia. 11 Domineestraat.** Il s'agit du restaurant du Suriname Palace Casino. Au 1er étage, un petit restaurant chic pour un en-cas. Service de qualité et cadre agréable.

▸ **La Bastille. 3 Kleine Waterstraat ✆ (597) 47 39 91.** *Ouvert du mardi au samedi de 10h à très tard en soirée. Le dimanche à partir de 17 h.* Spécialités javanaises, chinoises et indiennes. Un très bon rapport qualité/prix.

▸ **Bacardi Inn. 69 tegenover Anton Dragtenweg.** *Ouvert dimanche à mercedi/vendredi et samedi à partir de 11 h.* Au bord du fleuve, spécialités gibier. Soirées jazz improvisées...

▸ **Bali. 3-5 Weg naar Ma Retraite ✆ (597) 42 23 25 - Fax : (597) 55 03 01.** Cuisine indonésienne dans un décor tropical.

▸ **Chez Suzanne Creole-Upstairs. 1 Kleine Waterstraat ✆ (597) 47 71 20/47 47 56 - Fax : (597) 47 47 56.** Une très agréable terrasse à l'étage. Spécialités créoles bien sûr, mais pas uniquement.

▸ **Rotishop. Grote Hofstraat.** Toutes les spécialités de la cuisine indienne. Un incontournable.

▸ **Mirosso. 104 J.S. Greenstraat, Blauwgrond ✆ (597) 45 53 62.** *Ouvert à partir de 18 h.* Spécialités javanaises. Une très bonne adresse.

▸ **T'Vat. 1 Kleine Waterstraat ✆ (597) 47 71 20 - Web : www.vat.cq-link.sr - E-mail : vat@cq-link.sr .** Cet endroit est impossible à rater. Juste à côté du marché de fleurs, une très grande terrasse avec parasols. Connu pour ses brochettes de saté, un endroit très animé.

SORTIR

Casinos

▸ **Suriname Palace. Domineestraat 11. P.O. Box 12261. Paramaribo ✆ (597) 42 67 89 - Fax (597) 42 67 97 - Web : surcasino.com - E-mail : office@surcasino.com .** Un endroit élégant et sympathique, même pour passer une soirée sans jouer. Au rez-de-chaussée, les machines d'art (plus de 150 espèces) inclus touch screen poker, roulette, keno, black-jack sur ordinateur et des machines spinning-reel. A l'étage, les jeux traditionnels de casino de “ single zero ” , roulette, blackjack, casino stud poker et punto banco. Tout au fond, le restaurant Héliconia vous accueille pour boire ou vous manger ou encore juste casse-croûter. Une carte assez intéressante et un accueil et service de qualité.

▸ **Torarica. P.O. Box 1514 ✆ (597) 47 15 00 - Fax (597) 41 16 82/42 19 70 - Web : www.torarica.com - E-mail : info@torarica.com .** Un petit casino à l'entrée de l'hôtel. Machines à sous, tables de jeux...

▸ **Macao Entertainment Paying Hall. 8 Kleine Waterstraat ✆ (597) 42 54 08.** *Ouvert du lundi au samedi à partir de 10 h et le dimanche à partir de 12 h.* Deux salles de jeux au rez-de-chaussée et à l'étage : machines à sous, tables à jeux...

SHOPPING

Ici la ville de Paramaribo vit très tôt le matin et tout s'arrête vers 16h en semaine et 13h à 14h le samedi. Le dimanche, peu de commerces (magasins) sont ouverts.

ALBINA

Il s'agit d'une toute petite ville qui se situe sur la rive du Maroni. Non loin de là, vous pourrez visiter la réserve naturelle Galibi. Il est difficile de prévoir un hébergement sur Albina car cela n'est guère possible pour le visiteur moyen. Un marché assez sympathique où vous pourrez avoir un avant-goût du marché de Paramaribo. Une fois débarqué à Albina, ne soyez pas surpris si les chauffeurs de taxis se ruent vers vous. C'est au plus rapide !

Selon votre bourse, votre souci du confort, vous aurez le choix entre le **taxi collectif de 8 à 9 personnes** ou plus (*10 € environ*) ou le **taxi individuel**. Sachez que le taxi collectif (minibus) ne quitte Albina qu'une fois rempli. Ensuite le trajet dure environ 3h (avec les haltes) jusqu'à Paramaribo. Ici dans les bus, la musique est très appréciée, et appréciée le plus souvent forte. Prévoyez des boules Quies si vous pensez que vous ne supporterez pas. Il s'agit d'un transport collectif. Une bonne façon de se mettre déjà dans le bain !

Sinon vous pouvez opter pour quelque chose de plus cher, mais de plus confortable (individuel, climatisation...) : un " taxi " individuel. Situés au même endroit que les taxis collectifs vous ne pourrez pas les rater. Si vous rencontrez Poco, laissez-vous conduire ! C'est une question de perspicacité, car cette activité est peu réglementée.

Là encore vous pouvez encore payer en euros.

Par un prestataire

▸ **Air et Soleil. Lot 36-38, North Ruimveld Georgetown-Demerara-Guyana ✆ (Guyane) 06 94 26 14 28 - Fax 05 94 34 34 33. Cell Suriname ✆ 00 59 78 86 07 45 (Pamela) et 00 59 78 86 87 34 - Web : www.chez.com/airetsoleil .** Ce prestataire propose un produit intéressant si vous ne connaissez pas Paramaribo ou si vous souhaitez avoir les bonnes adresses puisqu'il dispose de correspondants sur place. Un séjour de 3 j / 2 nuits (*à partir de 170 € minimum 2 personnes*) comprend les formalités de visa, le transfert en pirogue depuis Saint-Laurent jusqu'à Paramaribo (pirogue/en bus climatisé), les 2 nuits (et petits déjeuners) dans un Guesthouse, une visite de la ville (2 h), en mettant à votre disposition une charmante accompagnatrice pendant la durée de votre séjour. Ce produit reste intéressant car tout en vous facilitant le séjour il vous laisse une totale liberté pour vos activités personnelles. La prestation peut être dissociée, soit *uniquement le transport de passagers jusqu'à Paramaribo à 40 € A/R* (parcage des voitures, transport pirogue et bus, réservation hôtel...). Pour ceux qui seraient intéressés par le Guyana, un produit presque similaire sur Georgetown. Un bon compromis !

▸ **Sélectour - Ouest Voyages. 10, rue Félix-Eboué 97320 Saint-Laurent-du-Maroni ✆ 05 94 34 44 44 - Fax 05 94 34 44 46.** Le Surinam en 3 jours (2 nuits) dans un des meilleurs hôtels, petit déjeuner et dîner compris, et visite de la ville, pour *259,15 €* seulement !

▸ **Atmosphère d'Amazone ✆ 05 94 34 66 97/06 94 23 74 42 (portable).** Propose des circuits autour de la région de Brokopondo en carbets traditionnels. Activités de pêche, balades en pirogue...

" En approchant de la ville, ils rencontrèrent un nègre étendu par terre, n'ayant plus que la moitié de son habit, c'est-à-dire d'un caleçon de toile bleue; il manquait à ce pauvre homme la jambe gauche et la main droite.

- *Eh, mon Dieu !* lui dit Candide en hollandais, *que fais-tu là mon ami, dans l'état horrible où je te vois ?*

- J'attends mon maître, M. Vanderdendur, le fameux négociant, répondit le nègre

- *Est-ce M. Vanderdendur,* dit Candide, *qui t'a traité ainsi ?*

- *Oui, Monsieur,* dit le nègre, *c'est l'usage. On nous donne un caleçon de toile pour tout vêtement deux fois l'année. Quand nous travaillons aux sucreries, et que la meule nous attrape le doigt, on nous coupe la main; quand nous voulons nous enfuir, on nous coupe la jambe : je me suis trouvé dans les deux cas. C'est à ce prix que vous mangez du sucre en Europe...*

- *O Pangloss !* s'écria Candide, *tu n'avais pas deviné cette abomination... Et il versa des larmes en regardant son nègre, et, en pleurant, il entra dans Surinam..."* .

Le nègre du Surinam

Voltaire

INDEX

GUYANE 2003

Collaborez à la prochaine édition

Comme le disait déja au XIXe siècle, notre illustre prédécesseur Baedeker : *"Les indications d'un guide du voyageur ne pouvant pas prétendre à une exactitude absolue, l'auteur compte sur la bienveillance des touristes et les prie de bien vouloir lui signaler les erreurs ou omissions qu'ils pourraient rencontrer, en lui faisant part de leurs observations qui seront reproduites dans la prochaine édition".*

Aussi n'hésitez pas à communiquer au Petit Futé les adresses qui ont retenu votre attention et plus précisément vos trouvailles, récits de vos expériences, découvertes, bons tuyaux, adresses inédites ou futées qui méritent d'être publiées... Envoyez-nous vos commentaires par courrier en utilisant éventuellement le dos de cette page (joignez, si vous le souhaitez, un complément d'information sur papier libre) et en joignant les cartes de visite ou les factures comportant les coordonnées de l'établissement. Sur vos indications, le Petit Futé effectuera vérifications et tests nécessaires

N'oubliez pas, plus particulièrement pour les hôtels, restaurants et commerces, de préciser avant votre commentaire détaillé (5 à 15 lignes) l'adresse complète, le téléphone et les moyens de transport pour s'y rendre ainsi qu'une indication de prix.

Signalez-nous les renseignements périmés, incomplets ou qui ont, selon vous, changé, en précisant le pays, la date d'achat et la page du guide.

Nous offrons gratuitement la nouvelle édition à tous ceux dont nous retiendrons les suggestions, tuyaux et adresses inédites ou futées, et dont les courriers seront insérés signés (initiale et nom complet) dans les prochaines éditions.

Nom et prénom ....

....

Adresse et coordonnées complètes ....

....

....

Date de votre voyage ....

Afin d'accuser réception de votre courrier, merci de retourner ce document avec vos coordonnées soit par courrier, soit par fax, soit par internet à l'adresse suivante :

LE PETIT FUTE COUNTRY GUIDE

18, rue des Volontaires

Fax: 01 42 73 15 24

75015 PARIS

FRANCE

INTERNET : info@petitfute.com